Europäische Meister

Andere Bücher von Premananda
Arunachala Shiva – Kommentare zu „Wer bin ich?"
Facetten des Erwachens – Indische Meister
Papaji Kraft der Gnade
Arunachala Satsangs

Demnächst erscheinende Bücher von Premananda
Amerikanische & Australische Meister – Facetten des Erwachens
Planet Earth
Songs of Silence

Demnächst erscheinende Bücher von Open Sky Press
Deutsche Übersetzung von „Fire of Freedom"

Facetten *des* Erwachens

Europäische Meister

Einzigartige Dialoge mit 14 europäischen Meistern
über die Lehre von Sri Ramana Maharshi
Wer bin ich?

Premananda

OPEN SKY PRESS
www.openskypress.com

Europäische Meister

Erschienen bei Open Sky Press Ltd.
483 Green Lanes, London N13 4BS
office@openskypress.com

Open Sky Press Distribution
Rheinstr. 54, D-51371 Hitdorf

Die englische Originalausgabe erschien 2010 unter dem
Titel „European Masters" bei Open Sky Press Ltd.

Alle Rechte sind vorbehalten. Dieses Buch darf nicht, auch nicht in Auszügen,
ohne schriftliche Genehmigung verwendet oder reproduziert werden.
Für nähere Informationen kontaktieren Sie bitte Open Sky Press.

Erste Auflage

© Open Sky Press Ltd. 2010

ISBN 978-3-9812313-3-5

Titelgestaltung von Tara
Fotografien von allen Meistern gestellt.
Fotografien aus dem Sri Ramana Maharshi Ashram: Titel, Seite VII, Vorderklappe.
Alle anderen Fotografien aus dem Open Sky House Archiv.

Gedruckt in Hongkong

OPEN SKY PRESS
www.openskypress.com

Danksagung

Meinen beiden persönlichen Meistern, Osho und Papaji, schulde ich großen Dank. Ohne die zwanzig Jahre, die ich zu ihren Füßen saß, wäre dieses Buch nicht möglich gewesen. Sri Ramana Maharshi kam still und unsichtbar in mein Leben und wurde nach und nach zu meiner wichtigsten Inspiration und Führung.

Mein Dank gilt auch all den bemerkenswerten Meistern, die sich die Zeit nahmen, mich zu treffen und später ihren Text für die „Europäischen Meister" Korrektur zu lesen. Ihre Bereitschaft, mich mehr als einmal zu treffen, machte es möglich, weiteres Filmmaterial zu sammeln. Danke auch für das Bereitstellen von zusätzlichem Foto- und Filmmaterial.

Ein Interview ist ein spontanes und einzigartiges Gespräch. Mein Dank geht an Devi für ihr sensibles Editieren der Interviewabschriften, die von Sathya, Dev Gogoi und Melissa sorgfältig von den Originalaufnahmen erstellt wurden; und an Devi und Akash dafür, dass sie immer wieder geduldig die Manuskripte Korrektur gelesen haben! Dank an Mahima und Prema für die Übersetzung des Buches ins Deutsche und an Henning und Indira für ihre Hilfe bei der Übersetzung und für ihre geduldige, sorgfältige Korrekturarbeit.

Ich möchte dem Sri Ramana Ashram für die Erlaubnis danken, das Foto von Sri Ramana mit der Widmung benutzen zu dürfen, und Devi und Tara, die all die Fotos gemacht haben, die nicht vom Filmmaterial genommen wurden. Dank auch an Swamini Pramananda, die ihr Expertenwissen für die Erstellung des Glossars der Sanskrit-Begriffe eingebracht hat.

Dank an Durga für die Erstellung der interaktiven Videowebseite, die es möglich macht, dass so viele Videoausschnitte aus den Interviews zugänglich sind; an Atma und Tara für das Design der zahlreichen Grafikseiten und an Shivananda für seine ausgezeichnete grafische Beratung und Unterstützung bei der Erstellung des Coverdesigns.

Dank an Tara für ihre feinfühlige Zusammenstellung und den Schnitt von „Europäische Meister – Facetten des Erwachens", dem Film zum Buch, und der Reihe von zwölf Filmen „Dem Meister begegnen". Außerdem für ihre Kompetenz im Übersetzen und Korrekturlesen sowie ihre Bereitschaft, bei ästhetischen Fragen jederzeit beratend zu unterstützen.

Mein herzlicher Dank geht auch an alle Bewohner der Open Sky House Community für ihre liebevolle, energetische Unterstützung, mit der sie den aktiv am Buch und an den Filmen Beteiligten Raum für ihre Arbeit geschaffen haben.

Meine tiefe Dankbarkeit und Wertschätzung gilt Devi für ihre sorgfältige Arbeit und ihre beständige Unterstützung bei jedem Aspekt dieses Projekts, speziell beim Formatieren des Buches. Sie war wahrhaft von unschätzbarem Wert.

Und schließlich besonderen Dank an Mahima, die die Übersetzung ins Deutsche leitete, für ihre Organisationsarbeit und ihr Engagement, damit dieses Buch in der deutschen Ausgabe erscheinen konnte.

Premananda 2010

Bhagavan Sri
Ramana Maharshi

*Ich widme dieses Buch
Bhagavan Sri Ramana Maharshi, dem Weisen
vom Arunachala. Er kam vor 20 Jahren
leise und unerwartet durch ein Foto in mein
Leben und ist heute zu meiner wichtigsten
Inspirationsquelle geworden.*

*Danke, Ramana, für dein beispielhaftes Leben,
das du geführt hast, und für die Einfachheit und
Klarheit, mit der du uns angeleitet hast. Die
Frage „Wer bin ich?" hat sich als der Goldene
Schlüssel herausgestellt für all jene,
die auf der Suche nach ihrer wahren Natur sind.*

Interview-Fragen

Die folgenden Fragen beleuchten die Lehre von Bhagavan Sri Ramana Maharshi, wie er sie in den Texten „Wer bin ich?"* dargelegt hat. Diese Lehre spiegelt die alte Weisheit Indiens wieder.

* „Wer bin ich?" – Übersetzung des Originaltextes *Who Am I?* am Ende dieses Buches

1. Sri Ramana stellte die grundlegende Frage „Wer bin ich?" – Wer bist du?

2. Viele Menschen aus dem Westen kommen nach Indien auf der Suche nach Erleuchtung, als wäre sie lediglich eine Erfahrung. Was ist Erleuchtung?

3. Gibt es irgendwelche Voraussetzungen für die Erleuchtung? Ist eine *Sadhana* (spirituelle Disziplin) notwendig? Wenn ja, welche Form empfiehlst du?

4. Sri Ramana sagte, der direkteste Weg zur Erkenntnis des Selbst sei die Selbsterforschung. Was kannst du über die Selbsterforschung sagen? Wie wendet man sie an?

5. Als Sri Ramana gefragt wurde, wann man das Selbst erkannt hat, antwortete er: **„Wenn die Welt, die das Gesehene ist, entfernt worden ist, wird die Erkenntnis des Selbst als das Sehende geschehen."*** Wie ist die Welt zu verstehen, und wie kann man sie beseitigen?

6. Oft wird behauptet, dass der Verstand erst zerstört werden muss, damit Befreiung stattfinden kann. Hast du einen Verstand? Sri Ramana benutzte den Begriff *Manonasha*, was „zerstörter Verstand" bedeutet, um den Zustand der Befreiung zu beschreiben. Wie zerstört man den Verstand?

7. Kannst du etwas über *Vasanas* sagen, die Neigungen des Verstandes? Müssen diese erst vollständig entfernt werden, damit die Selbsterkenntnis dauerhaft bleiben kann? Oder reicht es, einen *sattvischen* (ruhigen und friedvollen) Verstand zu haben und seine *Vasanas* zu kennen, so dass sie nicht länger wirken können? Wie befreie ich mich von den *Vasanas*?

8. Was ist mit Schicksal? Glaubst du, dass die Dinge einfach geschehen oder gibst du deinem freien Willen Ausdruck und entscheidest dich?

9. Es erscheint mir essentiell wichtig zu sein, einem Guru zu begegnen und bei diesem Guru zu bleiben. Wer ist der Guru? Was ist seine Rolle? Wie erkennt man den wahren Guru?

10. Sri Ramanas Schüler empfanden sehr große Verehrung für ihn, genauso wie er für den Arunachala. Welche Rolle spielt *Bhakti*, die Hingabe, auf dem Weg zum Erwachen?

11. Suchende haben oft seltsame Vorstellungen vom Zustand der Erleuchtung. Wie sieht dein Alltag aus, und wie nimmst du die Welt wahr?

12. Du hast gerade ausführlich über das Thema Erwachen mit uns gesprochen. Wenn du jemandem mit einer Leidenschaft für das Erwachen begegnen würdest, was wäre dein spontaner Rat an ihn?

Inhalt

Einleitung 1
Einführende Worte Ken Wilber 7
Vorwort Jan Kersshot 13

Christopher Titmuss 15
Deva Premal & Miten 41
Dolano 69
Francis Lucille 99
Karl Renz 123
Michael Barnett 153
Mooji 185
OM C. Parkin 217
Padma & Torsten 245
Premananda 277
Rupert Spira 307
Tony Parsons 341

Wer bin ich? 375
Glossar 385
Kontakte und Informationen 391

Einleitung

Europäische Meister – Facetten des Erwachens ist ohne eine persönliche Intention aus dem Buchprojekt *Facetten des Erwachens – Indische Meister* entstanden. Ich besuche jedes Jahr den heiligen Berg Arunachala in Südindien und kam so auf ganz natürliche Weise in Kontakt mit vielen westlichen Meistern, die an diesen Ort kommen, um Bhagavan Sri Ramana Maharshi ihre Ehrerbietung entgegenzubringen. Auch dadurch, dass ich in der Nähe von Köln, mitten in Europa, in der Open Sky Satsang and Art Community lebe, habe ich die Gelegenheit, viele westliche Meister zu treffen und sie zu interviewen.

Die Idee zu dem Projekt *Facetten des Erwachens – Indische Meister* kam 1993 zu mir, während ich in Lucknow, Nordindien, in der *Sangha* (spirituelle Gemeinschaft) meines Meisters Papaji lebte. Eines Tages empfing ich eine innere Botschaft oder Vision, die mir sagte, ich solle die indischen Meister auf Film aufnehmen, bevor sie der Welt verloren gingen. Zehn Jahre später, nachdem ich fünf Jahre in Australien gelebt hatte, war ich auf dem Weg nach Europa, wo ich mich niederließ. Zwischen diesen Phasen nahm ich mir ein Jahr, um in Südindien, in Tiruvannamalai, am Arunachala zu sein. In diesem Jahr, während ich Fortschritte mit den Interviews der indischen Meister machte, kam es mir in den Sinn, auch westliche Meister zu interviewen. Wegen der Fülle an westlichen Meistern ist es mittlerweile notwendig, zwei Bücher herauszugeben. Auf dieses Buch über die europäischen Meister wird ein Buch über amerikanische und australische Meister folgen.

Das Buch und der Film mit den indischen Meistern berühren viele Menschen, wobei der Film die stärkste Reaktion hervorruft. Einige Menschen haben mir erzählt, dass sie den Film dreißig Mal und mehr angesehen haben. Wann immer ich den Film in Italien, Spanien, Dänemark, Indien, Deutschland, Russland oder der Ukraine gezeigt habe, ist eine große Ruhe über den Raum gekommen, und der Film endete in tiefer Stille, gefolgt von nahezu unausweichlichen Gratulationen. Die ursprüngliche Frage über den „toten Verstand", die von den indischen Meistern so überzeugend behandelt wurde, ist nicht länger ein Fokus dieses Projekts.

Europäische Meister – Facetten des Erwachens ist für jeden, der eine innere Leidenschaft dafür hat, herauszufinden, wer er ist und was er hier als menschliches Wesen tut. Dieses Buch ist für alle, die sich die Frage stellen: „Wer bin ich?", und für jene, die nach einer Orientierungshilfe zu der Lehre von Sri Ramana suchen, um „sein zu können, wie du bist". Es behandelt die wichtigsten Themen des spirituell Suchenden auf der Reise zum Erwachen zu seiner wahren Natur, zur Wahrheit. Das Buch präsentiert die faszinierende Tiefe der indischen spirituellen Tradition, gesehen durch die Augen europäischer Meister, die von jener uralten Quelle des Wissens getrunken haben.

Wir haben den Gesamttext von *Nan Yar – Wer bin ich?* mit ins Buch genommen. Ursprünglich sind diese Antworten 1901 von Sri Ramana in den Sand des Arunachala geschrieben worden, als er einundzwanzig Jahre alt war. Die erste Aufzeichnung davon wurde von ihm selbst in den 1920ern noch einmal überarbeitet. Sie sind einer der wenigen Texte, die von Sri Ramana bearbeitet und anerkannt wurden. Es ist der Quellentext, von dem aus die Selbsterforschung verstanden werden kann und aus dem einige meiner Fragen genommen wurden.

Vierzehn europäische Meister, die meinen Weg in den letzten fünf Jahren gekreuzt haben, sind zwölf Fragen gestellt worden. Es gab keinen Versuch einer speziellen Auswahl meinerseits. Es sind Meister, die einfach so in mein Leben gekommen sind, und die ich sehr schätze. Ich bin nicht als Sucher auf sie zugegangen, sondern eher als ein Lehrer, der Klarheit in sein eigenes Verstehen bringen wollte. Ich möchte jedem Meister eine Plattform zur Verfügung stellen, auf der er oder sie der Welt seine oder ihre Facette seiner persönlichen Wahrheit zur Verfügung stellen kann - einer Welt in großer Not und hoffentlich einer Welt, in der diese Lehren eine aufnahmebereite Leserschaft finden. Die zwölf Fragen beziehen sich auf Sri Ramanas Lehren, doch die Intention ist, dass jeder einzelne Meister die Facette oder den „Blueprint" seiner

Einleitung

oder ihrer eigenen Lehre zum Ausdruck bringen kann. Und natürlich gibt es keinen „Blueprint", da die spirituelle Reise jeder Person einzigartig ist.

Mein eigener Meister war Papaji, der seinen Meister Sri Ramana in den 1940ern traf. Sri Ramana kam durch ein originales Welling-Porträt in mein Leben. Ich fand es in einem Haufen Abfall in einem Zimmer, das ich gemietet hatte, Jahre bevor ich Papaji traf. Während meiner fünf Jahre mit Papaji grüßte er das Bild von Sri Ramana jeden Morgen, und bei einer Gelegenheit sagte er, dass er als Kanal für ihn spräche. In den letzten fünfzehn Jahren haben viele westliche *Advaita-* (Nondualität) Meister in der ganzen Welt zu lehren begonnen. Für die meisten von ihnen ist Sri Ramana die spirituelle Inspiration. Während der letzten Jahre von Sri Ramanas Leben, in den 1940ern, schaffte es eine kleine Anzahl von westlichen Menschen, in seinen Ashram zu kommen und sie waren von Sri Ramanas Präsenz berührt. Wolter Keers aus den Niederlanden, der in den 1970ern und 80ern in Europa lehrte:

> **Sein schierer Anblick ließ mich am ganzen Körper erzittern, weil ich dem Göttlichen gegenüber stand. Diese Erkenntnis hat mich so getroffen, dass mein Körper unwillkürlich erzitterte. Als ich Sri Ramana anstarrte, fühlte es sich für mich an, als sähe ich Gott selbst dort sitzen.**

S.S. Cohen aus dem Irak lebte im Ashram und ist dort begraben:

> **Ich war in der Halle allein mit ihm. Freude und Frieden erfüllten mein Sein, niemals zuvor hatte ich solch ein köstliches Gefühl von Reinheit und Wohlbefinden, allein durch die Gegenwart eines Mannes, empfunden. Für diejenigen mit ernsthaftem Interesse, war *Bhagwan* ein Leuchtfeuer in einer ansonsten undurchdringlichen Dunkelheit.**

Die Grundstruktur der Interviews besteht aus den zwölf Fragen (siehe die Interviewfragen am Anfang des Buches). Die Fragen sind dieselben, die ich den indischen Meistern gestellt habe, mit ein paar Variationen, um auf die westliche Erfahrung klarer Bezug nehmen zu können. Weitere Fragen wurden spontan gestellt, um eine Antwort weiter zu erhellen, was zu vielen Bereicherungen der ursprünglichen Struktur der zwölf Fragen geführt hat. In jedem Interview gab es das wesentliche Element und die starke Energie der Präsenz des Meisters, und ich suchte nach einem Weg, diese Präsenz in das Buch einzuarbeiten. Deshalb gibt es am Ende des Buches einen DVD-Sampler. Er enthält den Trailer für *Europäische Meister – Facetten des Erwachens*, den Begleitfilm zu diesem Buch, Fotografien der Meister und Auszüge der Video-Webseite www.blueprintsforawakening.org mit einhundertundfünfzig kurzen Videos der Meisterportraits.

Der Film beinhaltet eine Auswahl aller zwölf Interviews und stellt wichtige Aspekte der in diesem Buch vorgestellten Lehren heraus. Eine Reihe von weiteren Filmen wird später verfügbar sein: *Facetten des Erwachens – Dem Meister begegnen*. Sie werden die kompletten Interviews mit jedem der Meister zeigen, sowie Material, das während der darauffolgenden Besuche gefilmt wurde. Diese Filmauswahl und die Video-Webseite bilden ein einzigartiges Archiv für all diejenigen, die die einfache Weisheit der Wahrheit durch die Gnade dieser Meister schmecken möchten.

Es hat mich in meinen Treffen mit diesen Frauen und Männern tief berührt, die vielen verschiedenen Facetten zu erfahren, in denen sich die Wahrheit widerspiegeln kann. Tony Parsons, der eine Zeit mit Osho verbracht hatte, aber niemanden als Meister anerkennt, und Karl Renz, für den der Berg Arunachala die Rolle des Meisters spielt, würden sich nicht in der Linie von Sri Ramana sehen. Sie sprechen die Wahrheit aus dem Absoluten heraus, ohne Kompromisse dem illusionären Jemand gegenüber. Im Kontrast zu dieser absoluten Position sind Dolano, Mooji, OM C. Parkin, Padma und Torsten und ich selbst, fest in der Linie von Papaji und Sri Ramana gegründet. Wir halten die von Sri Ramana empfohlene Selbsterforschung für all jene von großem Nutzen, die noch damit identifiziert sind, ein getrennter Jemand zu sein. Francis Lucille, dessen Meister Jean Klein war, und Rupert Spira, der Francis als Meister hat, unterstützen ebenfalls die Selbsterforschung, haben jedoch einen etwas anderen Ansatz.

Einleitung

Ich bin sehr froh über die Inspiration, Deva Premal und Miten einzubeziehen, die den Weg des Herzens in das Buch und speziell in den Film einbringen. Sie haben mit ihrem *Mantra*-Singen und ihrer Hingabe an ihren Meister Osho, an sich selbst und an ihr Publikum, so viele Menschen inspiriert. Diese Hingabe kann man in ihren Konzerten in jedem Moment fühlen. Es sind keine Aufführungen, sondern ein Annehmen dessen, was ist, mit dem Wagnis, einfach innezuhalten; ihre Konzerte sind eine andere Form von *Satsang*. Ebenso repräsentiert Mooji mit seiner sonnigen jamaikanischen Art und Herzenswärme den Weg der Hingabe.

Ich hätte gern noch mehr weibliche Lehrer einbezogen, da dieser Augenblick in der Geschichte den weiblichen Aspekt braucht, damit wir uns von Jahrhunderten der männlichen Dominanz erholen können. Deswegen freue ich mich, dass ich Dolano, eine Schülerin von Osho, mit aufnehmen konnte. Dolano empfindet ebenfalls eine große Liebe für Papaji und Gangaji, mit denen sie einige Zeit verbracht hat. Padma dagegen ist eine junge Frau, die seit zehn Jahren in einer Beziehung mit Torsten lebt. Die beiden machen keine Kompromisse, behalten auch in ihrer Beziehung die Wahrheit immer als ihre Priorität. Padmas Lehrer kommen aus der Linie von Sri Ramana, insbesondere Papaji, Isaac, Gangaji und Eli Jaxon-Bear. Dann natürlich Deva Premal, deren Meister Osho ist. Alle diese Frauen sind Deutsche, was stimmig erscheint. Vielleicht haben sich insbesondere die deutschen Frauen in einer ausgewogenen Weise von männlicher Dominanz emanzipiert. Neeru, eine weitere deutsche Frau, die in Goa, Indien, lebt und Kalika, eine Italienerin, haben beide Kurzauftritte im Film.

Michael Barnett, heute achtzig Jahre alt und ursprünglich ein enger Schüler von Osho, entwickelte eine Übertragung der Wahrheit durch Energiearbeit. Rupert Spira, ein erfolgreicher und talentierter Töpfer, wurde von seinem Meister Francis Lucille in der Linie von Jean Klein dazu inspiriert, zu Erkenntnis und Liebe auch die Schönheit als ein Attribut der Wahrheit mit einzubeziehen. Christopher Titmuss kommt aus der buddhistischen Tradition und hat zwei thailändische buddhistische Meister, ist aber so etwas wie ein Nonkonformist, da er keiner speziellen Linie folgt und die Wahrheit in seiner eigenen charakteristischen englischen Art ausdrückt. Als ich die Fragen formulierte, regten sie in mir ein besonderes Interesse, und so freute ich mich auf die Herausforderung einzugehen, sie selbst zu beantworten.

Einige Meister benutzen Sanskrit-Begriffe. Sanskrit, die uralte Sprache der *vedischen* Philosophie mit ihrem unvergleichlichen Reichtum im Ausdruck, wird als die Sprache der Götter angesehen. In jedem Kapitel gibt es für alle Sanskritworte eine kurze deutsche Erklärung, wenn das Wort zum ersten Mal auftaucht. Das umfangreiche Glossar gibt eine detaillierte Erklärung dieser kursiv geschriebenen Sanskritwörter.

Während ich diese Einleitung schreibe, bemerke ich die Tiefe der spirituellen Weisheit, die dieses Buch, der Film und die Video-Webseite enthalten. Es ist ein wertvolles Archiv, das mittlerweile dreißig Meister enthält, und ich freue mich, dass ich in der Lage war, die ursprüngliche Vision zu manifestieren, die vor siebzehn Jahren zu mir kam. Anfangs hatte ich Bedenken, ob die westlichen Meister mit ihren indischen Kollegen vergleichbar sind, aber tatsächlich bieten sie etwas Anderes und sehr Wertvolles an. Es ist die uralte Weisheit der Menschheit, die von Generation zu Generation von Meistern an ihre Schüler weitergegeben wird, an alle, die wissen wollen, wer sie sind.

Es war ein reines Vergnügen, die Tiefe der europäischen Meister zu erfahren, von denen viele ihr Wissen aus den indischen traditionellen Lehren haben. Zum Teil kombinierten sie es mit ihrem Wissen westlicher Psychologie und bieten eine einzigartige Übertragung an, die für westliche Sucher sehr geeignet ist. Bis vielleicht vor dreißig Jahren war es notwendig, in den Osten zu gehen, um an diese Lehren heranzukommen. Um es kurz zu fassen: Dieses Buch ist eine Schatzkiste für alle, die auf dem Weg der Wahrheit sind.

Zum Schluss möchte ich meine Liebe und Dankbarkeit zu Sri Ramana und Papaji ausdrücken, die ich als meine Meister und ständigen Führer betrachte und die mich dazu inspiriert haben, dieses Projekt zu kreieren.

Premananda 2010

Einführende Worte
Ken Wilber

Der Weise des Jahrhunderts

Diese nichtduale Schau – in Gestalt des *Vedanta*, *Shaivismus*, *Mahayana*- und *Vajrayana*-Buddhismus – ist das kostbare Geschenk Indiens an die Welt, das seinen reinsten, elegantesten und großartigsten Ausdruck in dem schlichten Weisen vom Berge Arunachala fand.

Ich werde oft gefragt: „Welches Buch würden Sie als einziges auf eine einsame Insel mitnehmen?" „Ramana Maharshi – Gespräche des Weisen vom Berge Arunachala" ist eines der zwei oder drei Bücher, die ich dann nenne. Diese Gespräche stehen ganz oben auf der Liste: In ihnen spricht der größte Weise des 20. Jahrhunderts, der vielleicht mehr spirituelle Erkenntnis besaß als irgendjemand vor oder nach ihm.

Eines der vielen erstaunlichen Dinge an diesen Gesprächen ist die unerschütterliche Sicherheit des Tons und des Stils, die Stimme selbst. Damit ist nicht gemeint, dass diese Stimme in irgendeiner Weise starr oder dogmatisch wäre; Sri Ramana spricht vielmehr vom ersten bis zum letzten Wort mit einer überzeugenden Reife. Es ist, als hätte Sri Ramana seine Erkenntnis schon ganz ausgeformt – oder vielleicht sollten wir sagen, ganz formlos – empfangen und als hätte diese keiner weiteren Entwicklung mehr bedurft. Er spricht schlicht aus dem Absoluten und als dieses, aus dem Selbst, aus der reinsten Leerheit, die das Ziel und der Urgrund der ganzen manifesten Welt ist und nichts anderes als diese Welt. Mit *Shankara* pflegte Sri Ramana zu sagen:

> Die Welt ist eine Täuschung;
> Nur *Brahman* ist wirklich.
> *Brahman* ist die Welt.

Diese tiefe Erkenntnis unterscheidet Sri Ramanas echte Erleuchtung von den vielen Thronprätendenten unserer Zeit, als da sind Tiefenökologie,

Ökofeminismus, Gaia-Renaissance, Göttinnenkult, Ökopsychologie, Systemtheorie und das Gewebe des Lebens: Keine dieser Strömungen hat die ersten beiden Zeilen begriffen, und im Gegensatz zu ihren volltönenden Behauptungen haben sie auch die dritte nicht verstanden. Und deshalb müssen all diejenigen, die bloß der manifesten Welt verfallen sind – von den Kapitalisten bis zu den Sozialisten, von den Umweltverschmutzern bis zu den Umweltfreaks, von den Egozentrikern bis zu den Ökozentrikern – die Botschaft Sri Ramanas so dringlich hören.

Was und wo ist dieses Selbst? Wo ist meine Wohnstätte als Das? Zweifellos würde Sri Ramana diese – und eigentlich alle anderen – Fragen so beantworten: Wer ist es, der dies wissen will? Was in Ihnen gewahrt jetzt in diesem Augenblick diese Buchseite? Wer ist der Erkenner, der die Welt erkennt, aber selbst nicht erkannt werden kann? Wer ist der Hörer, der den Vogel hört, aber selbst nicht gehört werden kann? Wer ist der Seher, der die Wolken sieht, aber selbst nicht gesehen werden kann?

So entsteht Selbst-Erforschung, Sri Ramanas besonderes Geschenk an die Welt. Ich habe Gefühle, aber ich bin nicht diese Gefühle. Wer bin ich? Ich habe Gedanken, aber ich bin nicht diese Gedanken. Wer bin ich? Ich habe Wünsche, aber ich bin nicht diese Wünsche. Wer bin ich?

So dringt man immer weiter zum Ursprung des eigenen Gewahrens vor, zu dem, was Sri Ramana oft das „Ich-Ich" nannte, weil dieses das gewöhnliche Ich gewahrt. Man dringt immer weiter zum Zeugen vor, dem Ich-Ich, und man ruht als Das. Ich bin nicht Objekte, nicht Gefühle, nicht Wünsche, nicht Gedanken.

Aber dann begehen viele Menschen einen unseligen Fehler bei dieser Selbst-Erforschung. Sie glauben, dass sie, wenn sie als das Selbst oder der Zeuge ruhen, etwas sehen, etwas fühlen oder etwas ganz Erstaunliches, Besonderes, Spirituelles wahrnehmen würden. Aber man sieht gar nichts. Wenn man etwas sieht, ist dies wieder nur ein Objekt, wieder nur ein Gefühl, ein Gedanke, eine Empfindung, ein Bild. Aber es sind alles Objekte; diese sind gerade das, was man selbst nicht ist.

Wenn man also im Zeugen ruht und erkennt: Ich bin nicht Objekte, ich bin nicht Gefühle, ich bin nicht Gedanken, nimmt man nichts weiter wahr als eine Empfindung der Freiheit, der Befreiung, der Loslösung. Man löst sich von der furchtbaren Einengung der Identifikation mit diesen kleinen endlichen Objekten, dem kleinen Körper, dem kleinen Geist und dem kleinen Ich, alles Objekte, die man sehen kann und die daher nicht der wahre Seher sind, das wahre Selbst, der wahre Zeuge, der man in Wirklichkeit ist.

Man sieht also nichts Besonderes. Alles, was ins Bewusstsein tritt, ist gut so. Wolken ziehen am Himmel vorüber, Gefühle ziehen im Körper vorüber, Gedanken ziehen im Geist vorüber, und man kann dies alles mühelos bezeugen. Dies alles entsteht spontan im eigenen gegenwärtigen mühelosen Gewahren. Und dieses bezeugende Gewahren ist selbst nichts Spezielles, das man sehen könnte. Es ist bloß eine umfassende Hintergrundempfindung der Freiheit, der reinen Leerheit, und in dieser reinen Leerheit, die man ist, entsteht die ganze manifeste Welt. Man ist diese Freiheit, Offenheit, Leerheit, nicht irgendetwas Kleines, Endliches, das in ihr entsteht.

Wenn man in diesem leeren, freien, leichten, mühelosen Bezeugen ruht, stellt man einfach fest, dass die Wolken im weiten Raum des eigenen Gewahrens entstehen. Die Wolken entstehen in einem selbst; und dies gilt so konkret, dass man die Wolken schmecken kann, dass man eins mit den Wolken ist. Sie sind so nahe, dass sie gewissermaßen innerhalb der eigenen Haut sind. Der Himmel und das eigene Bewusstsein sind eins geworden, und alles am Himmel zieht mühelos durch dieses Bewusstsein. Man kann die Sonne umarmen, die Berge verschlingen, so nahe sind sie. Im Zen heißt es: „Den Pazifik in einem einzigen Schluck austrinken", und das ist das Einfachste der Welt, wenn innen und außen nicht mehr zwei sind, wenn Subjekt und Objekt nicht dual sind, wenn der Betrachter und das Betrachtete Ein Geschmack sind.

Deshalb gilt: Die Welt ist eine Täuschung, d.h., man ist überhaupt kein Objekt; nichts, was man sehen kann, ist letztlich wirklich. Man ist neti neti, nicht dies, nicht das. Und keinesfalls darf man seine Erlösungshoffnung auf dasjenige richten, was endlich, zeitlich, vorübergehend, trügerisch und leidbringend ist.

Brahman allein ist wirklich, das Selbst (das eigenschaftslose *Brahman-Atman*) allein ist wirklich. Der reine Zeuge, das zeitlose Ungeborene, der formlose Seher, das strahlende Ich-Ich, die strahlende Leerheit allein ist wirklich. Dies ist deine eigene Verfassung, deine Natur, dein Wesen, deine Gegenwart und deine Zukunft, dein Wunsch und dein Schicksal, und doch ist dies immer und immer schon als die reine Gegenwart gegenwärtig.

Brahman ist die Welt, Leerheit und Form sind nicht-zwei. Nachdem man erkannt hat, dass die manifeste Welt eine Täuschung ist, und nachdem man erkannt hat, dass *Brahman* allein wirklich ist, kann man sehen, dass das Absolute und das Relative nicht-zwei oder nichtdual sind, dass *Nirvana* und *Samsara* nicht-zwei sind, dass der Seher und alles Gesehene nicht-zwei sind, dass *Brahman* und die Welt nicht-zwei sind – und all dies ist weiter nichts als der Gesang der zwitschernden Vögel. Die ganze Welt der Form existiert nirgendwo anders als im eigenen gegenwärtigen formlosen Gewahren: Man kann den Pazifik in einem einzigen Zug austrinken, weil die ganze Welt buchstäblich nur im eigenen reinen Selbst existiert, dem allgegenwärtigen großen Ich-Ich.

Schließlich und vor allen Dingen würde uns Sri Ramana daran erinnern, dass man das reine Selbst – und damit die große Befreiung – nicht erlangen kann, so wenig, wie man seine Füße oder seine Lungen erlangen kann. Man gewahrt den Himmel schon, man hört die einen umgebenden Geräusche schon, man bezeugt die Welt schon. Der erleuchtete Geist oder das reine Selbst ist jetzt schon zu einhundert Prozent gegenwärtig – nicht neunundneunzig Prozent, sondern wirklich einhundert Prozent.

Wie Sri Ramana immer wieder sagte, ist das Selbst (oder die Erkenntnis des Selbst), wenn es ins Dasein tritt, wenn diese Erkenntnis eine Antwort in der Zeit hat, bloß wieder ein weiteres Objekt, ein weiterer vorübergehender, endlicher Zustand. Das Selbst kann man nicht erreichen: Das Selbst liest gerade diese Seite. Nach dem Selbst kann man nicht schauen: Das Selbst schaut jetzt aus den eigenen Augen. Das Selbst kann man nicht erlangen: Es liest jetzt gerade diese Zeilen. Man kann in keiner Weise erlangen, was man niemals verloren hat. Und wenn man etwas erlangt, würde Sri Ramana sagen, dann ist dies sehr schön, aber es ist nicht das Selbst.

Wenn Sie also die folgenden Zeilen des größten Weisen der Welt lesen und vielleicht glauben, das Selbst oder den GEIST nicht verstehen zu können, dann ruhen Sie einfach in demjenigen, das nichts versteht, und eben dies ist der GEIST. Wenn Sie das Selbst oder den GEIST nicht zu „fassen" bekommen, dann ruhen Sie in demjenigen, das ihn nicht fassen kann: eben dies ist der GEIST. Wenn Sie also glauben, den GEIST zu verstehen, dann ist dies der GEIST. Wenn Sie glauben, ihn nicht zu verstehen, dann ist dies der GEIST. Und so können wir mit Sri Ramanas größter und geheimster Botschaft schließen: Der erleuchtete Geist ist nicht schwer zu erlangen, sondern unmöglich zu vermeiden. In den Worten des großen Meisters:

> Es gibt weder Schöpfung noch Zerstörung;
> weder Schicksal noch freien Willen;
> weder einen Weg noch ein Ziel;
> Dies ist die endgültige Wahrheit.

Ken Wilber.
„Einfach ‚Das': Tagebuch eines ereignisreichen Jahres"

Vorwort
Jan Kersschot

Das Selbst ist nicht zu erreichen. Wenn das Selbst erreicht werden könnte, würde das heißen, dass das Selbst nicht hier und jetzt ist, sondern dass es noch erlangt werden muss. Was nicht permanent ist, das lohnt sich nicht zu erstreben. Also sage ich, dass das Selbst nicht erreicht werden kann. Du bist das Selbst; du bist schon DAS.

Sri Ramana Maharshi

Sich auf Sri Ramana Maharshi zu beziehen, ist eine große Herausforderung, besonders, wenn man ihm nie persönlich begegnet ist. Wenn man sich darauf verlässt, was über ihn geschrieben wurde, ist klar, dass dieser Mann in der Lage war, seine Anhänger zurück in sich selbst zu werfen, indem er einfach sein Wahres Selbst war, auf eine einfache und direkte Art und Weise. Viele Sucher waren zu jener Zeit überwältigt von der Kraft und der Tiefe seiner Präsenz.

Doch manchmal wurden seine Worte (später) so interpretiert, als sei Erleuchtung etwas, was er als eine Person erlangt hätte. Die Menschen begannen zu glauben, dass er „Es" erlangt hatte – einen besonderen Zustand, den seine Anhänger (noch) nicht erreicht hatten.

Diese Annahme könnte verwirrend sein, denn das wahre Selbst ist grenzenlos, und deshalb kann ES nicht irgendjemandem gehören. Zu glauben, dass man Erleuchtung erreichen oder erlangen könne (als eine Person), ermutigt den Sucher nur zu glauben, dass er oder sie DAS ebenfalls finden könne. Wenn man versteht, dass der „Sucher" nur ein Konstrukt des Verstandes ist, ist jede Empfehlung, der Sucher könne Einheit durch Selbsterforschung erlangen, ein Widerspruch in sich selbst.

Ich glaube, alles, worauf Sri Ramana hingewiesen hat, war, dass jeder schon DAS „ist". Das heißt automatisch, dass überhaupt keine

Notwendigkeit für irgendeine Reinigung oder eine spirituelle Suche besteht. Wie kann man das Selbst finden, wenn ES das ist, was wir wirklich sind? Wie kann man DAS erlangen, was keinerlei Grenzen hat? Deshalb ist Sri Ramanas Selbsterforschung in gewisser Weise wie ein Zen-Koan, denn auf die Frage „Wer bin ich?" gibt es keine Antwort. Aber zu erkennen, dass es auf diese Frage tatsächlich keine Antwort gibt, dass es keinen Sucher gibt, kann die spirituelle Suche beenden.

Dr. Jan Kersschot
Autor von „Coming Home" und „The Myth of Self-Enquiry"

Christopher Titmuss

Die Welt kommt und geht einfach. Ich muss die Welt nicht zerstören; ich muss die Welt nicht beenden. Sie endet still, ganz leicht, von einem Moment zum nächsten, ohne mich. Es ist nicht meine Wahnsinnsaufgabe und Verantwortung zu versuchen, diese Welt zu beenden, damit Erkenntnis geschehen kann. Welt beendet sich selbst, in jedem Moment.

Die Freiheit des Seins lässt Liebe und
Weisheit sich selbst manifestieren.

Christopher Titmuss

Christopher Titmuss

Christopher Titmuss, ein ehemaliger buddhistischer Mönch in Thailand und Indien, lehrt Erwachen und Einsichtsmeditation auf der ganzen Welt. Er ist der Gründer und Leiter des Dharma-Ausbildungsprogramms und des Programms „Gelebtes Dharma". Er gibt Retreats, nimmt an Pilgerreisen teil und hält Dharma-Versammlungen ab. Als hochrangiger Dharma-Lehrer im Westen, Aktivist für den Frieden und andere globale Themen, ist Christopher Mitglied des internationalen Beratungsgremiums der buddhistischen Friedensbewegung. Als Dichter und Schriftsteller ist er Mitbegründer des Gaia-Hauses, eines internationalen Retreat-Zentrums in Devon, England. Er lebt in Totnes, Devon.

Ich hörte von Christopher Titmuss zum ersten Mal 1993, als ich in Lucknow bei Papaji war. Damals bot er Gespräche an in Bodhigaya in Indien und auf der Bodhi Farm in Australien. Ich wollte ihn kennenlernen, und so bekam ich meine Chance 2009 in Tiruvannamalai. Er war sofort damit einverstanden, ein Interview zu geben. Und obwohl er mit seinem Retreat beschäftigt war, traf er sich mit mir am nächsten Tag. Er ist sehr englisch: lustig, verspielt und tiefgründig. Wir begegneten uns nur für diese herrliche, freudvolle Zeit des Interviews.

Sri Ramana Maharshi empfahl die grundlegende Frage: „Wer bin ich?" – Wer bist du?

Eine kleine Beigabe zum Großen und Ganzen.

Würdest du das ein bisschen ausführen?

„Ich" ist ein Phänomen der Erscheinung. Wer bin ich? Es gibt eine Bewegung. Ich spreche zu dir, und schon dockt irgendwo das Gefühl, die Wahrnehmung von „Ich" an. Ich sage, es ist eine kleine Beigabe, nicht von großer, tiefer Bedeutung. Im Moment dockt es in der Stimme an. Ich spreche mit dir. Ich antworte, so gut ich kann, auf deine tiefgreifende Frage. Es dockt im Gefühl für die Form dieses Körpers an, der hier auf dem Stuhl sitzt. Das „Ich" macht eine kleine Verlagerung im Augenblick und dann dockt „Ich" im Körper an.

Im Kontext von Sri Ramana Maharshis Lehren und, ganz wichtig, aus einer achtsamen und erforschenden Haltung heraus, fordert die Stimme das „Ich" nicht ein. Die Stimme sagt nicht: „‚Ich' spreche." Das „Ich" dockt an. Der Körper sagt nicht: „‚Ich' sitze hier." Es ist das „Ich", das sagt: „Ich sitze hier." Dieses außergewöhnliche Phänomen des „Ich" dockt also gerne an Gefühle, Gedanken, Körper, Sprechen, an Aktivität etc. an. Interessant wird es, wenn es nirgendwo andocken kann. Dann kommt das Feinste zum Vorschein.

Viele Sucher suchen nach Erleuchtung, als wäre es eine Erfahrung. Was ist Erleuchtung?

Ich werde in drei Teilen antworten. Entschuldige, wenn ich hier ein wenig analytisch werde. Da ist erstens das Wort, zweitens seine Anwendung für den Sucher und drittens, wie es dieser arme Kerl hier versteht.

Das Wort „Erleuchtung" gibt es in indischen Sanskrit-Pali-Texten nicht. Totale Fehlübersetzung! Das Wort „Erleuchtung" ist ein westliches Konzept. Es bezieht sich auf eine Verlagerung des westlichen Denkens vor ungefähr zwei bis drei Jahrhunderten. Nach und nach, durch die Entwicklung der Naturwissenschaften und die Infragestellung des Glaubens, begann diese Verlagerung.

Die Weltsicht veränderte sich von einem Glauben an einen Schöpfergott, der Belohnung und Bestrafung für menschliches Verhalten und menschliche Glaubensvorstellungen verteilt, hin zu einem Glauben in die Naturwissenschaften und in die Anwendung von rationalem Denken, in die Vernunft als das Mittel, die Realität zu erkennen. Die

Intensivierung wissenschaftlicher Forschung, die Industrialisierung und die Vorherrschaft des Glaubens an Vernunft und an rationales Denken, wurde dann „Aufklärung" (englisch: „period of enlightenment": Zeitalter der Erleuchtung) genannt.

Die englischen Kolonialherren kamen mit der üblichen englischen Arroganz nach Indien und waren entweder bewaffnet mit der Bibel (deshalb das alte Glaubenssystem: Gott als der Schöpfer und Bestrafer) oder mit naturwissenschaftlichem Wissen und den Vorstellungen von Fortschritt, und versuchten, dieses Weltbild in Indien zu etablieren. Hier in Indien wurde seit 5.000 Jahren *Vichara* (Erforschen) betrieben. Aber Sanskrit-, Pali-, Chinesisch- und Tibetisch-Übersetzer des 19. Jahrhunderts benutzten das westliche Konzept der „Erleuchtung".

Damit war eine Sichtweise etabliert: Buddhas „Erleuchtung", Sri Ramanas „Erleuchtung" zeigten, dass menschliche Wesen eine endgültige, lebensverändernde Erfahrung haben können – und dem würde ich zustimmen. Das Alte, das Problematische, das *Karma* (Ursache und Wirkung), die Veranlagungen sind unwiderruflich beendet, zum Schweigen gebracht, fort, und etwas absolut, zutiefst Neues taucht auf. Der westliche Begriff „Erleuchtung" wurde auf diese Veränderung angewandt. Er stützt die Vorstellung von einem einzelnen, einmaligen Ereignis im Leben. Aber für die Befreiung brauchen wir ein solches Ereignis nicht.

Um zum zweiten Punkt zu kommen: Der Begriff Erleuchtung vermittelt dem Sucher den Eindruck, dass mir, wenn ich nur immer mit dem Suchen weitermache, unweigerlich eine solche, den Verstand wegpustende Erleuchtung geschehen wird, und dass es wird eine Veränderung wie Tag und Nacht sein wird.

Sri Ramana hatte eine Erleuchtung, in der das Selbst nie am Körper angedockt hat und es deshalb auch keinen Tod gab, und Buddha hatte seine Nacht der Erleuchtung. Der Sucher mag glauben, dass es das ist, worauf ich hinarbeiten sollte. Das nennt man dann „Übungen". Oder aber, ich sollte nicht darauf hinarbeiten, sondern auf „Gnade" warten – der ich übrigens noch nie begegnet bin. Gnade wird kommen und dann werde ich erleuchtet. Ich ziehe es vor, das Wort „Erleuchtung" zu streichen. Es ist ein schwer belastetes Modewort. Es gibt viel, zu dem man im Laufe des Lebens erwachen kann – endlose Entdeckungen und Verwirklichungen.

Ich hatte das Privileg, seit 1975 jedes Jahr in Indien lehren zu dürfen. Ich gründe meine Sicht der Dinge auf eigene Erfahrungen und ein Verstehen, das sich vom Anhören der Erfahrungen vieler Tausender weltweit herleitet. Einige Menschen haben mir erzählt, sie seien erleuchtet. Sie sagen, sie hatten ein großartiges Erleuchtungserlebnis. Das war während eines Retreats oder einer Selbsterforschung mit mir oder mit anderen Lehrern. Ich habe dieser Person zugehört. Manchmal ist es passiert, dass die Person eine arrogante Behauptung über sich selbst gemacht hat, vielleicht auf einem Egotrip gelandet ist und sich selbst sehr schnell als Guru oder Meister aufgebaut hat. Später habe ich gesagt: „Schade, dass du jemals diese Erfahrung hattest."

Andere sagen: „Christopher, ich hatte überhaupt noch nie so eine Erfahrung", und doch bringt ihr Leben etwas hervor, was ich ein verwirklichtes und erwachtes Leben nennen würde. Es manifestiert und zeigt sich selbst – niemals perfekt (ich halte die Vorstellung von Perfektion für Blödsinn), aber mit einem großen Sinn für echte, authentische Freiheit des Seins, für eine tiefe, natürliche und fast unerschöpfliche Glückseligkeit, kübelweise Liebe und viel Klarheit über die sogenannte Welt, in der wir leben. Da ist eine Mäßigung in der Lebensweise, eine Hingabe an einen Lebensstil, der nicht verletzt und ausbeutet, und eine Bereitschaft, aus allen Fehlurteilen zu lernen.

Und doch tauchen für die meisten erwachten Wesen Dinge auf, die die Vorstellung von Perfektion aufheben. Wolken ziehen vor das Sonnenlicht, und eine Eigenschaft eines erwachten menschlichen Wesens, das Liebe und Freude, Intimität und Freiheit des Seins kennt, ist, dass sie oder er nicht anders kann, als aufmerksam für das in sich zu sein, das gerade der Aufmerksamkeit bedarf. Ungelöste problematische Bereiche wie Wollen, Verwirrung, Dünkel und Angst können nicht rationalisiert oder gerechtfertigt werden mit der Begründung, dass der *Mukti* (jemand, der befreit ist) tun kann, was immer er oder sie will. Worum geht es bei dem Problem? Was bedarf hier der Aufmerksamkeit, um gelöst zu werden? Dies ist ein Ausdruck der eigenen Freiheit, sich selbst anzuschauen.

Du hast den Ausdruck „Freiheit des Seins" benutzt. Der gefällt mir sehr. Könntest du etwas mehr über die „Freiheit des Seins" sagen?

Man ist aus dem Schlaf alter Gewohnheiten, Neigungen und einem unangebrachten Glauben an das Selbst erwacht. Heute sind wir auf einer großen Dachterasse hier in Tiruvannamalai, wo ich ein *Dharma* (Lehre der Wahrheit)-Treffen leite. Wir beschäftigen uns mit *Dharma Vichara*, Erforschen der Wahrheit. Heute haben wir mit der Gruppe das Thema „Wie real ist die Welt?" erforscht. Es ist von entscheidender Bedeutung, dass wir uns in der Kommunikation mit der Welt vom Philosophieren fernhalten. Wenn die Welt – Bilder, Klänge, Gerüche, Geschmäcker und Berührungen – einen großen Einfluss auf uns hat, ein Drama im Leben, erscheint die Welt sehr, sehr real.

Beweise mir, dass es nur eine Welt gibt! Manchmal leben wir in einer Welt, ein Drama läuft ab, und das Selbst, das Ich, kann sich in diesem Drama eingesperrt fühlen. Das ist die Abwesenheit von Freiheit des Seins. Manchmal kann sich die Welt infolge einer meditativen Verlagerung des Bewusstseins, durch das Einnehmen von halluzinogenen Pflanzen oder das Rauchen von Marihuana sehr unreal anfühlen. Diese Erfahrungen lassen die Welt unreal erscheinen: „Was ist meine Projektion? Was ist eigentlich wirklich da?" Die Vorstellung von einer Welt, real und unreal, irgendwo dazwischen oder nichts davon, findet bei uns allen statt.

Du und ich, wir bewohnen unsere eigene kleine Welt in einer größeren Welt. Es gibt die Welt des *Satsangs* (Begegnung in Wahrheit), die Welt der Gruppe, die Welt der zwei Liebenden und die Welt unserer Spezies. Die Welt ist nicht in der Lage, Freiheit des Seins zu definieren oder es zu begrenzen. Freiheit des Seins ist nicht messbar. Sie steckt nicht in einer der Welten fest, in denen wir im Laufe unseres Lebens ein- und ausgehen. Das ist es, worauf ich hinweise.

Könnte es mit Worten wie spontan, unschuldig, präsent, kindhaft beschrieben werden?

Ich habe ein Gespür und Wertschätzung für diese Worte, aber sie fühlen sich einschränkend an. Sicher, Spontaneität kann stattfinden. Aber als menschliches Wesen bin ich manchmal nicht spontan, unschuldig oder kindhaft. Manchmal finde ich es notwendig, bei einer Aktivität Denken einzusetzen, um etwas in der Zusammenarbeit mit anderen umzusetzen. Daran ist nichts Spontanes. Dieses schilfgedeckte Hausdach ist nicht spontan erschienen.

„Präsenz" ist in spirituellen Kreisen zu einem richtigen Modewort geworden. „Es gibt nur das Jetzt." „Das ewige Jetzt." „Das ist es." „Die Vergangenheit ist nicht real." „Die Zukunft ist nicht real." Das hört sich für mich wie die totale Gefangenschaft an. Es ist eine gegenwärtige New-Age-Ideologie. Ich bin an der Freiheit des Seins interessiert, nicht daran, mich in den Moment einzusperren und dem Jetzt Macht und Substanz zu geben. Freiheit, in Verbindung mit Klarheit und Weisheit, erkennt die Vergangenheit an, ohne in einen Zustand von Verleugnung zu geraten. Sie erkennt die Zukunft – organisieren und planen – an, aber vergöttert nicht Vergangenheit, Gegenwart oder Zukunft.

In ihrer bemerkenswerten Großzügigkeit erlaubt die Freiheit des Seins die natürliche Entfaltung der Zeit. Wenn wir tief in die Zeit hineinschauen, entdecken wir das Zeitlose. Insofern fühlt sich alles, was den leichten Gestank oder den süßen Duft von Spontaneität, Unschuld oder Präsenz hat, ein bisschen eng an. Nett eng, aber eng. Wir sind frei, spontan zu sein, und wir sind frei, etwas vorzubereiten.

Sehr schön, danke. Gibt es irgendwelche Qualifikationen für die Erleuchtung? Sind Übungen notwendig, und wenn ja, welche Form empfiehlst du?

Das sind zwei Fragen in zwei verschiedenen Bereichen. Kann ich die Frage umdrehen?

Selbstverständlich. Sind Übungen notwendig?

Sind Übungen notwendig? Es gibt die Freiheit zu üben und Übungen für Freiheit. Einige lehnen Praxis ab. Das ist schade. Sie sind nicht frei, zu üben.

Hier setze ich entschieden den Lehrerhut auf. Ein bisschen Hintergrund dazu: Ich habe 1967 die Überlandreise nach Indien gemacht und habe herrliche und liebevolle Erinnerungen an diese Reise – Busse und Züge und Rikschas und Trampen und Wandern, alles Mögliche. Ich habe immer noch eine große Liebe für die islamische Kultur und arabische Menschen. Sie waren immer in der Lage, zwischen dem englischen Bürger und der englischen Regierung zu unterscheiden. Gott sei Dank! Allah ist barmherzig. (Lachen)

Ich verbrachte die nächsten zehn Jahre im Osten, sechs davon in Thailand als buddhistischer Mönch mit dem Privileg zweier wundervoller und bemerkenswerter Lehrer. In gewisser Hinsicht reflektieren beide Lehrer und ihr Einfluss auf mein armes Selbst die Fragen ein bisschen.

Der erste Lehrer war Ajahn Dhammadharo, *Vipassana*- (Einsichtsmeditation) Lehrer, alte Schule. Übungen! In diesem Kloster gab es ungefähr achtzig bis hundert Hütten für Mönche, mehr oder weniger im Halbkreis angeordnet, mit den Nonnen auf der anderen Seite der *Dharma*-Halle. Er hielt uns davon ab, in unseren Hütten zu üben, weil er uns nicht traute, also übten wir auf den Veranden der Hütten oder unter den Bäumen.

Der Tag begann um vier Uhr morgens. Jeden Nachmittag machten wir eine langsame Gehmeditation im Kreis, und er kam immer am Abend und hielt den abendlichen *Dharma*-Vortrag. Das war Übung, schau dir das Leben an, schau dir deine Existenz an, schau dir die Vergänglichkeit an, schau dir das Nicht-Selbst an und übe dies, um durch alles hindurchzuschauen. Übe, übe, übe.

Nebenbei bemerkt, wir haben hier all diese bourgeoisen Mittelklasse-Annehmlichkeiten wie Kissen, auf denen wir sitzen können. Im Kloster sagten die Mönche, dass das für Schwächlinge sei, nicht für Praktizierende. Wir hatten nur eine Matte auf dem Boden. Hier sind wir eher höflich; kaum ein westlicher Lehrer spricht für mehr als eine Stunde, normalerweise vierzig Minuten bis eine Stunde. In Thailand hat man dafür keinen Sinn. Der Lehrer kam jeden Abend in die *Dharma*-Halle, dreihundertfünfundsechzig Tage im Jahr, um den Abendvortrag zu halten.

Ich bin ein typischer Engländer, viel zu faul, um eine andere Sprache zu lernen, aber ich musste teilnehmen. Es war uns nicht erlaubt, die Füße nach vorn auszustrecken. Wenn der Lehrer die Fußsohlen sehen kann, wird das in der Tradition als eher unhöflich angesehen, etwa so, als würde ein Mann einen Hut in einer katholischen Kirche tragen. Wir wussten nie, wie lange der Lehrer sprechen würde. Drei Minuten oder drei Stunden. Übungen der harten Schule. Man lernte ein bisschen über Loslassen, Schmerz und Unbehagen im Körper und darüber, den eigenen Verstand zu beobachten.

Es gibt jene, die sich mit der Praxis identifizieren. Das Selbst hat sich um die Übungen herumgewickelt. Das „Ich", das „Mein" sind in den Übungen verfangen. Anstatt eine Antriebskraft für die Befreiung zu sein, wird die Praxis zu einer neuen Gefangenschaft. Besser man lässt es sein, dieses Festsitzen in Übung, Übung, Übung. Praxis ist ein zweischneidiges Schwert, eine scharfe Kante in der buddhistischen Tradition.

Diejenigen, die gegen Übungen sind, sind genauso töricht. Sie sagen: „Eine Praxis zu verfolgen, das ist der Macher, der Versuch, irgendwohin zu gelangen. Wenn du auf dem Kissen sitzt, versuchst du irgendwo hinzukommen, etwas zu bekommen. Du kannst nicht zu dem gelangen, was du schon bist." Diese Einzeiler werden um den Arunachala herum und anderswo in einer alarmierenden Häufigkeit vom Stapel gelassen. Die Menschen merken sich diese Aussagen. Sie haben diese Einzeiler von anderen gelernt. Sie glauben daran. Sie halten an einer Reihe von mentalen Konstrukten fest. Sich an die Praxis zu klammern, ist sehr problematisch. Das Ablehnen der Praxis ist aber genauso problematisch.

Mein anderer Lehrer, Ajahn Buddhadasa, eine Legende in Thailand, hat mir gegenüber in unserem Jahr im Wald das Wort „Praxis" nie in den Mund genommen. Er lehrte Leere. Wir führten Dialoge. Ich war nicht in der Welt der Übungen, wie ich es in dem anderen Kloster gewesen war. In unseren Begegnungen verschob der Lehrer die Metapher des Pfades, des Fortschritts, der Entwicklung von hier nach dort.

Wir müssen unserer Erfahrung treu bleiben. Wenn die innere Stimme sagt: „Ich brauche wirklich ein paar gute Übungen", folge ihr!

Wenn die Stimme sagt: „Ich bin so vertraut mit Übungen. Ich habe so viele gemacht", gib die Vorstellung auf! Gib die metaphorische Sprache vom Pfad, vom Weg, vom Ziel völlig auf! Gib die Vorstellung auf, ein Sucher zu sein, der das Gesuchte verfolgt! Sich einfach davon entleeren. Dadurch entsteht natürliche Autorität. Die Freiheit des Seins lässt Liebe und Weisheit sich selbst manifestieren. Lass andere entscheiden, ob da Autorität ist. Lass andere entscheiden, ob jemand qualifiziert ist, aus eigener Erfahrung zu sprechen. Wir müssen das nicht selbst entscheiden.

Sri Ramana sagte, dass Selbsterforschung der direkteste Weg ist, das Selbst zu realisieren. Was sagst du über Selbsterforschung und wie führt man Selbsterforschung durch?

Sie ist einer der großartigen Aspekte von Sri Ramanas Lehren, und zu seiner immerwährenden Ehre ist er ein Meister der Selbsterforschung. Ich benutze übrigens kein großes „S" für das Selbst. Es braucht diesen Status nicht. *Dharma Vichara* und Atma *Vichara* sind das Erforschen des Ahamkara, was im Wesentlichen die „Ich"-erzeugende Aktivität bedeutet. „Ich" denke wirklich darüber nach. „Ich" frage mich, wer ich bin. „Ich" frage mich, worum es bei diesem Bündel von Verstandes- und Körperprozessen eigentlich geht. Wenn ich anfange, die emotionalen und psychologischen Prozesse, die persönliche Geschichte, den therapeutischen Ansatz infrage zu stellen, dann ist das Atma *Vichara*, Selbsterforschung.

Dann ist es die Selbsterforschung, die keine „persönliche" Geschichte hat. Sri Ramana hebt die Betrachtung der „Ich"-erzeugenden Aktivität hervor. Worauf lasse „ich" mich ein? Worin verfange „ich" mich? Und wie schon gesagt, woran dockt das „Ich" an? Docke „ich" am Körper, an Gefühlen, Wahrnehmungen, Gedanken, Vorstellungen, Gemütszuständen, Suchen an? Wohin geht das „Ich"? Die Selbsterforschung und der Weg der Selbsterforschung sind dazu da zu beobachten, wo das „Ich" andockt, und zu erkennen, dass das, woran es andockt – und das ist der Schlüssel – nicht ich bin, nicht ich selbst, nicht das, was ich wirklich bin.

Der *Ajnani*, derjenige, der ignorant ist, der nicht erkennt, nicht weiß, dockt also an – und das, woran er andockt, wird zu seinem Selbst. Wenn ich am Körper andocke, dann sitze „ich" hier. Das „Ich" kann nicht sitzen. Aber es identifiziert sich mit dem Körper und sagt: „Ich" sitze hier. „Ich" werde älter. „Mein" Haar hatte eine andere Farbe vor zwanzig oder dreißig Jahren. „Mein" Bart wird etwas grau; das Salz wird bald mehr als der Pfeffer sein. Das „Ich" kann andocken und sagen: „Ich" werde älter.

Bei der *Dharma*-Erforschung, *Dharma Vichara*, geht es darum zu sehen, dass „ich" nicht das bin, woran das Selbst andockt. Ich bin nicht dieser Bart. Ich bin nicht diese Form. Ich kann mir Gefühle, Emotionen und Gedanken anschauen. Ich spreche mit dir über meine Erfahrungen, darüber, wie ich mich fühle, über meine Wahrnehmung der Dinge oder über Erinnerungen. Also ist das, woran das „Ich" andockt, nicht „Ich". Dort, wo es nicht andockt, in zupackender Weise, da beginnt sich Befreiung zu entfalten.

Sri Ramana weist darauf hin, dass es nicht notwendig ist, das Selbst zu erforschen. Es sorgt für sich selbst. Wenn ich weiß, was ich nicht bin, weiß ich sofort, wer ich bin. Und wenn ich es nicht weiß, verfange ich mich in Vorstellungen und dem Glauben daran, dass das, was ich bin, dieser Körper, Gefühle, Gedanken und Vorstellungen sind. Wenn ich weiß, was ich nicht bin, weiß ich im selben Augenblick, wer ich bin. Das ist das höchste *Dharma Vichara*.

Du meinst also, zu erforschen, wer man ist, enthüllt nicht, wer man wirklich ist?

Ja. Hier kommen Meditationen, Reflektionen und Dialog ins Spiel. Wenn Sensibilität und ruhiges Interesse da ist, wird es klarer. Wenn eine Spur von Ablehnung darin ist, wird es Abtrennung: Ich bin nicht der Körper, ich bin nicht mein Verstand, ich bin nicht meine Gedanken. Das könnte Aggression hervorrufen. Man müsste dann denjenigen anschauen, der reagiert, das Getrennte. Dann würden wir die Sensibilität gegenüber Herz, Verstand und Körper verlieren. Wir sind so nahe dran, unglaublich! Wir können respektvoll und unterstützend dem

Verstandes- und Körperprozess gegenüber sein und gleichzeitig wissen: Das bin ich nicht selbst, das ist nicht, was ich bin. Es mit Liebe und Gewahrsein wissen, nicht mit Abneigung. Deshalb sage ich, es ist ein „sensibles" Erforschen.

Als Sri Ramana gefragt wurde: „Wann hat man das Selbst erkannt?", antwortete er: „Wenn die Welt, die das ist, was gesehen wird, entfernt worden ist, wird die Erkenntnis des Selbst als das Sehende geschehen." Was ist das wahre Verständnis von der Welt und wie entfernt man die Welt?

Oh, Ramana, da kommst du uns aber mit ein paar Einzeilern! Sri Ramana starb 1950. Jetzt haben wir 2009. Es wäre süße Glückseligkeit, wenn ich von dieser Dachterrasse heruntersteigen, die paar Minuten hinüber zum Ashram laufen und sagen könnte: „Hey, Ramana, was hast du damit gemeint?" Ich kann es nicht. Es wäre dumm von mir, wenn ich versuchen würde, dazu einen Kommentar abzugeben. Es wird da der Eindruck vermittelt, dass es eine Welt gibt, die „etwas" ist. Sie hat Substanz und auf die ein oder andere Weise steht sie sofort vor uns: „Das ist die Welt!". Ich sage: „Nein, das ist sie nicht! Das ist die Sichtweise!"

Anstatt sie als derart substanziell, fast unvergänglich zu betrachten, was eine recht weit verbreitete Sichtweise ist, ist es wertvoller und befreiender, sie als Bewegung der Veränderung zu sehen. Ich werde erläutern, was ich damit meine. Der Moment, der diesem Moment, in dem du und ich kommunizieren, gerade vorausgegangen ist, jener Moment ist mit jener Welt aufgetaucht. Er dauerte ziemlich kurz und jetzt ist er vergangen. In seinem Vergehen gebar er, wie die Welle und der Ozean, diese jetzige Welt, in der du und ich mit deiner reizenden Filmcrew sprechen. Und die nächste Welt wird sich aus Dingen bilden und zusammensetzen, die du und ich noch nicht einmal sehen oder hören können. Denk nur an all das, was diese kleine Welt möglich machte, die du und ich zusammen heute haben.

Die Welt kommt und geht also. Ich muss die Welt nicht zerstören; ich muss die Welt nicht beenden. Sie endet still, ganz leicht, von einem Moment zum nächsten, ohne mich. Wenn ich das also weiß – im Sinne eines *Jnani* (jemand, der Befreiung verwirklicht hat) – ist die Welt kein

Problem. Sie entfaltet sich nur. Es ist nicht meine Wahnsinnsaufgabe und Verantwortung zu versuchen, diese Welt zu beenden, damit Erkenntnis geschehen kann. Welt beendet sich selbst in jedem Moment. Das ist die Sichtweise, die ich habe.

Diese nächste Frage knüpft daran an. Es wird gesagt, dass der Verstand zerstört werden muss, damit die Befreiung geschehen kann. Hast du einen Verstand? Wie zerstört man den Verstand?

Der einzige Ort, wo dieser Vorschlag herkommen kann, ist der Verstand. (Lacht) Er kommt nicht von einem Baum, er kommt nicht von diesem Bein. Er kommt von einem Verstand! Menschliche Wesen sind fantastisch darin, auf die exzentrischste Art zu denken. Wir sind wirklich merkwürdige Geschöpfe.

Wir haben den Verstand zum Problem gemacht. Der Verstand hat keine Ahnung davon, dass er das Problem ist. Wir haben den Verstand zum Problem gemacht. Wenn es ein Problem gibt, taucht ganz natürlich aus dem Problem heraus die Absicht auf, ihn zu beseitigen, sich seiner zu entledigen. Denken ist das Problem, also ist alles Denken verwerflich! Ein merkwürdiger Gedanke.

„Dein Verstand steht dir im Weg." „Dein Verstand hält dich davon ab, dich selbst zu erkennen." „Dein Verstand hindert dich an der Befreiung." Der Verstand produziert diese Ansichten, links, rechts und mittig. Das ist eine ziemlich sonderbare Lage, in der wir stecken! Und dann haben wir die Kühnheit zu sagen: „Der Verstand ist das Problem."

Ist es nicht so? Ist es nicht so? Wir haben etwa eine Stunde zusammen. Wir könnten über das Mittagessen sprechen oder über etwas von gestern. Ist das Auftauchen eines Gedankens so ein Problem? Wo kommt diese ganze Anti-Gedanken-Ideologie denn anders her, als von einem Verstand, der über den Verstand redet? Ich werde dem Verstand keine Autorität geben. Ich werde dem Verstand nicht diese Art von Autorität geben, ich werde kaum sagen: „Zerstöre deinen Verstand. Werde deinen Verstand los!" Ich gebe dem Verstand nicht diese Autorität.

Der Verstand ist kein Problem. Denken ist kein Problem. Die Freiheit des Seins erlaubt das Auftauchen von Gedanken, die sich als Freiheit des Seins ausdrücken. Sie lässt das Auftauchen von Ideen, Gefühlen und Veränderung zu. Du bist ein freier Mensch; nicht ein freier Mensch, der seinen Verstand zerstören sollte. Wenn der Verstand ein Problem für einige Menschen ist, müssen sie sich das anschauen. Andere von uns, die ein sehr einfaches, entspanntes, angenehmes Verhältnis zum Verstand haben, sehen ihn nicht als etwas Substanzielles an. Der Verstand bestätigt etwas Außergewöhnliches. Er hat nicht die Macht, wahre Erkenntnis zu blockieren.

Du hast uns erzählt, dass du einige Jahre lang mit umfangreichen Übungen verbracht hast, als du im Osten warst. Hast du das vielleicht mit der Intention getan, etwas mit deinem Verstand zu tun, um die Aktivität des Verstandes zu reduzieren, um zu No-Mind (ohne Verstand) zu gelangen?

Ein bisschen Hintergrund: Bevor ich buddhistischer Mönch wurde, war ich drei Jahre lang auf Reisen. Davor war ich durch Europa gereist, ich bin also ungefähr durch dreißig Länder getrampt. Ich hatte das Vergnügen und die Herausforderung, durch Teile von Europa, Asien und Australien zu reisen, und jetzt wollte ich in der inneren Welt herumreisen. Was ist die innere Welt? Ist sie so eine große Welt wie die äußere Welt? Was könnte das unterstützen, wie komme ich dahin? Ich hatte schon viel gelesen, hauptsächlich buddhistische Bücher. Ich mochte die buddhistischen Lehren über Veränderung, Befreiung, Loslassen und das Arbeiten mit dem inneren Leben.

Ich kann mich nicht eines bewussten Vorsatzes entsinnen, die Aktivität des Verstandes zu reduzieren. Ich ließ mich nicht zum buddhistischen Mönch ordinieren, weil ich verwirrt war. Ich ließ mich nicht ordinieren, weil ich unglücklich war. Ich ließ mich nicht ordinieren, weil ich dachte, dass ich irgendwelche Probleme hatte, die ich lösen müsste. Ich war ein Kerl Mitte zwanzig, ziemlich frei und unbefangen, und ich liebte das Leben. Ich konnte mich nicht über mich oder andere beklagen, aber ich wusste, dass es in der Erforschung des Lebens eine Menge mehr gab, als aus der eng eingegrenzten englischen Kultur auszubrechen und meinen kulturellen Horizont zu erweitern. Wenn es irgendeine Absichtlichkeit gab, war es die, in den inneren Bereich von

Erfahrung hineinzuschauen und das als eine Art Freiheitserklärung zu erforschen. Wir sind frei zu erforschen, was „Das" ist. Das war sicherlich ein einflussreicher Faktor im Laufe der Jahre, und er dauert an. Er hat nicht plötzlich aufgehört. Es gibt keine Begrenzung in der inneren und äußeren Erforschung.

Das ist sehr einfach zu verstehen. Aber ist es nicht so, dass viele Buddhisten, die vielleicht nicht so ein umfassendes Verständnis haben wie du, No-Mind suchen, was auch immer das heißt?

Das eigentliche Konstrukt „No-Mind" gehört fast ausschließlich zu Zen. Ich erinnere mich nicht, es in dieser Form von meinen Lehrern gehört zu haben. Die Zen-Tradition hat also diese wunderbare scharfe Klinge. Die No-Mind-Aussage ist eine solche Beleidigung für den gut ausgebildeten, kultivierten westlichen Verstand. Ich bin der Meinung, dass sie eine brillante Anwendung ist. Ich habe vor einigen Jahren einen Vortrag an der Universität von Oxford gehalten. Es war nur eine Witzelei mit etwas Ernst darin, und ich sagte so etwas wie: „Die Universität ist im Wesentlichen eine Ego-produzierende Fabrik." Ich bekam einen sehr wütenden Brief von einem Professor in Oxford, der schrieb: „Wer zum Teufel glauben Sie, wer Sie sind? Ich kam, um mir einen öffentlichen Vortrag über Buddhismus anzuhören. Ich bin nicht gekommen, um mir anzuhören, dass ich in einer Ego-produzierenden Fabrik bin!"

Ich nenne mich nicht einen Buddhisten. Ich habe kein Bedürfnis nach Etiketten, also wollte ich auch nicht das loswerden, was „römisch-katholisch" heißt, um dafür ein anderes anzunehmen. Ich halte mich von Etiketten fern. Ich kenne viele Buddhisten, buddhistische Mönche und Nonnen. Ich habe eine gewisse Vertrautheit und Verbindung mit der buddhistischen Tradition. Ich würde sagen, dass der Weg, das Ziel und die Sprache des Ziels sich sehr unterscheiden.

Für einige mag es das Bestreben sein, No-Mind zu realisieren. Der Koan ist ein Versuch, den Verstand wegzublasen. Ein Koan kann einfach nicht beantwortet werden; er zeigt die Grenzen des Verstandes auf. Du kennst den sehr berühmten Koan: „Wie klingt das Klatschen einer Hand?" Ein Freund mailte eine amüsante Antwort darauf: „Sehr still."

Manchmal wird der Koan dazu benutzt, No-Mind zu realisieren. Der Verstand kann die tiefgründigste aller Fragen nicht beantworten. No-Mind zu realisieren, ist dann befreiend.

Buddhisten versuchen, das Unkonditionierte oder das *Nirvana* (Ichloser Zustand) zu realisieren, die absolute Wahrheit zu entdecken, die eigene Buddha-Natur zu erkennen. Solche Konzepte sind für manche nützlich, weil sie ein wenig Sinn für die Richtung vermitteln.

Nicht alle werden ein umfangreiches Konzept in ihrer Übungsweise benutzen. Wenn man sich, wie Buddha aufzeigte, mit Übungen beschäftigt, einschließlich Selbsterforschung und Selbstuntersuchung, so wird man wie ein Holzstück im Fluss ganz natürlich zum Meer hin fließen – wenn man nicht an die Ufer von „Selbst" oder „Anderem", an das eine oder andere Ufer gespült wird. Für einige muss das Meer nicht benannt werden.

Viele Übende sind nicht zielorientiert. Sie machen ihre Übungen wie das Holzstück auf dem Fluss, der ins Meer fließt. Sie erfahren auf ganz natürliche Weise die Vorteile und Früchte, die sich daraus ergeben. Sie erkennen das Unermessliche, die Weite der Dinge, das, was nicht aus Selbst gemacht ist, No-Mind, was auch immer. Wie Buddha sagt, wird es so klar, wie es Farben für einen Menschen mit gutem Augenlicht sind.

Einige Menschen üben mit einem realen, klaren, benannten Ziel. Andere üben ohne ein benanntes Ziel. Die Praxis befreit sie. Andere bleiben in den Übungen stecken.

Was ist mit den Neigungen des Verstandes? Müssen diese entfernt werden, damit die Selbsterkenntnis dauerhaft bleiben kann; und wie beseitigt man diese Neigungen?

Wenn wir in die Gefangenschaft von Ursache und Wirkung geraten, aufgepasst! Man könnte sagen: „Die Ursache, die mich von der Verwirklichung abhält, sind die Neigungen. Wenn ich die Neigungen beseitige, wird die Befreiung kommen." Demnach sind die Neigungen die Ursache. Werde die Neigungen los, und die Befreiung wird kommen. Es könnte einen eine höllisch lange Zeit kosten. Nehmen wir an, jemand sagt: „Wow, schau dir die ganzen Neigungen an, die ich in diesem Leben entlarven konnte." Und man könnte dann sagen: „Und vielleicht, vielleicht, vielleicht könnte es möglicherweise vergangene Leben geben." Ach du lieber Gott! Muss ich diesen Riesenberg vor der Verwirklichung erst auflösen? So zu denken ist ein Albtraum!

Ich bevorzuge den Mittelweg. Ich kenne kein menschliches Wesen, das jeden Moment, den ganzen Tag, die ganze Zeit unter dem Einfluss seiner Neigungen steht – den guten, den schlechten und den indifferenten. Wenn du und ich uns nicht unter dem Druck der Vergangenheit oder der Neigungen befinden, erfahren wir nur Ruhe und Klarheit. Energie ist vorhanden und ein natürliches Wohlgefühl. Die Neigungen fehlen gewissermaßen. Vielleicht gibt es in solchen Zeiten, in denen wir uns nicht im Schatten unserer Neigungen befinden, eine Gelegenheit für Entdeckungen und Verwirklichungen. Auf diese Weise setze ich mich nicht dem Druck aus, versuchen zu müssen, meine Neigungen loszuwerden, damit ich gereinigt werden kann, um verwirklicht zu werden. Ich glaube nicht, dass wir uns die ganze Zeit in ihrem Schatten befinden.

Ich schaue mir an, wo das Selbst andockt. Ich sage: „Ich habe eine Neigung, andere Menschen zu beurteilen. Ich habe eine wirkliche Neigung, mich selbst klein zu machen. Ich habe das Gefühl, dass ich nicht gut genug bin. Ich bin wertlos." Wenn ich bemerke, wie das täglich hochkommt und ich anscheinend nicht viel Raum dort herum schaffen kann, dann möchte ich mich damit beschäftigen. Ich möchte es mir anschauen und darüber hoffentlich zu Klarheit und Verständnis kommen, so dass in meinem Herzen, in meinem Bewusstsein ein Raum entsteht.

Es ist nicht so, dass ich mir gesagt habe: „Wow! Ich bin diese Neigung tatsächlich losgeworden. Ich habe nie wieder Selbstzweifel. Ich hab's gelöst!" Wir versuchen nicht, uns perfekt zu machen. Viel von dieser Neigung scheint einfach wie ein Tagtraum zu sein, und man fragt sich: „Was ist mit dieser Neigung passiert? Die Dinge, die mich immer wütend gemacht oder mir schlaflose Nächte bereitet haben, scheinen einfach weg zu sein!" Und manchmal sagen die Leute: „Ich hatte diese Neigung. Und kann sie nicht mehr finden!" Nett. (Lacht) Wertvoll!

Wie ist es mit Schicksal? Erwartest du, dass die Dinge einfach geschehen, oder drückst du deinen freien Willen aus und wählst?

(Lacht) Nichts davon. Unmissverständlich nichts davon. Ich habe mich jahrelang damit beschäftigt, das zu reflektieren. Das ist eine wichtige Frage. Im Osten ist Schicksal oft mit einer fatalistischen Note behaftet: „Oh, das ist dein Schicksal." Es ist etwas Gegebenes; es hat einen Geruch von Gefangenschaft. Für mich hat das nichts von Undefinierbarem. Für mich hat das nichts von Unsicherheit oder Veränderung. Es gibt mir diesen Geruch einer absolut festgelegten Gewissheit. Ich sehe dafür keine Indizien. Wir könnten zustimmen und denken: „Das ist mein Schicksal im Leben." Dann passiert etwas Einschneidendes, und was ist dann mit der Vorstellung von Schicksal geschehen? Plötzlich wirst du weggepustet und etwas anderes entfaltet sich.

Die andere Reaktion ist dann freier Wille, Entscheidung, so geliebt im Westen. Ich denke, die Bewegung des Wählens, die Manifestation der Wahl, sogar in den großzügigsten Momenten, passiert in den kleinen Details des Lebens. Du hast gesagt: „Christopher! Ich schreibe ein Buch und will dich interviewen. Ich möchte dich gerne filmen. Können wir uns treffen?" Es war deine Entscheidung, mich zu treffen, und ich sagte zu dir: „Oh ja. Ich werde kommen." Das war meine Entscheidung.

Wenn es eine Wahl gibt, so ist viel davon unbedeutend, von kleinem Maßstab. Die größeren Herausforderungen des Lebens liegen nicht unbedingt im Bereich der Wahl. Geboren werden zum Beispiel. (Lachen) Ich kann mich nicht erinnern, gewählt zu haben, in England bei meinen Eltern geboren zu werden; gewählt zu haben, in eine katholische Schule zu gehen; gewählt zu haben, männlich zu sein und andere sonderbare Eigenschaften. Ich kann mich nicht erinnern, gewählt zu haben, dass verschiedene Ereignisse in meinem Leben passierten, weder schöne noch schwierige, die einen Einfluss auf mich hatten.

Ich kann mich nicht erinnern, gesagt zu haben: „Oh, ich werde heute wählen, dass meine liebevolle Partnerin mich verlässt", oder „Oh, ich denke, ich wähle heute ein großes Öffnen des Herzens. Ich denke, das ist meine Wahl heute."

Ich würde sagen, wir übertreiben die Bedeutung von Entscheidung: „Soll ich ein hellbraunes T-Shirt kaufen oder soll ich ein dunkleres kaufen?" Die Auswahlmöglichkeiten sind oft trivial, klein. Wenn wir die Situation aufbauen: „Oh, ich muss unbedingt eine Entscheidung treffen!" Wieder Wahl. „Soll ich in Indien bleiben oder soll ich irgendwo anders hingehen? Soll ich damit weitermachen oder nicht?" Wir bauen es auf, aber die Entscheidungen entfernen sich von uns. Wir sind in einem Dilemma, einem Konflikt, in Aufruhr. Wir wissen nicht, was wir tun sollen. Wir nennen es Wahl, aber eigentlich ist es inneres Chaos. Und wer würde das wählen?

Ich glaube, dass wir vorsichtig sein müssen mit der Ideologie der Wahl. Wahl ist ein Extrem. Schicksal ist das andere Extrem, so wie die Sichtweise: „Es sollte so sein." Nichts sollte so sein. Ein sich entfaltender Prozess offenbart sich aufgrund von Gegebenheiten selbst. Zwischen den beiden Extremen gibt es einen Mittelweg.

Es scheint grundlegend zu sein, einem Meister zu begegnen und sich diesem Meister hinzugeben. Wer ist der Meister, was ist die Rolle des Meisters, und wie erkennt man einen echten Meister?

Oh Gott! Der Meister! Ich habe ziemlich viel über diese Frage geschrieben. Sie interessiert mich, weil ich auf „dem Thron" sitzen muss. In England ist der Thron das, worauf die Königin sitzt, aber auch die Toilette nennt man so. Der gesegnete Meister! Ich spreche eine Warnung aus. Wenn jemand einen Meister haben will, dann sollte dieser oder diese tot sein. Dann enttäuschen sie nicht. Niemand erinnert sich an die Begrenzungen der Verstorbenen. Und umso länger tot, umso besser. Aber wenn jemand zu einem lebenden Meister gehen will, behandelt ihn sorgsam, jeden von uns! (Kichert) Wo es einen Meister gibt (ein sehr machtvoller Archetyp), da gibt es den Anhänger, den Schüler, den Ergebenen. Der Meister sitzt da mit seinen oder ihren Privilegien, um „Ich bin der Meister" aufzubauen. Zwischen dem Anhänger und dem Objekt der Hingabe, das „der Meister" genannt wird, gibt es einen Abstand. Es ist ein Riesenabstand. In diesem Abstand mögen die Anhänger sich wünschen, sich dem Meister hinzugeben, ihre Autorität abzugeben.

„Autorität" kommt aus dem Französischen und Griechischen, „author": kreieren, bewirken. Man opfert seine Fähigkeit, als menschliches Wesen „etwas zu bewirken" und übergibt sie dem Meister.

Es könnte religiöser Faschismus sein. Der Meister mag sich mit seiner oder ihrer Rolle identifizieren. „Ich bin der Meister, der weiß." So muss es nicht sein. Es ist wirklich eine Frage der Beziehungsdynamik. Was für eine Weisheit hat der Meister? Wo ist die Liebe? Besteht die Absicht, das Ego zu nähren? Ist die Absicht Macht und Kontrolle? Ist die Absicht, Reichtum zu kreieren? Ist die Intention der Gebrauch von Charisma, um Aufmerksamkeit zu bekommen?

Oder ist die Aufgabe, so viele menschliche Wesen wie möglich zu befreien, einschließlich der Freiheit von der Dualität von Meister und Schüler, zweier grundlegender Konstruktionen, denen es an wirklicher Realität fehlt? Hingabe kann eine kraftvolle, wunderbare, befreiende, erweckende Quelle sein, oder Hingabe kann das neue Gefängnis werden. Das ist die Frage. Es ist eine offene Frage.

Und wer ist der Meister?

Wer ist der Meister? Es ist sicherlich nicht das „Ich". Eine befreiende Wahrheit, das ist der Meister. Die Wahrheit ist der Meister, und es ist die Wahrheit, die sich einmischt. Sie dringt in eine Situation ein und es gibt einen transformatorischen Effekt. In gewissem Sinne befreit Wahrheit das Wesen soweit, dass „Sein" ein weiteres Konstrukt ist. Der Katalysator könnte wirklich der Dialog des sogenannten Meisters mit dem sogenannten Schüler sein.

Buddha benutzt das Konzept *Kalayanamitta*. Es bedeutet wörtlich „guter Freund". Für mich heißt das, dass ich das Privileg der Autorität des Lehrers habe. Ich habe das Privileg zu erforschen, zu üben. Ich habe das Privileg, am Leben teilzunehmen, Fehler zu machen, aus Erfahrungen inmitten von voneinander abhängig auftauchenden Ereignissen zu lernen. Das ist eine große Freiheit.

Ich habe das Vergnügen und die Freude von Freundschaft. Ich fühle mich nicht sehr wohl mit der Vorstellung von Anhängern, Schülern und Ergebenen. Ich mag das Informelle der Freundschaft, ich mag es, Zeit in den *Chai* (Tee)-Läden zu verbringen, mit Leuten in Umgebungen und Situationen zusammenzukommen und zu sprechen, die außerhalb der Struktur des formalen Lehrens sind. In einer informellen Umgebung sind die Menschen eher sehr freimütig und direkt, was ihre Wahrnehmung von mir und auch von sich selbst angeht. Wenn wir Lehrer innerhalb der Struktur bleiben, können wir uns leicht viele Projektionen einfangen. Der Meister ist die Wahrheit. Wenn ich mich wirklich daran erinnere, werde ich nie die Person, die der Meister ist, mit der Wahrheit verwechseln. Wir sind an der Wahrheit interessiert.

Und was ist die Rolle des Meisters?

Aus dem Weg zu gehen! Einige werden sagen: „Ich bin die Wahrheit." Warte mal! Andere werden sagen: „Oh, das bin nicht ich, aber es ist die Wahrheit, die durch mich durchkommt. Ich bin nur das Vehikel, es kommt durch mich durch." (Lacht) Warte mal! Das Ego wird immer Ansprüche erheben wollen. Was ist die konventionelle Übereinkunft, die „Meister" genannt wird? Christopher spricht ein paar Worte. Ist das der Meister? Sich hier oben hinzusetzen, ist das der Meister? Andere Leute kommen und setzen sich ebenso hier oben mit mir hin für die Selbsterforschung. Sind sie der Meister? Es ist also eine Konvention. Es ist ein Konstrukt. Wahrheit reist nicht durch den Meister. Wahrheit ist nicht der Meister und der Meister ist nicht Wahrheit. Dies sind nur Konventionen – und wir sind am Unkonventionellen interessiert, das ist alles.

Wie erkennt man einen echten Meister? An einer Stelle hast du gesagt, der Meister ist die Wahrheit. Wie erkennt man das?

Ja, der Meister ist die Wahrheit. Verwechsele Wahrheit nicht mit der Person. Niemand hat Wahrheit. Sehr einfach. Drei Kriterien, um einen „echten Meister" zu erkennen: Erstens musst du eine lange Zeit direkt mit dieser Person verbringen, in einer Vielzahl von unterschiedlichen Umgebungen. Zweitens, wie geht die Person mit einer sehr schwierigen Situation um? Jeder Idiot kann ein Kapitän auf ruhiger See sein.

Drittens, vielleicht enthüllt der Meister oder Lehrer seine Menschlichkeit – Fehlentscheidungen, Torheit, oder den dreifachen Horror, der mit vielen Lehrern in Verbindung gebracht wird: Macht, Geld und Sex. (Lachen) Wenn Begehren, Verantwortungslosigkeit und Fehlentscheidungen aufkommen, kommt Feedback von innen und von außen. Schenkt der Lehrer dem Beachtung und sagt: „Das ist etwas, was ich mir in meinem Leben ansehen muss?" Dann kennst du einen wirklichen Meister, denn er oder sie ist bereit, sich mit *Vichara*, mit dem Erforschen zu beschäftigen.

Traditionell hatten die Anhänger eine enorme Hingabe an den Meister. Bitte sage etwas über Hingabe im Streben nach Erwachen.

Eine sehr gute Frage. Sei hingegeben, zu erforschen. Sei der Meditation, der Stille und dem Ausdrücken von Liebe und Mitgefühl hingegeben. Ich betrachte mich nicht als einen hingegebenen Menschen im konventionellen Sinne. Hier ist ein Beispiel, es ist ein bisschen unfair, aber es ist ein Beispiel. Ich bin eines Abends zum Sri Ramana Ashram gegangen. Es waren viele Besucher dort und in einer der Haupthallen wurden die *Shastras* (Schriften) gesungen. Die Atmosphäre war sehr lieblich. Bin ich hineingegangen? Meine direkte Reaktion war „Kirche" – überhaupt nicht Christophers Fall!

Wenn ich mich mit Menschen treffe, mag ich das Gefühl der Kommunikation eines Erwachsenen zu einem Erwachsenen, nicht von Meister zu Schüler. Ich fühle mich nicht besonders hingegeben. Ich fühle keine Hingabe zum Buddhismus, zur Religion. Ich fühle überhaupt keine Hingabe an die Kirche. Ich gehe jedes Jahr zu Weihnachten in die Mitternachtsmesse; ganz gewissenhaft gehe ich dorthin. Meine Tochter hält mich für verrückt, auch nur ein einziges Mal im Jahr zur Kirche zu gehen.

Hingabe hat ihre schönen und ihre Schattenseiten. Das Schöne gehört dem Herzen an. Wenn Zehntausende Menschen den *Pradakshina*, den Rundweg um den Berg Arunachala, gehen, zeigt das Hingabe. Die Welt wäre ärmer ohne Hingabe.

Sie kommt von Herzen, und es ist hauptsächlich die Religion, die sie anbietet und kultiviert. Dennoch erhält sie den Abstand aufrecht.

Es wird eine Trennung kreiert zwischen dem Hingegebenen und dem Objekt der Hingabe – und das ist der Schatten. Exzessive Hingabe projiziert sich auf das Symbol, auf das Abbild oder auf die Worte. In der Londoner U-Bahn, wenn man aussteigt, kommt oft eine Stimme aus dem Lautsprecher: „Vorsicht vor dem Abstand (zum Bahnsteig)." Das ist meine Botschaft an alle Hingegebenen: Vorsicht vor dem Abstand.

Aber ich denke, du würdest zustimmen, dass diese Hingabe das Herz öffnet. Sie macht jemanden zugänglich.

Das macht sie. Das hat etwas sehr Wertvolles. Darum ist diese unerschütterliche Stimme von Sri Ramana so wichtig. *Vichara*. Erforschen. Ruh dich nicht einfach in liebender Hingabe aus. Wenn jemand von denjenigen, die nahe bei Sri Ramana gesessen haben, gesagt hätte: „Ich habe mich selbst hingegeben aus Ergebenheit zu dir, Sri Ramana. Dein Wille ist mein Wille. Ich habe mich dir hingegeben. Du bist der *Bhagavan*. Du bist der Meister", dann hätte Sri Ramana gesagt: „Hör auf, so viel Blödsinn zu reden! (Lachen) Das Selbst des einen ist das Selbst von allen."

Ich erinnere mich, mit einem hochverehrten Swami in den 1970ern gesprochen zu haben. Ich war ein buddhistischer Mönch. Der Swami gab einen öffentlichen *Satsang*. Wir lernten uns kennen und hatten einen guten Austausch miteinander. Er lud mich für den Abend zu dem Ort ein, wo er in Amritsar mit seinen Anhängern wohnte, um weiter zu diskutieren. Als wir ins Auto stiegen, sagte ein Anhänger: „Swamiji! Ich bin dir so hingegeben. Ich liebe dich so innig. In meinem ganzen Leben, Swamiji, habe ich nie Alkohol getrunken, Swamiji. Ich habe nie Fleisch gegessen, Swamiji, in meinem ganzen Leben. Ich habe nie gespielt." Der Swami antwortete: „Wie schade!" (Lachen) Reinheit kann ein Egotrip sein.

Sucher haben oft viele merkwürdige Ideen über den erleuchteten Zustand. Bitte beschreibe deinen typischen Tag und wie du die Welt wahrnimmst.

Die Sucher dürften nicht die Besten sein, um den erleuchteten Zustand zu beschreiben. Lass uns bei dem bleiben, was wir wissen. In den letzten fünfunddreißig Jahren war die längste Zeitspanne, die ich an einem Ort verbrachte, zwei Monate, und das war zu Hause in Totnes, Devon, in England. Ich habe zwar meistens ein Zuhause, aber zugleich ist es eine heimatlose und unstete Art des Lebens. Der normale Tag wird sich nicht so sehr von dem irgendeiner anderen Person unterscheiden. Ich bin ein kleiner Diener des *Dharma* und fühle dem gegenüber eine starke Verpflichtung. Ich liebe es. Ich liebe Menschen. In ein paar Monaten bin ich fünfundsechzig. Mein Energieniveau könnte sich morgen ändern, aber bis jetzt ist es ziemlich genauso geblieben, wie zu der Zeit, als ich fünfundzwanzig war. Das Entfalten eines jeden Tages bietet Zeit für ein wenig Stille und Einsamkeit, stille Erneuerung und Handlungen im Dienst anderer. Alle im Geist der Freiheit des Seins.

Du hast uns durch einen umfassenden Diskurs über das Erwachen geführt. Wenn du jemanden mit einer Leidenschaft für das Erwachen treffen würdest, was wäre dein kurzer Rat?

Deine Leidenschaft ist ein Ausdruck deines Erwachens. Sie sind nicht zwei getrennte Ereignisse. Liebe die Leidenschaft. Om! (Lacht) Danke!

Danke. Gibt es noch etwas, was du ergänzen möchtest?

Meditiere. Meditiere. Meditiere. Mögen alle Wesen erwachen. Danke für die exzellenten Fragen.

Deva Premal & Miten

Die *Mantras* sprechen einen sehr tiefen Ort in uns an. Irgendwie fühlt es sich so an, als würden wir alle die Sanskrit-Sprache kennen, denn so oft bekommen wir Post von Menschen, die ein *Mantra* in einem Geschäft oder irgendwo anders hören, keine Ahnung haben, was sie da hören, und sehr tief berührt sind. Es scheint eine universale Sprache zu sein, zu der wir alle eine Beziehung haben.

Ein *Mantra* ist eine mystische Klangformel, die aus Lauten zusammengesetzt ist, und diese sind sehr spezifisch in ihrer Auswirkung auf das Energiesystem unseres Körpers.

Deva Premal & Miten

Deva Premal & Miten

Deva Premal und Miten lernten sich 1989 im Osho Ashram in Indien kennen. Nach Oshos Tod 1990 verließen sie Indien, gingen nach Europa und brachten die uralte Heilkraft des Mantras in das 21. Jahrhundert. Ihre Konzerte und Workshops wurden für die Teilnehmer zu einer Einladung, sich in tiefen Momenten von Zelebration und Meditation zu verbinden. Ihre einzigartige Verschmelzung westlicher Melodik mit dem mystischen Klang der Sanskrit-*Mantras* eröffnete ihnen eine weltweite Zuhörerschaft. Sie haben eine Reihe CDs veröffentlicht, die international Beifall gefunden haben. Ihre Konzerte und Workshops sind berühmt als ekstatische und das Leben transformierende Zusammenkünfte aus Lied, Chanten und Meditation.

Seit vielen Jahren fühle ich mich zu der Musik von Deva Premal und Miten hingezogen und besonders zur Kraft der **Mantras**. *Ich wollte sie im Buch haben, weil ich fühle, dass sich in ihren Konzerten mehr als nur Musik ereignet. Sie geben dem westlichen Publikum eine meisterhafte Darbietung des Herzensweges. Er zeigt sich durch ihre Hingabe an ihren Meister, Osho, durch ihre Hingabe zueinander und zu jedem Einzelnen im Publikum. Sie sind wunderbare Menschen. Viele wurden tief von ihnen berührt. Ich auch!*

> *Radhe Radhe Radhe Govinda*
> *Radhe Radhe Radhe Gopal*
> (Wir ehren und feiern die göttliche Vereinigung
> von *Radha* und Lord *Krishna*)

Gerade in diesen letzten Minuten, als ihr zusammen gespielt habt, spürte ich sofort, es ist nicht nur Musik, die ihr hier anbietet. Da ist eine wunderschöne

Verbindung zwischen euch dreien entstanden, und ich bin sofort davon berührt. Auch wenn ich auf die Worte nicht speziell achte, ist die Atmosphäre, die ihr – fast in Sekundenschnelle – kreiert, für mich Satsang *(Begegnung in Wahrheit). Insofern ist es ein sehr passender Moment, um mit euch für dieses Projekt „Facetten des Erwachens" zu sprechen.*

Im Laufe der Jahre, in denen ihr singt und eure Konzerte gebt, bietet ihr da bewusst Satsang *an, oder ist das ganz natürlich entstanden?*

Deva: Das erste Mal, dass ich das Wort *Satsang* gehört habe, war 1981 bei Osho, als er in die Stille ging. Es gab „Zusammensein mit dem Meister", das als eine bestimmte Form von Meditation durchgeführt wurde. Das war das erste Mal, dass ich das Wort hörte. Es war so tief verankert in mir, dass ich überrascht war, als ich später hörte, dass *Satsang* „Fragen beantworten" war. Für mich ist *Satsang*, Meditation und Stille durch Musik zu erfahren. Die Übersetzung von *Satsang* ist „Begegnung in Wahrheit" oder „Gemeinschaft in Wahrheit", und so fühlt es sich für mich eindeutig an, jetzt im Moment! (Lachen)

Ja, das kann ich sofort fühlen. Ich habe gar nicht daran gedacht, euch zu bitten, eure Gitarre mitzubringen, weil ich geplant hatte, euch Fragen zu stellen. Wenn ihr beginnt zu singen, geschieht hier sofort Satsang.

Miten: Ja, es ist erstaunlich.

Ihr kennt euch inzwischen sehr gut. Ihr reist seit sechzehn Jahren zusammen?

Deva: Ja.

Miten: Sechzehn Jahre. Der Grund, warum ich vor unserem Gespräch etwas spielen und singen wollte, ist, dass dies für Deva und mich der einzige Weg ist, wie wir „Es" wirklich ausdrücken können. Wir wissen alle, dass *Satsang* selbst jenseits von Worten ist, so dass wir beim Versuch es auszudrücken, es ständig in irgendeinen Rahmen fassen, weil das unsere Natur ist. Aber Deva und ich singen es. Natürlich haben andere Menschen andere Wege, es auszudrücken.

Für uns hat die Musik, die wir machen, eine Reinheit, da sie ursprünglich innerhalb des Einflussbereichs eines spirituell erleuchteten Meisters empfangen und geboren wurde. Es war nicht etwas, was wir zum Meister mitbrachten. Es war nicht etwas, das wir uns ausdachten nachdem der Meister seinen Körper verlassen hatte. Es wurde wirklich in seiner Gegenwart geboren.

Ich hatte eigentlich aufgehört, mich als Musiker zu betrachten, als ich zu Osho kam. Ich verkaufte alle meine Gitarren. Musik war mein Beruf, und das Letzte, was ich sein wollte, als ich zu Oshos Füßen saß, war, Musiker zu sein. Ich hatte wirklich komplett aufgehört, mich als Musiker zu bezeichnen; ich wollte kein Musiker mehr sein. Ich wollte frei sein. (Lachen) Und ich hatte niemals erwartet, dass das Verlangen, Musik zu machen, zurückkehren würde.

Wie auch immer, ich war so begeistert und bereichert von der Musik, die ich im Ashram hörte, das war mehr als genug für mich. Meine Reise zurück zur Musik kam durch die Dankbarkeit, mit Osho zu sein. Ich wollte einfach nur Danke sagen, und die Gitarre war ein Weg, auf dem ich das tun konnte. So begann ich wieder zu spielen.

In Devas Fall war es so, dass sie als Kind von ihrem Vater in die Kraft der *Mantras* (heiliger Klang) eingeweiht wurde, aber sie ließ das Singen der *Mantras* in ihren Teenagerjahren wieder sein. Sie begegnete mir zuerst als Geliebte und später als Musikerin. Zuerst waren wir ein Liebespaar. Danach blühte ihre Reise als Sängerin im Ashram auf. Die Musik kam aus den Meditationen, aus dieser ganzen Verbundenheit – und es ist immer noch einfach nur das. Wir könnten gar nichts anderes machen, selbst wenn wir es versuchten … wir würden es nicht wollen. Wir haben nie versucht, es aufzupolieren oder etwas anderes zu tun als …

… eine Art Medium zu sein.

Miten: Ja, wir fühlen uns, als wären wir Botschafter. Das ist es, womit ich mich wohl fühle, wenn dieses Etwas durch uns durchkommt. Wenn Menschen zu uns kommen, bringen sie es auch mit, ohne es zu wissen, bringen sie es. Die Liebe ist fühlbar. In unseren Konzerten sind wir alle Botschafter!

Ich wollte euch gerade nach dieser Liebe fragen. Ihr habt eben erklärt, wie alles mit einer persönlichen Verbindung begonnen hat, in Liebe, und dann entwickelte es sich und wurde eine Verbindung durch den Meister, auch in Liebe. Und jetzt hat es sich in gewisser Hinsicht so verändert, dass ihr, meinem Gefühl nach, als Meister aus eurer eigenen Liebe teilt. Ihr nennt es, Botschafter sein. Es ist ein Fließen und es passiert einfach.

Deva: Ja, ich fühle mich mehr wie eine musikalische Botschafterin. Wir alle haben dieses Verlangen und Bedürfnis zusammenzukommen. Wir wollen zusammen singen und zusammen in Stille sein, aber wir brauchen jemanden, der das ermöglicht. Wir brauchen so etwas wie einen …

Miten: … Katalysator.

Deva: Ja, so fühle ich mich. Wir können diesen Raum zur Verfügung stellen, in dem Menschen zusammenkommen können. Das ist ein sehr entspanntes Gefühl für mich. Ich fühle mich gut damit.

Miten: Es befreit uns vom Konzept der Vorführung. Es gibt keine Aufführung, denn da ist niemand, für den es aufgeführt wird. Wir sind alle im selben Boot.

Deva: Ja.

Miten: Dann kann die Liebe durchkommen. Die Liebe ist da, und sie kommt durch, weil es nichts gibt, das ihr im Weg ist.

Ihr singt Mantras. *Könnt ihr uns sagen, was ein* Mantra *ist?*

Deva: Ein *Mantra* ist eine mystische Klangformel, die aus Lauten, normalerweise Sanskrit-Lauten, zusammengesetzt ist, und diese sind sehr spezifisch in ihrer Auswirkung auf das Energiesystem unseres Körpers. Wissenschaftlich gesehen bezieht sich jeder Laut im Sanskrit-Alphabet auf ein Blütenblatt unserer *Chakras* (Energiezentren im Körper). Es gibt fünfzig Laute und es gibt fünfzig Blütenblätter auf den *Chakras*. Diese

Laute sind vor Tausenden von Jahren zusammengesetzt worden, auf eine sehr spezifische Art und Weise, so dass wir durch sie auf eine sehr spezifische Weise beeinflusst werden.

Deshalb gibt es all diese verschiedenen *Mantras* für verschiedene Situationen im Leben und mit unterschiedlichem Fokus: Wir wollen uns auf Liebe fokussieren, oder wir wollen uns auf Gewahrsein fokussieren oder auf *Shiva* in unserem Bewusstsein. *Krishna* richtet den Fokus auf Süße, Liebe, Hingabe. *Ganesh* hilft bei der Beseitigung von Hindernissen im Leben … etc. Diese Gottheiten, in der Form von *Ganesh* oder *Krishna* zum Beispiel, sind Reflektionen einer bestimmten Energie. Sie helfen uns, uns leichter mit dieser inneren Qualität zu verbinden.

Wir versuchen, begrifflich zu denken oder eine Übersetzung für das *Mantra* zu finden, aber die wird der wahren Bedeutung nie gerecht werden. Sie ist jenseits von Worten. Es ist dasselbe wie mit Musik; die Musik kann etwas reiner ausdrücken als Worte.

Gehe ich richtig in der Annahme, dass du eine besondere Verbindung mit dem Gayatri-Mantra *hast, dass du es als kleines Mädchen gesungen hast?*

Deva: Ja. Mein Vater sang es für mich, während meine Mutter schwanger mit mir war; es war ihre Art und Weise, mich willkommen zu heißen. Später wurde das *Gayatri* bei meiner Geburt gesungen und als Kind zusammen mit mir jeden Abend als Gutenachtlied.

Und wenn du es jetzt im Konzert singst, ist es da besonders kraftvoll für dich?

Deva: Es fühlt sich wortwörtlich wie ein Teil von mir an. Es fühlt sich an, als wäre es ich! Ich fühle mich einfach zu Hause, weißt du? Ich fühle mich in dieser Weise zu Hause mit allen *Mantras*, aber das *Gayatri* ist besonders.

Miten: Ja, da ist etwas Besonderes mit dem *Gayatri*, nicht wahr? Von allen *Mantras* haben wir das, glaube ich, in den letzten zehn oder zwölf Jahren fast jeden Tag gesungen, und wann immer wir Konzerte spielen, lassen wir es nie aus. Es ist immer frisch.

Die Sache mit den *Mantras* ist, dass sie immer frisch sind. Das ist eine komische Sache. Es ist nicht so, dass du ein Lied singst und dann nach einer Weile möchtest du es verändern, weil du die Worte leid bist oder so etwas. Es ist, als ob du eine Kiste öffnest und sie kommen einfach heraus, während du sie singst. So wie das, was wir gerade eben hier für dich gespielt haben. Sie leben einfach. Sie sind Präsenz selbst, und es ist erstaunlich, das zu fühlen. Jeden Abend dasselbe zu singen, und es ist immer neu für uns alle drei.

Es ist auch erstaunlich, dass die westlichen Zuhörer indische Mantras *so angenommen haben und jeden Abend mit euch mitsingen, nicht wahr?*

Miten: Wir haben gerade in der Kathedrale von Wells in England gesungen, diese historische, schöne, fantastische, alte christliche Kathedrale. Und da waren wir, mit tausend Menschen, die alle *Mantras* in einer christlichen Kathedrale singen!

Ich habe mich gefragt, was es ist. Ist es so, dass das Christentum die Bedürfnisse dieser Menschen nicht erfüllt hat? Denn hier sind wir, singen aus einer total anderen spirituellen Tradition, und doch wird jeder von der christlichen Gemeinschaft willkommen geheißen! Die Priester waren da, und da saßen wir zusammen und sangen *Hari Om Shiva Om*! (Lachen). Und sie haben es perfekt gemacht.

Oder ist etwa das Christentum integraler, als wir denken ...?

Es wäre vielleicht ganz interessant, manchmal eine der alten christlichen Hymnen hinzuzufügen und zu sehen, was passiert.

Miten: Nun, wir haben den Song „Halleluja": „There is so much magnificence near the ocean, Halleluja." Und irgendwie ...

Deva: Halleluja ist hebräisch.

Miten: Nun, es ist irgendwie (Lachen) ... es ist an der Schwelle!

Es fühlt sich für mich sogar so an, als ob es jenseits des Mantras *ist, oder jenseits von Hymnen oder Hebräisch. Ein Weg, sich dem zu nähern, ist, sich hinzusetzen und über die Wahrheit zu reden, und ein anderer Weg, sich dem zu nähern, ist zu singen. Es ist einfach eine Energie, die sich zwischen euch als Fokus und denen, die gerade da sind und zuhören, bewegt, und etwas passiert. Es ist wie eine Kommunikation, zusammen kommunizieren.*

Miten: Ja.

Deva: Aber die *Mantras* sprechen wirklich einen sehr tiefen Ort in uns an. Irgendwie fühlt es sich so an, als würden wir alle die Sanskrit-Sprache kennen, weil wir so oft Post von Menschen bekommen, die ein *Mantra* in einem Geschäft oder irgendwo anders hören, keine Ahnung haben, was sie da hören, und sehr tief berührt sind. Es scheint eine universale Sprache zu sein, zu der wir alle eine Beziehung haben, egal, wie verbunden oder unverbunden wir mit Indien sind.

Aber was ich auch in euren Konzerten wahrnehme, ist, was Miten vor ein paar Minuten gesagt hat, dass es da einen gewissen Raum gibt, wenn ihr zu spielen aufhört.

Miten: Ja.

Ich glaube, es muss sich ein bisschen gefährlich angefühlt haben, als ihr das zum ersten Mal gemacht habt. Du hörst auf zu spielen, und dann passiert etwas sehr spontan in dieser Stille, die da ist.

Miten: Ja.

Ich habe das ein paar Mal in euren Konzerten gespürt. Es ist magisch, weil du wirklich nicht wissen kannst, was passieren wird. Es ist nicht dasselbe wie singen, weil ihr, wie ihr sagt, ein gewisses Gefühl für den Effekt eines Mantras *habt. Aber mit diesem Raum, den ihr, wie mir scheint, sehr mutig kreiert, haltet ihr einfach an, und dann ist es normalerweise ganz vertraut zwischen euch. Das berührt sofort jeden und zieht sie zu euch hin.*

Miten: Das meine ich. Wir konnten uns nicht vorstellen, unsere Musik „aufzuführen". Sie kommt aus dem Ashram, und weil sie ihren Ursprung in unserem Leben mit Osho hat, ist es keine Anstrengung, kein „Tun". Es ist einfach eine ganz natürliche Sache – die Stille entsteht von selbst. Was ich beobachte, ist, dass, während die Welt sich beschleunigt und all die Information und alles immer intensiver wird, es sehr selten für die Menschen einschließlich mir selbst ist, anzuhalten und zu atmen. Die Konzerte sind ein Abend des Anhaltens und des Atmens. (Lacht)

Das ist sehr mutig.

Miten: Vielleicht. Es fühlt sich für mich nicht mutig an. Es wäre mutig, wenn wir versuchten, wenn wir das Gefühl hätten, dass wir …

Deva: … etwas wagen würden.

Miten: … etwas vollbracht hätten. Tatsächlich wäre es für uns mutiger, wenn wir versuchten, etwas aufzuführen, eine Show zu machen und zu sagen: „Okay, jetzt, Deva, tust du das, und dann werde ich das sagen, und dann werden wir diesen Song singen, und dann, Manose, wirst du…" Das wäre für mich mutiger, als nach einem Gesang in Stille zu sitzen oder einfach nur mit den Leuten zu sein und zu fragen: „Was sollen wir singen?" (Lachen), „Was wollt ihr hören?", denn dann fließt die Energie, und das ist es, was es angenehm und leicht macht.

Als ihr angefangen habt, hattet ihr beide eine starke Verbindung zu Osho, und jetzt reist ihr schon seit vielen Jahren in der Welt herum. Habt ihr mittlerweile eine Verbindung zu anderen Meistern bekommen? Fühlt ihr euch als Botschafter für andere Meister?

Miten: Nein. Meiner Erfahrung nach kann man nur einen Meister haben. Ich habe mit ein paar anderen Meistern gesessen und kann sagen, dass alle mein Leben bereichert haben, kein Zweifel, aber es gibt nur einen Meister. Es gibt nur einen Geliebten.

Das ist sehr deutlich. Habt ihr einmal Zeit mit dem Dalai Lama verbracht?

Miten: Nein, nicht wirklich.

Deva: Wir hatten nur einmal ein privates Treffen, als wir für ihn und ein paar Wissenschaftler sangen. Obgleich wir uns mit ihm verbunden fühlen, wie viele Menschen. Ich persönlich war früher eher engstirnig. Ich ging nur in den Osho-Ashram, ich hatte nur Freunde, die Osho-*Sannyasins* (Schüler von Osho) waren. Jetzt hat sich das völlig gegeben und ich mache diese Art von Unterscheidung nicht mehr. Insofern schließe ich die ganzen verschiedenen Wege und Gurus jetzt ein. Und das ist ein wirklich schönes Gefühl.

Ihr habt das Moola Mantra *im letzten Jahr für die „Golden City" aufgenommen. Ich war direkt nach euch dort. Es waren auch ein paar Osho-Leute dort, aber auch Menschen aus anderen Traditionen.*

Deva: Ja. Die Bedeutung des *Moola Mantras* ist so schön und so universell. Es ehrt das Göttliche, zuerst als das Nichtmanifeste, dann als den spirituellen Lehrer, den Guru und schließlich in jedem von uns, die männliche Energie und die weibliche Energie. Es ist einfach ein so schönes Gedicht, eine Feier. (Lachen)

Miten: [zu Manose] Möchtest du deine *Bansuri* (Bambusflöte) holen? Lass es uns mal spielen. Können wir es spielen?

Sicher.

Miten: Es ist, als würde man an einer von diesen Zauberflaschen reiben, (Lachen) und dann kommt der Geist aus der Flasche. Sie kommen einfach heraus. (Lachen)

Om Satchitananda Parabrahma
Purushothama Paramatma
Sri Bhagavati Sametha
Sri Bhagavate Namaha

(Oh, Du göttlicher Geist aller Schöpfung,
Höchste Persönlichkeit,
Göttliche Präsenz in allem Lebendigen,
Höchste Seele, die sich
Als heilige Mutter und heiliger Vater manifestiert,
Ich verneige mich in tiefster Ehrfurcht)

Sri Ramana Maharshi empfahl die grundlegende Frage: „Wer bin ich?" – Wer bist du?

Miten: Wer fragt? (Lachen) Gib uns einen Tipp. (Lachen)

Deva: Ich kenne alle spirituell korrekten Antworten auf diese Frage, und mittlerweile zerbreche ich mir nicht mehr den Kopf über die Antwort. Es fühlt sich wirklich gut an, weil es einfach ein Glücksgefühl dieses Moments ist. Diese Barriere von „Oh! Das ist Erleuchtung. Das ist vor der Erleuchtung. Das ist nach der Erleuchtung" ist weg. Es ist auch ein sehr entspannendes Gefühl. So ist es einfach jetzt. Das ist es.

Du kannst es einfach von Augenblick zu Augenblick leben.

Deva: Ja, und auch der Kummer wird manchmal gelebt, oder das innere Gefühl von Spaltung oder Kampf. Das ist nicht angenehm, aber es wird geehrt für das, was es ist. Es ist sehr selten, aber es kommt und geht. Es gab ein wirklich großes Loslassen vor Kurzem, und um ehrlich zu sein, war es Miten, der mir dabei geholfen hat, einfach das Gefühl von: „Wow! Ich muss Erleuchtung gar nicht als etwas Abgetrenntes sehen!"

Hast du denn ein Gefühl dafür, was Erleuchtung ist?

Deva: Ja, das ist es ja. Ich hatte eine Erfahrung, in der ich es wirklich gefühlt habe, und es war einfach genauso, wie Osho gesagt hat. Es passierte in der Golden City. Es war ein sehr starkes Gefühl. Es war genau genommen die Transformation eines intensiven Gefühls extremer Wut, einfach damit zu sein und nichts dagegen zu unternehmen, und dann plötzlich, eigentlich sehr schnell, transformierte es sich in Glückseligkeit. Aber ... Worte ... sie kommen immer zu kurz, nicht wahr?!

Und dann zu fühlen, dass jedes Gefühl Teil dieser Glückseligkeit ist, und es ist wirklich *jedes* Gefühl. Ich kann nicht sagen, dass ich genau diesen Zustand in jedem Moment fühle, ich habe es sogar seit jener Zeit nicht mehr gefühlt. Aber ich weiß. Ich habe es erfahren, wofür ich sehr dankbar bin, und ich suche jetzt nicht wirklich danach. Ich fühle es nicht, und ich versuche auch nicht, es wiederherzustellen. Im Grunde ist es einfach glücklich sein, weißt du? (Lachen)

Miten: Was ist falsch daran?

Deva: (Lachen) Glücklich! (Lachen)

Wie kannst du es wagen, das zu sagen? Es ist wirklich furchtbar, dass du sagen kannst, dass du glücklich bist.

Miten: Ständig! (Lachen)

Es ist eine der schlimmsten Sachen, die du überhaupt sagen kannst. (Lachen) Ständig!

Miten: Nun, solange ich mache, was sie mir sagt, ist sie glücklich! (Lachen)

Deva: Ständig! (Lachen) Und Miten hat eine viel bessere Antwort.

Miten: Ich versuchte gerade zu denken: „Was soll ich sagen?", und ich habe keine Ahnung, was ich sagen soll. (Lachen) Ich habe keine Ahnung, was ich sagen soll.

Lass mich dir dieselbe Frage stellen. Es gibt eine grundlegende Frage: „Wer bin ich?" – Wer bist du?

Miten: Mein Gott! Ich habe keine Ahnung. (Lachen) Ich weiß es wirklich nicht. Ich fühle mich wie ein Happening.

Deva: Du fühlst dich wie ein Happening?

Miten: Ja. (Lachen) So fühlt es sich an; ich fühle mich, als wäre ich ein Happening. (Lachen)

Deva: Wie eine Veranstaltung oder so etwas?

Miten: Ja. (Lachen) Wie eine Veranstaltung. (Lachen)

Deva: Kann ich dafür Tickets bekommen? (Lachen)

Du interessierst dich auch nicht wirklich sehr für Erleuchtung. Du hast gesagt, dass du, als du zum ersten Mal zu Osho kamst, sogar bereit warst, deine Musik für die Erleuchtung aufzugeben.

Miten: Nein, ich war nicht „sogar bereit". Ich „musste". Ich denke, Deva hat es sehr gut ausgedrückt, nicht wahr? Das Leben ist einfacher geworden, aus welchem Grund auch immer, bis zu dem Punkt, wo ich morgens aufwache und Körperübungen machen „möchte". Ich mag es, den Tag so zu nehmen, wie er kommt. Wir haben Terminpläne und wir haben Verpflichtungen, aber ich befasse mich nicht damit. Deva tut das, sie ist erstaunlich. Und Manose hier …

Deva: Die Frage war: „Wer bist du?"

Miten: Ja. (Lachen) Ich habe versucht zu entkommen! Aber genau genommen bin ich auf dem Weg zur Antwort. (Lachen) Dinge geschehen, und ich bin Teil des Geschehens. Es wird geschehen, bis ich aufhöre, in diesem physischen Körper zu leben. Dann wird etwas anderes geschehen. Ich weiß nicht. Ich weiß es nicht.

Deva: Du hast den Test nicht bestanden! (Lachen)

Miten: Ja. Das macht mich glücklich!

Interessant für mich ist beim Versuch, mit euch zu einem gemeinsamen Verständnis zu kommen, ist, dass ihr all das tatsächlich in einer anderen Sprache ausdrückt. Ich bin kein Musiker, also nehme ich nicht wirklich an eurer Sprache teil. Meine Sprache sind Worte und Stille. Eure Sprache ist Musik und Stille, so dass wir uns in der Stille treffen können.

Miten: Ja!

Dann ist es einfach, weil es am Ende des Musizierens eine tiefgreifende Stille gibt. Es ist wie eine Sahnetorte, die wir irgendwo in einem Häuschen in England hätten finden können.

Miten: Zuckerfrei.

Zuckerfrei. Echte Erdbeeren! (Lachen)

Miten: Bio.

Es scheint mir, dass ich, wenn ich ein Beispiel von Menschen geben möchte, die zusammengeführt wurden, ich tatsächlich euch drei hier nennen würde. Es ist wohl für euch auf eine sehr schicksalhafte Art und Weise passiert, ich glaube nicht, dass ihr es geplant habt.
    Nach dem, was ihr gerade erzählt habt, plant ihr nicht sehr viel. Ihr müsst einen Terminplan haben, aber im Grunde passiert es einfach, wie du sagst. Könntet ihr etwas über Schicksal sagen?

Miten: Es fühlt sich so an, als sollte es passieren. Das gibt mir ein Verständnis, eine Bestätigung für Ramesh Balsekars (siehe „Facetten des

Erwachens – Indische Meister") Ansicht vom Leben. Das ist kein Zufall, und wenn ich es zurückverfolge, kann ich das seit der Zeit sehen, in der wir uns getroffen haben, und auch die Art und Weise, wie Manose aufgetaucht ist, wie ein Engel.

Ich habe das Gefühl, Osho hat uns einfach einen Job gegeben. Es war ein Job, der gemacht werden musste, und wir sind dafür ausgesucht worden. Wir tun alles, was wir nur können, es zu ehren und wertzuschätzen, es zu nähren und zu teilen. Darüber hinaus können wir nichts tun.

Wir sind keine großartigen Musiker. Ich bin kein großartiger Musiker, gewiss nicht, aber ich habe eine Gabe. Deva hat eine Gabe, ganz gewiss hat sie eine Gabe. Von uns dreien ist Manose der versierteste Musiker, technisch gesehen, aber wir beide sind das nicht. So ist alles, was wir tun können, einfach das zu geben, was wir unserem Gefühl nach zu geben haben, hundert Prozent, total.

Das ist es, warum wir dich treffen wollten. Wir wollten wirklich ein bisschen Zeit mit dir verbringen, so wie jetzt, aber ich hätte genauso gut einfach sagen können: „Schau, Deva, du und ich, wir haben zwei Stunden Pause. Lass uns sie uns selbst schenken." Aber es fühlt sich so an, als ginge es hier darum, es jeden Tag rund um die Uhr weiterzugeben, wie auch immer wir dazu in der Lage sind. Nicht bis zur Erschöpfung, aber dieses Teilen regeneriert uns, es gibt uns die Power für die nächste Fahrt nach Amsterdam. So ist das. Definitiv.

Fühlst du wirklich diese Bestimmung?

Miten: Zweifellos.

Deva: Die ganze Sache ist wirklich interessant, da wir, wie es in „The Secret" heißt, die richtigen Dinge manifestieren und anziehen. Ich habe gerade einen Brief gelesen, den ich geschrieben habe, als ich achtzehn war, und da hatte ich alles schon aufgeschrieben: Ich würde gerne Musikerin werden und Teil der Musiker in Pune sein, herumreisen und in diesem Gemeinschaftsgefühl sein. Ich habe wirklich mein Leben ausbuchstabiert. Als ich die Schule verließ, dachte ich: „Oh, ich würde gerne jemanden treffen, mit dem ich arbeiten und reisen kann." Ich hatte nichts mit Musik zu tun, aber ich fand es einfach gut, wirklich immer mit meinem Freund zusammen zu sein. (Lachen)

Doch es war immer nur ein vorüberziehender Gedanke. Es war nicht wie: „Oh, ich muss es visualisieren, damit schwanger gehen und das Gefühl spüren." Im Rückblick kann ich sehen, wie ich wirklich diese Idee hatte, aber sie hat mich nicht vereinnahmt, und ich hätte es mir nie so vorgestellt. Dann kommt Manose daher. Wir waren so lange nur zu zweit und konnten uns eine dritte Person wirklich nicht vorstellen. Wie würde das funktionieren? Wie könnten wir überhaupt den richtigen finden? Ich hätte mir Manose nicht erträumen können, selbst wenn ich das gewollt hätte. (Lachen) Es ist einfach beeindruckend, wie perfekt alles ist.

Und wie hast du sie getroffen, Manose?

Manose: Ich habe sie in San Francisco getroffen, als sie ein Album aufgenommen haben, das „Embrace" heißt. Ich war damals in den Staaten, ich war dort drei Jahre zuvor hingezogen und spielte dort mit der Ali Akbar Khan Schule. Hauptsächlich probierte ich viele Dinge aus. Ich glaube, Jai Uttal hatte mich für ihre CD vorgeschlagen.

Also, ich kann mich ganz genau an das erste Lächeln erinnern. Ich kam ins Studio, und diese wunderschönen Menschen schauten mich an, und das war es dann. Der Anfang, die Begegnung, war in mein Herz geträufelt.

Ihr habt euch im Lächeln getroffen!

Manose: Ja, und ich habe da einen Funken gespürt. Ich war so berührt von ihrer Musik. Offensichtlich hatte ich dieses Feuer in mir. Ich war in der Rockmusik-Szene, und ich hatte das Gefühl, ich gehe nach Amerika und mache etwas ganz Großes, da war dieser Drang in mir drinnen. Aber Deva und Miten zu treffen, ließ mich finden, wonach ich mich wirklich gesehnt hatte. Ich habe wirklich Glück, euch in meinem Leben zu haben.

Miten: Es ist fantastisch.

Manose: Danke. (Lachen)

Und als jemand, der davon angezogen war, ein Rockstar zu sein, findest du, dass diese Mantras *dich auch berührt und verändert haben in den letzten Jahren?*

Manose: Ja, definitiv! Ich bin mit ihnen aufgewachsen. Als ich klein war, gab es *Kirtan* (andächtiges Chanten) und *Satsang* zu Hause, jeden Tag. Ich war mir dessen nur nicht bewusst. Ich wuchs in einem buddhistischen Hauptzentrum in Nepal, Bodhnath und Pashupatinath auf. All so etwas geschieht dort.

Das ist in Kathmandu.

Manose: Ja. Für mich ist es, als käme ich zurück zu den *Mantras*. Das Wiederholen desselben Wortes und desselben *Mantras* ist, als würde man eine Note üben – ich übe eine Note stundenlang, immer dieselbe. Ich fühle, dass ich diese *Mantras* auf eine andere Art kennenlerne als zuvor.

Also waren Mantras *schon in deiner Kindheit da, so wie bei Deva.*

Manose: Ich dachte nicht wirklich darüber nach, was *Mantras* waren. Ich sang sie; es gab einen Priester im Haus, und es hat sich einfach wie eine ganz normale Sache angefühlt. Aber hierher zu kommen ist, als ob ich ihnen wieder begegne. (Lachen) Und wow, es ist toll!

Etwas von tief drinnen ...

Manose: Ja, und es berührt mich wirklich aufs Neue. Wenn ich jetzt nach Hause gehe, in den Tempel gehe und der Priester singt die *Mantras*, dieselben *Mantras*, die ihr singt, habe ich jetzt eine ganz andere Verbindung mit ihnen.

Singt ihr irgendwo in Indien zusammen, in Pune?

Manose: Nein, bis jetzt nicht.

Oh, ihr habt nicht in Pune gesungen?

Deva: Nicht mit Manose, nein.

Miten: Wir sind seit 2000 nicht dort gewesen.

Ach wirklich?

Miten: Vielleicht irgendwann einmal wieder.

Es wäre auch wundervoll, in Kathmandu zu spielen.

Miten: Es wäre fantastisch, Manose in den Ashram mitzunehmen, ihn in Oshos *Samadhi* (Begräbnis-Schrein) spielen zu lassen. Das ist wirklich etwas, das ich ihm schenken möchte.

Manose: Das würde ich sehr gerne tun.

Miten: Dort drinnen ist eine unglaubliche Akustik. Irgendwann werden wir das tun.

Manose: Und auch nach Kathmandu fahren.

Miten: Da du über Bestimmung und die *Mantras* und all das sprichst, muss ich auch an Devas Vater denken. Manchmal denke ich, dass das auch viel mit ihm zu tun hat; seine Tochter, die seine Liebe in die ganze Welt verbreitet. Er war ein junger, innerlich widerstrebender Mann, der mit vierzehn oder fünfzehn in der Hitlerjugend war und das Ganze mitmachen musste. Er konnte dem nicht entgehen und landete nach dem Krieg irgendwie für fünf Jahre in einer Kupfermine in Jugoslawien.

Auf seine eigene Art und Weise versuchte er, etwas zu erreichen. Er zahlte zum Beispiel mit dem Brot, das er zu essen bekam, um serbokroatische Wörter zu hören. Er wollte die serbokroatische Sprache lernen. Er wollte etwas erreichen. Er war ein Künstler, ein ganz besonderer Künstler. Es rührt mich oft an, wenn ich an Wolfgang denke und an dich als seine Tochter, und irgendwie war er durch dich in der Lage, vieles von dem, was damals passiert ist, zu heilen, ohne dass er hier ist. Aber das ist auch Teil dieses ganzen magischen Events, dieses „Happenings".

Ja, ich denke „Happening" ist das Wort, weil es wie eine Bestimmung ist, was durch dich geschieht.

Miten: Ja.

Und ihr seid sehr bescheiden. Ihr betrachtet euch als Botschafter.

Miten: Ja, es geschieht. Wolfgang ist nicht tot. Osho ist nicht tot. Es ist alles da. Es ist alles hier.

Hatte ich euch gebeten, über Bestimmung zu sprechen? Ich erinnere mich nicht mehr so richtig.

Deva: Ja, das hattest du. Wir können es auf dem Video sehen. (Lachen)

Es ist ganz eindeutig, dass ihr Osho als Meister in eurem Herzen habt. Könntet ihr etwas über Meister sagen? Was genau ist ein Meister?

Deva: Ein Meister ist eine Inspiration. Ich denke, als Mensch fühlt es sich gut an, wenn man die Liebe auf einen bestimmten Punkt richten kann. Es ist irgendwie einfacher. Es war wirklich interessant, als ich das fühlte: Ich hatte meine Liebe auf das Göttliche gerichtet, auf diesen einen Punkt, Osho. Ich bemerkte, dass ich sie sogar physisch wie vor mir fühlen konnte, und nicht hinter mir. So hat sich meine Liebe entfaltet, und dann habe ich sie vergrößert, so dass ich sie überall um mich herum fühlen konnte.

Osho ist der Duft des Göttlichen, eines verwirklichten Wesens, des Bewusstseins, der am besten zu mir passt. Alle haben ihren eigenen Geschmack, was sie mögen und worauf sie sich beziehen und was sie sich zu Hause fühlen lässt. Für mich ist das Osho-Aroma, und ich kann das überall fühlen.

Ich brauchte eine ganze Weile, bis ich diese Form loslassen konnte, um zu begreifen, dass dies eine Form ist und nicht „die" Form, es muss nicht immer so aussehen. Das war eine ziemliche Falle, in der ich für eine Weile gesteckt habe, zu denken, dass Erleuchtung genauso aussehen müsste wie Osho. Sie müsste anmutig sein. Sie müsste intelligent sein. Sie müsste so gewaltig sein, wie dieser geniale Mann. Und dann hatte ich das Gefühl, dass ich niemals so sein kann.

Aber dann begann ich zu realisieren, dass dies die Form ist, die Bewusstsein in diesem Wesen angenommen hatte; doch es kann eine andere Form in einem anderen Wesen annehmen und ist nicht weniger Bewusstsein. Es ist nur eine andere Sorte Eiscreme. Ich liebe Osho immer noch. Er ist mein Meister. Es ist einfach so schön, mit ihm zu sein. Es ist ein Fest für alle Sinne, ihn zu sehen und zu hören und mit ihm zu lachen.

Wahrscheinlich sagen das viele Leute auch über dich. Kannst du das akzeptieren?

Deva: Ich bekomme solche Projektionen, ja. Doch ich weiß es besser! (Lachen)

Miten: Aber ich denke, das ist die Sache mit einem Meister. Osho war auch nicht das, was wir auf ihn projiziert haben, aber er half uns. Es ist, als ob man seine Liebe projiziert und dann herausfindet, dass da nichts ist. Meister sind wie Fenster. So sehe ich das. Da ist eine köstliche Verführung im Spiel, und je näher du dem Meister kommst, desto näher kommst du deinem Selbst. Wenn du dich dann schließlich in die Begegnung mit dem Meister hinein auflöst, gibt es nichts anderes als diesen Augenblick. Ich denke, das ist der Job eines jeden Meisters.

Wenn es dann passiert ist, ist ihr oder sein Job vorbei. Job erledigt! Du bist durch das Fenster durch.

Ich sehe diese Projektion auf Deva und etwas weniger stark auch auf mich, aber Tatsache ist, dass die Projektion gesund ist. Sie ist einfach ein Ausdruck von Liebe, und wenn wir diesem Verständnis treu bleiben, wird es auf die Menschen zurückreflektiert, die sie miteinander teilen.

Ich habe Deva beobachtet. Sie war ein sehr schüchternes junges Mädchen und sie sang nicht, sie öffnete nicht ihren Mund, um zu singen, noch nicht einmal im Soundcheck. Es war in Ordnung für sie, mit mir zu singen, aber sie wollte nicht alleine singen. Ich habe sie beobachtet, wie sie liebevoll das lebte, was ihr bestimmt war zu leben, und es war sehr, sehr richtig, dass sie sich nie als eine Musikerin betrachtete, weil sie frei ist von diesem Musiker-Ego. Es gibt nichts, nur: „Du denkst ich bin das, aber ich weiß es besser."

Das ist eine sehr schöne Antwort.

Miten: Ja. Und das ist, warum Manose zu uns passt. Er ist genauso. Er ist einfach …

Deva: Er ist hier, also sei vorsichtig, was du sagst. (Lachen)

Miten: Als Deva und ich noch zu zweit waren, dachte ich: Welches Instrument werde ich hinzunehmen? Vielleicht nehme ich noch ein weiteres Saiteninstrument hinzu, aber was ich nicht nehmen werde, ist ein Blasinstrument. Deva singt. Das ist ihr Territorium. Ich möchte kein weiteres Luftinstrument, das denselben klanglichen Raum einnimmt. Das wäre das Letzte. Was ich will, ist etwas, das sie unterstützt. Und was bekomme ich? Ein Blasinstrument! Ich bekomme einen Kerl, der musikalisch einfach Liebe mit ihr macht, als seien sie füreinander geschaffen.

Wieder Schicksal.

Miten: Ja.

Ramesh Balsekar hat ein Buch geschrieben, das sich „Wen kümmerts?" nennt, und er schreibt – wie ihr auch beide sagt, dass das Leben ein Happening ist. Es gibt niemanden, der sich anstrengen muss, es gibt niemanden, der erleuchtet werden muss, und es passiert einfach. Die Leute projizieren auf euch beide, was ihr vielleicht vor fünfundzwanzig Jahren auf Osho projiziert habt. Es ist eine notwendige Projektion für eine gewisse Zeit.

Miten: Ja! Es ist ein Öffnen des Herzens. Das Herz wird geöffnet, und das ist, wonach wir uns alle sehnen. Wenn wir Katalysator dafür sind, dann ist es für uns in Ordnung, uns all dem zu stellen. (lacht)

Vorhin sprachst du über den Meister. Er steht da und sagt: „Komm!", und du kommst. Dann, gerade als du ihn berührst, stellst du fest, dass er verschwindet. Was bleibt, ist das Fenster oder die Tür, und da gehst du hindurch.

Miten: Der Moment des Hindurchgehens. Bis dahin bewegst du dich auf das Fenster zu. Du weißt es nicht, aber dann ist es einfach ein Schritt hindurch, nicht wahr?

Ja, sehr schön. Würdest du etwas über Hingabe an den Meister sagen, denn das, was da jetzt sehr stark herauskommt, ist, dass ihr beide durch die Hingabe an den Meister inspiriert seid. Ihr nennt diesen Meister Osho, aber es ist jenseits von Osho, und was bleibt, ist etwas, was wir Ergeben nennen können, Hingabe, Vertrauen.

Miten: Es ist interessant, denn du kannst auch darin steckenbleiben, ein großer Ergebener zu sein. Ich trage in meinem kleinen Medaillon ein Haar von Osho und ich liebe es, sein Gesicht zu sehen. Es ist lustig, nicht wahr, denn Hingabe bedeutet irgendwie, dass man einer physischen Form hingegeben ist.

Was ich bei euch beiden mitbekomme, ist, dass ihr nicht mehr einer physischen Form hingegeben seid. Ihr seid einfach hingegeben.

Miten: Ja, aber da ist noch etwas mit seinem Lächeln. Das letzte Mal, als ich Osho sah, war er sehr krank. Es war zwei oder drei Tage, bevor er seinen Körper verließ, und ich merkte, dass wir alle an seiner physischen Form festhielten. Ich glaube, ich habe sogar das Kollektiv gespürt. Ich habe gedacht: „Wir werden an deiner Brust saugen, bis du sie wegnimmst." Und dann, drei Tage später, war er gegangen.

Ich will darüber nicht sentimental werden: „Oh! Ich vermisse seine physische Präsenz." Das ist mir egal. Ich war ihm sowieso physisch nie so nah, aber manchmal denke ich: „Oh, ich werde mir ein kleines Bild von ihm besorgen. Ich werde es im Konzert unten am Monitor aufstellen." Aber dann fühlt es sich immer falsch an. Wem bin ich hingegeben? Ich bin hingegeben. Ich weiß das. Ich fühle es und es steht nicht infrage, aber es gibt auch einen Teil in mir, der es liebt, sein Gesicht, sein Lächeln zu sehen. Ich kann die physische Form irgendwie nicht wirklich von der nicht physischen trennen.

Es interessant, was ihr über dieses Bild sagt, denn so, wie ich es mitbekommen habe, wurde in Pune sein Bild aus dem Ashram entfernt.

Miten: Das habe ich auch gehört.

Ich denke, der Grund dafür war genau das, was du sagst: dass ES größer wird als die Form. So bist du eigentlich dem Göttlichen ergeben, das Osho oder Sri Ramana Maharshi genannt wurde; es gibt viele große Meister, aber es ist nur das Göttliche.

Miten: Aber gleichzeitig, wenn du dir das Bild von Sri Ramana anschaust, strahlt es etwas aus; das ist ein *Mantra*, genau da. Wenn du ein Bild von Osho anschaust, passiert da eine Ausstrahlung. Es ist einfach.

Ich habe das bemerkt, als wir das Facetten-Buch und den Film über die indischen Meister gemacht haben. Der Film ist viel populärer geworden als das Buch, wegen der unglaublichen Aura all dieser Meister. Es gibt ungefähr fünfundzwanzig Meister in dem Film. Da sind sie, und wie du eben gesagt hast, geschieht von der Ausstrahlung der Augen, von der Energie her etwas Tiefes zwischen dem Meister und dem Schüler.

Miten: Wenn ich an Osho denke, ist da ein sehr großes Gefühl, dass dieser Mann, einer wie du und ich, aufstand und tat, was er tat. Das ist auch Bestimmung. Ich glaube, es ist dasselbe: er hatte auch keine Wahl. Er ist damit eben auf seine eigene Art und Weise umgegangen. Er mochte die Auseinandersetzung. Er lebte an der Grenze. Er mochte es da draußen. Er hätte alles getan, um irgendwelchen Mist aufzuwirbeln. Das tat er, nicht wahr? (Lachen)

Ja.

Miten: Er mochte es. Und dann mochte er, was geschah. Er hat sich nicht so sehr um die Resultate gekümmert. Es ging darum, was jetzt passierte und was jetzt kreiert wurde. Er gab mir eine wichtige Lektion: „Wow! Vielen Dank, dass du mir das gegeben hast." Und diese Liebe ist dieselbe Liebe, die auf Deva projiziert wird: „Vielen Dank, dass ich kommen kann und singen und das fühlen!" Deshalb hat es etwas Physisches, und gleichzeitig ist er nicht da!

Ich finde das sehr schön. Wir haben Osho auf dem Marmorpodium gesehen, elegante Kleider tragend, aus einem Rolls Royce aussteigend. Wir haben das alle gesehen, aber ich denke, dass er im Innern wahrscheinlich sehr einfach war und die Dinge Schritt für Schritt in seinem Leben passiert sind.

Was bei euch passiert, ist eigentlich eine andere Manifestation. Darum sitze ich hier mit euch, weil ihr viele Menschen berührt. Wie das geschieht, hat teilweise mit dieser Hingabe zu tun. Es muss über die letzten Jahre stärker geworden sein. Wisst ihr, Miten, er ist eine Art englischer ...

Miten: Alter Kauz. Komm, sag es schon! Ja. (Lacht)

Er ist ein englischer alter Kauz. Sein Vater war Kneipier, also kommt er damit zurecht, aber du bist eine Art zarte und sehr ...

Deva: Das ist eine totale Projektion. (Lachen)

Nun, du magst nicht zart sein, aber du erscheinst jedenfalls zart.

Miten: Sie ist sehr geerdet. Und sie ist sehr lustig.

Sie ist nicht so zart?

Deva: Das ist nicht eine deiner Fragen. (Lachen)

Miten: Du kannst einen Moment mit Deva sprechen.

Also, vielleicht erzählst du mir etwas über Hingabe. Vorhin hast du gesagt, dass du an einem Punkt angelangt warst, an dem die Form weniger wichtig war.

Deva: Wenn ich wirklich ehrlich bin (lacht) …

Du musst wirklich ehrlich sein.

Deva: Vor allen Dingen bin ich Miten total hingegeben. (Lachen)

Miten: Das ist wahr.

Deva: Und er ist mein Guru. Für mich ist Miten erleuchtet. Die Art, wie er lebt, ist meine Inspiration. Ich bin immer ganz hin und weg über die Art, wie er sein Leben lebt.

Das ist das Fantastische an englischen alten Käuzen.

Deva: Ja! (Lachen) Aber bestimmt nicht an allen, da bin ich mir sicher.

Ich habe ihn für zwei Minuten vor drei oder vier Jahren auf dem Rainbow Spirit Festival getroffen und habe direkt gedacht: „Englischer alter Kauz". (Lachen)

Deva: Ich liebe das Dienen. Ich liebe es einfach, zu helfen, etwas zu tun. Ich bin sehr bodenständig, so dass es sich für mich gut anfühlt, auf eine schöne Art etwas Gutes zu tun. In einem weiteren Sinne tue ich gerne das Beste, was ich kann, für die Leute, die kommen. Ich versuche ihre Emails zu beantworten oder nach dem Konzert da zu sein, um sie zu treffen, wenn sie mich treffen wollen. Das macht mich glücklich.

Ich weiß nicht, was das mit Hingabe zu tun hat. Ich werde darauf zurückkommen. Wenn ich singe, habe ich immer dieses Gefühl von „Danke". Ich kann dieses „Danke" singen, und das ist das Beste, was ich tun kann, um es auszudrücken.

Und es ist auch ein „Füll-mich-auf-mit-dir". Es ist eigentlich ein Kreislauf. Es ist nicht einfach nur die Energie von Liebe und Akzeptanz, die in eine Richtung geht, sondern es ist auch eine Offenheit dafür, dass es in mich hineinkommen kann. Deshalb liebe ich die *Mantras*; sie sind ein bisschen beides. Eigentlich weißt du nicht, ob du zu *Krishna* singst, um zu sagen: „Oh, du bist so großartig", oder ob du singst: „Bitte *Krishna*, hilf mir." Die *Mantras* sagen dir das nicht, so kannst du in sie hineinlegen, was du fühlst. Sie transportieren beides. Und das ist Hingabe. (Lachen)

Miten: Nun, du sagtest, du bist mir hingegeben. Können wir mal darüber sprechen? (Lachen)

Deva: Es ist auf Band, glücklicherweise.

Miten: Diesen Abschnitt nicht löschen!!

Das war die „echte Wahrheit". Aber ich denke, dass ihr übereinander viel redet, sogar in den Konzerten, nicht wahr? Ihr habt diese Art Gespräch mitten im Konzert, über eure Beziehung, über Liebe, aus dem Nähkästchen.

Miten: Die Konzerte sind wie ins Bett gehen. Wir gehen einfach miteinander ins Bett und schauen dann, was passiert. (Lachen)

Ich möchte euch bitten, etwas zu spielen, das sich für euch in diesem Augenblick richtig anfühlt. Ich habe keine Fragen mehr, es sei denn, dass ich etwas nicht gefragt habe, über das ihr noch gerne sprechen möchtet.

Deva: Nein, ich denke wir haben … (Lachen)

> Im Licht der Liebe
> sind wir ganz
> Im Licht der Liebe
> sind wir zu Hause
> Im Licht der Liebe
> gesunden wir und singen
> Dein Wille geschehe
> im Licht der Liebe
> ***Om Shree Dhanvantre Namaha***

Deva: Also, so sind wir, das ist Bestimmung und das ist Hingabe. (Lachen)

Miten: Danke für diese Einladung.

Sehr schön.

Dolano

Verstand ist auf Verstehen und Logik beschränkt und kennt nichts jenseits von Grenzen, jenseits von Erfahrung. Er denkt, er weiß alles, weil er ein erstaunliches Instrument ist. So versucht er das Unmögliche: wie ein Buddha zu werden, und er will verstehen, was nicht verstanden werden kann, sondern nur gewusst.

Ein Meister kann dir keine Liebe geben. Er kann dich nur mit der Tatsache vertraut machen, dass du Liebe bist.

Dolano

Dolano

Dolano ist in Deutschland geboren und wuchs in Heimen auf. 1979 begegnete sie ihrem Meister Osho, der sie mit Meditation vertraut machte. Sie verliebte sich sofort in das Meditieren und widmete dem ihr ganzes Leben. Als moderne Zen-Meisterin des 21. Jahrhunderts folgt sie der *Advaita*-Linie von Sri Ramana Maharshi, Sri Poonjaji und Gangaji. Ende 1992 geschah es durch die Gnade Gangajis, dass der Tropfen in den Ozean fiel. Dolano lebt in Pune, Indien, wo sie regelmäßig *Satsang* anbietet, sowohl offene, als auch Intensiv-*Satsangs* über mehrere Wochen.

Meinen ersten Kontakt mit Dolano hatte ich, als sie sich zu Oshos Zeiten im Ashram um zwei majestätische Schwäne kümmerte. Jahre später wollte ich sie in ihrem Haus am Fluss besuchen und wäre fast wieder weggeschickt worden – sie war gerade dabei, ihre Katzen zu füttern –, als sie ihre Meinung änderte und mich zu einer Tasse Tee hereinbat. Sie ist eine sehr unabhängige, eigenwillige Frau, die ihre eigene Form von Lehrprogramm anbietet, nicht weit vom Ashram ihres Meisters in Pune entfernt.

Sri Ramana Maharshi empfahl die grundlegende Frage: „Wer bin ich?" – Wer bist du?

Dieses „Wer bin ich?" kann nicht benannt werden. Es kann nur gewusst werden. Da gibt es nichts, was ich sagen könnte; es kann nur gewusst werden. Als Erscheinung bin ich einzigartig, eine freie Welle ohne Identität. Wenn du wissen willst, wer ich bin, musst du herausfinden, wer du bist. Ich bin nur ein anderer Aspekt von dir.

Willst du damit andeuten, dass wir dasselbe sind?

Dasselbe enthält viele. Als Erscheinung bist du einzigartig, doch da ist niemand, nur die Quelle. Wir sind nicht dasselbe, sondern es gibt nur die Quelle.

Viele Menschen aus dem Westen suchen nach Erleuchtung, als wäre sie lediglich eine Erfahrung. Was ist Erleuchtung?

Erleuchtung ist keine Erfahrung. Eine Erfahrung kann nicht ewig sein; sie kommt und geht. Wir können nicht herausfinden, was Erleuchtung ist, wie sie aussieht, wie sie sein sollte und so weiter. Sie kann nicht beschrieben werden. Es gibt die Tendenz zu versuchen, alles zu ergründen und dem Meister solche Fragen zu stellen, um vergleichen zu können: „Ist das bei mir genauso?" So kommt man zu dem Ergebnis: „Oh ja, ich bin erleuchtet." Das habe ich oft erlebt.

Erleuchtung ist ein schönes Mittel, aber sie ist nicht das Ziel. Das Ziel ist, den Verstand zu befreien. Befreiung heißt freisetzen. Nur, wenn der Verstand vollkommen befreit ist, ist es möglich, Erleuchtung zu erkennen.

Kannst du erklären, was du mit der Befreiung des Verstandes meinst?

Der erste Schritt ist, dass du erkennst, wer du bist („Wer bin ich?"). Das ist es, was du im Intensiv-*Satsang* (Begegnung in Wahrheit) erkennst; ich nenne ihn den letzten *Satsang*. So etwas ist möglich für Sucher, die bereit sind, die viele Dinge ausprobiert haben und die an einem Punkt angelangt sind, an dem sie vom Praktizieren genug haben, die am Ende des Pfades angelangt sind. Ich lade diese Sucher zum Intensiv-*Satsang* ein, und es ist möglich, ohne Zweifel in einer sehr kurzen Zeit zu erkennen „wer ich bin". Nur wenn du einmal erkannt hast, wer du bist, ist es möglich, den Verstand zu befreien.

Wenn der Verstand nicht befreit ist, lebst du in einer falschen Sichtweise, in der Sicht der Begrenzungen. Deswegen leidest du und deine wahre Natur kann nicht frei hindurchkommen. Damit lebst du in einem großen Missverständnis, sogar, wenn du erkannt hast „wer du bist". „Wer bin ich?" zu wissen, ist nicht Erleuchtung, es ist ein Erwachen. Sofort, nachdem es ein Erwachen gegeben hat, musst du dich um diesen Verstand kümmern, um den Verstand zu befreien.

Könntest du näher erläutern, was du mit „Verstand" meinst?

Ich meine die Kreativität des Verstandes, die die Erinnerungen und den Denkprozess beinhaltet. Ich nenne ihn „den geliebten dienenden Verstand". Körper ist Verstand und Verstand ist Körper. Es ist ein organisches Ganzes. Dieser geliebte, dienende Verstand ist erstaunlich. Schau dir nur an, was wir erschaffen können: Flugzeuge, Computer, wir erforschen die Grenzen der Medizin. Diese Kreativität ist erstaunlich, nicht wahr? Aber Verstand ist nicht Intelligenz. Er kommt aus der Intelligenz, aber er ist nicht die Intelligenz.

Verstand ist auf Verstehen und Logik beschränkt und kennt nichts jenseits von Begrenzungen, jenseits von Erfahrung. Er denkt, er weiß alles, weil er ein erstaunliches Instrument ist. So versucht dieser Verstand das Unmögliche: Wie ein Buddha zu werden, und er will verstehen, was nicht verstanden werden kann, sondern nur gewusst.

Aber früher oder später erkennt ein reifender Verstand: „Ich kann es nicht. Ich werde immer besser, aber hier werde ich wieder schlechter." Ein nicht befreiter Verstand ist jeden Tag damit beschäftigt zu kontrollieren: „Wie fühle ich mich? Liebe ich?" und so weiter. Der Verstand versucht, jeden bedingungslos zu lieben, und je mehr du es versuchst, desto mehr hasst du sie tatsächlich. Das ist sehr frustrierend.

Dein Verstand ist also nicht dein Feind, aber er muss befreit werden, weil er sich in einer falschen Sichtweise befindet, in der Sicht der Begrenzungen, und von den Erscheinungen getäuscht wird. Dieser Verstand muss seine Grenzen kennenlernen und zu dem Punkt kommen, wo er sagt: „Ich weiß es nicht. Ich kreise hier nur herum." Er muss frustriert und desillusioniert sein.

Wenn du von „der Befreiung des Verstandes" sprichst, dann suggeriert das, dass der Verstand existiert und deshalb zerstört werden muss. Einige Leute würden sogar sagen, dass der Verstand überhaupt nicht existiert.

Einige Leute sagen das, aber hüte dich vor der Philosophie des Neo-*Advaita* (westliche Nondualität). Es wird gesagt und als Hinweis benutzt, um auf das Freisein von Gedanken hinzuweisen, auf No-Mind.

Ja, wenn du versuchst, „einen Verstand" zu finden, wirst du keinen finden. Aber dennoch, schnell werden Gedanken auftauchen, und wir nennen dieses Bündel von Gedanken den Verstand und auch den Nicht-Verstand (No-Mind). In der deutschen Sprache haben wir das Wort „mind" nicht, nur das Wort „Gedanke". Also müssten alle Deutschen erleuchtet sein, weil sie keinen „mind" haben! Also keine Notwendigkeit, den „mind" zu befreien. Doch es ist einfacher, sich mit den Gedanken zu identifizieren – weil sie auch die Emotionen erschaffen, was das Ganze so real macht –, statt zu glauben, dass ich der „mind" bin. Als ich zum ersten Mal das Wort „mind" gehört habe, wurde es sehr deutlich, dass dieser „mind" ein funktionierender „mind" ist, ich aber nicht dieser „mind" bin. Ich nenne diesen „mind" auch „den Buchladen", mit vielen Büchern. Du kannst ein Buch öffnen oder nicht. Wenn du dein „Armes-Ich"-Bilderbuch nicht magst, dann öffne es einfach nicht mehr.

Was meinst du mit „Buchladen"?

Denken, Gedanken, Kreativität, ich nenne es den „Buchladen": all die Sammlungen, die Gedanken, Bücher voller Erinnerungen. Um befreit zu werden ist es nicht nötig, die Bücher zu öffnen. Ein reifer Verstand, der seine Grenzen kennengelernt hat, hat keine Probleme damit, seine Kreativität, seinen Denkprozess beiseitezulegen. Ich sage, schick den Verstand in die Ferien zum Fluss. Er wird nicht benötigt. Lass ihn den Fluss genießen. Wenn der Verstand sich ausruht, auf Urlaub ist, ist er nicht getrennt von der Quelle reiner Intelligenz, die das einzige Wissen ist. Mit diesem Wissen gehen wir durch viele Untersuchungen. Du findest heraus, was im tiefsten Kern wahr ist, und ein ruhender Verstand ist nicht getrennt von diesem Erkennen. Indem er weiß, was von Grund auf wahr ist, kümmert er sich um alles, was du so geschäftig versuchst zu reparieren, zu entfernen und zu tun – für alles wird gesorgt.

Wenn der Verstand erst einmal befreit ist, hast auch du die Wende und den Wechsel gemacht, und deine Sicht ist richtig. Am Anfang sage ich: „Du bist nicht die Reflexion von dem, der du bist", aber am Ende macht es keinen Unterschied ob Erscheinung oder nicht Erscheinung. Es gibt keine Trennung. Es gibt nur jetzt. Es schließt die Erscheinung nicht aus.

Gibt es irgendwelche Voraussetzungen für die Erleuchtung?

Ja, die gibt es auf jeden Fall. Deshalb suche ich die Leute für den Intensiv-*Satsang* vorher aus. Ich bekomme Anfragen per Post. Dann warte ich und lese den Brief noch einmal. Ich entscheide mich dann meistens, jemanden zu akzeptieren, wenn ich die Authentizität und den Willen erkenne, frei zu sein. Authentizität ist sehr wichtig, egal wie durcheinander jemand gerade ist. Gut, wenn du wirklich durcheinander bist, besuchst du besser vorher Therapiegruppen und meditierst.

Für die Erleuchtung ist es nötig, dass du wertschätzen kannst, „was ist", dass du nichts anderes willst, als das, „was ist". Wenn du nicht wertschätzen kannst, „was ist", dann musst du wenigstens den Wunsch haben, es wertzuschätzen. Solange man etwas begehrt, das möglich und natürlich ist, wie Wahrheit, Erwachen und Befreiung, steht dieses Begehren nicht im Weg.

Ich mag Briefe, in denen steht: „Ich will Befreiung. Ich bin so müde. Ich habe schon so viele Dinge ausprobiert." Im letzten Brief, den ich bekam, stand: „Ich will diesen ganzen *Advaita*- (Nondualität) Kram loswerden." Ich schrieb zurück: „Du bist herzlich willkommen!" (Lachen) Sehr schön, dieser Satz. Er sagt so viel. Er hat wirklich das Unmögliche versucht!

Du suchst also nach Menschen, die am Ende all der Zyklen von Begierde angekommen sind. Sie haben Liebhaber und Liebhaberinnen ausprobiert, sie haben ein paar verschiedene spirituelle Lehrer ausprobiert.

Ja, und nicht nur das. Das Leben selbst kann dich auf diese Art bereit machen. Es gibt Menschen, die Intensiv-*Satsang* möchten und noch bei keinem Meister waren, und sie sind sehr bereit. Als ich siebenundzwanzig war, war ich nicht so reif wie manche Leute, die ich jetzt mit siebenundzwanzig sehe. Ein Grund, warum sie so reif sind, ist, dass die Generation vor ihnen schon eine Menge Transformation für sie geleistet hat! Es gibt also eine Kontinuität von Generation zu Generation. Es ist ein natürlicher Prozess. Es gibt Menschen, die ein ganz authentisches und natürliches Streben nach Wahrheit haben.

Wenn du „authentisch" sagst, sprichst du dann über Menschen, die ausdrücken, was ist, und die nicht irgendjemandem folgen?

Ein authentischer Sucher kennt das Licht, das Licht, das er sich selbst ist. Traue deiner Authentizität, sie ist das Licht, das du dir selbst bist, und du weißt, wann es Hilfe gibt.

Ich möchte das verstehen, denn es scheint wichtig zu sein. Mit „authentisch" meinst du Menschen, die einfach in der Lage sein wollen, sich aus ihrer inneren Welt heraus auszudrücken. Dass sie niemandem folgen oder ...

Es gibt kein „Innen" und kein „Außen". Ich kann ganz klar sagen, wenn dich das Leiden auf den spirituellen Pfad der Befreiung bringt, dann bist du definitiv authentisch. Denn dann möchtest du frei von Leiden sein, und bist nicht mehr so sehr mit Erleuchtung beschäftigt. Du willst frei sein, und die Konsequenz des Wunsches, frei zu sein, muss zu Erleuchtung führen. Dies ist die Konsequenz. Und doch verlieren wir uns eher darin, uns viel Wissen über Erleuchtung anzueignen und zu sammeln, als uns um Befreiung zu kümmern und uns darauf zu konzentrieren, verstehst du?

Du hast gesagt, dass es Voraussetzungen gibt.

Ja, übe, um Gottes Willen, übe! Wenn du aufwachen willst, verstehe die Botschaft von Meditation. Die Leute glauben, dass das eine große Sache ist. Es ist so ein einfaches, wissenschaftliches Werkzeug, besonders für faule Menschen. Und sie können es sogar genießen! Meditation heißt, zu sitzen. (Katzengeräusch im Hintergrund)

Möchte deine Katze zu uns kommen?

Nein, ihm geht es gut. Lass ihn reden. Er ist ein sprechender Kater! (Lachen) Er ist gerade im Wohnzimmer und er will, dass ich …

Er gibt dir die Antworten auf die Fragen. (Lachen)

Nein, er möchte, dass ich mit ihm nach draußen in den Garten gehe. Er ist sehr verzweifelt. Er sagt: „Wo bist du gerade?" Er will, dass ich nach draußen gehe, er will sich auf den Rücken legen, und ich soll ihm seinen Bauch kraulen. Dann ist er für eine Zeitlang glücklich. Eigentlich ziemlich lange. (Lachen) Er war meine erste Katze. Er ist jetzt sechzehn und er ist wirklich sehr süß.

Besonders!

Ja, er ist besonders, weil es echte Kommunikation zwischen uns gibt. Er weiß, was ich tun werde. Er weiß es einfach; er ist sehr telepathisch. Alle Kinder sind telepathisch – sie wissen immer, was ihre Mutter als Nächstes tun wird. (Lachen)

Er ist also deine befreite Katze?

Nein. Ja. Er ist anders als eine wilde Katze. Er hat erfahren, was eine wilde Katze niemals erfahren kann, verstehst du?

Er hat also Übungen gemacht?

Er hat Erfahrungen. Ich habe zwei männliche Katzen und sie versuchen wirklich zu sprechen. Ich spreche mit ihnen „miau, miau", einfach hin und her. Er spricht mit mir.

Wir haben über Übungen gesprochen – wenn sie also seit sechzehn Jahren bei dir sind, können die Katzen mittlerweile wahrscheinlich ganz gut meditieren.

Weißt du, sie haben eine natürliche Meditation. Katzen sind immer in Meditation. Sie schlafen ungefähr siebzehn Stunden, und können dann drei oder vier Stunden lang so dasitzen (Lachen) – Augen geschlossen und nur ein bisschen geöffnet, um dich zu beobachten. „Ich schlafe, ich sehe niemanden." Wenn sie ihre Augen so haben, denken sie: „Oh! Ich sehe dich, aber du siehst mich nicht." (Lachen)

Sie sind immer in Meditation. Ich genieße sie sehr. Mir ist es egal, ob sie mich mögen oder nicht. Sie sitzen am Fenster, haben ihre Ohren hübsch aufgestellt und beobachten den Fluss. Ich frage mich, was sie sehen, dass sie so ewig schauen können. Es ist für sie immer so unterhaltsam.

Für uns als Menschen ist die Natur die größte Einladung zum Erwachen. Was wir versuchen zu werden, ist sehr schön in der Natur reflektiert: Stille, Frieden und Humor, die Tiere. Sie lassen dich lächeln, selbst wenn du unglücklich bist. Natur, Unschuld hat so eine Macht, und es ist die großartigste Brücke, um Liebe kennenzulernen, bedingungslose Liebe. Menschen können eine Plage sein. Die Natur ist so eine Einladung und so unschuldig. Wie kann man da widerstehen?

Wie die Natur, so wird auch ein Baby unschuldig geboren, ein Buddha, doch was hat es für einen Sinn, wenn du es nicht weißt? Tiere sind unschuldig in ihrem Nichtwissen, aber für Menschen ist nicht zu wissen Ignoranz. Du hast kein Recht, „ich weiß nicht" zu sagen, bis du es herausgefunden hast, und dann ist dieses Nichtwissen lebendig, mit Weisheit in deinen Augen. Unser eigenes Unwissen kennenzulernen, macht uns menschlich.

Vom Unwissen, von der Lüge, erwachst du zur Wahrheit. Jeder lebt in dieser – falschen – begrenzten Sichtweise, und bis zu einem bestimmten Punkt ist das natürlich. Wir müssen da hindurchgehen. Im offenen *Satsang* sage ich: „Mach dir keine Sorgen. Alles ist gut. Du lebst in einer falschen Sichtweise; das ist total normal. Du kommst wunderbar voran."

Was meinst du mit „begrenzter Sichtweise"?

Das ist, wenn du auf das fokussiert und mit dem identifiziert bist, was du wahrnimmst, denkst, fühlst und was du sehen und anfassen kannst.

Du bist getäuscht von der Erscheinung und weißt nicht wer du bist. Es ist das Gegenteil von grenzenlos. Ein Buddha lebt ein grenzenloses Leben. Der nicht befreite Verstand lebt in der Sicht der Begrenzungen, in der Dualität, und deshalb gibt es all die Verwirrung und das Missverstehen und das Leiden. Der Verstand leidet; es bist niemals du, der leidet.

Wenn Übungen also notwendig sind, was empfiehlst du?

Therapiegruppen und danach, das Werkzeug der Meditation zu erlernen. Ich glaube, Eckart Tolle ist im Moment sehr hilfreich für viele Menschen. Die Menschen, die authentisch auf dem spirituellen Pfad sind, werden immer die richtige Führung finden.

Sri Ramana sagte, der direkte Weg zur Erkenntnis des Selbst sei die Selbsterforschung. Was kannst du über Selbsterforschung sagen? Wie wendet man sie an?

Ja, sie ist für die Menschen, die ans Ende des Weges gekommen sind. Ich stelle den Leuten im offenen *Satsang* nicht das „Wer bin ich?" vor, weil es so wertvoll ist, dass ich vorher sichergehen möchte, dass sie dafür bereit sind und nicht sagen: „Und jetzt?" Es ist so wertvoll, dieses „Wer bin ich?" kennenzulernen.

Als ich als Meditierende auf dem Weg war und hörte, ich solle mich selbst fragen: „Wer bin ich?", war ich nicht interessiert. Warum sollte ich wissen, „Wer bin ich"? Mein Verstand war still und passiv. Was sollte ich noch wollen? Ich habe nicht verstanden, warum ich „Wer bin ich?" erforschen sollte. Als ich zu Poonjaji kam, machte jeder Selbsterforschung, also sagte ich mir: „Okay, Dolano, wenn jeder fragt: „Wer bin ich?", dann lass uns herausfinden, „Wer bin ich?". Was will man machen! (Lachen)

Als ich „Wer bin ich?" herausfand, war ich so überrascht. Es veränderte alles. Ein Meditierender fragt sich nie, wer meditiert. Deswegen kann er nicht wirklich herausfinden, „Wer bin ich?". Und da gibt es immer noch diese Liebesaffäre mit der Existenz. Du schmilzt und du sehnst dich danach, zu verschwinden oder eins zu werden, wenn du meditierst. Da ist diese Liebesaffäre und wo diese Liebesaffäre ist, ist Trennung.

Meditation ist so viel großartiger, wenn man herausgefunden hat, wer man ist, weil es dann keine Trennung und kein Schmelzen mehr gibt. Du bist gefunden! Du wartest nicht, dass irgendetwas geschieht, du genießt einfach. Die Trennung verschwindet.

Wenn du erst einmal „Wer bin ich?" herausgefunden hast, ist Gott aus seinem Koma erwacht. Dann gibt es große Hoffnung, diesen geliebten, dienenden Verstand zu befreien, dass er in den Ferien am Fluss bleiben und sie genießen kann, und sich mit dem beschäftigt, womit er sich beschäftigen soll. Kein Werden und Fragen mehr.

„Wer bin ich?" zu wissen, ist die Grundlage für die Befreiung des Verstandes. Im Intensiv-*Satsang* erkennen die Menschen, wer sie sind, und dann musst du dich sofort um diesen geliebten, dienenden Verstand kümmern, um ihn zu befreien. Das wollte ich darüber sagen.

Ich finde das, was du über Meditation gesagt hast, ziemlich wichtig. Viele Menschen haben die Idee, dass es ihnen zur Befreiung verhelfen kann, wenn sie ernsthaft viele Jahre lang meditieren. Du sagst, dass du viele Jahre meditiert hattest, bevor du zu Poonjaji kamst, und er stoppte dich einfach.

Als ich zum ersten Mal zu Papaji kam, war ich sehr verliebt in die Meditation. Ich dachte, ich müsse erleuchtet sein. Ich dachte, dass er vielleicht sogar erkennen würde, dass ich erleuchtet war. Was konnte ich mehr tun? Doch ich merkte schnell: Was hätte es für einen Sinn, wenn er zu mir sagen würde: „Du bist erleuchtet!"? Ohne Verwirklichung würde sich nichts verändern.

Ich habe die Meditation nicht wirklich aufgegeben. Sie ist ganz natürlich abgefallen, nachdem der Verstand komplett befreit war. Nachdem ich „Wer bin ich?" erkannt hatte, hörte ich zwar nicht mit der Meditation auf, aber ich habe auch nicht mehr praktiziert. Ich saß nur da, offiziell in Meditation, aber ich war immer darauf fokussiert, keine Technik zu praktizieren. Wenn du Meditation erst einmal kennengelernt hast, wird jede Technik zu einer Störung. Du bist mit der Technik beschäftigt, und früher oder später fühlst du dich stranguliert. Es sind Werkzeuge, aber wenn du erst einmal verliebt bist, bist du vierundzwanzig Stunden lang in Meditation. Wie könntest du das verlassen, was du am meisten liebst?

Einmal kam ein Paar aus Frankreich, und am ersten Tag waren sie sehr stolz darauf, Poonjaji zu erzählen: „Wir praktizieren jeden Morgen eine Stunde lang Vipassana (Einsichtsmeditation) und wir machen das seit zwanzig Jahren." Er sagte ihnen, sie sollten damit aufhören, und sie dachten, er wäre kein echter Meister und gingen zum Bahnhof, um sich Tickets zu kaufen.

Was er mit „aufhören" meinte, war, damit aufzuhören, den Atem zu beobachten, mit der Technik aufzuhören. Wo ist die Stille? Wenn du beschäftigt und darauf fokussiert bist, deinen Atem zu beobachten, kann das zu einer Störung werden. Meditation hat nichts mit Fokussierung auf irgendetwas zu tun. Das sind nur Techniken für den Einstieg.

Es ist eine Praxis. Aber ich kann verstehen, dass Papaji sagte, man solle aufhören, wenn man nach so vielen Jahren, in denen man den Atem beobachtet hatte, die Botschaft immer noch nicht verstanden hatte. Du musst kraft deiner eigenen Autorität herausfinden, wann du mit der Technik aufhören musst. Den Atem zu beobachten, ist Fokussierung, und das ist Anstrengung, nicht war? Wenn du einmal in die Meditation verliebt bist, fokussierst du nicht.

Das wollte ich gerade sagen. Das französische Ehepaar ist nicht abgereist, und die Frau ist tatsächlich aufgewacht; sie hat es am Ende verstanden. Viele Menschen, die es zu Poonjaji hinzog, hatten sehr viele Jahre meditiert. Es ist irgendwie komisch, dass einerseits dich Meditation nicht dorthin bringen kann, aber ohne viele Jahre Meditation bist du nicht wirklich bereit.

Ja, es ist nicht die Meditation selbst. Durch die Meditation lernst du das Licht kennen, das auf dich scheint. Du erfährst auch, wie dieser Verstand funktioniert. Du erlebst, wie schön es ist, Gedanken im Passiven oder gar keine Gedanken zu haben. Du verliebst dich in die Stille. Es ist sehr wichtig, sich in die Stille zu verlieben. Da ist Klarheit, Weisheit, Spontaneität oder keine Gedanken. Es muss ein sehr reifer Verstand sein, der all das weiß. Dieser Verstand ist sehr kooperativ und sehr bereit für die Befreiung. Im Intensiv-*Satsang* helfe ich den Menschen nicht auf ihrem Weg – wie man Dinge in Gewahrsein tut. Das ist das Ende des „Wie" und das Ende des Leidens, verstehst du?

Als Sri Ramana gefragt wurde, wann man das Selbst erkannt hat, antwortete er: „Wenn die Welt, die das Gesehene ist, entfernt worden ist, wird die Erkenntnis des Selbst als das Sehende geschehen." Wie ist die Welt zu verstehen und wie kann man sie beseitigen?

Das ist einfach ein weiteres Werkzeug, um zu erkennen, wer du bist. Es ist keine Zaubervorstellung, um diese Welt zu entfernen. (Lachen) Nein, es ist ein Werkzeug. Er sagt, du bist nicht das, was du siehst. Was immer du auch siehst, es ist von dir getrennt. Du siehst die Welt, aber du bist nicht die Welt. Also solltest du wissen, dass du das nicht bist; lösche es, gib ihm keinen Namen, keine Form. Tu es nicht! Die Kreativität des Verstandes ist sehr machtvoll und sie ist sehr für die Existenz von Begrenzungen verantwortlich. Wenn du Namen und Formen vergibst, sind da Begrenzungen, nicht wahr? Wenn du keine Namen und Formen vergibst, ist da dieser leere, grenzenlose Verstand, so, wie du ihn mitgebracht hast, als du geboren wurdest: du hast ihn niemals verloren.

Sri Ramana sagt, was immer du siehst, das bist nicht du; es ist von dir getrennt. Das muss einfach nur erkannt werden, und dann hast du die Welt beseitigt; du wirst nicht mehr getäuscht, indem du denkst, dass du bist, was du siehst. Es ist ein Werkzeug für dich, damit du erfährst, wer du bist. Was auch immer du wahrnimmst, was immer du fühlst, denkst oder erfährst, ist Trennung. Da bist du und da ist das, was du erfährst. Was du fühlst oder erfährst, ist noch nicht das, was du bist.

Sogar, wenn du dessen gewahr bist, dass du gewahr bist, bist das immer noch nicht du. Sri Ramana sagt, wisse einfach, dass du nicht das bist, was du siehst. Dann schau dir das an, was übrig bleibt. Schau einfach, was übrig bleibt.

In dem Moment, in dem du das sagst, passiert es. Du hast gesagt, dass es vier Tage braucht, aber Poonjaji sagte immer, dass es nur den Bruchteil einer Sekunde braucht.

Ich verstehe, was du sagst, aber darum geht es nicht. Was ich gerade gesagt habe, heißt nicht, dass du bewusst erkannt hast, wer du bist. Wenn wir diese Werkzeuge benutzen, werden wir immer herausfinden: „Ich weiß, aber ich weiß nicht, was." Natürlich gibt es logisch betrachtet kein „was", und wenn du letzen Endes bei: „Das bin ich" landest, dann weißt du nicht, wer du bist. Du musst bewusst erfahren, wer du bist, und das ist es, was ich in den Intensiv-*Satsangs* tue. Es braucht vier Tage, wegen des Effekts auf die Tendenzen des Verstandes. Und dann landest du bei: „Ah, das bin ich. (Lachen) Ich weiß nur nicht, was." Da ist immer noch ein Fragezeichen. Der Verstand, dieser geliebte, dienende Verstand, wird damit nicht zufrieden sein. Dieser geliebte, dienende Verstand ist nicht gegen die Wahrheit. Wir beziehen diesen geliebten, dienenden Verstand im Ruhezustand mit ein, so dass er „Wer bin ich?" bewusst erkennen kann. Wenn das einmal erkannt wurde, ist die Suche vorüber.

Wenn du mit deiner eigenen Autorität erkennst, wer du bist, ist das eine Erleichterung. Du erkennst es als wahr, und die Erleichterung bestätigt es. Du lächelst, oder vielleicht weinst du auch. Du kannst es nicht glauben. Und es ist vorbei.

Einige Leute finden am ersten Tag heraus, wer sie sind. Ich denke, es ist nicht so glücklich, es so schnell zu erfahren, weil diese Leute dann später zu mir kommen und sagen: „Moment mal, Moment mal, Dolano", und sie fangen wieder an, im Buchladen herumzukramen. (Lachen) Es ist wie der Mann, der sagte: „Dolano, bitte hilf mir, ich möchte dieses *Advaita*-Zeugs loswerden." Du glaubst zu wissen, wer du bist, doch wenn du einmal wahrhaft diese Erkenntnis hast, geschieht etwas. Ich kann sehen, ob jemand wirklich weiß.

Ich benutze ein sehr klares Werkzeug im Intensiv-*Satsang* und ich belasse es dort für die Menschen, die bereit sind, weil ich mich sofort um den Verstand kümmern will. Zu wissen, wer du bist, ist ein Erwachen, aber der Verstand ist immer noch in einer falschen Sicht und braucht Befreiung. Darum kommst du nicht herum. Und es ist sehr leicht.

Oft wird behauptet, dass der Verstand erst zerstört werden muss, damit Befreiung stattfinden kann. Hast du einen Verstand? Wie zerstört man den Verstand?

Ich habe einen Körper. Körper ist Verstand und Verstand ist Körper. Wenn wir als Baby geboren werden, weiß der Verstand, die Kreativität des geliebten, dienenden Verstandes noch nicht, wie man Namen und Formen vergibt, und er hat keine Vorstellungen von Begrenzungen. Und dann, langsam, ist es diesem Verstand bestimmt, Gedanken zu haben, in dem Spiel von *Lila* (kosmisches Spiel) mitzuspielen, um zu überleben, um kreativ zu sein und zu tun, was ihm zu tun bestimmt ist. Ich habe also einen Verstand, und für diesen Verstand, diesen geliebten, dienenden Verstand, der leer geboren wurde, ist es ganz natürlich, Namen und Formen zu vergeben, aber damit entwickelt er auch eine falsche Sicht.

Schnell findet das Baby heraus: Da bist du, da bin ich, da ist Mami, da ist Papi. Da sind viele. Es gibt Autos, es gibt Bäume – du vergibst Namen und Formen. Und dann bist du auf das, was du sehen und anfassen kannst, fokussiert, als sei das alles, was es gibt. Damit bewegst du dich in Richtung einer, wie ich es nenne, Sicht der Begrenzungen, und der leere Verstand, mit dem du geboren bist, wird vollkommen übersehen. Du hast diesen leeren Verstand niemals verloren. Du kannst ihn nicht verlieren, aber du bewegst dich in Richtung der Begrenzungen, und du lebst in einer Dualität. So gerät dieser Verstand früher oder später in *Samsara* (Welt der Illusion) mit Überlegenheitskomplexen, Minderwertigkeitskomplexen, Wettbewerb etc. Wenn du Glück hast, beginnt der Verstand, darunter zu leiden.

Ja, ich habe einen Verstand. Ich bin durch die Sicht der Begrenzungen hindurchgegangen und ich litt. Ich wollte unbedingt frei sein.

Verstand braucht Befreiung, und mein Verstand ist vollständig in seiner Befreiung. Wenn der Verstand vollständig befreit ist, dann ist der Verstand nicht mehr getrennt von der Quelle, dann wird man nicht mehr vom Verstand regiert, sondern du weißt, wie man den Verstand benutzt.

Mein Verstand funktioniert also perfekt, meistens passiv. Die Gedanken sind spontan und praktisch, keine sich im Kreis drehenden, aktiven Gedanken mehr. Er hat keine Schwierigkeiten damit, lange still zu sein, und mir steht es genauso frei, viele Gedanken zu haben, alle Gedanken. Wenn der Verstand einmal befreit ist, ist er nicht länger im Weg. Er ist nicht länger eine Behinderung. Er ist ziemlich unterhaltsam, hat Humor und funktioniert sehr glücklich, meist aus dem Passiven, spontan. Das ist die Quelle, die spielt.

Man könnte also sagen, dass es eine Art Alltagsverstand gibt, der uns in praktischen Dingen hilft, wie zum Beispiel laufen oder den Computer zur Reparatur bringen.

Ja, Gedanken sind praktisch, sie kommen meist aus dem Passiven und sind spontan. Erleuchtet oder nicht, sie geschehen. Aber ein nicht befreiter Verstand ist immer mit etwas beschäftigt, womit er sich nicht beschäftigen sollte: „Wie fühle ich mich? Ich sollte mich gut fühlen. Heißt das, dass ich nicht so sehr erleuchtet bin?" Dieser Verstand ist so beschäftigt damit, ein Buddha zu werden, was nicht sein Job ist. Darum leidet der Verstand.

Die Leute sprechen im Allgemeinen über den Verstand als ihre Erinnerungen, ihre vergangenen Erfahrungen, ihre Vorstellungen und Konzepte. Das alles fällt weg, oder?

Es fällt ganz natürlich weg, wenn du erst einmal erkannt hast, was im tiefsten Kern wahr ist. Vorher hattest du die Idee, dass die Erde flach ist. Aber wenn du erst einmal herausgefunden hast, dass die Erde rund ist und nicht flach, dann verschwindet ganz natürlich alles, was du dachtest, als du davon überzeugt warst, „die Erde ist flach". Du musst das, was du beseitigen willst, nicht anfassen oder in Ordnung bringen.

Wenn du herausfindest, was im tiefsten Kern wahr ist, wird sich um alles gekümmert und du möchtest nicht einmal mehr zurückschauen.

Lass das für die Therapeuten, die Philosophen; sie können es herausfinden. Für dich ist es vorbei. Danach kannst du das beste spirituelle Buch lesen, und du wirst es weglegen. Du wirst sagen: „Das ist nichts mehr für mich. Danke, aber es ist einfach nichts mehr für mich." Du kannst nicht einmal mehr lesen, verstehst du? Es ist gut für Leute auf dem Weg, aber für dich ist es vorbei!

Was ist mit den Menschen, die als Kind missbraucht wurden? Sie haben vielleicht Gewalt oder sexuellen Missbrauch erlebt. Der gesamte Körper und das Gefühlsleben sind betroffen, und diese starken Missbrauchserinnerungen sind eingeschlossen. Wie würdest du mit dieser Situation umgehen?

Meine Kindheit war auch nicht so großartig, und ja, es gibt eine Zeit, in der du darüber sprechen willst, um es zu verstehen und zu analysieren. Es gibt ein Bedürfnis, darüber zu sprechen. Primärtherapie ist eine sehr schöne Abkürzung, wo du nicht analysierst, sondern eher die Emotionen verstehen lernst. Und auch Meditation ist sehr heilsam!

Aber dann gibt es eine Zeit, wo du eine wichtige Entscheidung treffen musst. Willst du frei sein oder nicht? Du hast die Wahl und es liegt nur an dir. Wenn du dich entscheidest, dass du frei sein willst, dann kannst du wirklich sehr schnell sehen, was wahr ist, und dann musst du zugeben, dass dir in Wahrheit niemals etwas geschehen ist, dass es dir total gut geht und dass es keine Vergangenheit gibt, sondern nur das Jetzt. Du bist bin nur in dieser „Armes-ich"-Geschichte und du brauchst etwas Aufmerksamkeit.

Du sagst, dass sogar mit diesen schweren traumatischen Situationen ...

„Schwer und traumatisch"! Vergiss nicht! Schwer und traumatisch und groß!

Nun, einige Menschen haben das.

Ja. Bis zu einem bestimmten Punkt haben Menschen das. Aber, bitte!

Du sagst also, dass …

Es wird eine Zeit geben, wo du es verstehst. Du setzt dich selbst auf ein Podest: „Oh mein Gott! Meine Kindheit! Mein Unglück ist größer als deins! Da kommt deins nicht annähernd heran!" Wir befinden uns fast in einem Wettbewerb, und weil wir keine andere Richtung kennen, wollen wir in den Dreck abtauchen, so tief wie möglich.

Aber schließlich kommt dann eine Zeit, in der du genug davon hast, die Beste auf diesem Podest zu sein. Du wartest nur auf jemanden – und der Therapeut wird es wahrscheinlich nicht tun – der sagt: „Ja, ja, das ist ein schönes Theater, nicht wahr? Ich glaube dir nicht." Wenn jemand wirklich sagen kann: „Ich glaube dir nicht", dann wirst du sagen: „Okay, endlich werde ich gesehen. Ich kann jetzt aufhören." Irgendwann wirst du ganz natürlich jemanden treffen, der sagt: „Ich glaube dir nicht", und ganz langsam wirst du erwachsener. Das ist die Kindergartenzeit, aber irgendwann kannst du wirklich sehen: „Ich lüge!" Du musst dich dann weiter daran erinnern: „Oh! Ich Arme, ich Arme. Diese Geschichte ist so groß, so traumatisch, ich könnte damit sogar ins Fernsehen kommen; schau mich an, ich wurde vergewaltigt!"

Aber vielleicht ist das alles nötig. Vielleicht brauchst du einfach die ganze Aufmerksamkeit bis du davon genug hast. Irgendwann erkennst du die Lüge und bist bereit, dir die Lüge des „armen Ich" anzusehen. Letzten Endes musst du an einen Punkt kommen, wo du siehst: „Es ist alles Lüge und ich bin bereit, die Lüge zu stoppen. Ich bin bereit, von dem Podest herunterzukommen und dem treu zu sein, was wahrhaftig ist."

Und was ist wahr? Nichts ist mir jemals passiert. Wo ist es, wenn du es nicht „denkst"? Es kostet eine Menge Mühe, dich immer wieder daran zu erinnern, was für eine schwere Zeit du hattest, nicht wahr? Jetzt in diesem Moment erinnerst du dich an nichts aus deiner Kindheit, warum sich also dort festsetzen? Du musst beginnen, dem treu zu sein, was wahrhaftig ist.

Welchen Rat würdest du jemandem geben, der gerade in diesem intensiven Schmerz über etwas ist, was, wie du sagst, nie geschehen ist? Einfach in diesem Schmerz bleiben?

Nein. Ich würde sagen, mach Therapie und sprich darüber. Sprich solange darüber, bis du es nicht mehr hören kannst. Bis du genug davon hast. Dann mach eine Primärtherapie oder besser noch die Mystic Rose (Osho-Meditation/therapeutisches Mittel). Dort kannst du alle Emotionen ausdrücken und kennenlernen. Du weinst richtig und bist wütend, tötest das Kissen, tust das alles. Lerne deine Emotionen kennen und erkenne, dass Emotionen gar keine große Sache sind. Du hast weniger Angst. Du kannst es frei aufsteigen lassen.

Und du kommst an einen Punkt, an dem du feststellst, dass du manchmal Schwierigkeiten hast, zu weinen oder zu fühlen, so dass du die Vorstellung von, „Ah, mein Vater! Er war so böse!" benutzen musst. Du musst dich wirklich sehr anstrengen, diese Emotion zu fassen zu kriegen und sie hochzubringen. Du siehst, dass du eine Menge Fantasie aufbringen musst, um tatsächlich so zu fühlen. Ganz langsam findest du heraus, worum es geht. Und wenn du nur irgendwie authentisch bist, wirst du ganz natürlich sehen, wie alles funktioniert.

Was ist mit den Neigungen des Verstandes? Müssen sie erst vollständig entfernt werden, damit Selbsterkenntnis dauerhaft bleiben kann? Wie beseitigt man die Neigungen?

In der Selbstverwirklichung, wenn du wirklich weißt, „wer du bist", gibt es keine Frage von „werden" oder „beständig zu werden". Da gibt es nur, du weißt oder du weißt nicht.

Im Intensiv-*Satsang* kümmert man sich durch den Prozess der Selbstbefragung ganz natürlich um die Neigungen des Verstandes, und dadurch, dass man erkennt, was im tiefsten Kern wahr ist. Es gibt nie ein „Wie"! Es wird sich einfach natürlich darum gekümmert.

Erlebst du zum Beispiel, wie es manchen Menschen oft ganz klar ist und dann kommt der alte Kram – die Neigungen – zurück?

Ja, es gibt einen Unterschied zwischen Verstehen und Wissen. Es ist genauso wichtig, die Neigungen des Verstandes zu erkennen, wie „Wer bin ich?" herauszufinden. Es geht alles Hand in Hand. Die Neigungen zu kennen, ist eingebettet in dieses Erkennen von „Wer bin ich?". Wenn das bewusst gewusst wird, ist der Verstand befriedigt und wird nicht länger zurückschauen. Es gibt eine Erleichterung – es ist vorbei! Es ist einfach vorbei. Die Suche ist zu Ende.

Und dann, danach, müssen wir uns um viele Dinge kümmern, um den Verstand zu befreien. Wenn ich jemanden angenommen habe, der bereit ist, ist es einfach, seinen Verstand zu befreien.

Ich war einige Jahre bei Papaji, und er hat viele Menschen zu diesem Erkennen gebracht. Es gab einige Menschen, die sich fühlten wie: „Ich bin frei." Aber dann, einige Zeit später, kam es vor, dass sie zurückkehrten und sagten: „Um ehrlich zu sein, ich bin nicht frei. Es ist alles zurückgekommen." Das schien sehr häufig so zu sein.

Ja, weil der Verstand Befreiung braucht. Der Verstand braucht Befreiung! Es ist sinnlos zu erkennen, wer du bist, wenn du dich nicht um diesen geliebten, dienenden Verstand kümmerst. Es ist wirklich sinnlos, weil früher oder später … ich will nicht einmal beginnen! Ja, was zurückkommt, ist dieser nicht befreite Verstand. Das ist es, was ich im Intensiv-*Satsang* tue. „Wer bin ich?" zu wissen, ist ein Erwachen und die Basis für Befreiung, aber es ist nicht Erleuchtung. Erleuchtung ist das Ergebnis, wenn der Verstand vollständig in seiner Befreiung ist. Fokussiere dich also nicht auf Erleuchtung, entscheide dich für Befreiung.

Und hast du irgendeinen speziellen Trick dafür?

Ich habe einen speziellen Trick dafür, ja.

Bist du bereit, diesen Trick zu verraten?

Nein, das bin ich nicht. Im Intensiv-*Satsang* geht es nicht mehr darum, Zitate zu sammeln; es geht wahrhaft um Befreiung und um das Ende des Leidens. Ich werde es nicht verraten! Es ist ein geheimes Untergrund-Werkzeug. Es ist nur für die Menschen, die bereit sind. Es ist zu wertvoll, um es zu verschwenden. Es ist nur für ausgesuchte Menschen.

Könntest du mich vielleicht aussuchen, jetzt sofort?

Ich bin mir nicht sicher! Du musst auf einen Brief antworten, den ich schreibe.

Ich warte zu deinen Füßen auf dein Geheimnis!

Nein, nein, so geht das nicht! Neugier funktioniert nicht. Es hat wirklich nichts mit Neugier zu tun. Du musst wirklich authentisch sein: Du willst aufwachen – das ist alles, was du willst.

Vorhin hast du etwas über Wahl gesagt. Wie ist es mit Schicksal? Erwartest du, dass die Dinge einfach geschehen oder drückst du deinen freien Willen aus und wählst?

Ich lebe nicht für die Zukunft. Ich lebe nur jetzt.
    Niemand weiß es; es ist eher eine Glaubensvorstellung. Wenn es Schicksal gibt, dann macht es keinen Unterschied, was du tust oder wählst. Es muss getan werden, und ob es Schicksal gibt oder nicht, ist irrelevant. Letztendlich ist es vollkommen irrelevant. Vielleicht hilft es dir auf deinem Weg, weil du für fünf Minuten entspannen kannst: „Okay, es ist vorherbestimmt."

Ich kann mich daran erinnern, wie ich dich vor zwanzig Jahren kennengelernt habe. Du hast eine komische Robe getragen und die Schwäne gefüttert. Ich sah dich immer im Osho-Ashram, und das Schicksal hat uns heute zu diesem Treffen zusammengeführt.

Was macht es für einen Unterschied, ob es Schicksal war oder nicht? Was immer du tust, wählst oder nicht wählst, es muss trotzdem getan werden. Du musst dich bewegen. Das ist deine Natur. Ob es vorherbestimmt ist oder nicht, ist so irrelevant. Du musst hier sein, um es zu tun. Das wird so leicht missverstanden. Ich habe gehört: „Ah, ja, mach dir keine Sorgen. Du musst nichts für die Erleuchtung tun! Hör einfach mit der Suche auf! Es ist vorherbestimmt, ob du aufwachst oder nicht. Es gibt nichts für dich zu tun." Also, geh nach Goa, entspann dich einfach und warte, bis eine höhere Macht die Erde bewegt. (Lachen) „Ich lasse einfach alles geschehen. Ich mache gar nichts. Das ist großartig! Ich muss nicht einmal meditieren. Es ist einfach alles vorherbestimmt!" Ich bitte dich!

Es scheint grundlegend zu sein, einen Meister zu treffen und sich diesem Meister hinzugeben. Wer ist der Meister? Was ist die Rolle des Meisters, und wie erkennt man einen wahren Meister?

Auf dem Weg der Befreiung ist der Meister „das Licht, das du dir selbst bist". Mit diesem Licht weißt du, mit welchem Meister du gehen willst, und du weißt auch, wenn du weitermachen musst. Du lernst von allem, was deinen Weg kreuzt, du verstehst die Botschaft und du verschwendest deine Zeit nicht mit Erscheinungen.

Was ist die Rolle des Meisters?

Wenn du zum ersten Mal von Erleuchtung hörst und du offiziell den Weg beschreitest, fängst du an, Bücher zu lesen über Schichten und Schichten, um die man sich kümmern muss. Und vergiss nicht die Schichten der vergangenen Leben, um die du dich kümmern musst, und die Schichten der vergangenen, vergangenen, vergangenen Leben! Das scheint kein Ende zu nehmen!
 Meine Rolle ist, die Glocken zu läuten und die Menschen nach Hause zu rufen; das ist es, was ich tue. Osho sagte einmal zu mir in einem Vortrag: „Du bist schon aus dem Tunnel heraus, und du bist verwirrt. Wenn du dich umschaust, fühlst du dich fast schuldig. Womöglich denkst du, du müsstest zurück in den Tunnel." Er sagte: „Mach dir keine Sorgen. Sitz einfach da draußen und heiße die Leute willkommen, die aus dem Tunnel kommen." Das könnte die Rolle sein, die ich spiele. Ich stoße die Leute von der Klippe. Es ist einfach!

Wie erkennt man den wahren Meister?

Wie ich schon ganz zu Beginn sagte: Er ist „das Licht, das du dir selbst bist". Das ist der Meister, und in ihm wirst du den wahren Meister erkennen. Es geht nicht darum, herumzulaufen und auszutesten, ob verschiedene Meister erleuchtet sind. Damit verschwendest du deine Zeit. Es geht darum, die Botschaft zu verstehen. Was ist die Botschaft für dich? Beherzige das.

Die meisten Meister sind nicht die Endstation. Du folgst ihnen und du weißt, wann du weitergehen musst.

Wenn du zu einem Meister kommst, musst du hundertprozentig verantwortlich sein, weil du niemals wissen kannst, was dich bei einem Meister erwartet – insbesondere nicht bei einem Zen-Meister. Du kannst nicht erwachen, wenn du nicht zu einhundert Prozent die Verantwortung übernimmst, und das kannst du nur tun, wenn du das Licht erkennst, was dich erhellt. Wenn du das Licht kennst, das du dir selbst bist, sorgst du dich nicht darum, in die falsche Richtung zu gehen. Wenn du es nicht riskieren kannst, in die sogenannte „falsche" Richtung zu gehen, wirst du niemals erkennen, was wahr ist. Und dann wirst du immer mit den Büchern gehen und sie mit dem vergleichen, was wahr ist. Aber damit weißt DU es immer noch nicht. Was du in den Büchern liest, ist nicht DEIN Wissen, und es ist Zeit für dich, es herauszufinden. Sei dir immer selbst ein Licht. Wie oft hat Osho das gesagt? Doch die meisten Leute haben das missverstanden und folgen dem, was Osho sagt und denken: „Das ist das Licht, ich mir selbst bin." Aber es ist nicht das Licht, das du dir selbst bist.

Das ist auch eine ganz wichtige Frage. Ich habe ein oder zwei Leute getroffen, die mit Papaji in seinem Haus wohnten, und sie haben mir gesagt, dass er, sobald sie meditierten, etwas für sie zu tun fand. Er sagte dann vielleicht ungefähr so etwas wie: „Müsste der Boden nicht geputzt werden?"

Ah ja!

Er hatte die Idee: „Gut, du hast alles getan, und es hat dich hier zu mir gebracht. Jetzt bist du hier, entspann dich einfach und ich werde den Rest erledigen."

Im Intensiv-*Satsang* sage ich zu den Leuten: „Meditiert nicht! Wenn ihr meditiert, werdet ihr nicht aufwachen." Dann lache ich über mich selbst. Ich hätte nie gedacht, dass ich jemals so etwas sagen würde! (Lachen) Sobald du erkannt hast, wer du bist, wirst du diese Steifheit verlieren. Du wirst kein gerades Rückgrat mehr haben. Es wird krumm werden.

Es ist eine andere Art, zu lehren. Im offenen *Satsang* sage ich immer noch: „Meditiert!" Und ich spreche viel über Meditation, weil es ein fantastisches Werkzeug ist, das man unbedingt kennenlernen sollte, es ist so wissenschaftlich. Du sitzt da, ganz offiziell … und was ist schon falsch am Sitzen? Manchmal bitte ich die Leute auch, keine Techniken zu benutzen. Ich habe ein Meditationswerkzeug für die Faulen. Du brauchst nicht einmal aus deinem Bett zu steigen. Du sitzt zehn Minuten lang da. (Premananda lacht) Es ist sehr hilfreich! Du kannst wirklich nichts falsch machen, siehst du? Ich gebe den Menschen dieses Werkzeug, weil es eine großartige Botschaft ist. Du brauchst nicht oft und nicht lange sitzen. Im Passiven kommst du einfach zum dem, was nicht gesagt werden kann; du musst das Werkzeug kennenlernen, das alle Buddhas dir gegeben haben.

Würdest du also sagen, dass ein lebender Meister erforderlich ist?

Meistens ja. Sehr. Es gibt momentan viele Meister, aber für das Ende muss es ein erleuchteter Meister sein. Für intellektuelle Erleuchtung wird kein Meister gebraucht.

Ich möchte hier gerne noch einmal etwas deutlicher machen, weil du ein paarmal darüber gesprochen hast, „dir selbst ein Licht zu sein". Ich will nicht, dass das missverstanden wird. Meinst du: „Sei dir selbst ein Licht", aber dieses Licht wird dich zu einem wahren Meister bringen?

Ja. Da ist das Vertrauen, dass es inmitten der Dunkelheit das Licht gibt, das ich mir selbst bin. Diese Authentizität, wirklich frei sein zu wollen, wird dir den richtigen Meister bringen, der dir helfen kann. Verstehst du? Und dann hast du kein Problem, mit dem sogenannten Sich-Irren.

Du kennst deine Authentizität, also wie könntest du dich irren? Und es führt dich nicht – du kommst einfach dahin! Verstehst du? Was ich meine, ist, dass du nicht wartest, bis eine höhere Macht deinen Arsch bewegt. (Stille)

Traditionell haben Anhänger eine enorme Hingabe an den Meister. Bitte sage etwas über Hingabe auf dem Weg zum Erwachen.

Osho sagte: „Greife nicht nach dem Finger, der auf den Mond zeigt." Er sagte: „Versteht die Botschaft. Betet nicht den Finger an. Ihr werdet nicht aufwachen." Menschen, die auf dem Weg der Liebe sind, befinden sich oft in einem Missverständnis, und so leicht wird das auch missbraucht. Vielleicht müssen sie da durchgehen, aber wenn du eine Person anbetest, wirst du niemals aufwachen! Dann kennst du das Licht nicht, das du dir selbst bist und du folgst einfach blind. Aber das ist in Ordnung. Der Zen-Stock von *Samsara* wird dich immer schlagen, wenn du in einer falschen Vorstellung bist und etwas Unnatürliches begehrst. An einem bestimmten Punkt wirst du entdecken, wenn du authentisch bist, dass da niemand ist – nur die Quelle.

Ein Meister kann dir keine Liebe geben. Er kann dich nur mit der Tatsache vertraut machen, dass du Liebe bist. Liebe wird niemals gegeben und nicht einmal empfangen. Sie wird erweckt. Es gibt niemanden, der Liebe besitzt. Und das ist die Verantwortung des Meisters: den Menschen zu helfen, sich selbst ein Licht zu sein, es für sich selbst herauszufinden.

Einige Meister führen einen Kindergarten. Sie halten ihre Schüler eine Zeitlang in einer gewissen Unwissenheit – in einer Unwissenheit der Trennung – so dass sie meditieren und schmelzen und Energiephänomene kennenlernen. Es gibt verschiedene Werkzeuge, verschiedene Meister.

Du hast das Wort „Anbetung" benutzt. Hat Hingabe nicht sehr viel mit dem zu tun, was im Inneren an Vertrauen und innerer Hingabe geschieht? Wie du schon sagtest, der Meister ist kein Jemand, also kannst du ihn nicht wirklich anbeten, weil es eigentlich keinen „ihn" gibt.

Hingabe hat immer mit dem Moment zu tun. Sie war nie wirklich wichtig für mich. Ich glaube, ich gebe mich sowieso hin, aber ich habe in dieser Hinsicht keine Wahl. Ich leide, oder ich gebe mich hin. Hingabe geschieht. Du kannst es nicht tun, es ist ein Ereignis. Du weißt, dass du dich manchmal einfach, ganz natürlich, hingibst, und zu anderen Zeiten nicht.

Ich würde dich als ein sehr gutes Beispiel für Hingabe sehen.

Es ist natürlich, sich dem hinzugeben, was wahrhaftig ist. Es ist deine Natur, das zu tun. Es ist all das, was du jemals wolltest; es ist einfach.

Suchende haben oft seltsame Vorstellungen von Erleuchtung. Wie sieht dein Alltag aus und wie nimmst du die Welt wahr?

Oh, mein Gott! Du hast meinen Tag ja gesehen. Es ist wirklich nicht wichtig, was du tust oder nicht tust; darum geht es überhaupt nicht. Es geht darum, zu wissen, wer du bist. Es geht um das Leben selbst, darum, dieses Leben hier zu leben. Es geht darum, zu Hause zu sein; keine Fragen mehr zu haben. In meinem Verstand geschieht nichts, was Fragen aufwirft. Und es gibt keine Trennung mehr, noch nicht einmal die Trennung von der Spiegelung. Ich brauche nicht länger nach Schönheit zu suchen, weil ich die wahre Schönheit erkannt habe. Sie wird reflektiert. Ich bin schön, also was soll man erwarten? Die Reflexion muss demnach ebenso schön sein, nicht wahr? Ich brauche nicht zu starren, sie ist so schön in ihrer Alltäglichkeit. Es braucht eine große Reife, um wahre Schönheit zu erkennen. Das geschieht, wenn du nicht länger gebraucht wirst, um Schönheit zu erschaffen.

Da ist Dankbarkeit an jedem Morgen. Ich genieße es, wie ein Kind. „Oh, schön!" Ich stehe auf. Ich gehe an den Computer und beantworte Briefe und E-Mails. Das geht für mich am besten morgens. Es gibt nicht einen einzigen Moment, wo keine Dankbarkeit da ist; sie ist immer da ... und Liebe. Das ist deine Natur, und sie kann jederzeit erfahren werden, und gleichzeitig muss sie niemals erfahren werden. Meine Natur ist ewig, die Sicht ist richtig und ich lebe ein grenzenloses Leben. Ich kann mich nur noch daran erinnern, dass es eine Zeit gab, in der ich unwissend war, so viel weiß ich. Erleuchtung wird auf natürliche Weise transzendiert – weil alles so natürlich ist – aber ich kann nicht sagen, dass es keine Erleuchtung gibt.

Also, du sagst wirklich, dass dein Tag sehr alltäglich ist?

Nicht so, wie du das jetzt sagst! Es ist wirklich nicht so, aber es ist auch nicht wie auf LSD. Es ist eher überraschend alltäglich!

Keine Blitze und Glockengeläut?

Nein, nein! Es ist nicht mal annähernd wie LSD. Und wenn du denkst, es ist eine Erfahrung wie ein subtiles LDS-Ding oder wie etwas, was du kreieren kannst, dann wirst du noch von der Macht des Verstandes in die Irre geführt. Es ist keine Erfahrung!

Hast du LSD ausprobiert?

Oh ja, vor vielen Jahren! Es gab fast keine Droge, die ich nicht ausprobiert hätte. Ich habe da sehr viel Erfahrung! Die meisten von uns sind auf Erleuchtung fixiert und haben Vorstellungen davon, wie es sich anfühlen mag. Das ist okay. Jeder geht da durch, ich auch. Auf dem Weg haben wir bestimmte Vorstellungen.

Aber wenn du nur nach Hause zurückkehren willst, zu deinem Frühstückstisch – den du verlassen hast, weil du dachtest, es müsse noch viel, viel mehr geben – dann komm zum Intensiv-*Satsang* und finde heraus, wer du bist. Und wenn du bereit bist, das wertzuschätzen, was ist, dann komm, um befreit zu werden. Wenn du dann zu deinem Frühstückstisch zurückkommst, was hat sich verändert? Deine Sicht hat sich verändert. Verstehst du? Du bist zu Hause! Dann fehlt nichts, und der Verstand ist entspannt mit dem Nichtwissen, weil der Verstand erkannt hat.

Du hast gerade ausführlich über das Thema Erwachen mit uns gesprochen. Wenn du jemandem mit einer Leidenschaft für das Erwachen begegnen würdest, was wäre dein spontaner Rat an ihn?

Komm zum Intensiv-*Satsang*! (Lachen) Mach die letzte Anstrengung, dann wirst du erfahren, was Buddha meinte, als er sagte, nicht zu „tun".

Und für jemanden, der nicht nach Pune kommen kann, hast du da einen anderen Rat?

Weißt du, ich bin das Ende. Du musst verzweifelt sein und du musst eine Anstrengung machen. Wenn du wahrhaftig verzweifelt und bereit bist, wirst du ein Ticket bekommen. Du wirst nach Indien kommen. Nur nach Indien zu kommen, ist schon sehr gut für das westliche Ego. Sobald du in Bombay angekommen bist, wird dich niemand mehr beachten. Du verschwindest, sofort. Das ist eine sehr gute Erfahrung!

Indien ist eine Art Zen-Stock.

Ja, richtig. Durch Indien zu reisen ist, eine sehr schöne Vorbereitung – zu fliegen, zu riskieren, Angst zu haben, Unannehmlichkeiten zu erfahren und geduldig zu sein. Ich bin ein Berg, unbewegt. Du musst zum Berg kommen, ich werde nicht zu dir kommen. Ich werde dich nicht aufsammeln. Ich werde dich nicht suchen. Du wirst kommen müssen. Es ist die letzte Anstrengung. Es ist das Ende des Weges, das Ende des Leidens. Es ist wahrhaft für das Erwachen und die Befreiung des Verstandes. Es ist genau das, wonach du gesucht hast. Es ist genau das, was du willst, auch wenn du noch nicht weißt, was es ist. Du wirst es nur dann wissen. Das ist alles, was ich sagen kann.

Vielen Dank. Gibt es noch etwas, was du diesem Gespräch hinzufügen möchtest?

Ja. Es ist nicht möglich, die Suche zu stoppen. Die Leute sind damit beschäftigt, die Suche zu stoppen, und dieser Verstand macht einfach mit seiner Fragerei weiter. Du kannst ihn nicht stoppen. Dieser Verstand sehnt sich nach Befreiung. Denkst du, der Verstand ist dein Feind? Das ist nicht wahr. Er sehnt sich nach Befreiung. Es ist seine Natur, nach Hause zu kommen, die Natur des geliebten, dienenden Verstandes, endlich frei zu sein. Dieser Verstand ist so damit beschäftigt, ein Buddha zu werden und geduldig und hoffnungsvoll darauf zu warten, dass Gott aus seinem Koma erwacht. Er betet jeden Tag und ist sehr sauer auf Gott. Sei nicht überrascht, wenn der Verstand sauer ist; er hat jedes Recht dazu.

Also, beschwer dich nicht. Hör auf, deinem Verstand die Schuld zu geben und komm aus deinem Koma heraus. Okay? ... So, fertig. (Lachen)

Oh, sehr schön!!

Francis Lucille

Es gibt zwei Arten von Einblicken. Es gibt unvollständige Einblicke, die vorbereitende Einblicke sind. Ein solcher Einblick ist ein Augenblick des Erkennens oder ein auf Erfahrung beruhender Augenblick. Aber es gibt einen grundlegenden Einblick, in dem die individuelle Restidentität vollkommen mit der Quelle verschmilzt, und sich die Quelle selbst in ihrer Majestät, ihrer Unendlichkeit, ihrer Herrlichkeit sieht.

Ich bin Bewusstsein. Ich bin das, was in diesem Augenblick diese Worte hört, genau wie du auch.

Francis Lucille

Francis Lucille

Als Absolvent der Pariser École Polytechnique führte Francis Lucille Raketentests für die französische Armee aus. Nachdem er die Bücher von J. Krishnamurti entdeckt hatte, beendete er alle Aktivitäten, die mit Waffen zu tun hatten. Diese Entdeckung löste in ihm eine intensive Suche nach der Wahrheit aus, die ihr Ende fand, kurz nachdem er 1975 seinem spirituellen Lehrer, Jean Klein, begegnet war. Die nahe Verbindung zu seinem Guru hielt bis zu Jean Kleins Tod 1998 an. Francis wurde auch beeinflusst von J. Krishnamurti, Krishna Menon und Wei Wu Wei, die er persönlich kannte. Er übermittelt die alte Lehre der Nondualität, die gemeinsame Basis des Advaita Vedanta, Ch'an Buddhismus, Zen, Taoismus und Sufismus.

Viele Jahre lang wusste ich bereits von Francis, als ich von einem Retreat erfuhr, das er in einem Kloster in Paris gab. Ich rief im Kloster an und hatte Francis am Telefon. Ohne zu zögern war er damit einverstanden, wenige Tage später, am freien Tag während seines Retreats, ein Interview zu geben. Als wir ankamen, lag alles in tiefem Schnee. Wir genossen einen lebhaften Tag zusammen mit ihm und seiner wunderbaren Frau Laura, an dessen Ende wir in einem typischen französischen Bistro landeten.

Sri Ramana Maharshi empfahl die grundlegende Frage: „Wer bin ich?" – Wer bist du?

Ich bin Bewusstsein. Ich bin das, was in diesem Augenblick diese Worte hört, genau wie du auch.

Würdest du das gerne etwas erläutern?

Das, was dazu erläutert werden kann, ist das, was ich nicht bin. Über das, was ich bin, kann wenig mehr gesagt werden als „ich bin", und „ich bin dieses Bewusstsein." Es muss eher erfahren werden, als dass es in Worte gefasst werden kann.

Viele Menschen aus dem Westen suchen nach Erleuchtung, als wäre sie lediglich eine Erfahrung. Was ist Erleuchtung?

Verschiedene Lehrer mögen unterschiedliche Definitionen davon haben. Es gibt mehrere Begriffe: Erleuchtung, Erwachen, Selbstverwirklichung. Es ist wichtig zu unterscheiden, zwischen einem ersten Einblick in unsere wahre Natur und dem darauffolgenden Verankerungsprozess, der uns dahin führt, wissend als Präsenz zu verweilen. Der erste Einblick in unsere wahre Natur könnte Erleuchtung genannt werden, weil es eine sehr tiefgreifende Erfahrung ist, die eine kopernikanische Wende mit sich bringt für die Art und Weise, wie wir die Welt, die Menschen um uns herum, und, am wichtigsten, uns selbst sehen. Dieser Einblick transformiert unsere Weltsicht in ihrem Innersten. Es ist wie mit einem Kieselstein, der in die Mitte eines See fällt: Nach und nach werden alle Fische, Pflanzen und Algen und alles andere im See von den Wellen berührt, die vom Fallen des Kieselsteins verursacht worden sind. Sie breiten sich über die gesamte Oberfläche des Sees aus. Genauso transformiert das Verstehen, dieser Einblick in unsere wahre Natur, mit der Zeit alle Bereiche unseres Lebens und führt sie zusammen. Das, was vorher zersplittert oder aufgegliedert war, wird vereinigt. Was als Konflikt gesehen wurde, wird als Gegensatz gesehen, dann als Ergänzung und schließlich als ein Tanz der Einheit.

Ist es das, was uns von einem Einblick zu einem dauerhaften Verweilen in Erleuchtung bringt?

Der Einblick bringt eine Transformation mit sich, eine radikale Veränderung im Zentrum unseres Seins, eine Veränderung, die nicht mehr rückgängig gemacht werden kann. Trotzdem bleiben in den meisten Fällen Reste der alten Glaubenssysteme übrig, die infolge von Unwissen errichtet wurden. Und auf der somatischen Ebene gibt es auch noch Gefühlssysteme und Verhaltenssysteme, die an Ort und Stelle bleiben. Sie haben einfach ihre Grundlage verloren, ganz plötzlich, halten aber noch für einige Zeit ein scheinbares Leben aufrecht. Es gibt ein Bild in der indischen Tradition: Diese Überbleibsel werden mit der Asche eines verbrannten Seils verglichen. Eine Zeit lang behalten sie noch die Form des Seils bei, aber dann weht ein Wind und alles verschwindet. Dieser zweite Teil ist also eine Nach-Erleuchtungs-*Sadhana* (spirituelle Disziplin). Es ist das Wehen des Windes, das die Überbleibsel zerstreut.

Wie es scheint, kommt oft mit der Schönheit des Einblicks, auch wenn er nur ein paar Sekunden gedauert hat, gleichzeitig eine enorme Angst hoch. Könntest du darüber etwas sagen?

Es gibt zwei Arten von Einblicken. Es gibt unvollständige Einblicke, die vorbereitende Einblicke sind. Ein solcher Einblick ist ein Augenblick des Erkennens oder ein auf Erfahrung beruhender Augenblick. Aber es gibt einen grundlegenden Einblick, in dem die individuelle Restidentität vollkommen mit der Quelle verschmilzt und sich die Quelle selbst in ihrer Majestät, ihrer Unendlichkeit, ihrer Herrlichkeit sieht. Das ist der Einblick, den ich meine. In diesem Einblick gibt es keinen Platz für Angst, denn Angst geht dem Ich-Bild oder diesem Ich-Rest, der verschmilzt, noch voraus. Der Einblick ist die Ewigkeit der Präsenz. Es ist eine Feier, es ist Präsenz, es ist Liebe, es ist das absolute, unendliche Glück, unendliche Gewissheit. Da ist kein Raum für Angst.

Trotzdem scheint es recht verbreitet zu sein, dass Angst hochkommt und dann dieser Einblick einfach verschwindet.

Ja, das ist vielleicht noch etwas anderes. Angst kann nach einem Einblick zurückkommen, und sie kann als einer dieser Reste, von denen ich gesprochen habe, zurückkommen, aber sie hat keinen Zugriff mehr, weil etwas im Kern unseres Wesens radikal verändert wurde. Es kann wie eine alte Gewohnheit erscheinen. Eine Angst wird normalerweise durch Gedanken ausgelöst, und die Gedanken, die sie auslösen, drehen sich um die Vorstellung, dass ich ein abgetrenntes Bewusstsein bin, eine Person, ein Köper-Verstand. Sobald diese Glaubensvorstellung durch den Einblick, von dem ich sprach, ausradiert wurde, kann der Gedanke, „ich bin ein Körper-Verstand", immer noch als Gewohnheit auftauchen, aber weil es da die Erfahrung von dem gibt, was ich wirklich bin, kann sich der Gedanke nicht länger halten. Wenn dieser Gedanke verschwindet, verschwindet auch die Angst, die durch ihn ausgelöst wurde.

Du hast gerade erwähnt, dass es so etwas wie eine Nach-Erleuchtungs-Praxis gibt? Könntest du darüber etwas sagen?

Ja, es ist eine Art Zusammenarbeit. Lass uns die Metapher vom Seil, der Asche, der Reste und vom Wind, der weht, benutzen. Es ist, als würdest du dem Wind helfen, indem du selbst auf die Asche bläst.

Könnte man das Gnade nennen?

Nun, alles ist Gnade. Aber ja, es ist himmelschreiende Gnade.

(Lacht) „Himmelschreiende Gnade". Ja, das ist schön ausgedrückt. Gibt es irgendwelche Voraussetzungen für die Erleuchtung? Sind Übungen notwendig und wenn ja, welche Form von Übungen empfiehlst du? Welche Form würdest du die Menschen lehren?

Die einzige Voraussetzung, die ich mir für die Art von Einblick, von dem wir gesprochen haben, vorstellen kann, ist ein überwältigendes Verlangen danach. Dieses überwältigende Verlangen muss stärker sein als die Angst vor dem absoluten Verschwinden, die Angst vor dem Tod, die an der Wurzel der Unwissenheit liegt.

Glaubst du, dass diese Angst etwas damit zu tun hat, was in einem Einblick geschieht? Vielleicht geschieht etwas, von dem du wirklich berührt wirst, aber im selben Moment ist diese Angst vor der Auslöschung ebenfalls da.

Solange die Angst vor Auslöschung da ist, ist der Einblick nicht vollständig, weil die Angst vor Auslöschung unserer Ewigkeit im Weg steht. Es ist das einzige Hindernis. Hinter der Angst verbirgt sich ein kleines Ich und hinter dem kleinen Ich ist die Unendlichkeit. Die Angst vor Auslöschung ist der Schutzwall des kleinen Ich. Das kleine Ich ist wie ein sehr alter, sehr schwacher Diktator und Tyrann. Die ungeheure Angst vor Auslöschung ist seine bewaffnete Elite-Armee, seine Bodyguards, seine Polizei, die ihn umgibt. Es ist eine respekteinflößende Armee, aber wenn du einmal in die Festung vorgestoßen bist, dann ist der kleine Tyrann alt und sehr schwach. (Lachen) Und er stirbt daran, dass er dich nur sieht. Mit der Unwissenheit ist es dasselbe. Unwissenheit als solche kann sich nicht selbst erhalten. Sie schützt sich mit diesem Bollwerk aus Angst. Je weiter du zum Kern vordringst, desto besser bewaffnet und stärker sind die Wächter. Je mutiger sie in ihrer Verteidigung sind, desto furchteinflößender ist die Abwehr, der du gegenüberstehst. (Lachen) Aber am Ende, ganz plötzlich, verschwindet das alles. Das findet man in vielen Traditionen. Sie werden die Wächter des Tempels genannt. Die Gargoyles [Wasserspeier] unserer Kathedralen sind solche Wächter. Diese Monster, die am Eingang der Tempel angebracht sind, sind symbolisch dort, um diejenigen herauszufiltern, deren Verlangen nach Wahrheit nicht stark genug ist, um sie abzuschrecken und sie daran zu hindern, den heiligen Ort zu betreten.

Siehst du spirituelle Praxis als eine notwendige Vorbereitung?

Die beste spirituelle Praxis ist die Selbsterforschung. Nicht „Wer bin ich" zu erforschen, sondern eher „Was bin ich?" Ich habe eine leicht abgewandelte Version davon, aber es ist derselbe Prozess. Sie ist etwas chirurgischer, präziser und geht so: Wie kann ich wissen, dass dieses Bewusstsein, das ich als mich selbst kenne, was gerade diese Worte hört, von dem ich weiß, dass ich das bin – wie weiß ich, dass dieses Bewusstsein persönlich ist, in Zeit und Raum begrenzt und abhängig von diesem begrenzten Körper oder begrenzten Verstand? Was ist der Beweis? Die meisten von uns glauben, dass es überzeugende Beweise gibt, die diese Glaubensvorstellung stützen, aber wenn wir nachforschen, finden wir, dass es absolut niemanden, rein gar nichts gibt, das einer ehrlichen, aufrichtigen, ernsthaften Untersuchung standhält.

Die uns zur Verfügung stehenden Beweise, dass Bewusstsein abgetrennt und persönlich ist, müssen auf zwei Ebenen untersucht werden: Auf der intellektuellen Ebene, weil wir alle möglichen Glaubenssysteme haben, die uns sagen, wer wir sind, und ebenso auf der Gefühlsebene, denn wir haben vielleicht immer noch das instinktive Gefühl von: „Ich bin hier!" Was immer du denken magst, es fühlt sich immer noch an wie: „Ich bin hier als eine Person." Irgendwo habe ich gelesen, dass Sri Ramana die Frage gestellt wurde: „Wenn ich das ‚Ich bin' suche, soll ich dann den ‚Ich'-Gedanken oder das ‚Ich'-Gefühl suchen?" Und seine Antwort war: „Das Gefühl." Mit anderen Worten: *Advaita* (Non-Dualität) kann nicht nur von der Gedankenebene her erfahren werden, wir müssen auf eine viel tiefere Ebene gehen. Das wurde traditionell durch stille Meditation erreicht.

Sri Ramana selbst schien viele Leute um sich herum zu haben, die viele Jahre mit ihm verbrachten und mit ihm in Stille saßen. Sie haben wahrscheinlich ihre Fragen schon viele Jahre zuvor aufgegeben. Es muss etwas anderes stattgefunden haben, und das könnte exakt diese Übertragung gewesen sein, von der du sprichst. Möchtest du auf deine spezielle Methode der Selbsterforschung noch etwas näher eingehen, wie würdest du sie konkret durchführen?

Es ist keine Methode. Es ist das Gegenteil einer Methode. Ich würde sagen, jede Methode der Selbsterforschung ist begrenzt und nicht nur begrenzt, sondern auch ein Missverständnis darüber, was Selbsterforschung ist. Die erste Methode wäre zum Beispiel einen Wecker zu haben, der dir jede Minute ein Signal gibt. Und jedes Mal, wenn die Uhr dir dieses Signal gibt, fragst du dich: „Was bin ich?" Oder eine andere Methode wäre zu wiederholen: Was bin ich? Was bin ich? Was bin ich? Was bin ich?, wie ein *Japa* (Chanten eines heiligen Wortes). Aber das macht keinen Sinn, denn wenn du immer weiter sprichst und sagst: „Was bin ich? Was bin ich?", gibt es keinen Platz für die Antwort. Du projizierst immer nur deinen eigenen Kram.

Das wichtige Element der Selbsterforschung ist nicht zu fragen: „Was bin ich?", sondern eher das Lauschen auf die Antwort. Man könnte also sagen, dass es ausreicht, die Frage „Was bin ich?" einmal zu stellen und dann auf die Antwort zu lauschen. Dann wird unser tägliches Leben in all seinen Details zum Lauschen auf die Antwort. Und das ist keine Methode.

Nehmen wir einen Scotland-Yard-Detektiv, der einen Mordfall untersucht. Wenn er seine Ermittlungen darauf beschränken würde, acht Stunden lang ununterbrochen zu fragen: „Wer hat es getan? Wer hat es getan? Wer hat es getan?", und dann zum Abendessen wieder nach Hause fährt, hätte er wahrscheinlich keinen Erfolg. Es wäre genug, wenn er einmal fragen würde: „Wer hat es getan?", und dann Zeugen befragen und die forensischen Beweise studieren würde und so weiter. Er sollte sein Bestes geben und den Ermittlungsrahmen so offen wie möglich halten, um nicht zu viele vorgefasste Meinungen über den möglichen Täter zu haben, denn das kann ebenfalls ein Hindernis für seine Ermittlungen sein. Er muss vollkommen unvoreingenommen sein und sich die Tatsachen anschauen.

Hier ist es dasselbe. Du siehst, es geht wirklich um unser Leben. Wenn du ein Wahrheitsliebender bist, ein Wahrheitssucher, dann stellst du dir die Frage: „Was ist die Wahrheit über mich selbst?" Als Wahrheitssuchender betreibst du bereits Selbsterforschung. Du bist mittendrin. Du musst die Frage nicht weiter stellen. Du musst einfach deine Ermittlung fortführen.

Als Sri Ramana gefragt wurde, wann man das Selbst erkannt hat, antwortete er: „Wenn die Welt, die das Gesehene ist, entfernt worden ist, wird die Erkenntnis des Selbst als das Sehende gesehen." Wie ist die Welt zu verstehen und wie kann man sie beseitigen?

Es ist nicht nur die Welt, die beseitigt werden muss. Es ist die Welt, es ist der Körper und es ist der Verstand. Es ist die Welt: die Sinneswahrnehmungen; es ist der Körper: die Körperwahrnehmungen; und es ist der Verstand: die Gedanken. Worauf er hindeutet ist Bewusstsein, das sich selbst in der Abwesenheit von Objekten sieht, und das ist

Turiya, der vierte Zustand. Der vierte Zustand ist ein Intervall zwischen zwei Wahrnehmungen. Wenn es nichts anderes zu sehen gibt, erkennt Bewusstsein sich selbst. Solange es ein Objekt in der Landschaft gibt, könnte dieses Objekt ein Hinweis oder ein Indiz dafür sein, dass da etwas anderes als Bewusstsein ist und dass es eine äußere Realität gibt. Aber wenn das Bewusstsein nur sich selbst sieht, in Abwesenheit jeglicher Objekte, erkennt es seine Autonomie, seine Unabhängigkeit. Es scheint aus seinem eigenen Licht heraus – wie die Sonne, nicht wie der Mond.

Ich erkläre es mit Worten, genau, wie es Sri Ramana tat. Ich führe es nur etwas aus. Wenn die Welt beseitigt wurde, dann kann die Welt nicht länger ein zuverlässiger Kandidat für die Unterstützung oder Realität des Bewusstseins sein. Dann enthüllt sich das Bewusstsein als selbstunterstützend, wahrhaftig und autonom.

Wenn die Welt, der Körper und der Verstand wieder auftauchen, tauchen sie als aus Bewusstsein gemacht wieder auf. Bewusstsein hat sich als Substanz von allem wiedererkannt. Und es hat sich auch als ewig, als omnipräsent und als allwissend erkannt.

Oft wird behauptet, dass der Verstand erst zerstört werden muss, damit Befreiung stattfinden kann. Hast du einen Verstand? Wie zerstört man den Verstand?

Diese Worte müssen im Kontext verstanden werden. Es hängt davon ab, wer sie gesagt hat. Wenn es Sri Ramana war, da er kein englisch sprach, würde ich sagen, dass der Übersetzer „Verstand" vielleicht falsch übersetzt hat. Sri Ramana hat vielleicht gesagt, *Avidya*, Unwissen, muss zerstört werden, und die Übersetzung war falsch. Wenn irgendetwas zerstört werden muss, dann ist es *Avidya*, und *Avidya*, Unwissen, ist der Glaubenssatz, dass „ich ein begrenztes Bewusstsein bin", „ich ein Körper-Verstand bin", „ich eine abgetrennte Person bin". Und das ist das Einzige, das zerstört werden muss.

Es gibt viele Definitionen für das Wort „Verstand". Hier ist meine: Zuerst einmal mache ich einen Unterschied zwischen Verstand und Bewusstsein. Bewusstsein ist das, was auch immer es ist, was wahrhaftig diese Worte in diesem Moment wahrnimmt. Es ist offensichtlich dasselbe Bewusstsein, das die Worte hört, das sie versteht, das die Gefühle und die Körperempfindungen fühlt und das die externe Welt wahrnimmt. Wir wechseln Bewusstsein nicht aus. Ich definiere Verstand als die Menge von allem, was wahrgenommen wird: Körperempfindungen, Gedanken, Gefühle, äußere Sinneswahrnehmungen. Dieser Verstand ist bei einem Heiligen nicht zerstört, da er sonst nicht mehr in der Lage wäre, englisch oder französisch zu verstehen oder zu sprechen, Auto zu fahren oder zu lesen. Sri Ramana las. Offensichtlich war dieser Teil seines Verstandes nicht zerstört.

Was zerstört ist, sind all die Glaubenssysteme und Gefühlssysteme, die an dem Glauben hängen, dass wir ein abgetrenntes Bewusstsein sind. Sie sind zum Zeitpunkt der Erleuchtung so gut wie zerstört, und die anschließende Aktualisierung dieser Zerstörung findet mit der Zeit statt, bis man wissend im Selbst ruht.

Jemand sagte zu mir, dass Sri Ramana keinen Verstand besaß und er so ähnlich wie ein Radio gesprochen hat, so, als ob etwas durch diesen augenscheinlichen Körper-Verstand-Organismus, genannt Sri Ramana, übertragen wurde.

Das stimmt genau! Aber das trifft nicht nur auf Sri Ramana zu! Es trifft für jeden zu! Es trifft sogar für die Unwissenden zu. Der Unterschied ist, dass der Unwissende denkt, „Ich", als Person, spreche. Aber was ist es, was die Zunge und die Lippen der Unwissenden bewegt, wenn nicht der ewige Beweger aller Bewegungen?

Das stimmt.

Weißt du, es gibt nur einen Beweger, es gibt nur einen Denker, nur einen Sprecher. Das Individuum hat nicht die Macht zu denken oder zu sprechen oder die Hand zu heben. Es ist alles das sich Entfalten der Realität, des Universums. Deswegen ist „Ich" als ein individueller Entscheider, Denker, Wähler oder Handelnder eine totale Illusion, und das ist Unwissen, es ist Teil von Unwissen. Der Unterschied ist, dass, wenn Sri Ramana sprach, er in dem Wissen gesprochen hat, wer spricht. Wogegen der Unwissende spricht und nicht weiß, wer spricht.

Ich denke, das ist extrem wichtig, weil ich wirklich das Gefühl habe, dass es eine Menge Missverständnisse bezüglich dieses toten Verstandes gibt. Viele Menschen verfangen sich, indem sie versuchen, ihren Verstand zu töten, aber du kannst nicht wirklich deinen Verstand töten.

Sie versuchen, die Gedanken zu stoppen. Es ist ein vergeblicher Versuch. Der Verstand ist wie ein Schnellkochtopf mit Gasflamme darunter und einem Sicherheitsventil oben drauf. Es ist, als ob man das Sicherheitsventil blockiert. An einem Punkt wird der Schnellkochtopf explodieren und eine große Unordnung in deiner Küche verursachen. Es ist genauso, wenn du versuchst, den Verstand durch irgendwelche Bemühungen vom Denken abzuhalten; ohne das Unwissen zu beseitigen, das diesen wechselhaften Gedanken zugrundeliegt, wird sich Druck aufbauen. Und irgendwann muss er seinen Weg nach draußen finden.

Auf der anderen Seite stimmt es aber auch, dass durch das Verstehen und Erfahren dessen, wer wir sind, und durch die darauf folgende Zerstörung der Glaubens- und Gefühlssysteme, die wir als abgetrenntes Individuum ständig bei uns hatten, Platz im Verstand entsteht. All die Aufregung, die durch persönliches Denken verursacht wurde, verschwindet. Das schafft viel Platz, doch der Verstand ist nicht inaktiv. Der einzige Verstand, der inaktiv ist, ist der einer Leiche. Die Leiche hat ein perfektes Elektroenzephalogramm, vollkommen flach!

Der Verstand ist ein wunderschönes Werkzeug, um zu feiern, Musik zu machen, zu reisen, Gedichte zu verfassen, zu kochen, um sich mit Freunden zu unterhalten. Es gibt viele Wege, das Absolute zu feiern. Der Sinn und das Ziel des Lebens – und mit Leben meine ich hier diese Erfahrung zwischen der Geburt des Körpers und dem Tod des Körpers – ist ein zweifacher: erstens zu entdecken, wer wir wirklich sind und dann diese Entdeckung zu feiern, solange dieser Körper am Leben ist. Es geht nicht darum, den Rest unseres Lebens in einem Grab zu verbringen.

Das ist sehr deutlich, und es lohnt sich, es sehr deutlich zu machen, weil anscheinend so viele Leute in Übungen verfangen sind, die dazu dienen sollen, den Verstand zu töten. Es funktioniert nicht, und dann gibt es jede Menge Frustration.

Ja. Um zu der Vorstellung von Praxis zurückzukommen: Es gibt Übungen, die auch nach dem Einblick, während des Stabilisierungsprozesses, effektiv sind. Da ist zum Beispiel die Willkommensmeditation. Ohne sie zu sehr zu einer Disziplin zu machen, widme ihr einfach etwas Zeit am Tag, wenn du dich danach fühlst, und sitze in Stille; stimme dich auf deine wahre Natur ein, heiße die Gedanken willkommen, heiße die Körperempfindungen willkommen, denn unsere wahre Natur ist Bewusstsein, reines Willkommen.

Wenn Bewusstsein etwas nicht willkommen heißen würde, würde dieses Objekt einfach nicht erscheinen. Wenn etwas im Bewusstsein auftaucht, kann das nur geschehen, weil Bewusstsein es willkommen heißt. Derjenige, der sich dagegen wehrt, ist nur ein Clown, der das Bild stört und der auch Teil des Bildes ist. Aber Bewusstsein selbst ist wie das Papier, auf das das Bild gemalt wurde. Es heißt jede Farbe willkommen, die auf das Papier aufgetragen wird. Wenn wir still sitzen und die Totalität unserer Erfahrung willkommen heißen, beziehen wir unsere Position als diese Präsenz.

Du hast über etwas gesprochen, das nach dem Erwachen oder nach dem Einblick passieren könnte. Das finde ich sehr interessant.

Wie ich bereits sagte, können wir mit der Entfernung der Reste von Unwissen kooperieren, nachdem das Unwissen nahezu zerstört wurde, oder sagen wir, durch den Einblick tödlich verwundet. Diese Überbleibsel können auf zwei Ebenen gefunden werden: auf der Gedankenebene als Glaubenssysteme und auf der Körperebene als Kontraktionen, Gefühlssysteme, Verhaltensmuster. Auf der Gedankenebene müssen wir alles, an das wir glauben, wie z.B. politische Ansichten oder alle Sichtweisen, die wir uns in unserer Vergangenheit zugelegt haben, neu bewerten. Wenn du zum Beispiel als Naturwissenschaftler ausgebildet wurdest, hast du eine bestimmte Ansicht über die Natur und du könntest zu der Überzeugung neigen, diese Ansicht sei universell. Vielleicht ist etwas Arroganz dabei, aber dann, wenn du ein Wahrheitsliebender wirst, lernst du, dass es, wie Jesus sagte, viele, viele Räume im Hause unseres Vaters gibt und dass die naturwissenschaftliche Erklärung der Natur vielleicht nur eine von vielen ist, das ist alles. Es kann noch andere Räume geben, weißt du. Mit anderen Worten, es ist eine totale Neubewertung. Wir müssen alles, an das wir glauben, noch einmal inspizieren. Letzten Endes müssen wir von allen Glaubenssätzen frei sein, speziell von denen, die auch nur entfernt mit der Überzeugung verknüpft sind, dass wir eine abgetrennte Person sind.

Es scheint ein recht verbreitetes Phänomen zu sein, dass Menschen einen Einblick bekommen, der sogar für Monate anhalten kann, sich aber dann, im Familienalltag, als Ehemann oder Ehefrau, im Job wieder schließt. Wir werden erneut identifiziert.

Es gibt so etwas wie eine spirituelle Erfahrung oder *Samadhi*, in der wir grundlose Freude verspüren, eine vorübergehende Erleichterung von dem Elend der Unwissenheit. Solche Zustände lehren uns, dass es dahinter eine größere Realität gibt. Aber dieser Zustand hat einen Anfang in der Zeit, dauert eine Weile und verschwindet dann, weil es ein Zustand des Körpers und des Verstandes ist. Bei einem *Samadhi* wird der Verstand entweder von einer klaren Vision dessen, was wir sind, getroffen – im Falle eines vollkommenen Einblicks – wie eine Motte, die mit einer Kerzenflamme verschmilzt; oder er kommt dem näher, was wir sind, so als ob man das Licht der Kerze hinter einem sehr dünnen und durchsichtigen Vorhang sieht.

Sri Ramana benutzt die Analogie eines Eimers, der in einen Brunnen heruntergelassen wird. Der Eimer ist der individuelle Körper-Verstand, der in den Brunnen gelassen wird. Der Brunnen ist das Selbst. Wenn der Eimer wieder herausgezogen wird, ist er voll Wasser und genießt eine Weile die Präsenz des Wassers in ihm. Aber wenn das Wasser verdampft ist, findet er sich wieder leer vor, weil er sich außerhalb des Brunnens befindet. Wohingegen eine Salzstatue, die in den Brunnen geworfen wird, zu Wasser wird. Nichts kann von dem Wasser wieder herausgeholt werden, wenn sie erst einmal zu Wasser geworden ist. Das ist das Bild, das wir benutzen können, um die beiden voneinander zu unterscheiden: einen „Zustand" – der einen Anfang und ein Ende in der Zeit hat, und einen Einblick – der die Auflösung von allem ist, was persönlich war. Und nach einem solchen Einblick ist keine Identifikation mehr möglich, er ist unumkehrbar. Wie auch immer, eine Zeitlang kann es jedenfalls noch einige Überbleibsel geben.

Könnten wir diese Reste „Neigungen des Verstandes" (Vasanas) nennen?

Ja, *Vasanas*.

Müssen diese Vasanas, diese Neigungen, erst vollständig entfernt werden, damit Selbsterkenntnis dauerhaft bleiben kann? Wie beseitigt man die Neigungen?

Ja, das ist eine berechtigte Frage. Erleuchtung ist keine vorübergehende Erfahrung von Glückseligkeit. Es ist die Auflösung der Unwissenheit. Die *Vasanas* bleiben, aber sie wurden durch den Einblick deaktiviert. Sie halten den wahren Sucher, der befreit wurde und das geworden ist, was man in Indien einen *Jivanmukta* (zu Lebzeiten befreite Seele) nennt, eine Zeit lang davon ab, die Früchte seines Verstehens, seiner Befreiung vollkommen zu genießen. Und dann findet das Nach-Erleuchtungs-*Sadhana* statt. In der indischen Tradition geschieht das normalerweise unter der Führung des letzten Gurus, den sie *Karana*-Guru nennen und der den Schüler dahin führt, dauerhaft in seiner wahren Natur zu verweilen. Durch dieses ständige Verweilen in seiner wahren Natur, kann der Friede, die Freude und das Feiern genossen werden. Das letzte Ziel, Weisheit, Selbsterkenntnis (in den indischen Schriften auch *Sahaja Samadhi* genannt), ist erreicht.

Es scheint grundlegend zu sein, einen Meister zu haben und sich diesem Meister hinzugeben. Wer ist der Meister? Was ist die Rolle des Meisters, und wie erkennt man einen wahren Meister?

Europäische Meister

Der Meister ist das Selbst. Es gibt nur einen Meister. Der Meister ist Bewusstsein. Der menschliche Meister ist nur eine Puppe in den Händen des wahren Meisters, seine Briefkastenadresse. Die Rolle des menschlichen Meisters ist nur, die Informationen, die vom Selbst kommen, weiterzugeben. Jean Klein sagte immer – und ich sage dasselbe, weil es die Wahrheit meiner Erfahrung ist: „Wenn jemand eine Frage stellt, höre ich der Frage zu, dann höre ich der Antwort zu, dann spreche ich die Antwort aus."

Ja, was ist seine Rolle? Ich denke, dass das ein wichtiger Teil davon ist.

Die Rolle des Meisters ist, durch seine Worte, sein Auftreten, seine Handlungen und am wichtigsten, durch sein Sein und seine Präsenz in die Richtung des Selbst zu weisen. Sein Auftreten trägt die Signatur der Wahrheit, die Authentizität. Eine Frau weiß, ob ihr Ehemann sie betrügt, auf einer bestimmten Ebene weiß sie das immer, und genauso wissen wir, ob jemand wirklich auf der tiefsten Ebene ist. Es ist diese Aufrichtigkeit, die sich von selbst kommuniziert. Ebenso die Furchtlosigkeit, weil mit der Furchtlosigkeit Befreiung einhergeht und Freude. All das teilt sich selbst mit.

Ich traf meinen Meister, Jean Klein, zuerst in Frankreich. Das Treffen dauerte ungefähr eine Stunde und dann hatte ich eine dreihundert Kilometer lange Rückfahrt nach Marseille. Ich reflektierte die Begegnung, als ich zurückfuhr. Ich suchte einen selbstverwirklichten Lehrer und ich dachte: „Ich weiß nicht, ob dieser Herr verwirklicht ist, aber ich weiß mit Sicherheit, dass ich ihn gern als Freund hätte." Es war etwas an ihm, das sich auf der tiefsten Ebene richtig anfühlte.

Wie erkennt man einen wahren Meister?

Man muss zu dieser Schlussfolgerung nicht sofort kommen. Die Schlussfolgerung wird im richtigen Moment zu uns kommen. Aber man sollte immer seinem Herzen und seiner Intelligenz folgen. Wenn der Meister nur die Intelligenz in uns erfüllt, ist das nicht genug. Wenn nur das Herz erfüllt ist, ist es auch nicht genug. Ich würde immer das Herz wählen, aber es ist schöner, das ganze Paket zu haben. Das ganze Paket könnte auch noch Schönheit beinhalten. Wenn es schön ist, wenn es liebevoll ist, wenn es intelligent ist, dann, ja, dann würde ich es tun.

Als Wahrheitssucher oder als Wahrheitsliebender gilt unsere Loyalität nicht einer speziellen menschlichen Person. Sie gilt dem Selbst, weil das Selbst der Meister ist. Deshalb sollte man immer versuchen, einen Meister zu haben, der sich am besten für einen anfühlt. Man sollte nicht versuchen zu jemandem zu gehen, weil diese Person geografisch näher ist, weil es bequemer ist. Man sollte die Wahrheit nicht im Schlussverkauf kaufen. Ich meine, dass man im metaphorischen Sinne nicht nach persönlichem Komfort oder persönlicher Bequemlichkeit gehen sollte, sondern man sollte eher auf sein Herz und seine Intelligenz hören und sich fragen: „Wen erachte ich als den besten Lehrer für mich? Wenn er in Indien lebt, wenn es das ist, was es braucht, dann gehe ich nach Indien, um ihn zu treffen." Daran erkennst du einen wahren Sucher: Er hat diesen Willen, dieses Verlangen, den Besten zu finden. Er liebt die Wahrheit. Die Wahrheit steht an oberster Stelle seines Interesses und seiner Liebe. So jemand wird einen wahren Meister finden.

Du meinst also, dass man erst zu einem wahren Sucher werden muss, um einen wahren Lehrer zu finden?

Richtig. (Lachen) Oh ja! Und nicht ein Sucher nach irgendetwas anderem.

Wie ist es mit Schicksal? Erwartest du, dass die Dinge einfach geschehen oder drückst du deinen freien Willen aus und wählst?

Als eine Person, als ein begrenztes menschliches Wesen, gibt es keinen freien Willen, gibt es keine Freiheit. Eine Illusion kann keine wirkliche Freiheit haben. Ich kann von jemandem träumen und diese Person scheint frei zu sein zu handeln, Gedanken zu haben und ihre Worte zu wählen, während sie mit mir im Traum interagiert. Im Traum scheint sie frei zu sein. Aber sobald ich aufwache, stellt sich heraus, dass sie nicht frei war, ihre Gedanken zu wählen. Ich selbst habe die Worte für sie gewählt. Hier ist es dasselbe. Etwas, das eine Illusion ist, kann nicht völlig frei sein.

Das abgetrennte Bewusstsein kann also nicht wirklich frei sein, weil es nicht wirklich existiert. Freiheit kann nur auf der Ebene von Präsenz gefunden werden und da ist sie absolut. Alles ist nicht festgelegt, sondern eher vorherbestimmt. Da gibt es einen Unterschied. In meiner Definition des Wortes bedeutet „vorherbestimmt" nicht vorher in der Zeit bestimmt, sondern eher von einem zeitlosen Ort aus, und dieser zeitlose Ort ist ein Ort der Freiheit. Deshalb ist Gnade frei. Nichts ist festgelegt. Die Zukunft ist offen. Sie ist von diesem zeitlosen Ort aus vorherbestimmt; sie wurde nicht von einem Punkt in der Vergangenheit festgelegt. Sie wird aus dem ewigen Jetzt heraus in jedem Moment neu definiert. Gott ist nicht an vergangene Verträge oder Handlungen gebunden. Sie behält ihre Freiheit. Sie übt ihre Freiheit als Gnade aus. Sie ist nicht geplant, so wie ich einen Urlaub plane. Ich plane einen Urlaub drei Monate vorher. Es gibt eine Abfolge von Ereignissen; ich mache meine Reservierungen, etc. Aber unser Leben ist, obwohl es ein richtiger Urlaub werden kann, ein Urlaub, der nicht geplant wurde. Es ist Freiheit.

Ich rief dich im selben Moment an, als du meine E-Mail bekamst. Du warst wahrscheinlich etwas überrascht, weil sie aus heiterem Himmel kam, aber du warst sofort in der Lage, ja zu sagen. Du konntest einfach akzeptieren, dass sich dies so ereignen sollte, und das ist eine Qualität, die ich bei vielen Meistern bemerkt habe. Sie sind sehr spontan und alles wird sehr einfach entschieden; es ist nicht kompliziert.

Nun, manchmal ist es kompliziert! (Lachen)

Aber ich denke, du weißt, was ich meine.

Ja, ja.

Traditionell hatten die Anhänger eine enorme Hingabe an den Meister. Bitte sage etwas über Hingabe auf dem Weg zum Erwachen.

Der Schüler sieht das Absolute im Meister, und der Meister ist eine Tür, eine Tür zum Absoluten. Der Schüler sieht im Meister das Absolute, und der Meister möchte, dass der Schüler ihn nur als einen Freund sieht. Er möchte nicht, dass der Schüler in ihm das Absolute sieht, denn dann könnte der Schüler dadurch verwirrt werden und glauben, der Körper oder der Verstand des Meisters sei das Absolute. Aber der Körper des Meisters und der Verstand des Meisters sind nicht verschieden von der Form des Körpers oder des Verstandes des Schülers. Ein wahrer Meister erlaubt dem Schüler also nicht, ihn auf ein Podest zu stellen. Aber es ist normal für den Schüler, das Höchste im Meister zu sehen. Ich konnte das bei meinem Lehrer sehen. Es war eine sehr merkwürdige Beziehung, weil ich ihn als das Absolute gesehen habe und zur gleichen Zeit als einen wunderbaren Freund.

Zum Beispiel benutzte ich aus diesem immensen Respekt heraus, den ich für meinen Meister hatte, das formale „vous" im Französischen oder „Sie" im Deutschen, wenn ich ihn ansprach, und nicht das übliche „tu" oder „du". Mein Herz sagte „tu", also „du", aber gleichzeitig gab es die Distanz des Respekts und die Nähe von Freundschaft und Liebe.

Du hast vorhin gesagt, dass es wichtig ist, nicht nur mit dem Intellekt, sondern auch mit den Gefühlen zu arbeiten, ja?

Ja.

Vielleicht hat das etwas mit dem zu tun, worüber du gerade sprichst. Diese Hingabe ist ein weiterer Aspekt der Übertragung.

Die Hingabe ist vor allem Hingabe an die Wahrheit, an die Präsenz. Der menschliche Lehrer ist nur ein Aufhänger; er ist eine Puppe, die von einem großen Puppenspieler gespielt wird, um uns zur Party einzuladen. Die Liebe zur Wahrheit, die Hingabe, wird zu dem, was alles andere in deinem Leben übertrumpft. Und das sollte sie; es ist diese Intensität der Liebe zur Wahrheit, die die einzige Voraussetzung für den Einblick, für die Befreiung ist.

Suchende haben oft seltsame Vorstellungen vom Zustand der Erleuchtung. Wie sieht dein Alltag aus und wie nimmst du die Welt wahr?

Mein typischer Tag. (Lachen) Im Moment stehe ich sehr spät auf, weil ich einen Jetlag habe, aber normalerweise frühstücke ich und spiele danach Flöte. Wenn es das Wetter erlaubt, spiele ich etwas Tennis, bin mit Freunden zusammen, koche für meine Familie, verbringe Zeit mit meiner Frau, meinen Kindern. Ich genieße die Natur. Manchmal sind wir auf Reisen, und manchmal kommen Leute und stellen Fragen. Manchmal beantworte ich auch Fragen im Internet. (Lachen).

Als wir angekommen sind und in der Pause, als wir dich fotografierten, haben wir dich erlebt, wie du die Straße entlang gegangen bist und so weiter. Das war natürlich alles total normal, aber die Leute denken manchmal, es sollte übernormal sein.

Weißt du, das Wunder ist nicht, dass es da ein paar Dinge gibt, die außergewöhnlich sind. Das Wunder und das Schöne ist, dass das, was als normal betrachtet wurde, tatsächlich außergewöhnlich ist, dass alles außergewöhnlich ist.

Sogar ganz normale Dinge können gefeiert werden.

Genau. (Lachen) Ganz genau.
    Weißt du, Feier ist in jedem Moment, und das ist der Zweck des Lebens. Wenn du erst einmal deine Vorbehalte, eine abgetrennte Einheit zu sein, beiseite gelegt hast, was gibt es dann noch zu tun, als eine gute Zeit zu haben?

Das ist etwas, was ich sehr mit meinem ersten Meister, Osho, erlebt habe. Er hat das gefördert. Er sagte: „Lasst das Licht das ganze Jahr über brennen, nicht nur zu meinem Geburtstag."

Geburtstage sind lächerlich. (Lachen) Jeder Tag ist dein Geburtstag! Unser Instinkt zu feiern ist angeboren, also müssen wir gar nichts

Besonderes tun. Wir sind alle verschieden. Wir haben alle unsere verschiedenen, gottgegebenen Fähigkeiten und Talente, und wenn wir uns nicht mit einem Körper-Verstand identifizieren, finden all diese gottgegebenen Fähigkeiten und Talente und Neigungen die Fülle ihres Ausdrucks. Ich bin ein schlechter Musiker, ich bin ein schlechter Tennisspieler, und ich genieße beides enorm und auch viele andere Dinge. Du musst nicht gut in etwas sein, um es zu genießen. Es ist die Einstellung, mit der du es tust, der Enthusiasmus. Aber es ist nicht so, dass ich daran hänge. Wenn es regnet und ich nicht Tennis spielen kann, wird etwas anderes auftauchen, ein Freund, der zu Besuch kommt, ein schöner Film. Das Universum hat immer irgendetwas Interessantes auf Lager. Wir sollten uns nicht zu sehr darum kümmern, unsere Aktivitäten zu programmieren.

Würdest du sagen, dass dieses Element des Feierns eine Frucht des Bewusstseins ist oder eine Frucht der Stille, etwas in der Art?

Ja, genau das ist es. Die Manifestation als Ganze ist dazu da, die Präsenz zu preisen, zu feiern. Wenn wir nicht länger unter der Diktatur der Unwissenheit stehen, wenn wir in dieser Freiheit sind, entstehen alle unsere Aktivitäten, alles, was wir tun, aus dieser Präsenz heraus und sind auf sie ausgerichtet. Irgendwie wird unser Leben zu einem Kunstwerk, weil es das ist, was ein wahres Kunstwerk ausmacht. Malraux sagte, ein Kunstwerk ist ein menschengemachtes Objekt, das auf die Präsenz hinweist wie die Pyramiden, die romanischen Kirchen oder das Parthenon.

Würdest du zustimmen, dass einige der großen Künstler der Vergangenheit, wie Michelangelo oder Leonardo da Vinci, obwohl wir nicht sagen würden, dass sie erwacht waren, unmittelbar aus dem Bewusstsein heraus sprachen, das sie sehr direkt übertrugen?

Ich würde sagen, ja. Die Inspiration großer Künstler kommt aus der Präsenz heraus. Ob der Künstler selbst erwacht war oder nicht, da bin ich mir nicht so sicher, aber wir erkennen die Signatur der Präsenz in den Werken von Rembrandt, Cézanne, Mozart, Bach, Beethoven und vielen anderen. Einige, wie Rumi und Kabir zum Beispiel, wussten offensichtlich, wovon sie sprachen. Sie waren erleuchtet. Ich weiß nicht, wie es mit den anderen war, aber man kann sehen, dass alle diese spirituelle Ader in sich hatten. Sie versuchten das Unmalbare zu malen, das Unbeschreibbare zu beschreiben. Sie versuchten, Gott oder den göttlichen Geist in ihrer Musik oder auf ihrer Leinwand zu feiern. Sie waren sich des hohen Ursprungs ihrer Inspiration bewusst. Und bei einigen, weil sie noch in Unwissenheit waren, waren die einzigen Momente in ihrem Leben, in denen sie etwas Erleichterung erfuhren, die, wo sie diesen Prozess des Erschaffens noch einmal durchlebten, in dem sie zurück zur Quelle kehren konnten. In der restlichen Zeit waren sie in der Situation eines Abhängigen, der die Quelle der Kreativität vermisst.

Aber die Kunstwerke selbst entstanden auf jeden Fall aus dieser Präsenz heraus, und weil sie von diesem Ort kamen, haben sie die Signatur, den Stempel dieses Ortes in sich eingebettet. Wenn wir sie anschauen, wenn wir sie hören, haben sie die Macht, uns zu diesem Ort zurückzubringen. Wenn wir sie betrachten, wenn wir uns von ihnen führen lassen, uns von ihnen an die Hand nehmen lassen, nehmen sie uns mit. Doch davon gibt es nicht viele. Wenn ich in die Kunstmuseen gehe, gibt es dort nicht viele Maler, die mich wirklich anziehen. Nicht, weil der Maler zu den alten Künstlern gehört oder modern ist. Es gibt nicht so viele, weil der Künstler oft große technische Fähigkeiten beweist, aber etwas fehlt, und das, was fehlt, ist das Wichtigste. Manchmal ist die Schönheit da, die Präsenz ist da, wenn wir uns Bilder von Holbein, Dürer oder Rembrandt anschauen.

Sogar Matisse.

Ja. (Lachen) Es gibt ein Bild von Rembrandt. Es ist ein Gruppenportrait der Chirurgen eines Hospitals irgendwo in Holland. Sie tragen diese großen weißen Krägen, und sie haben eine Menge Geld bezahlt, also ist das Portrait sehr detailliert. Diese Professoren der Medizin waren die Bosse im Hospital; das Bild sollte zeigen, dass sie große Tiere waren. Normalerweise ist das Modell auf dieser Art von Bildern in einer Pose, die seine Wichtigkeit ausdrückt. Aber Rembrandt malte sie nicht als große Chirurgen. Sie sehen natürlich aus, und du siehst die Süße in ihren Gesichtern. Er malte die Süße, die Liebe. Das ist sie, die Signatur.

Du hast gerade ausführlich mit uns über das Thema Erwachen gesprochen. Wenn du jemandem mit einer Leidenschaft fürs Erwachen begegnen würdest, was wäre dein spontaner Rat an ihn?

(Lachen) Das kommt darauf an! Ich weiß nicht, was passieren wird.

Du hast vorhin gesagt, dass Sehnsucht sehr wichtig ist.

Ja.

Also würdest du das unterstützen?

Ja, das würde ich unterstützen, aber es ist ein Geschenk der Gnade. Du hast sie oder du hast sie nicht, und es gibt sehr wenig, was du tun kannst. Robert Adams sagte immer: „Alles ist gut und entfaltet sich so, wie es soll." Du musst niemanden umkrempeln, aber wenn jemand mit einem starken Verlangen und mit Liebe zu dir kommt, dann wird es eine beiderseitige Freude sein. Wir wissen nicht, was in diesem Zusammentreffen geschehen wird, aber es wird schön sein.

Vielen Dank.

Karl Renz

Es ist nur eine Idee, die dem Überlebensmechanismus eines „Ich" entspringt, das überleben will. Die Idee zu haben, ich müsse gereinigt werden und gleichzeitig zu wissen, dass ich nicht rein genug werden kann, um das zu werden, was das Selbst ist, heißt, dass ich so bleiben kann, wie ich bin: das kleine „Ich". Das ist ein Trick von diesem „Ich", um „Ich" zu bleiben.

Für das Selbst gibt es keine Notwendigkeit,
etwas zu tun oder zu finden. Das Selbst ist das Selbst,
ob es sich erkennt oder nicht.

Karl Renz

Karl Renz

Karl Renz wurde 1953 in Deutschland in einer Bauernfamilie geboren. Ende der 1970er wurde sich Karl, als er träumte, plötzlich bewusst, dass er träumte. Dies führte zu einer tiefgreifenden Todeserfahrung, die ihm die Erkenntnis der Unsterblichkeit gab. Später kam das absolute Erkennen als kleine Einsicht – die Erkenntnis, „das zu sein, was ist". Seit 1980 lebt er als Musiker und Maler in Berlin. In den letzten Jahren trat er in vielen Ländern auf, um Debatten zu halten und Fragen zu beantworten. Er verspricht, „zu reden und zu reden und zu reden, wohin auch immer sein Körper eingeladen wird".

Karls Interview war das erste für dieses Buch. Seine Satsangs *sind wegen seines pausenlosen Redestils bekannt und seiner erstaunlichen Fähigkeit, absolut haarsträubende Dinge auf extrem lustige Weise zu sagen, um sie genießbar zu machen. Er steht seinen Schülern großherzig zur Verfügung, die sich zum Beispiel in einem Café in Tiruvannamalai um ihn scharen. Außerdem ist Karl ein abstrakter Maler.*

Sri Ramana Maharshi empfahl die grundlegende Frage: „Wer bin ich?" – Wer bist du?

Ich habe keine Ahnung; ich habe einfach keine Ahnung, was ich bin oder was ich nicht bin. Da ist einfach die vollkommene Abwesenheit einer Vorstellung darüber, wer ich bin oder wer ich nicht bin. Ich bin DAS. Aber das ist keine Antwort auf irgendetwas.

Viele Menschen aus dem Westen suchen nach Erleuchtung, als wäre sie lediglich eine Erfahrung. Was ist Erleuchtung?

Erleuchtung ist zu sehen, dass das, was das Selbst ist, immer schon erleuchtet ist, und dass das, was nicht das Selbst ist, niemals erleuchtet werden wird, und schließlich, das zu sein, was das Selbst ist. Dann gibt es kein davor oder danach.

Könntest du das ein wenig erläutern?

Es ist das einfache Herausfallen aus Zeit oder Nicht-Zeit, das Fallenlassen dieses „Ich", das nur das falsche Selbst war. Es ist das absolute Wegfallen jeglichen Gefühls von Existenz. Die allererste Vorstellung von Existenz fällt weg durch das einfache Wiedererkennen dessen, was man ist – das, was noch vor der allerersten Vorstellung von Existenz ist. Es dann aber nicht durch irgendeine Erfahrung zu wissen, sondern nur zu sehen, dass diese erste Erfahrung der Vorstellung von Existenz nicht das ist, was du bist. Du ruhst also einfach in der Nichterfahrung dessen, was du bist, in der Erfahrung von: Alles, was du erfahren kannst, ist nicht, was du bist. Das ist nichts Großes oder Kleines, es ist einfach ein kleines „Aha!". Es ist nichts Besonderes. Es ist wie ein Sekundenbruchteil, und alles ist getan.

Wenn du sagst „Aha!", meinst du dann, dass es ewie in Wiedererkennen ist?

Ja, es ist mehr ein Wiedererkennen als eine Erkenntnis. Es ist ein Wiedererkennen, dass das, was du bist, immer verwirklicht ist und nicht mehr verwirklicht werden kann, als es schon ist; das ist alles.

Also braucht es nur einen Augenblick?

Nur einen Sekundenbruchteil, Zeit ist darin nicht involviert, es passiert nicht in Zeit oder in Nicht-Zeit. Es ist einfach ein Herausfallen aus allen Vorstellungen in diesen niemals zweifelnden Zustand von Selbstlosigkeit hinein, wo es keine Vorstellung von Selbst gibt.

Gibt es irgendwelche Voraussetzungen für Erleuchtung?

Das Selbst zu sein, ja.

Gibt es zum Beispiel irgendwelche Übungen, die einen zur Erleuchtung führen können?

Jede Übung wird dich zu dem bringen, was du wirklich bist, aber keine bestimmte Übung. Was immer man tut, ist das Beste, was man tun kann, und was man tut, entspringt dem, was die Quelle ist, dem Selbst. Es steht außer Frage, dass was immer getan wird, vom Selbst getan wird, um das zu werden, was das Selbst ist. Sobald es Bewusstsein gibt, ist Bewusstsein Selbsterforschung. Diese Selbsterforschung wird ganz sicher zu dem führen, was bereits vor dem Bewusstsein ist. Aber es gibt dafür keine besondere Technik.

Sri Ramanas „Wer bin ich?" ist also nur ein Hinweis. Es ist keine Technik. Es dreht einfach um, was sich als „Ich-bin-der-und-der" zeigt, um „Wer bin ich?" zu werden, was schließlich zu dieser unbekannten Offenheit der Existenz führt. Aber es wird trotz der Technik passieren, nicht wegen ihr, weil das Selbst keine Ursache hat und von keiner Technik kontrolliert oder verursacht werden kann.

Es gibt zum Beispiel einige verbreitete Übungen wie Meditation, Mantras (heilige Klänge), Chanting und so weiter.

Ja, alles wunderbar, und sie alle kommen aus genau derselben Quelle, aber all die *Mantras* und die Meditationen können das Selbst nicht zum Selbst machen. Du kannst nicht das, was du bist, durch etwas werden.

Weil du schon DAS bist?

Ja. Und wenn DAS durch irgendeine Technik oder ein *Mantra*, *Sadhana* (spirituelle Praxis) oder *Tapas* (strenge Disziplin) kontrolliert werden könnte, dann könnte das Selbst kontrolliert werden – und dieses Selbst kenne ich nicht, denn das Selbst, das kontrolliert werden kann, braucht ein zweites Selbst, von dem es kontrolliert wird. Es gibt einfach kein zweites Selbst, das das erste Selbst kontrollieren kann, ich weiß es also eigentlich nicht. Alles ist in Ordnung. Aber trotz all der Techniken und all dem Tun: Das, was niemals getan werden kann, „ist".

Diese Übungen wirken irgendwie auf den Verstand. Würdest du sagen, es ist eine Voraussetzung, dass der Verstand still, sattvisch, werden sollte?

Nein. Es gibt keinen Verstand, der sattvisch genug ist, um das zu werden, was das Selbst ist. Allein die Idee, dass das Selbst sich reinigen müsse, ist schmutzig. Das Wort „Reinigung" ist selbst schmutzig, weil es impliziert, dass das Selbst schmutzig ist und gereinigt werden müsse, dass das Selbst der Reinigung bedarf, um das Selbst zu sein.

Dies ist nur eine Idee, die dem Überlebensmechanismus eines „Ich" entspringt, das überleben will. Die Idee zu haben, ich müsse gereinigt werden und gleichzeitig zu wissen, dass ich nicht rein genug werden kann, um das zu werden, was das Selbst ist, heißt, dass ich so bleiben kann, wie ich bin: das kleine „Ich". Es ist ein Trick dieses „Ich", um „Ich" zu bleiben. Was immer diesem „Ich"-Gedanken entspringt, ist ein Überlebensmechanismus dieses „Ich"-Gedankens, und du kannst das, was der Ich-Gedanke ist, nicht zerstören.

Nur die Gnade des Selbst, die sich der Absolutheit dessen, was das Selbst ist, bewusst wird, führt die automatische Zerstörung von allem, was nicht das Selbst ist, fort … aber nicht, weil der „Ich"-Gedanke etwas will. Das ist, was Gnade genannt wird, und nur durch die Gnade des Selbst wird das Selbst im Selbst ruhen. Aber nicht durch irgendeine Idee, die einer Idee entspringt.

Sagst du, dass keine Übung einen Unterschied macht, dass es keine Voraussetzungen gibt?

Es wird trotz aller Übungen passieren. Es gibt kein Zurück, und das Selbst wird wieder in dem ruhen, was das Selbst ist, aber nicht, weil etwas, das nicht das Selbst ist, etwas getan hat oder nicht getan hat. Es ist vollkommen blind für das, was getan wird oder nicht getan wird, weil in dem, was das Selbst ist, nichts jemals getan wird und nichts jemals passiert. Kein Ereignis kann also das Selbst hervorbringen, weil das Selbst nicht Teil des Ereignisses ist. Das Selbst, das aus der Idee der Existenz herausfällt, ist ein göttlicher Unfall und kann nicht durch einen Wunsch nach einem Unfall verursacht werden, wie zum Beispiel in etwas hineinzufahren. Nein. So, wie alles spontan dem Selbst entspringt, kehrt es auch wieder spontan zum Selbst zurück, und nicht weil, sondern trotz allem, was in Zeit oder in Nicht-Zeit passiert.

Wie ich es sehe, und ich sage nicht, dass das wahr ist, ist das Selbst nicht verursacht und kann niemals durch etwas verursacht werden, anderenfalls wäre es nicht jene Freiheit, die die Freiheit selbst ist. Es braucht keine Freiheit des Verstandes oder Freiheit von irgendwelchen Umständen. Diese Freiheit ist unabhängig von allen äußeren Umständen, und keine Umstände können das erschaffen, was das Selbst ist.

Sri Ramana sagte, Selbsterforschung sei der direkteste Weg zur Erkenntnis des Selbst. Was kannst du über Selbsterforschung sagen?

Ja, weil Selbsterforschung alles ist, was ist. Es ist ein Augenblick des Bewusstseins, in dem das Bewusstsein nach der Perfektion strebt, die es gerade verlassen hat. Bewusstsein ist bereits unvollkommen – Bewusstsein muss sich bewusst sein, Bewusstsein zu sein, aber das Selbst braucht kein Bewusstsein, um das Selbst zu sein. Bewusstsein ist abhängig vom Selbst, aber das Selbst ist nicht abhängig von Bewusstsein.

Bewusstsein ist also von Bewusstsein abhängig, formlose Form oder was Bewusstsein auch immer sein mag, aber das Selbst ist nicht abhängig von irgendetwas, das das Bewusstsein tut oder nicht tut. Das Selbst, als Bewusstsein bereits in dieser Unvollkommenheit, strebt nach Perfektion, um zu dem zurückzukehren, was die Quelle ist. Was auch immer in Bewusstsein getan wird, wird aus diesem Grund getan, aus der Sehnsucht heraus, wieder zu dem zu werden, was man ist.

Selbsterforschung ist also eine Erinnerung? Es ist keine Technik?

Selbsterforschung ist eigentlich die Erkenntnis des Selbst, und das ist unendlich. Da das Selbst unendlich ist, ist das Bewusstsein, das aus dem Selbst als Erkenntnis hervorgeht, auch unendlich. Selbsterforschung ist also ohne Erwartung. Es gibt nur Selbsterforschung, aber ohne Erwartung irgendeines Ergebnisses. Das ist reines Bewusstsein als Gewahrsein: totale Selbsterforschung, aber ohne Erwartung, etwas daraus mitzunehmen, irgendein Wissen oder sonst etwas. Es gibt kein Ziel darin; da ist einfach nur Selbsterforschung, aber ohne irgendein Ziel.

Könntest du sagen, wie Selbsterforschung durchgeführt wird? Welches sind die Schritte?

Welche Schritte du auch immer gemacht hast, sie haben zu diesem Augenblick hier und jetzt geführt, und das ist genau das, was das Selbst von dir wollte – als Bewusstsein. Der nächste Schritt wird ebenfalls von jenem Bewusstsein gemacht, in genau die richtige Richtung, immer zum Selbst hin, und es gibt keinen Ausweg. Eines Tages wird es vollkommen still sein und in sich selbst, und es wird einfach aus dem herausfallen, was die Illusion von Zeit oder Nicht-Zeit ist, und das ist Bewusstsein. Nicht durch irgendwelche Schritte, sondern einfach, weil es vollkommen still und in sich selbst ist, und dann ruht es wieder in sich selbst.

So wie die Spinne sich abseilt und das Netz wieder in sich selbst zurückzieht, so ist es mit dem Selbst. Aber alle Schritte, die in diesem Netz gemacht werden, führen immer zu dem, was die Spinne ist. Die Spinne muss vollkommen still sein, und nur in dem, was die Stille des Selbst ist; aber das kann nicht durch irgendeinen Schritt erreicht werden. Der, der geht, hält vollkommen an und erkennt, dass es keinen Weg gibt, den man gehen könnte, und dass es kein Selbst zu erreichen gibt. Dieses Anhalten ist keine Handlung, es ist einfach das absolute Erkennen, das ist alles. Du hältst einfach an.

Aber nur das Selbst kann diesen vollkommenen „Stopp" der Akzeptanz vollziehen. Nur das Selbst kann diesen Verzicht hervorrufen. Es ist der Abschied von der Idee, dass du etwas von dieser Welt bekommen könntest, der totale Rückzug zu dem, was du bist. Dann siehst du, dass das, was du bist, vollkommen ist, so wie es ist, und es immer sein wird und immer war. Alle Schritte sind in Ordnung, weil sie alle vom Selbst zum Selbst gemacht werden, aber kein Schritt wird dich zu dem führen, was das Selbst ist. Das Selbst wird einfach vollkommen in sich selbst anhalten und seine Vollkommenheit erkennen, das ist alles, aber nicht durch irgendwelche Schritte.

Meinst du, dass dieser Augenblick der Erkenntnis nur durch Gnade kommt?

Er kommt als Unfall, weil es so nicht gedacht war. Es gibt keine Ursache; eigentlich gibt es auch keine Notwendigkeit dafür, weil das Selbst immer im Selbst ruht. Für das Selbst gibt es also keine Notwendigkeit, etwas zu tun oder zu finden. Das Selbst ist das Selbst, ob es sich erkennt oder nicht; es gibt keine Notwendigkeit für Wissen, Erkenntnis oder für irgendetwas. Wenn es also passiert, dass dieses Gewahrsein sich seiner selbst gewahr wird, hat das keine Ursache. Dieses Gewahrwerden des Gewahrseins geschieht, ich weiß nicht warum. Es gibt kein Warum!

Man kann sagen, dass es von „Ich-bin-der-und-der" zu „Ich bin" viele Wege gibt, um zu erkennen, dass du nicht dieser Körper-Verstand-Organismus bist. Zuerst *Neti-Neti* (nicht dies, nicht das), und dann kommst du zu diesem formlosen Bewusstsein. Aber aus dieser Einheit des formlosen Bewusstseins gibt es immer ein Zurückgehen in die Trennung. Und vielleicht, eines Tages, aus heiterem Himmel und ohne Grund, wird das „Ich bin" vollkommen still und wird zu „Ich". Dann kann das „Ich", das alleine steht, nicht mehr alleine stehen und wird einfach in das hineinsinken, was vor dem „Ich" ist, aber nicht, weil hier oder dort etwas passiert ist.

Es geschieht nicht durch irgendeine Ursache oder aus irgendeinem Grund oder durch irgendetwas, was du tun könntest. Das nennt man reine Gnade. Es gibt keine Kontrolle, keinen freien Willen, weil du nicht wollen kannst, was du als Nächstes tun willst. Dieses Eine, das von sich aus erscheint, aus heiterem Himmel, aus der Existenz heraus, aus dem Selbst heraus, als eine Idee, steht bereits unter direktem Befehl des Selbst an das, was nicht das Selbst ist, wieder das zu werden, was du bereits bist. Es gibt nur direkte Befehle vom Selbst.

So gesehen kenne ich keine Technik, aber es gibt immer eine absolute Technik des Selbst. Das Selbst macht nie Fehler. All dies ist Perfektion, und Perfektion arbeitet wundervoll!

Eigentlich sprichst du vom Pfad der Hingabe, ist das richtig?

Ja, einfach zu sehen, dass du nur akzeptieren kannst, dass es nicht deine Akzeptanz sein wird. Es wird nie deine Akzeptanz sein, wenn Akzeptanz geschieht. Wenn Akzeptanz geschieht, geschieht sie aus Gnade heraus. Wenn dieses Mitgefühl geschieht, wirst du durch jene Gnade ausgelöscht werden, durch diese Akzeptanz. Mit dieser Akzeptanz kann kein getrenntes „Ich" bestehen bleiben, kein getrenntes „Ich" kann diese Akzeptanz ertragen, die ohne Urteil und Trennung ist, weil dieses „Ich" aus der Trennung heraus lebt. Aber in Akzeptanz gibt es einfach kein zweites Selbst, das akzeptieren könnte, so dass eine totale Stille von Akzeptanz da ist. In dieser Stille der Akzeptanz ist keine Trennung möglich. Trennung wird also auf eine natürliche Art und Weise ausgelöscht, indem du einfach bist, wie du bist: absolute Stille und nicht dieser flüchtige Schatten, der als „Ich" kommt und geht. Darum ist es vollends Gnade: Es kann nicht getan werden. Der Wunsch kann sich keine Wunschlosigkeit wünschen. Wenn Wunschlosigkeit geschieht, wird der Wunsch durch Wunschlosigkeit ausgelöscht.

Als Sri Ramana gefragt wurde, wann man das Selbst erkannt hat, antwortete er: „Wenn die Welt, die das Gesehene ist, entfernt worden ist, wird die Erkenntnis des Selbst als das Sehende geschehen." Wie ist die Welt zu verstehen?

Die Welt ist in dem Augenblick da, wo das „Ich" auftaucht. Aus diesem „Ich" heraus erschafft die Spinne die Welt, die umgeben ist von Erschaffenem, und dann das „Ich bin" als formloses Bewusstsein. Dann erschafft die schöpferische Kraft des „Ich bin" all die Information, die wir die Welt nennen. Diese Information von Universum oder Welt ist also Bewusstsein in einer Form, die aus der Nicht-Form des formlosen Bewusstseins hervorgeht.

Bewusstsein kreiert, indem es einfach Form annimmt. Das, was Welt ist, ist eigentlich Bewusstsein in Aktion, wie *Shiva*, der mit sich selbst tanzt und das Universum aus diesem Tanz heraus erschafft. Die Essenz von allem, was Form und Nicht-Form ist, ist Bewusstsein. Alles, was ist, ist Bewusstsein als kosmisches Bewusstsein.

Und wie beseitigt man die Welt?

Indem du bist, wie du bist. Wenn es nur das Selbst und nichts als das Selbst gibt, dann gibt es keine Welt mehr. Das ist der einzige Weg hinaus: zu erkennen, dass es nie so etwas wie eine Welt gegeben hat, dass Welt in ihrer Essenz Bewusstsein ist und Bewusstsein alles ist, was es gibt. Bewusstsein ist deine absolute Verwirklichung, aber du bist nicht deine Verwirklichung. Du bist das, was sich selbst durch Bewusstsein verwirklicht. Du bist eben diese Quelle des Bewusstseins. Es ist nicht einmal Bewusstsein, aber Bewusstsein ist dein unbegrenzter Körper, deine unendliche Verwirklichung. Folglich gab es überhaupt nie eine Welt, einen Verstand oder Hindernisse, weil mit dieser Verwirklichung alles zusammenbricht. Das ist die einzige Verwirklichung, die ich kenne: zu erkennen, dass das Selbst immer verwirklicht ist. Und dafür gibt es nichts zu tun oder nicht zu tun. Nur DAS sein, was das Selbst ist.

Oft wird behauptet, dass der Verstand erst zerstört werden muss, damit Befreiung stattfinden kann. Hast du einen Verstand?

Man könnte sagen, dass es eine Funktion des Verstehens gibt, die man Verstand nennen könnte, aber für mich ist es die Funktion des Verstehens des Bewusstseins, nicht des Verstandes. Es ist wie eine Arbeitsfunktion des Bewussteins, es ist, was diesen Körper am Leben erhält durch Essen und durch die Erinnerung, wohin alles geht. Man könnte also sagen, es gibt eine Funktion des arbeitenden Verstandes, aber eigentlich gibt es hier nicht „mein" Verstand, und es gibt nicht „meine" Funktion. Es gibt Bewusstsein in der Funktion von Verstehen oder Handeln.

Alles Handeln ist also Bewusstsein, und es handelt als Bewusstsein zu Bewusstsein, in Bewusstsein und in der Zeit von Bewusstsein. Aber es gibt nicht so etwas wie „meinen" Verstand oder „mein" Bewusstsein. Diese Idee von „mein" ist einfach nicht da. Wenn es „Ich" oder „Mein" nicht gibt, gibt es auch kein „Du" oder „Dein". Dann sehe ich keinen Besitzer oder Handelnden mehr, weil der Besitzer oder Handelnde hier nicht existent ist. Ohne diese Eigentümerschaft gibt es keinen Verstand mehr.

Es gibt nur noch ein Funktionieren des Bewusstseins, und dieses totale Funktionieren des Bewusstseins in seiner Essenz zu sein, ist das, was du bist und was auch ich bin. Es gibt keine Trennung darin. In der Einheit des Bewusstseins sind wir also eins. Aber als Selbst, sogar vor der Einheit, sind wir das, was das Selbst ist, und dort gibt es nicht einmal mehr eine Idee von Einheit, weil es kein „Eins" ohne ein Zweites gibt.

Sri Ramana benutzte den Ausdruck Manonasha, der zerstörte Verstand, um den Zustand der Befreiung zu beschreiben. Wie zerstört man den Verstand?

Der einzige Weg, den Verstand zu zerstören, ist, zu erkennen, dass es keine Eigentümerschaft von Verstand gibt oder dass es ganz einfach kein Zweites gibt. Alles ist Bewusstsein, und in diesem Erkennen, dass es kein zweites Bewusstsein gibt, dass es da einfach keine zweite Ausgabe von Bewusstsein gibt, ist das, was der Verstand ist, auch Bewusstsein, und es gibt darin keine Trennung.

Es gibt also kein „mein" Verstand, „dein" Verstand oder irgendeinen Verstand; es gibt einfach nur Bewusstsein in Aktion. Du kannst diese Funktion des Verstehens „Verstand" nennen, aber es bleibt immer Bewusstsein. Es gibt „Verstand" nur, solange es „meinen" Verstand gibt, aber ohne diese Idee von „mein", die der erste Gedanke von „mir" als „Ich"-Gedanke ist, gibt es keinen Verstand mehr. Durch die Zerstörung des „Ich"-Gedanken, des ersten Grundgedankens des Verstandes, des „Mein", gibt es auch keinen Verstand mehr und hat ihn nie gegeben.

Es ist eine totale Zerstörung, indem du bist, wie du bist, indem du bist, was ist - und dann gab es niemals einen Verstand und es wird ihn nie geben, weil einfach kein „Mein" existiert. Nur dann gibt es eine totale Zerstörung und Auslöschung des Verstandes. Das ist Selbstlosigkeit, die nicht einmal sich selbst kennt oder weiß, was das Selbst ist oder was das Selbst nicht ist. Das wird kosmisches Bewusstsein genannt: Gewahrsein, das sich des absoluten Selbst vollkommen gewahr ist.

Was ist mit den Vasanas, den Neigungen des Verstandes? Müssen sie erst vollständig entfernt werden, damit Selbsterkenntnis dauerhaft sein kann?

Sie werden durch das Gewahrsein beseitigt, das aus deiner absoluten Natur aufsteigt. Nur das Gewahrsein deiner absoluten Natur, das zu sein, was das Selbst ist, ist der Holocaust für das, was das kleine „Ich" ist und für die *Vasanas*, die mit dem kleinen „Ich" einhergehen können. In diesem Gewahrsein werden sie automatisch verbrannt. Das ist das einzige *Vasana*, das ich kenne: der absoluten Natur, dessen, was du bist, gewahr zu werden. In diesem Gewahrsein ist es wie ein Höllenfeuer für alles, was du nicht bist, und in diesem Höllenfeuer wird alles zu Asche verbrannt, und selbst die Asche wird zerstört. Dann ist nur das Selbst übrig und das Gewahrsein der absoluten Natur dessen, wer du bist.

In deiner eigenen Erfahrung gab es also so einen „Aha"-Moment. Hast du feststellen können, dass Karls Vasanas, Karls Kram, an die Oberfläche kam?

Sogar noch mehr.

Noch mehr?

In diesem Feuer kommt wirklich alles ans Tageslicht.

Es gibt kein Anhaften, also schaust du einfach und siehst all das an die Oberfläche kommen?

Ja, du betrachtest es nur.

Und durch das Sehen wird es zerstört?

Durch die Akzeptanz „du bist". Mit dieser Akzeptanz ist kein Kontrollsystem mehr aktiv. Das Kontrollsystem ist ein Schutzpanzer um dich herum, und dieser Panzer, den du das persönliche Bewusstsein nennen kannst, wird zerstört. Ohne das Kontrollsystem von diesem „Ich", welches die Kontrolle hat, ohne die Aufmerksamkeit dessen, was immer „Ich" oder dieser „Ich"-Gedanke ist, wird die Energie wieder richtig lebendig.

Das Bewusstsein fängt Feuer, und was es auch immer an Erinnerungen gab, kommt im Höllenfeuer des Gewahrseins, das einfach die Quelle ist, an die Oberfläche. Diese Körper-Verstand-Erinnerung, sogar die ganze Erinnerung des Universums, geht damit einher. Es ist nicht nur „meine Geschichte"; es muss die Geschichte der gesamten Menschheit sein, und noch darüber hinaus die Geschichte des gesamten Universums, die in diesem Gewahrsein verbrannt wird. Die gesamte Zeit wird also verbrannt. Alle Ideen, die mit der Zeit gekommen sind, müssen in dieser Zeitlosigkeit verbrannt werden, in dieser Akzeptanz, „das zu sein, was ist", und in dieser Leere bist du.

Ich habe auf deiner Website gelesen, dass du eine Phase intensiver Migräneanfälle hattest. War das mit diesem Verbrennen verbunden?

Ja, es war ein Teil davon. Es geht damit einher, weil alle Zellen aufwachen. Ohne diesen Kontrolleur „Ich" wacht das gesamte Bewusstsein, das Zellinformation ist, einfach auf, so, wie es seine Natur ist und wird zu reiner Energie. Dann wird daraus Migräne, und dann muss vielleicht der Widerstand gebrochen werden, bis sie frei fließt, ohne jeden Widerstand. Das braucht eine Weile, und es ist nur eine Begleiterscheinung dieses Gewahrseins, es ist nicht das Ergebnis von irgendetwas.

Hat das einige Jahre gedauert oder nur ein paar Monate?

Das ging für zehn oder fünfzehn Jahre so.

Wirklich?

Es braucht Zeit.

Kommt noch manchmal ein Vasana *an die Oberfläche?*

Wenn jetzt Menschen zu mir kommen und mir gegenübersitzen, geschieht etwas. Ich werde vollkommen zu der Erfahrung dessen, was in der Person geschieht. Ich fühle diese Energie oder das Bewusstsein als *Kundalini* (Lebensenergie) aufsteigen, aber es ist eine unpersönliche Erfahrung. Ich habe immer noch diese Gefühle und Mitgefühl, weil ich alles um mich herum fühle. Der Schutzpanzer ist weg, und es geht direkt in das hinein, was ich bin; und so, wie es eine Öffnung hinein gibt, gibt es auch eine Öffnung hinaus. Es ist ein vollkommen fließendes Wirken von Bewusstsein, ohne jegliches Urteilen, die Energie fließt also frei, und man muss nichts mit ihr tun. Dasselbe mit dem Sprechen; es kommt einfach von allein. Es gibt niemanden, der mit Absicht spricht.

Du sagst, der Verstand ist nicht da; wenn du allein bist, ist da also nur Stille oder kommt noch alter Karl-Kram an die Oberfläche?

Bewusstsein tut immer irgendetwas. Im Funktionieren des Bewusstseins geht die Selbsterforschung weiter; sie hat weder Anfang noch Ende. Aber „das, was ich bin" ist darin nie involviert. Es gibt einfach eine Bewusstseinsfunktion der Selbsterforschung von allem, was kommen mag, aber ohne irgendeine Erwartung, als Ergebnis etwas herauszufinden. Die Bewusstseinshandlung führt, wie jetzt, dieses Gespräch, und Worte kommen heraus.

Das ist die Funktionsweise des Körper-Verstand-Organismus, der perfekt funktioniert oder nicht, aber ohne Erwartung. Das heißt, ohne Verstand, denn Verstand bedeutet, eine Erwartung zu haben, etwas aus dem Verständnis herausziehen zu wollen – Ergebnisse zu erzielen oder einen Vorteil aus dem Denken zu haben. Es gibt Gedanken, die freien Lauf haben, aber es gibt keine Gedanken mehr. Es gibt nur freies Bewusstsein in Aktion, so, wie es tatsächlich immer schon war. Es gab nie so etwas wie Verstand. Es war immer Bewusstsein in der totalen Funktion des Verstehens oder nicht.

Der Hauptpunkt ist, dass es einfach keine Eigentümerschaft mehr gibt. Der Besitzer oder Handelnde oder wie immer dieses „Ich" genannt wird, ist vollkommen weggefallen. Ohne diesen Besitzer, wen interessiert es, was gerade läuft und was nicht? Dieses Sprechen jetzt, es scheint, als passiere etwas, aber eigentlich passiert nichts; wen kümmert es, was dabei herauskommt? Es ist einfach in Ordnung, weil das ein wunderbarer Aspekt ist, der aus dieser Offenheit herauskommt, die du bist.

Als ich dich neulich getroffen habe, wusste ich, dass du ein bisschen müde warst, und um dich herum stand eine Gruppe von Leuten, also wollte ich schnell machen. Aber in der Art und Weise, wie du zu diesem Interview ja gesagt hast, denke ich, wenn ich gesagt hätte: „Ich habe ein Ticket nach Honolulu für morgen. Möchtest du mitkommen?", hättest du auch einfach ja gesagt. Du kannst nach Honolulu gehen oder hierbleiben, es ist wirklich nicht so eine große Sache.

Das ist es, was ich meine. Ich bin total hilflos. Eines Tages kam ein Schuldirektor und fragte, ob ich ein neues Gebäude eröffnen könnte. Ich saß da und sagte: „Ja, nein, ja, nein." Dann hat das Nein auf einmal aufgehört und da war das Ja. Also bin ich hingegangen und habe eine *Puja* (Anbetungszeremonie) gemacht, wie eine Puppe, die von etwas gespielt wird. Diese Freiheit, keine Wahl zu haben, von dem gespielt zu werden, was man ist, ist wundervoll. Diese Freiheit, keine Wahl zu haben, genieße ich am meisten. Es ist toll! Es ist dasselbe mit dir gewesen. Wenn es da sofort ein Nein gegeben hätte, wäre es Nein gewesen, und das ist in Ordnung; aber Ja ist auch in Ordnung, also was soll's?

Es ist wie eine große Entspannung; es ist, wie im Paradies zu leben, weil alles zu einem leichten Fließen wird, und es gibt nichts zu entscheiden und nichts zu denken, und du bewegst dich einfach.

Ja, ohne den Zweifler und ohne dieses Zweifeln ist Freiheit da. Indem du nicht weißt, was du bist und was du nicht bist, ist der Zweifler verschwunden, und du hast einfach nichts mehr zu verlieren und nichts mehr zu gewinnen. Das ist Freiheit, weil es niemanden gibt, der etwas gewinnen oder verlieren kann, und ohne ihn – wen kümmert's? Dann ist da dieses Freifließende, wie Nisargadatta sagte: Weisheit und Herz, aber dazwischen treibe ich. Beides sind meine extremen Verwirklichungen, aber ich fließe frei als der absolute Seher, der niemals von etwas abhängig ist. Auch Sri Ramana sagte das: Sei der absolute Erfahrende. Dieser absolute Erfahrende ist niemals von einer Erfahrung abhängig, das ist alles! Was auch immer erfahren wird, ist nicht verschieden vom Erfahrenden, aber es ist nicht der Erfahrende selbst.

Die Menschen sahen Sri Ramana als einen großen Heiligen, der auf einer Couch sitzt, aber tatsächlich war er sehr glücklich damit, einfach in der Küche zu sein und stundenlang Gemüse zu schneiden.

Ja, genau. Jeden morgen zwischen zehn und zwölf sitze ich und spreche mit Leuten und das ist genau wie Gemüse schneiden. Da ist nichts Besonderes dabei. Es ist nur Sprechen, ohne irgendwelche Ergebnisse zu erwarten. Dieser Geschmack, dieses Entblößtsein von Ergebnissen, von Erwartungen - wer weiß, vielleicht schnappt jemand es auf und das Selbst bekommt diesen Geschmack und denkt: „Oh, das ist gar nicht so schlecht." Ich bin eine wandelnde Reklame für diesen Nicht-Geschmack, der das Selbst ist. Freiheit hat freien Lauf, um Freiheit anzupreisen!

Das ist wieder eine deiner brillanten Ausdrucksweisen. Das ist sehr aufrüttelnd!

Ja, total attraktiv! Ich bin die Blume, die sich nicht darum kümmert, ob du mich magst oder nicht.

Du bist die Blume inmitten des Waldes, die einfach blüht, und wer sieht es?

Sie erwartet nicht, gesehen zu werden oder als schön geschätzt zu werden oder nicht, und vielleicht ist dieser Ausdruck die absolute Intelligenz, die es nicht kümmert, ob sie für intelligent gehalten wird oder nicht. Keine Ahnung. Bla, bla, bla. (Beide lachen)

Ich weiß nicht, ob es gerade passt, aber am Ende seines Buches „Selbsterforschung" sagt Sri Ramana: „Der, der mit einem Verstand ausgestattet ist, der subtil geworden ist, und der die Erfahrung des Selbst hat, wird ein Jivan-Mukta *(eine zu Lebzeiten befreite Seele) genannt." Ist das der Zustand, der selbstverwirklicht genannt werden kann?*

Es ist der vierte Zustand der natürliche Zustand des Selbst. Es ist Selbstlosigkeit, in der das Selbst nicht weiß, ob es ist oder nicht, und in der eine völlige Abwesenheit jeglichen Gefühls von Existenz oder Nicht-Existenz herrscht.

Diese absolute Existenz, die sich allem oder nichts bewusst ist, ist das, was Sri Ramana *Jivan-Mukta* oder den vierten Zustand nennen würde. Es ist kein Zustand mehr. Eigentlich ist es zustandslos.

Er sagt weiter: „… und wenn man im Ozean der Glückseligkeit eingetaucht ist und eins mit ihm geworden ist, ohne jede undifferenzierte Existenz, wird man Videha-Mukta *genannt. Es ist dieser Zustand von* Videha-Mukta*, der transzendentes, attributloses* Brahman *(das Absolute) und transzendentes* Turiya *(Zustand reinen Bewusstseins) genannt wird. Das ist das letzte Ziel." Ist das der Zustand, der Erleuchtung genannt werden kann? Gibt es einen Unterschied zwischen Selbstverwirklichung und Erleuchtung?*

Es gibt einen Unterschied. Wissenschaftler haben herausgefunden, dass Antimaterie und Materie das Universum bilden, das heißt Form und Nicht-Form zusammen. Wenn Erleuchtung stattfindet, gibt es eine Fusion von Form und Nicht-Form, und in dieser Fusion bleibt das Licht des Gewahrseins bestehen. Die Wissenschaftler sagen, dass aus dieser Fusion reines Licht entsteht. Sie können mittlerweile Antimaterie herstellen und sie mit Materie fusionieren, und heraus kommt Licht, die ursprüngliche Quelle von beidem, Form und Nicht-Form.

Das würden wir Erleuchtung nennen – diese Erfahrung, aus Form und Nicht-Form herauszukommen und das zu werden, was Licht ist, das ursprüngliche Licht des Gewahrseins, was Arunachala genannt wird. Aber dann zu sehen, dass sogar dieses Licht des Gewahrseins, diese erste Vorstellung von Existenz ohne Zeit oder Nicht-Zeit, nicht einmal das ist, was du bist. Die Verwirklichung schaut dem ins Angesicht, was vor der ersten Vorstellung von Existenz ist.

Jenes erste Licht als ursprüngliche Quelle ist also noch nicht einmal das, was du bist; sogar diese Definition ist nicht, was du bist. Aus diesem „Ich", diesem ursprünglichen Licht des Gewahrseins, kommt „ich bin" und dann „ich-bin-so-und-so". Aber alle diese drei Zustände sind der Traum des Träumers selbst.

Sogar der erste Traum oder die erste Erfahrung von „Ich" als Gewahrsein ist schon eine Empfindung; es ist ein Phänomen. Aber das Phänomen des Selbst ist in allen phänomenalen Zuständen, also kann es niemals verändert werden. Der vierte Zustand ist der Zustand, das Selbst zu sein, sogar ohne zu wissen, dass es ein Selbst gibt oder nicht. Dies ist ein vollkommenes Nichtwissen, die totale Abwesenheit des Wissenden oder Nicht-Wissenden. Das ist *Turiya*.

Er sagt „transzendentes Turiya*".*

Es geht darum, die Erfahrung des ersten Lichts als kosmisches Bewusstsein zu transzendieren und das zu sein, was davor ist, das zu sein, was Bewusstsein in seiner Essenz ist. Das ist die Erkenntnis, dass das, was du bist, immer verwirklicht ist. Das ist nichts Neues oder Altes; es ist unsere eigentliche Natur, und nichts muss dafür getan oder nicht getan werden. Alles entspringt daraus, es ist eben die Quelle von allem, was ist und nicht ist, und ohne das würde nichts existieren oder nicht existieren. Und du bist das, das ist alles.

Es scheint grundlegend zu sein, einem Meister zu begegnen und sich diesem Meister hinzugeben. Wer ist der Meister? Was ist die Rolle des Meisters, und wie erkennt man einen wahren Meister?

Wenn es in deiner Realität erscheint, dass du einen Meister brauchst und dass dieser Guru zu der Vorstellung passt, was ein Guru sein sollte, dann ist es perfekt für dich, diesem Guru zu folgen. Ich würde es nicht anzweifeln, weil diese Beziehung zwischen dem *Jiva* (dem unwissenden Selbst) und dem *Jnani* (dem Selbst) als der Guru immer einzigartig ist. Man kann dafür keine Regel aufstellen. Was auch immer in dieser Beziehung steckt, ist magisch. Um eine Technik oder eine Richtlinie daraus zu machen, braucht es jemanden, der eine Richtlinie braucht. Aber zur magischen, mystischen Reise dieser Beziehung zwischen Guru und Schüler kann ich nichts sagen. Sie ist immer perfekt und passt sich ständig dem Bedürfnis an, was ein *Jiva* ist und was ein *Jnani* ist.

Die Frage, was ein richtiger und was ein falscher Guru ist, stellt sich für mich also nicht. Es gibt nur den richtigen Guru, weil nur das Selbst ist, und es gibt kein falsches Selbst. Das Selbst, das als Guru und als Schüler erscheint und das Spiel von Guru-Schüler spielt, ist perfekt, in welcher Form auch immer es kommt und geht. Für mich stellt sich die Frage eines richtigen oder falschen Gurus einfach nicht, oder was zu tun ist oder wie man einen erkennt. Es wird sich von selbst zeigen, aber nicht durch eine Regel. Die einzige Regel, die ich kenne, ist, dass es keine Regel gibt. Ich kann nur auf die Vollkommenheit dessen, was du bist, hinweisen, und was auch immer für eine Beziehung dabei herauskommt, ist vollkommen in sich selbst und braucht keinen Kommentator, der sie kommentiert.

Und wie war es bei dir selbst, hattest du einen Guru?

Keinen lebenden Guru in Form einer Person. Aber in den sechziger und siebziger Jahren hatte ich viele Träume von Lehrern und unzählige energetische Dinge geschahen in meinen Träumen. Ich reiste sogar nach Mexiko, wegen dieser Castañeda-Idee, weil ich dachte, all die Lehrer, von denen ich geträumt hatte, wären in Mexiko und Südamerika, weil sie alle wie Indianer aussahen und nicht wie Inder.

So suchte ich also die Freiheit in Mexiko, aber als ich Nisargadattas Foto in den frühen Neunzigern sah, dachte ich: „Oh, Indien." So kam ich nach Indien, und dort sah ich ein Foto von Sri Ramana und dem Arunachala. Ich dachte: „Oh, es ist Indien, nicht Mexiko, was kann ich machen?" Dann, eines nachts in Bombay, saß Sri Ramana auf dem Bett und ließ mich nicht schlafen. „Sei Ramana, sei Ramana, sei, was du bist, sei was du bist, sei Ramana." Also buchte ich einen Flug nach Bangalore und am nächsten Tag war ich in Tiruvannamalai.

Wann war das?

Das war 1995, aber es war nicht so, dass irgendetwas passiert wäre. Als ich zum Arunachala kam, erkannte ich, dass der Berg in dem Traum erschienen war, den ich in den späten Siebzigern hatte, als diese Todeserfahrung geschah. Vielleicht geschah da etwas, was Erleuchtung genannt wird, dieses erste Licht des Gewahrseins zu werden, aber dann lief ich noch zehn oder fünfzehn Jahre als dieses Licht herum, wobei ich immer noch damit identifiziert war und wusste, dass der ganze Rest ein Traum ist.

Jeder kennt diese Situation: „Ich bin das Licht, und der ganze Rest ist ein Traum." Es war immer noch eine Definition. Dann, aus heiterem Himmel, kam die Erkenntnis: ... aber Licht und Unterschied? Wie kann das sein in dem, was ich bin? Wie kann es einen Zustand geben, der verschieden ist von dem, was ich bin? Ist das, was ich bin, nicht auch das, was die Quelle ist?

„Aha!" Dieses Licht war dasselbe in allen anderen Zuständen; es gab einfach keinen Unterschied. Also war selbst das Licht eine Illusion. Ich war sehr stolz, dieses Licht zu sein, aber sogar es Erleuchtung zu nennen, war eine Illusion. Doch dann wurde es geklärt: Es wird nie deine Erleuchtung oder Verwirklichung sein; das, was das Selbst ist, braucht deine Verwirklichung überhaupt nicht. Sei einfach, wer du meinst, gerade zu sein oder nicht, ob verwirklicht oder nicht.

Ist dieses „Aha!" hier am Arunachala passiert?

Ja. Es ist beim allerersten Mal passiert, als ich hier war, einfach durch Wiedererkennen und Meditieren in der unteren Höhle und Spaziergänge auf dem Berg. Zuerst, wie Sri Ramana sagte, kommen Landschaften und dann, wenn du näher kommst, wird alles zu Licht. Dann, aus diesem ersten Licht, kommen diese unendliche Schöpfung und sogar die schöpferische Kraft des Universums wie Skulpturen an die Oberfläche und fallen wieder dorthin zurück. Sie kommen aus diesem Licht und fallen wieder ins Licht zurück. Dann tauchst du mit deiner Wahrnehmung in dieses Licht ein und siehst, dass selbst dieses Licht nicht das ist, was du bist, weil du der freie Erfahrende bist, der in das erste Licht taucht und dann wieder Form annimmt.

Was du bist, ist der absolute Seher. Er ist absolut frei, sogar frei vom Vorkommen von Licht. So ist selbst das Licht der erste Anfang des Universums, Teil der Erfahrung von Verwirklichung. Du bist das, was sich selbst verwirklicht, indem es das wahrnimmt, aber du bist niemals Teil dieser Verwirklichung. Du bist immer frei als der Erfahrende, der du bist. Und dann kannst du in diesem Körper-Verstand-Organismus sein oder im Universum oder du kannst Gewahrsein sein; es spielt keine Rolle. Du bist immer das, was du bist, unter welchen Umständen auch immer; du brauchst keine besonderen Umstände. Das ist Freiheit: darin zu sein, als Gewahrsein, frei von irgendwelchen besonderen Umständen, nicht diese ganze Anstrengung zu machen, um im *Samadhi* (Versunkensein im Selbst) des Gewahrseins zu sein.

Wenn da noch ein subtiles Bemühen zu verstehen ist, dann ist noch das Bedürfnis nach Verstehen oder Klarheit da. Aber erkenne, dass diese Klarheit wiederum von dem abhängig ist, der diese Klarheit braucht, doch die wahre Unabhängigkeit der Freiheit würde nichts brauchen. Und dann sei diese Freiheit, die ist, was sie ist, in jedem Zustand!

Dieser Berg ist also ein ziemliches Ding! Für mich war immer alles perfekt. Das ganze Timing und der ganze Prozess vollzogen sich einfach aus heiterem Himmel, aber nicht, weil ich etwas getan hätte, und deswegen nenne ich es Gnade. Wie ich es sehe, war jeder Schritt vollkommen perfekt in sich selbst und entfaltete sich in die Perfektion hinein, und selbst das Entfalten war perfekt in sich selbst. Ich sehe alles so. Es gibt nur eine sich entfaltende Perfektion, gleich, in welche Form oder Umstände auch immer hinein. Es war wunderbar.

Du hast erwähnt, dass du vor einigen Jahren eine Todeserfahrung hattest. Könntest du uns darüber etwas erzählen?

Ja, es gibt eine Technik von Carlos Castañeda, in der du deine Hände in deinen Träumen findest. Du erinnerst dich einfach daran, dass du träumst und dass du auf deine Hände schauen musst. Du schaust auf deine Hände, und dann fängst du an zu sterben. Dein Fleisch beginnt abzufallen, und du hast diese Todeserfahrung. Mit dieser Erfahrung kommt die Unendlichkeit, diese Anti-Materie, die die Todeserfahrung der Leere ist.

Die Leere kommt als eine Nicht-Form und will dich auffressen und du leistest totalen Widerstand und kämpfst wie verrückt um dein Leben und dein Überleben. Es ist wirklich wie ein Kampf gegen den Tod. Aber an einem bestimmten Punkt wachst du in deinem Bett auf. Ich wachte auf, als ich immer noch gegen dieses Licht oder diese Dunkelheit, was auch immer, kämpfte, und in einem einzigen Augenblick brach dieser Widerstand einfach in sich zusammen. Ich weiß nicht warum, es gab einfach keinen Widerstand mehr und stattdessen eine totale Akzeptanz und dann nur dieses helle, reine Licht.

Danach, ich weiß nicht, wie viele Stunden später, kam das Gewahrsein der Form zurück und der Körper-Verstand-Organismus wurde wieder natürlich. Aber von dem Moment an war ich dieses Licht. Später wurde erkannt, dass sogar das nicht das war, was ich bin. Ich hielt es für real, für einen natürlichen Zustand, und der Rest war immer noch nichts – nur Illusion. Aber dann folgten Jahre von Körpererfahrungen, diese energetischen Nebeneffekte, die man *Kundalini* oder Erwachen der Zellen nennen könnte, es gab Altern, dann die Migräne und alles andere.

Es gab viele Durchbrüche in diesem Körper und alles begann, freier zu fließen. Aber nach diesem letzten Fallenlassen, nach diesem „Aha!", war dann diese Stille da.

Du sagst, in dieser Todeserfahrung habe es einen Moment gegeben, in dem der Körper und der Verstand zurückkamen, aber das „Ich" kam nie mehr zurück. Gab es von diesem Moment an irgendein Gefühl von „Ich", „mir"? Verschwand die persönliche Geschichte von diesem Moment an?

Es veränderte sich vom relativen „Ich" zum universalen „Ich", vom „Ich" in der Form, wie „mir", hin zu einem Einssein-„Ich". Aber da war immer noch ein „Ich", es war einfach das Gewahrsein von „Ich". Aber dieses „Ich" war immer noch zu viel, und ich fragte mich über zwölf oder fünfzehn Jahre lang: Was ist dieses „Ich"? Dieses „Ich" war meine Natur, aber dieses „Ich" war immer noch nicht perfekt, weil es von bestimmten Umständen abhängig war, so wie von Gewahrsein. Aber das, was das Gewahrsein des Gewahrseins ist, das, was das Selbst ist, ist nicht abhängig von Gewahrsein, um das Selbst zu sein.

Was es auch immer für Schwierigkeiten in der persönlichen Geschichte gab, da war immer dieser reine, absolute Wahrnehmende, der der Seher war, der niemals von irgendeiner dieser Erfahrungen berührt wurde. Und es war immer noch genau derselbe Selbst-Erfahrende, der sich niemals auch nur einen Millimeter bewegte. All diese Erfahrungen, sogar die Gewahrseinserfahrung und die Lichterfahrung, waren lediglich Erfahrungen. Aber der Erfahrende war das einzige Nuomenon (die einzige Wirklichkeit) darin; sogar das Licht war nur ein Phänomen.

Dann fiel die gesamte Vorstellung weg, dass etwas getan oder nicht getan werden müsste oder dass ein bestimmter Zustand aufrechterhalten werden müsste. Es schien, eine Zeit lang in diesem Zustand des Lichts zu bleiben, war ein notwendiger Prozess, damit das „Ich" vollkommen wegfallen konnte.

Vielleicht hat Sri Ramana deshalb nach seiner Erleuchtungserfahrung für fünfzehn Jahre in der Höhle gesessen. Mit der ersten Verwirklichung war klar: Ich bin nicht das „Ich"; aber dann brauchte es noch einen gewissen Prozess, damit das „Ich" völlig vernichtet, völlig ausgelöscht werden konnte. Aber das machte keinen Unterschied und es veränderte sich nichts.

Als also Sri Ramana gefragt wurde, ob es irgendeine weitere Verwirklichung nach der Erfahrung gab, als er siebzehn Jahre alt war, sagte er, nein, die gab es nicht, und von diesem Moment an war es klar. Was auch immer danach kam, kam einfach, wie es kam, machte aber keinen Unterschied. Aber sogar darin wird der Verstand vielleicht geklärt oder gereinigt - aber all das macht nichts und niemand kümmert sich mehr darum, was da passiert. Aber etwas passiert, und es ist immer einzigartig, abhängig davon, was für Muster man vorher hatte. Es läuft also eine Geschichte ab, bevor es vollkommen still wird. Allerdings ohne Notwendigkeit, und wenn sie für immer ablaufen würde, wäre das auch in Ordnung.

In einer totalen Todeserfahrung siehst du, dass das, was du bist, vom Tod nicht berührt werden kann. Wenn das, was du bist, nicht sterben kann, dann wurde es auch niemals geboren. Nur das, was geboren ist, kann sterben, also bist du nicht geboren, das ist alles. Dies ist nicht zu wissen, was du bist oder ob du bist, sondern einfach, dass du nicht geboren bist.

Aber du brauchst keinen Beweis, um zu „sein". Das ist immer offensichtlich. Was auch immer passiert, es ist offensichtlich, dass du bist; nicht zu wissen, wer du bist oder was du bist, sondern einfach nur zu wissen, dass der Tod dich nicht berühren kann. Das, was nicht geboren ist, kann niemals sterben und niemals bewegt werden. Das war genau Sri Ramanas Erfahrung.

Als die Menschen zu Sri Ramana am Ende seines Lebens sagten: „Geh nicht, geh nicht", sagte er: „Wohin sollte ich gehen?"

Ja, wohin gehen? Es gibt nirgendwo hinzugehen und nichts zu verlassen. Das ist die eigentliche Essenz von allem; wo sollte die Essenz hingehen? Sri Ramana sagte: „Was du siehst, ist nicht, was ich bin." Das, was man also als Sri Ramana sieht, hat niemals irgendetwas verwirklicht, aber das, was Sri Ramana ist, das Selbst, ist immer verwirklicht. Denn es gibt nichts zu tun, und für das, für das es etwas zu tun gibt, kann nichts getan werden. Es ist also eine No-Win-Situation, in der du bist. Du magst zwar spielen, aber erwarte nicht, zu gewinnen! Das ist Meditation ohne Erwartung. Das ist leben ohne irgendein Ergebnis, weil dem, was du bist, nichts hinzugefügt werden kann. Dann wird es zum reinen Sport oder zur reinen Unterhaltung. Was auch immer kommt, ist gut genug, um unterhaltsam zu sein!

Es ist wie ein göttliches Lila, *göttliche Verspieltheit, und es geht immer weiter.*

Es hat nie begonnen und es wird niemals enden. Der denkende Verstand wird zum funktionierenden Verstand. Ohne einen Denker wird es der funktionierende Verstand. Das ist alles. Es ist das Wegfallen des

„Ich", oder das Erkennen des „Ich" als Phantom und ihm keine Aufmerksamkeit zu schenken, weil es keinen Denker mehr gibt, und ohne den Denker gibt es keinen Verstand. Es gibt ein Bewusstsein in Aktion. Dann bist du die Gesamtheit der Bewusstseinsfunktion in jeder Aktion, die ausgeführt wird. Es gibt keinen Zweifler mehr, keinen Fragesteller. Es gibt Fragen und Antworten, aber keinen Fragesteller und keinen Antwortenden. Es ist ein Spiel des Bewusstseins ohne irgendwelche Ergebnisse oder Erwartungen irgendeiner Klärung, weil es nicht klarer werden kann, als es schon ist.

Worte. Worte. Ich mag Worte, ich liebe Worte. Worte sind wirklich fantastisch!

Du hast eine wunderbare Art, mit Worten umzugehen; das ist ziemlich außergewöhnlich. Es ist fast wie Poesie. Die Poesie des Selbst kommt manchmal heraus.

Ja, und ich liebe das! Eigentlich sitze ich immer neben mir und höre mir selbst zu. Indem ich die Aufmerksamkeit etwas aufspalte, werde ich schizophren genug, um dem zuzuhören, was ich sage! So werde ich gleichzeitig zu dem, was spricht und dem, was zuhört und genieße es total, ohne jegliche Trennung.

Es fühlt sich so an, als träfen sich die beiden Teile von dir im Lachen, denn eigentlich bist du ein ziemlich ernster Typ, und die Dinge, die du sagst, sind unglaublich ernst, aber da ist dieses erstaunliche Lachen. Es ist, als würde ein Teil den anderen anlachen!

Ja, es ist ein andauernder Witz! Der ernste Typ, der ernste Dinge spricht, ist ein andauernder Witz, und da ist ständiges Gelächter im Hintergrund, das über den Witz lacht, der Karl ist. Aber der ist vom Selbst nicht verschieden. Karl ist also das Selbst, und das Selbst hinter dem Gewahrsein lacht über jenes Selbst, dass ernst vor ihm steht. Es ist wie ein multidimensionales Selbst, das hier sitzt, und es ist irgendwie pure Freude. Den ganzen Weg von der Zustandslosigkeit zum ersten Zustand von „Ich" und dann, später, zum „Ich bin" und dann zum „Ich bin Karl", der es genießt, absolut und total unabhängig von allem zu sein. Völlig unabhängig auf der ganzen Strecke! Freiheit auf der ganzen Strecke! Sogar im Gefängnis, Freiheit. Das, was du bist, kann nicht eingesperrt werden. Wundervoll! (Beide lachen)

Suchende haben oft seltsame Vorstellungen vom Zustand der Erleuchtung. Zum Beispiel, dass der Erleuchtete die Welt als ein graues Nichts sieht (weil es keine Welt gibt), während er in ewiger Seligkeit sitzt. Wie sieht dein Alltag aus und wie nimmst du die Welt wahr?

Eigentlich gibt es keinen Unterschied zu der Zeit, als ich zehn, fünf oder sogar ein Jahr alt war. Da ist Tiefschlaf, und aus diesem Tiefschlaf heraus gibt es ein Erwachen in Sinneswahrnehmungen hinein, aus denen einige alltägliche Handlungen stattfinden. Zähneputzen, oder was auch immer. Es ist ein normaler Tag, aber nie mit dem Gefühl, ihn zu tun. Das ist die Hauptsache. Es funktioniert absolut von selbst, es ist automatisch.

Also ist es wie immer, aber einfach ohne das Gefühl, dass ich irgendetwas tue. Es ist der einfache, von selbst ablaufende Prozess eines Lebens von Tag zu Tag oder von Moment zu Moment. Es ist dieses ewige Jetzt, das niemals aufhört, niemals kommt, weil sogar im Tiefschlaf dieses ewige Jetzt da ist; da ist dieses Gewahrsein.

Das, was das Selbst ist, schläft niemals oder wacht niemals auf. In dem, was das Selbst ist, findet ein Erwachen von Phänomenen statt. Diese Phänomene tauchen aus dem automatisch ablaufenden Bewusstseinsprozess auf. Dann, in der Nacht, legt er sich wieder schlafen. Das „Ich-bin-der-und-der" fällt in das „Ich bin" und das „Ich bin" fällt ins Gewahrsein hinein.

Dann beginnt das Gewahrsein erneut und „Ich bin" taucht wieder als Raum und Zeit auf, und in diesem Raum und in dieser Zeit kommt der Tag als das Aufwachen am Morgen: „Oh! Hier bin ich wieder!" Am Abend gehst du schlafen und denkst: „Sollte ich dich nicht wiedersehen, war es auf jeden Fall nett, dich kennengelernt zu haben!", und wenn du am Morgen aufwachst: „Oh! Du schon wieder! Wünsche dir jedenfalls einen schönen Tag!"

Ich habe keine Ahnung! Es ist ein normaler Tag mit Aktion-Reaktion, so, wie Bewusstsein eben funktioniert, nichts Besonderes. Das ist die Hauptsache, nichts ist besonders.

Gibt es viel Glückseligkeit? Gibt es in diesem Sinne etwas Besonderes oder Anderes als vorher? Kann es Traurigkeit oder Unglücklichsein geben?

Glückseligkeit ist die Abwesenheit von jemandem, der Glückseligkeit braucht oder nicht braucht! Es ist einfach die Abwesenheit von jeglichem Bedürfnis. Aber das schmeckt nicht so, wie man erwarten würde, dass Glückseligkeit schmeckt, wie das Gefühl von Glück, weil es überhaupt kein Gefühl ist. Es ist einfach, der absolute Frieden selbst zu sein. Ich würde es mehr als vollkommenen, unermesslichen Frieden bezeichnen, und ich würde ihn nicht für alle Glückseligkeit der Welt eintauschen. Ich kann wunderbar ohne das auskommen, was man Glückseligkeit nennt, aber ich würde sie niemals gegen den Frieden des Selbst eintauschen. Das ist absoluter Frieden: total im Frieden mit seinem Selbst zu sein und dem, was „ist".

Das ist die Glückseligkeit, das *Sat-Chit-Ananda*, von dem Sri Ramana sprach. Dieses *Sat-Chit-Ananda* ist totales Selbstgewahrsein des absoluten Gewahrseins dessen, was man in der totalen Abwesenheit eines zweiten Selbst ist. Das würde man Glückseligkeit nennen, und diese Glückseligkeit würde dauerhaft sein. Dafür gibt es nichts zu tun. Sie ist immer da; es ist nichts Neues und kein besonderer Zustand. Es ist deine Natur, und nichts kann ihr hinzugefügt werden; es ist einfach die vollkommene Eigenschaft, das zu sein, was kein Zweites hat, kein Kommen und kein Gehen. Es ist nichts, was gewonnen werden kann; es ist, was man die ganze Zeit ist, ohne Zeit, mit Zeit; nichts kann es verderben.

Es war nur die eigene Idee, dass es verloren war, aber es wurde einfach nicht gesehen. Doch dann siehst du, dass der Sehende selbst Glückseligkeit ist. Das zu sein, was der absolute Seher ist, ist Glückseligkeit genug, und die Vollkommenheit, das zu sein, was absolut ist, kann nicht mehr oder weniger werden, das ist alles! Ewig ruhend. Kein Weg hinaus.

Danke. Gibt es etwas, das du hinzufügen möchtest, etwas, das wir nicht abgedeckt haben und von dem du das Gefühl hast, dass es wichtig ist, es auszudrücken?

Nein. Ich bin total hilflos ohne eine Frage, weil es das kosmische Bewusstsein ist, das eine aktive Frage braucht, um eine aktive Antwort zu bekommen. Ohne eine Frage gibt es keine Antwort. Von dem Augenblick in den späten Siebzigern an, als sich diese erste Lichterfahrung ereignete, gab es, sobald eine Frage aus der Stille und Mühelosigkeit auftauchte, eine Antwort, mühelos - und es wurde gelöst. Diese automatische Antwortmaschine war total faszinierend. Es ist wie in diesen Vorträgen. Die Frage taucht auf und die Antwort ist bereits da. Also gibt es nichts zu tun; das Mühelose bleibt mühelos. Vielleicht ist es das, was wir Glückseligkeit nennen: der Faulste unter den Faulen zu sein. Niemals etwas zu tun, aber die Quelle selbst zu sein von allem, was ist und was nicht ist. Das ist in Ordnung, ja? (Beide lachen)

Am Ende löst sich also alles in Gelächter auf. Danke.

Michael Barnett

Das erste *Satori* ist das stärkste aufgrund des Kontrastes zwischen dem Ort, an dem du vorher warst und dem Ort, in den du hineingefallen bist. Du wirst das Gefühl haben: „Oh, das ist ein unglaubliches Erlebnis!" Wenn du dann weiter an dir arbeitest, wirst du dem immer näher kommen. So wird sich der Sprung in denselben Ort nicht mehr so gewaltig anfühlen wie beim ersten Mal.

Oft fühle ich mich nicht mehr wie ein Mensch, denn Menschen sind Wesen, die Probleme haben.

Michael Barnett

Michael Barnett

Michael Barnett ist in London geboren, promovierte an der Universität Cambridge in Mathematik und Jura und war ein erfolgreicher Geschäftsmann. 1974 wurde er Schüler von Osho. Als Somendra leitete er intensive Seminare in Pune und in anderen Osho-Zentren. 1982 eröffnete er „The Wild Goose Company" (Gemeinschaft der Wildgänse). Nachdem er in Zürich, Italien und Frankreich gelebt hatte, wo ein großes Gemeinschaftsprojekt entstanden war, zog er 1997 zuerst nach Zürich und dann weiter nach Freiburg in Deutschland. Hier wurde „OneLife" geboren. Seine Kreativität drückt sich als Lehrer und Autor (ca. 40 Bücher) aus, und außerdem ist er ein leidenschaftlicher Vater. Seine Schüler schätzen seine einfache Präsenz, seine Authentizität und seinen Humor.

In Oshos Ashram in Pune war mir Michael als Somendra bekannt. Das war in den 1970ern. Seit Kurzem haben wir durch zwei seiner Schüler Kontakt. Während einer Fahrt durch Deutschland rief ich ihn vom Auto aus an, um ihm ein Interview vorzuschlagen. Seine Antwort war ein sofortiges: „Okay, komm gleich vorbei." Nach einem wunderschönen Gespräch und Abendessen mit ihm entschloss er sich spontan, mein Team und mich für die Nacht unterzubringen. Seitdem haben wir uns noch einige Male wiedergetroffen, in einem See von Liebe.

Sri Ramana Maharshi empfahl die grundlegende Frage: „Wer bin ich?" – Wer bist du?

Es entsteht so ein Gefühl des Ankommens, wenn man sich eins fühlt mit den Energien überall, so, als ob man sich auf seinen eigenen Platz setzt, der schon immer da war. Von dort steigt dann das Gefühl auf von: „Das ist es, was ich bin." Aber gleichzeitig ist es möglich, dass es sogar noch jenseits davon einen Ort gibt, von dem aus man diese Frage tatsächlich nicht beantworten kann, oder höchstens mit einem Lächeln, oder indem man einfach das tut, was man als Nächstes tut oder das sagt, was man als Nächstes sagt. Es kommt aus dem Nichts.

Viele Menschen aus dem Westen sind auf der Suche nach Erleuchtung, als wäre sie lediglich eine Erfahrung. Was ist Erleuchtung?

In dem Moment, wo du die Frage stellst, machst du aus ihr ein Objekt. Ich suche nach diesem Objekt, aber ich kann es nicht finden. Man kann es anderen Menschen zuordnen, aber ich bezweifle, dass die Menschen, denen es zugeordnet wird, tatsächlich die Aussage machen können: „Ich bin erleuchtet." Sie können vielleicht sagen: „Ich bin, was ich bin", „ich bin dies", „ich bin das." Aber ich glaube nicht, dass es möglich ist zu sagen: „Ich bin erleuchtet."

Ich kann sagen, dass ich mich oft von sehr viel Licht umgeben fühle. Manchmal fühle ich, dass ich mich mitten in einem kraftvollen Lichtphänomen befinde; aber ich glaube, dass das nicht unbedingt das ist, was die Menschen meinen, wenn sie behaupten, dass jemand erleuchtet ist oder nicht. Wirklich, das ist für diejenigen, die auf andere schauen und sagen: „Meiner Meinung nach, meinem Gefühl nach, ist diese Person erleuchtet." Ich glaube aber, dass es tatsächlich irrelevant ist, ob du als erleuchtet angesehen wirst oder nicht.

Wenn du etwas tust, das anderen Menschen dazu dient, sie ihrer eigenen Wahrheit oder Vollkommenheit näher zu bringen, dann finde ich, dass das den höchstmöglichen Stellenwert verdient und keiner Zuordnung wie Erleuchtung bedarf.

Gab es in deiner eigenen Erfahrung einen besonderen Moment, in dem etwas passiert ist, oder geschah es allmählich?

Beides. Ich hatte in meinem Leben einige *Satori*-Erlebnisse, davon einige in Pune, die Osho als *Satoris* anerkannte, in denen alles oder ich aus der Welt verschwand. Ich erinnere mich an eine Situation, als ich eine Gruppe in Pune leitete. Ich hatte Geburtstag, und als ich in die

Gruppe kam wusste jeder, dass es mein Geburtstag war. Sie nahmen mich hoch, hielten mich hoch in die Luft und schwangen mich hin und her. Sie sangen mir Lieder und plötzlich, in einem Moment, war ich nicht mehr da oben. Ich war irgendwo ganz weit unten und wunderte mich darüber, was in aller Welt diese Leute dort machten, was Geburtstag ist, … Geburtstag ist bedeutungslos, jeder Tag ist ein Geburtstag, wozu dann diese ganze Aufregung? Ich fiel in einen Raum, in dem ich einige Tage lang blieb.

Das war also ein Erleuchtungserlebnis. Es war eines der stärksten *Satoris*, das ich je hatte; wobei ich der Meinung bin, dass das erste *Satori* immer das stärkste ist, weil der Kontrast zwischen dem Ort, an dem du dich befunden hast und dem Ort, in den du hineingefallen bist, so stark ist. Wenn es ein großer Sprung war, dann wirst du das Gefühl haben: „Oh, das ist ein unglaubliches Erlebnis!" Und dann, wenn du weiter an dir arbeitest, zusammen mit anderen Menschen, mit einem Lehrer, wirst du dem immer näher kommen, und so wird sich der Sprung in denselben Raum nicht mehr so gewaltig anfühlen wie beim ersten Mal.

Aber ich betrachte mein Bewusstsein als einfache Realität, die sich ereignete, als ich auf einem Spaziergang war. Ich gab damals, im Sommer 1994, ein Seminar in Deutschland, und in einer der Pausen ging ich spazieren. Ich sah zwei Vögel, wie sie vorbeiflogen. Es gab nichts anderes als die vorbeifliegenden Vögel. Das war alles, was es gab.

Ich ging zurück in die Gruppe für das Nachmittagsprogramm, und so, wie ich mich fühlte, war das vollkommen neu für mich. Ich war die gleiche Person, es waren die gleichen Leute dort, aber etwas war geschehen, und jeder wusste, dass etwas geschehen war. Es hatte irgendeine Art Transformation stattgefunden. Ich hätte nicht sagen können, dass dieses oder jenes geschehen war: „Ich wurde erleuchtet", oder: „Ich habe gesehen", oder: „Ich habe ein *Satori*". Es war etwas, das auf einer nicht zu beschreibenden Ebene stattgefunden hatte und meine Realität sehr veränderte. Ich habe diesen Moment als sehr bedeutungsvoll in Erinnerung.

Dieser Moment vermischte sich mit einer anderen Erkenntnis, der ich einen großen Sprung in meinem Verstehen zuschreibe. So wie viele

Menschen, hatte auch ich einen beschäftigten Verstand. Ich war auf der Cambridge University gewesen und führte mit vielen meiner intelligenten Freunde nächtelange Diskussionen. Ich hatte also einen guten Verstand. Ich habe mir immer die Dinge angeschaut und versucht, sie mit frischer Intelligenz anzugehen.

Ich bin mir nicht sicher, ob das zeitgleich mit den Vögeln war oder am gleichen Tag passierte, aber ich hatte die Erkenntnis, dass mein Verstand nicht fähig sein würde, das zu erreichen, was ich im Leben wollte. Er würde nicht fähig sein, es für mich zu finden. Seit diesem Augenblick habe ich keinen Ärger mehr mit meinem Verstand. Wenn mein Verstand sehr rege ist, kann ich mich einfach von ihm abwenden. Ich kann einfach aufhören zu denken. Wenn ich über etwas nachdenke und mein Verstand verrückt spielt und mich das nirgendwohin führt, dann kann ich es einfach fallenlassen, weil ich nicht mehr daran glaube, dass sich meine Wünsche erfüllen, wenn ich auf meinen Verstand höre. Und so kann ich ihn loslassen. Es war beides zusammen: Das Loslassen vom Verstand und, als Folge dessen, das Entdecken des leeren Raumes, unbeeinträchtigt von Gedanken - durch das einfache Erlebnis, einen Vogel fliegen zu sehen.

Würdest du sagen, dass sich das seit diesem Augenblick nicht mehr verändert hat, oder würdest du sagen, dass der Verstand bis zu einem gewissen Grad zurückgekommen ist?

Na ja, ich würde sagen, ich bewegte mich auf einer Ebene, die mit der Zeit immer solider wurde, ganz besonders in den letzten Jahren. Es fühlt sich an wie ein tragender Untergrund und nicht wie etwas, das ich wieder verlieren könnte. Ich sage nicht, dass ich es nie verliere, denn das tue ich manchmal, aber ich muss nicht mehr danach suchen. Ich muss meine Fühler nicht mehr danach ausstrecken. Ich weiß, wenn ich einfach das loslasse, was mich davon wegbringt, dann werde ich sehr schnell einfach wieder dort ankommen. Ich falle einfach darauf zurück. Und dann ist das gleiche Gefühl da, das schon immer da war: Das ist die Basis meiner Existenz. Und gleichzeitig die Basis der gesamten Existenz.

Gibt es irgendwelche Voraussetzungen für die Erleuchtung? Ist eine spirituelle Praxis notwendig und wenn ja, welche Form empfiehlst du?

(Lange Stille) Ich könnte mir vorstellen, dass all diese spirituellen Übungen, die ich gemacht habe, alle Gruppen in den frühen Jahren, all diese Meditationen, alles, was ich in Pune gemacht habe, und die ganze Art und Weise, wie mein Lehrer mit mir gearbeitet hat, dass all das wesentlich dazu beigetragen hat. Aber natürlich, wenn du an einem bestimmten Ort ankommst, den ich gerade beschreibe, dann hast du das Gefühl, dass du wirklich nichts hättest tun müssen, um dorthin zu gelangen, aber dass du den Weg freigemacht hast, damit sich das zeigen konnte.

Ich fühle, dass ich das Privileg hatte, dorthin „geführt" zu werden, denn obwohl ich viel getan habe, und dazu gehören auch diese ganzen Jahre mit Osho, wurde ich doch unausweichlich dorthin geführt. Das fühlt sich ganz anders an, als mit Menschen zu arbeiten, für die ich mich als Instrument fühle, um sie dorthin zu „bringen". Vielleicht werden manche von ihnen es erleben, auch ohne direkte Hilfe von einem Lehrer dort anzukommen, aber ich habe grundlegend das Gefühl, dass ich einen Weg gefunden habe, der jedem Menschen potenziell zur Verfügung steht, um den gleichen Raum zu erreichen, in dem ich bin. Und das ist möglich durch eine Verschiebung der Energieebenen, und damit arbeite ich.

Du arbeitest jetzt seit vielen Jahren mit Menschen, wahrscheinlich sogar mit sehr vielen Menschen. Hast du es erlebt, dass das mit einigen von ihnen geschehen ist?

Nun, ich erlebe das ständig. In jedem Seminar geschieht es, aber es bleibt nicht. Obwohl es für manche jetzt sicherlich bleibt. Ich sehe, je öfter sich Menschen zu der Ebene, die ich als die Ebene des Einssein sehe, hingezogen oder von ihr angezogen fühlen, desto schneller gelangen sie dorthin und desto länger können sie dort bleiben.

Und wenn du da drin bist, in diesem Zustand, dann sagst du natürlich nicht: „Ich habe ein *Satori*." Du befindest dich einfach dort; du beschreibst das nicht mehr. Wenn es also den Impuls gibt, ein Erlebnis festzuhalten und zu sagen: „So werde ich es nennen", oder: „Ich werde euch erzählen, was passiert ist", dann kommt derjenige, der spricht, aus einem Zustand, der sich nicht „in" dem Erlebnis befindet. Ich bin der Meinung, dass unser Gravitationszentrum sich immer näher an diesen Ort hinbewegt und sich dann mit ihm vereint. Dann sagen wir nicht mehr: „Ich habe dieses oder jenes Erlebnis." Dann wird daraus: „Das ist es, was ich bin."

Viele Menschen, die zu meinen Seminaren kommen, gelangen immer und immer wieder in diesen Zustand. Aber „sie" sind dann nicht „in ihm". Ihre Energie ist in ihm! Das hat alles mit Schwingungsebenen zu tun. Wie in der alten Schule der Alchemie, als sie versuchten, Nichtedelmetalle in Gold umzuwandeln. Die Idee war, die Schwingung der Metalle in die Schwingung des Goldes zu verändern, so dass die Metalle keine andere Wahl hätten, als sich in Gold zu verwandeln. Ganz ähnlich ist es hier: Das Gefühl, wenn sich jemand mit einer bestimmten Dimension verbindet, zum Beispiel die Schwingung von tiefer Glückseligkeit, dann hat er keine andere Wahl, als sich tief glücklich zu fühlen. Wenn du dich mit der Liebesebene verbindest, dann wirst du plötzlich Liebe fühlen. Wenn du dich mit der Ebene des Einsseins verbindest, dann wirst du dich eins mit allen Dingen fühlen. Wenn du dich mit der Ebene tiefer, friedvoller Ruhe und Stille verbindest, dann wirst du dich genau dort wiederfinden.

Mit der Arbeit, die ich anbiete, versuche ich und gelingt es mir, Menschen dazu zu bringen, sich mit diesen Ebenen zu verbinden oder sie zu betreten, und wenn sie das tun, dann haben sie diese Erlebnisse, keine Frage. Aber „sie" sind es, die eine Erfahrung „haben". Sie machen diese Erfahrung vielleicht hundert Mal, zweihundert Mal oder fünfhundert Mal, und jedes Mal ist es: „Ich" habe, „ich" fühlte diesen unglaublichen Frieden, „ich" fühlte, wie mein Verstand anhielt. Nach einer meiner Gruppen in Bremen schrieb mir eine Frau: „Zeit und Raum lösten sich auf. Mein Verstand hielt an. Ich war einfach vollkommen da." Eine *Satori*-Erfahrung.

Sie schrieb mir darüber und sagte: „Michael! Vielen, vielen Dank. „Ich" hatte dieses Erlebnis!" (Premananda lacht) Du musst diese

Erfahrung vielleicht tausend Mal machen und du sagst immer noch: „Ich" hatte diese Erfahrung. Du „bist" noch nicht zu diesem Raum geworden, in dem du warst.

Das ist eine sehr schöne Überleitung zur nächsten Frage, denn du schlägst vor, dass es um dieses „Ich" geht. Sri Ramana sagte, dass der direkteste Weg zur Erkenntnis des Selbst die Selbsterforschung sei. Das war seine Methode, die Frage: „Wer bin ich?" zu stellen, wodurch Licht auf dieses „Ich", die Identifikation, geworfen wird. Was kannst du über die Selbsterforschung sagen? Wie wendet man sie an?

Ich erinnere mich an etwas sehr Faszinierendes. Es gab vor vielen Jahren ein spirituelles Magazin in England. Ich ließ in diesem Magazin Folgendes veröffentlichen: „Jeder sucht Gott in sich selbst, dabei ist das der einzige Ort, wo Gott nicht ist." Komisch, so etwas zu sagen. Und die Woche darauf, in der Rubrik Leserbriefe, schrieb irgendein Meister: „Herr Barnett hat vollkommen recht, aber er sollte so etwas nicht sagen. Er sollte den Menschen so etwas nicht sagen, denn sonst hören sie auf, an sich zu arbeiten. Denn das Einzige, mit dem man arbeiten kann, ist man selbst."

Wenn also der einzige Ort, an dem sich Gott nicht befindet, ich bin, wo suche ich dann? Wo suche ich? Diese Aussage zu machen, kam, weil ich nach innen schaute und dort alle möglichen unterschiedlichen Ebenen fand. Irgendwann hörte das auf, und dann fand ich das, wonach ich suchte, außerhalb von mir. (Stille)

Vielleicht hat das mit etwas zu tun, das mir von einem französischen Meister, Jean Klein, in Erinnerung geblieben ist. Ich glaube, er war Ungar, aber er arbeitete in Frankreich. Er schrieb einige sehr schöne Bücher, und ich habe auch ein Video über ihn gesehen. Jemand stellte ihm folgende Frage: „Wie weiß man, ob ein Lehrer der richtige Lehrer für einen ist?", und er antwortete: „Wenn dein Lehrer dich von dir selbst wegbringt. Wenn er das tut, dann ist er der richtige Lehrer für dich."

Um meine eigene Tiefe zu finden, musste ich mich für das öffnen, was mich umgab, und mich einstimmen auf das, was sich in meiner

Umgebung befand, was mein Inneres erreichte oder zu dem ich einen Zugang spürte. Ich konnte in dieser weiten Dimension, in diesem Raum, etwas finden, das in mir widerhallte. Es war, als musste ich von mir weggehen, um mich selbst zu finden.

Oder nehmen wir ein Zitat von Jesus: „Derjenige, der sich um meinetwillen verliert, wird sich selbst finden. Derjenige, der sich findet, wird sich verlieren." Indem ich mich selbst verlor oder mich allein ließ und mich dem „Nicht-Ich" öffnete, fand ich in diesem „Nicht-Ich" das, wonach ich suchte. Als ich es fand, entdeckte ich natürlich, dass das ich selbst war. Die beiden wurden eins, und danach gab es keine Trennung mehr zwischen mir und allem, was mich umgab. (lang anhaltende Stille)

Als Sri Ramana gefragt wurde: „Wann hat man das Selbst erkannt?", antwortete er: „Wenn die Welt, die das Gesehene ist, entfernt worden ist, dann wird das Selbst erkannt, welches der Sehende ist." Wie ist die Welt zu verstehen und wie kann ich sie entfernen?

Du kannst die Welt jederzeit entfernen. Du kannst sie einfach loslassen. Sie ist einfach nur ein faszinierender Kinofilm oder Milliarden von Kinofilmen, die alle miteinander in Aktion treten. Das erinnert mich an eine Zen-Geschichte, wo der Meister zu seinen Schülern sagt: „Wenn die Sonne aufsteigt, wer kann dann die Sonne untergehen lassen?" Einer der Schüler stand auf und zog die Jalousie zu. Eine wunderschöne Antwort! Die Sonne war verschwunden, also war sie weg! (Lachen)

Auf die gleiche Art und Weise kannst du die Jalousie auch vor der Welt zuziehen. Die Welt wird es immer noch geben, aber du brauchst dich nicht mit ihr zu beschäftigen. Du kannst einen Raum finden, der die Welt ausschließt, und du kannst zurückkommen und sie wieder mit einschließen. Im Zustand reiner Stille, Ruhe und Einheit gibt es keine Abgrenzungen, keine Grenzen, keine Nähte, es gibt also keine Objekte, keine Abtrennungen, keine Atome. Und deshalb kann man es eigentlich in fast jedem Moment tun. Die Welt verschwindet und sie kommt wieder, wenn du dich ihr zuwendest. Sie ist also nur so lange da, wie du in irgendeiner Weise an ihr teilnimmst, in sie eintrittst.

Wenn du aufhörst, an ihr teilzunehmen, und du einen Ort findest, an den du gehen kannst, wenn du nicht teilnimmst, dann bist du nicht mehr auf diese Weise abhängig von ihr, wie viele Menschen es sind. Wenn sie an der Welt nicht teilnehmen, fühlt sich das an, als würden sie nicht existieren. Wenn du einen schönen, isolierten Ort finden kannst, der unabhängig ist von der Welt, dann verschwindet die Welt. An diesem Ort gibt es nichts Negatives, das du irgendjemandem antun kannst. Das ist unmöglich, denn du bist eins mit allem, und dann bist du nicht im Bereich von Subjekt-Objekt, du bist nicht in Konflikten, du bist nicht in Dies gegen Das, Ich gegen Du, diese Religion gegen jene Religion, dieses Land gegen jenes Land, diese Glaubensvorstellung gegen jene Glaubensvorstellung. Alles verschwindet. Puff! Es verschwindet in Sekundenschnelle! Und dann bist du draußen. Und doch ist alles noch da und du kannst jederzeit zurück.

Oft wird behauptet, dass der Verstand erst zerstört werden muss, damit Befreiung stattfinden kann. Hast du einen Verstand? Wie zerstört man ihn?

Oh, mein Gott! Den Verstand zerstören! (Premananda lacht) Ohne Verstand kann ich gar nicht zu dir sprechen, auch wenn ich dabei nicht denke. Ich lasse die Worte einfach kommen und mein Verstand kennt die Worte, die ich benutzen muss, damit ich mit dir sprechen und deine Fragen beantworten kann. Der Verstand ist etwas Wunderbares, aber man muss ihn beherrschen. Ich glaube nicht daran, dass der Verstand der Meister ist. Ich glaube, dass jeder einen Meister hat, der sich jenseits des Verstandes befindet. Und mit diesem Meister kannst du den Verstand lenken und besiegen, das Unheil, das er anrichtet, stoppen und ihn dazu bringen, sich zu benehmen. Dann kann er an allem Übrigen von dir teilnehmen, aus einer Position heraus, die zu ihm gehört.

Würdest du also sagen, dass es einen funktionalen Verstand und einen denkenden Verstand gibt, und dass der denkende Verstand gehen muss?

Ja, dem kann ich zustimmen, denn wenn du in Gedanken bist, dann bist du sozusagen gefangen. Sie halten dich vollkommen gefangen. Und dadurch reduziert sich deine Realität auf diesen einen Gedanken, den du hast. Du verlierst dich in einen Teil des Kinofilms; der sich bewegende Verstand ist Teil dieses Kinofilms.

Wenn der Verstand still ist, dann ist er trotzdem noch da, aber er hält dich nicht mehr gefangen – du bist frei. Auch wenn der Verstand anfängt, sich zu bewegen, fühlt es sich an wie jede andere Art von Aktivität auch. Ich sehe, wie du mit dem Kopf nickst, ich sehe, wie dort drüben jemand die Kamera leicht bewegt, ich sehe, wie jemand dort drüben etwas macht, einschläft, oder was auch immer. Und dann nehme ich vielleicht wahr, wie sich hier ein Gedanke bewegt. Ich kann es einfach zur Kenntnis nehmen, dass er da ist, aber ich fühle mich nicht von ihm gefangen.

Denken fängt die Menschen ein, und dann verlieren sie sich in den Gedanken. Ich weiß nicht genau, wie ich den Unterschied beschreiben kann zwischen denken und dem, was gerade passiert: Ich spreche, aber ich denke nicht. Es kommt etwas aus meinem Verstand. Alles, was ich sage, kommt aus dem stillen Reservoir des Wissens oder der Erfahrungen meines Verstandes, und ich konvertiere diese Wahrnehmung meines Lebens in Worte. Das macht mein Verstand, aber ich verliere mich deshalb nicht in ihm. Ich sitze hier ganz gelassen, höre mich selbst sprechen und hoffe, dass das irgendeinen Sinn ergibt und etwas bietet, das du hören willst! (Premananda lacht) Aber ich manipuliere das nicht; ich lege es nicht fest.

Ja, es scheint, wenn man ein gewisses Maß an Verstehen erreicht hat, dass man fast wie ein Radio ist. Die Worte kommen durch, aber sie werden nicht verarbeitet. Sie fließen einfach.

Es ist einfach wie ein lockeres Fließen. Also, wer bin ich dann? Wer spricht hier? Das meinte ich am Anfang – ich weiß es nicht wirklich. Es geschieht einfach im Moment. Du stellst mir eine Frage und es kommt eine Antwort. Kennst du die berühmte Geschichte: „Die Gans ist draußen"?

Ja, vielleicht magst du uns die Geschichte erzählen?

Es ist ein berühmter Zen-Koan. Du kennst ihn. Du machst ein kleines Gänschen in eine Flasche, wenn es noch ganz klein ist, und der Koan lautet dann wie folgt: Wie bekommt man die ausgewachsene Gans aus der Flasche, ohne die Flasche zu zerbrechen? Es gibt einen Meister, der Nansen heißt. Sein Schüler Riko, der später selbst ein Meister wurde, kam zu ihm und stellte ihm diese Frage. Der Meister antwortete nichts. Riko wartete etwas, und nachdem er keine Antwort erhielt, ging er wieder. Dann rief Nansen: „Riko!" Und Riko rief genauso laut zurück: „Ja, Meister!" Und Nansen erwiderte ganz sanft: „Ah! Die Gans ist draußen." Das bedeutet, dass Riko ohne nachzudenken geantwortet hat. Er sagte nicht: „Warum rufst du mich gerade jetzt?", oder: „Jetzt spricht er. Vielleicht bekomme ich jetzt eine Antwort." Sobald er seinen Namen gehört hatte, sagte er: „Ja, Meister!" Der Verstand ist die Gans in der Flasche. Sobald du mit dem Denken aufhörst, ist die Gans raus aus der Flasche.

Das hat eine gewisse Bedeutung für mich wegen etwas, das ich mit Osho erlebt habe. Er war gerade mitten in einer Rede über Zen, als er plötzlich meinen Namen rief: „Somendra. Die Gans ist draußen!" Ich saß einfach nur zwischen vier- oder fünfhundert Menschen und hatte ihm zugehört. Ich schaute mich um, aber ich konnte keine Gans sehen! In so einem Augenblick reagiert man, ohne zu denken, das heißt, du befindest dich in der Leere. Tatsächlich hält der Verstand an. Und dann ist Bewusstheit da, aber ohne etwas darin.

Würdest du sagen, dass du meistens aus dieser Leere heraus handelst oder eher während deiner Seminare?

Eher während meiner Seminare. Wenn ich über Alltägliches spreche, über Fußball oder einen Film, den ich gesehen habe, oder wenn ich mit meinen Kindern spreche, dann bin ich nicht in dieser Leere. Manchmal kann ich spüren, wie die Leere da ist und ich gleichzeitig etwas Alltägliches tue. Ich kann spüren, dass sie dann da ist, aber ich finde es nicht angebracht, in dieser Leere zu sein, wenn ich zum Beispiel mit meinen Kindern bin. Sie haben vielleicht eine bestimmte Frage zu einem bestimmten Thema. Meine Leere ist in keiner Weise daran interessiert.

Ich finde, dass dann ein rätselhaftes Lächeln für sie nicht wirklich angebracht ist. Aber die Leere ist noch immer da.

Stimmt es, wenn man sagt, dass kleine Kinder sehr oft ganz natürlich in diesem Zustand sind?

Ja, ja. Manchmal bringen Eltern ihre Kinder für einen neuen Namen. Ich gebe ihnen den Namen immer während der Seminare und nicht privat. Dann sitzen alle Seminarteilnehmer da, vielleicht fünfzig oder achtzig Leute, und das kleine Kind kommt nach vorne und setzt sich vor mich hin, für seinen neuen Namen. Und fast immer lächeln sie ein bisschen und schauen mich an, als ob sie etwas sehen, das die Erwachsenen nicht sehen können. Ich nehme an, dass sie sich mit irgendwelchen Energien verbinden, die für sie noch nicht als unwahr beseitigt wurden. (beide lachen)

Sie haben bis jetzt noch keine naturwissenschaftlichen Bücher gelesen, die ihnen sagen, dass alles Blödsinn ist und nur das real ist, was man anfassen, fühlen und messen kann. Sie sind noch nicht eingeschränkt. Sie schauen einfach nur und reagieren auf das, was sie sehen. Das ist sehr schön. Ich muss immer lächeln, wenn ich das sehe. Manchmal empfinde ich die Begegnung mit ihnen als sehr verspielt und natürlich.

Wenn wir zurückkehren zu der Frage über die Erleuchtung, würdest du sagen, dass Erleuchtung, obwohl es ein belastetes Wort ist, tatsächlich etwas sehr, sehr Einfaches ist und sich nicht sehr unterscheidet von dem Zustand, in dem Kinder leben?

Ah! Na ja, weißt du, alles ist wirklich relativ. Wir können nicht anders, als die Dinge an unseren Erfahrungen zu messen. Auch wenn wir stark im gegenwärtigen Augenblick sind und der Verstand ganz still ist, ist doch alles andere noch eingelagert. Natürlich gibt es Zeiten, wo ich in dieser Leere gelandet bin und denke: „Warum ist eigentlich nicht jeder ständig in dieser Leere? Sie ist doch ganz natürlich."

Ich habe dir erzählt, was den Menschen in meinen Seminaren passiert, wie sie in dieses Erlebnis hineinfallen, und dann rufen sie sich dieses Erlebnis in Erinnerung. Und dann geschieht es immer öfter, dass der Ort, der sich an das Erlebnis erinnert, sich immer näher auf das Erlebnis zu bewegen muss. Das dauert lange. In Hinblick auf die Art und Weise, wie wir alle den gesellschaftlichen Regeln und Glaubenssystemen unterliegen, kann ich sehen, dass das nicht einfach ist. Und gleichzeitig erscheint es einfach.

Wie ich schon gesagt habe, manchmal denke ich: „Warum kann ich nicht immer in dieser Leere sein? Warum kann nicht jeder ständig in dieser Leere sein?" Aber dann kann ich meistens sehen, dass es zwar ein sehr einfacher Ort ist, es aber extrem schwierig ist, ihn zu erreichen und das loszulassen, das dich von ihm fernhält.

Das erinnert mich an eine Geschichte über einen Mann, der zu einem Meister sagt: „Was tust du?" Ich mag die Geschichte sehr! Und er antwortet: „Ich arbeite mit Menschen." Daraufhin fragt der Mann: „Und was sind sie, wenn du fertig bist mit deiner Arbeit an ihnen?" Und er antwortet: „Keine Menschen mehr." (Stille)

Also, in diesem Raum des Lichts und der Einfachheit und Gewöhnlichkeit und Gegenwärtigkeit ist es möglich. Oft fühle ich mich nicht mehr wie ein Mensch, denn Menschen sind Wesen, die Probleme haben, Schwierigkeiten, die sich abmühen oder kämpfen, die von Dingen überwältigt werden oder versuchen, Ziele zu erreichen oder sie versagen. Dieses ganze Chaos und die Trümmerhaufen eines Menschen sind nicht mehr da! Und ich denke: „Was ist dieser Raum nur?" Ich meine, ich kann ihn nicht „menschlich" nennen; sonst müsste ich sagen, dass jeder andere unmenschlich ist! Deshalb sage ich lieber, ich fühle mich unmenschlich und sie sind alle Menschen!

Du kannst sehen, dass es einen großen Unterschied gibt! Es geht dabei nicht um mich im Gegensatz zu den anderen, denn ich kann mich auch an diesem Ort befinden, und ich war es für die meiste Zeit meines Lebens. Und doch scheint dieser Ort ganz woanders zu sein, man sagt auch, er befindet sich auf der anderen Seite des Abgrunds, am anderen Ufer. Ich schaue von hier aus auf dieses Ufer und denke: „Das ist wirklich ganz woanders!" Ich könnte dorthin zurückgehen, und wahrscheinlich werde ich das auch tun. Vielleicht werde ich in Kürze schon dort sein. Aber von hier aus, wo ich mich jetzt befinde, kann ich sehen, dass ich mich nicht in der gleichen Welt bewege, wie die meisten Menschen sie normalerweise empfinden; eine Welt voller Situationen und Probleme, mit denen die Menschen in ihrem Leben konfrontiert sind.

Ich kann sehen, dass all das verschwunden ist! Die Jalousie wurde heruntergezogen! Ich befinde mich an einem Ort, an dem alles einfach ist, unkompliziert, es gibt nichts zu tun und ich kann einfach zulassen, dass, was auch immer durch mich hindurch kommt, durch mich hindurch kommt. Und außerdem ist es auch egal, wenn nichts passiert. Mir reicht es, einfach zu sein. (Stille)

Du hast erzählt, dass es in deinen Seminaren sehr üblich ist, dass Teilnehmer an diesen Ort kommen, den du gerade beschrieben hast. Du hast aber auch die Erfahrung gemacht, dass sie ihn später anscheinend wieder verlieren. Etwas scheint zu passieren, oder? Was ist also mit den Neigungen des Verstandes? Müssen diese erst entfernt werden, bevor die Erkenntnis des Selbst dauerhaft werden kann? Wie können diese Neigungen entfernt werden?

Was meinst du mit „Neigungen"?

Ich meine damit Strukturen, bestimmte Muster, die scheinbar im Verstand eingraviert sind.

Aha! Aber wenn dein Verstand still wird, dann verschwinden sie!

Ja, genau. Man scheint sich in diesem stillen Raum zu befinden, aber dann geht man am nächsten Morgen zur Arbeit und diese Strukturen holen dich dort wieder heraus.

Ja. Sie müssen aber nicht gehen, sie müssen nur bereit sein, losgelassen zu werden. Sie müssen nicht verschwinden. Ich bezweifle, dass sie überhaupt verschwinden können. Ja, ich glaube, dass sie in dir eingraviert sind. Sobald du anfängst, in Zeit und Raum zu funktionieren, in der Welt zusammen mit anderen Menschen, werden sie die Instrumente sein, durch die du kommunizierst und dich ausdrückst. Die

"Neigungen", wie du sie nennst, scheinen der Einfluss des Verstandes über deine Aktivitäten zu sein, für was und wen du dich entscheidest und so weiter. Diese Neigungen sind Teil davon, wer du in „der Welt" bist. Aber wie ich schon gesagt habe: Wenn du in diesem Raum bist, dann bist du nicht in dieser Welt! Du hast dann keine Neigungen, noch brauchst du sie.

Die Neigungen entstehen aus deiner lebenslangen Interaktion mit der Welt, hauptsächlich mit anderen Menschen, aber auch mit Tieren und anderen Bereichen der Natur. Wenn du in diesem Raum bist, den ich beschrieben habe, dann gibt es keine Definitionen mehr. Es gibt keine „anderen" Menschen mehr – dieser, jener – es gibt nur noch Einssein, in dem jeder enthalten ist, aber du bist nicht mehr auf etwas fokussiert. Wenn du dich nicht fokussierst, brauchst du keine Bewegung von dir zu dem, worauf du dich fokussierst. Deshalb funktionieren die unterschiedlichen Eigenschaften und Qualitäten in der Bewegung zu einer anderen Person hin nicht mehr, egal ob positiv oder negativ, süß oder sauer, kommunikativ oder still.

Wenn du in diesem Raum bist und du sprichst, dann sprichst du zu jedem. Gleichwertig. „Du" beeinflusst vielleicht, was ich gerade sage, aber ich sage es zu jedem, der zuhören will; ich fokussiere mich nicht. Ich antworte nicht wirklich „dir". Es ist nicht mehr so wie vor dem Interview, als wir zusammensaßen. Da habe ich „dir" geantwortet. Wir unterhielten uns, wir tauschten Erfahrungen aus, die wir beide hatten. Das ist etwas anderes. Dann bin ich fokussiert. Ich bin auf „dich" fokussiert.

Aber momentan bin ich überhaupt nicht auf dich fokussiert. Ich bin auf gar nichts fokussiert! Ich lasse einfach nur zu, dass eine Antwort aus mir heraus kommen kann. Ich vertraue darauf und hoffe, dass es genau das ist, was momentan nötig ist, und wenn nicht – dumm gelaufen! (Premananda lacht) Mehr kann ich nicht tun! (Beide lachen)

Als wir uns vor dem Interview unterhalten haben, kamen wir auf einige Geschichten über das Schicksal. Wie ist das mit dem Schicksal? Glaubst du, dass die Dinge einfach geschehen, oder gibst du deinem freien Willen Ausdruck und entscheidest dich?

(Stille) Ein Geheimnis. Ich glaube, niemand kann das jemals wissen. Ich glaube, es übersteigt unsere Möglichkeit, den Ort zu finden, wo der persönliche Ausdruck und das Schicksal zusammentreffen. Dieser Ort ist unsichtbar. Ich kann also nicht viel dazu sagen. Ich glaube, dass es zwischen diesen beiden eine ganz natürliche Verschmelzung gibt, und die Suche danach ist der Versuch, etwas zu trennen, das tatsächlich eins ist.

Es ist wie eine Bewegung, die Zukunft, Vergangenheit, Gegenwart und die Person selbst enthält, und alles ist miteinander verschmolzen. Alles fließt dahin wie ein Gebirgsbach, wirklich! Es befinden sich Gegenstände in diesem Gebirgsbach, die hier und da entlangtreiben, und es scheint, als würden sie vom eigentlichen Weg abkommen und an den Seiten herausgespült, doch dann kommen sie wieder zurück in die Strömung. Sie sind immerzu beständig ein Teil des Flusses. Auf einer gewissen Ebene ist alles Teil des Flusses.

Du kannst aus dem Fluss steigen und die Gegenstände, die am Ufer liegen oder dort hängengeblieben sind, untersuchen. Betrachte den Fluss als Fluss, anstatt ein Teil des Flusses zu sein. Sonst fängst du an, darüber zu diskutieren, wie das Verhältnis des Flusses zu den Flussufern ist, zu den Büschen am Fluss und zu den Fischen im Fluss. Das könntest du alles tun! Du könntest heraussteigen und dann etwas auseinandernehmen, das nur ein einfaches Fließen ist. Oder du kannst sagen, dass alles wahr ist; alles ist ein einziges Fließen, von Geburt bis zum Tod, oder sogar von vor der Geburt bis nach dem Tod.

Viele Menschen, wahrscheinlich sogar die Mehrheit, suchen immer danach, was das Beste oder zumindest gut für sie ist. Als wir uns vor dem Interview unterhielten, einigten wir uns sehr leicht darauf, dass etwas, das erst einmal nicht sehr gut erscheint, sich zu einem späteren Zeitpunkt als genau richtig herausstellen kann.

Ja, genauso ist es! Weißt du, die Flüsse fließen nicht geradewegs zum Ozean. Stell dir vor, du bist wirklich im Fluss, und plötzlich macht der Fluss eine Biegung und fängt an, rückwärts zu fließen, so wie die Themse in London. Dieser Punkt würde dich aus dem Fluss bringen und du würdest sagen: „Ah! Der Ozean ist dort drüben! Warum fließe ich rückwärts? Das ist vollkommen falsch! Mein Gott, werde ich jemals ankommen? Vielleicht sollte ich zurück zur Quelle gehen? Ich fange noch mal von vorne an!" Aber dann macht der Fluss eine weitere Biegung und so fließt er ganz langsam auf seine eigene Weise zum Ozean.

Vorhin hast du etwas sehr Interessantes gesagt. Du sagtest, dein Leben verlaufe in einer Art Fluss, der manchmal in ein Becken zu fließen scheint und dort bewege sich dann nichts mehr. Es ist, als würde eine Zeit lang nicht mehr wirklich etwas passieren, aber dann kommt wieder ein Impuls. Kannst du dazu etwas sagen?

(Stille) Es ist wie in der Alchemie, über die ich vorhin gesprochen habe. Um die Schwingung eines Metalls zu verändern (was sie ja versucht haben), um es in Gold zu verwandeln, war ihre Ausrichtung nicht, sagen wir mal, Eisen in etwas zu verwandeln, das es nicht war, sondern es in seine Bestandteile aufzubrechen, um es dann wieder zusammenzusetzen, und zwar auf atomarer Ebene oder auf Schwingungsebene oder auf Elektronenebene, damit es zu Gold wird. Es ging also nicht darum, „dies" in „das" zu verwandeln, sondern „dies" in seine Bestandteile aufzulösen und es dann wieder aufzubauen oder es neu zu gestalten, so dass es zu „dem" wird. Es wird also einfach zu „dem", und man versucht nicht, „dies" in „das" zu verwandeln.

Es ist eher so: Du bekommst einen Impuls, wodurch du dich in eine bestimmte Richtung bewegst. Du bist in deiner Aktivität voll engagiert. Dann geht sie irgendwie zu Ende, oder du erreichst eine Grenze, wirst krank oder was auch immer. Auf jeden Fall geht sie zu Ende. Müssen wir uns deshalb gleich fragen: „Was kann ich als Nächstes tun?" Bei mir ist es meistens so, dass ich das ganze Projekt, mit dem ich beschäftigt war, einfach loslasse und mich erst einmal in einen Raum begebe, der grundlegend ein Raum der „Lebendigkeit" ist, aber ohne irgendeine Ausrichtung. Dort warte ich dann ganz geduldig. Ich warte einfach, bis etwas anderes kommt. Von irgendwoher kommt ein Katalysator und zieht mich in eine vollkommen andere Richtung. Aber der Zwischenraum ist notwendig, damit man das Gefühl bekommt, damit abgeschlossen zu haben, das eine zu sein, um dann etwas anderes sein zu können, anstatt sich vom einen sofort ins andere zu verwandeln.

Die Menschen versuchen ständig, sich zu verändern. Sich zu verändern, ist wirklich sehr schwer, wegen den eigenen Strukturen; man muss die Strukturen verbiegen. Der Versuch, die Strukturen zu verbiegen oder zu verändern, ist wie der Versuch, dieses Haus zu verändern. Wenn ich ein Wohnzimmer möchte, das doppelt so groß ist wie dieses hier, müsste ich entweder ausziehen oder mir mein eigenes Haus bauen. Ich kann dieses hier nicht in die Länge ziehen. In einer vorgegebenen Struktur erreicht man irgendwann die Grenze der Möglichkeiten, aber aus dem Nichts, aus der Leere heraus, gibt es keine Begrenzung deiner Möglichkeiten. Aus dem Nichts heraus kann alles in nur einem Moment geschehen!

Möchtest du etwas über Kreativität sagen? Morgen fahren wir nach Italien und werden wahrscheinlich die Werke von Michelangelo sehen. Er ist ein hoch angesehenes Genie, und doch liegt die Vermutung nahe, dass kein Michelangelo die Skulpturen „gemacht" hat. Sie entstanden sozusagen aus dem Nichts.

Einfach auf die gleiche Weise, wie ich es beschrieben habe! Da ist ein Granitblock und er schaut ihn an und sieht bereits, was er daraus machen wird, bevor er überhaupt begonnen hat. Und dann setzt er die Vision einfach um.

Ja, genau.

In meinen Seminaren gibt es Hunderte von kleinen Anordnungen und Erkundungsreisen, denen die Teilnehmer folgen, damit sie im Zusammenspiel mit anderen Menschen diesen Raum erreichen, über den wir sprechen. Sie entstanden alle während der Seminare. Ich sage zu den Teilnehmern: „Sucht euch einen Partner. Bildet Vierergruppen. Macht dieses. Nehmt die Hände so und bildet einen Diamanten." Auch ich höre das dann zum ersten Mal. Sie entstanden alle auf diese Weise. Keine entstand durch: „Ah! Ich weiß! Wenn ich jetzt das mit den Teilnehmern mache, dann sollte es funktionieren, dass sie diese oder jene Erfahrung haben, die in die richtige Richtung führt." Ich höre mich einfach selbst sprechen: „Macht dieses. Nehmt die Hände. Nehmt den Finger. Folgt dem Finger." Was auch immer da kommt. Alle von ihnen, ohne Ausnahme, entstanden ganz spontan, weil ich zusammen mit andern Menschen in diesem Zustand war. In diesen Momenten war die Kreativität einfach da!

Ja, ich habe die gleichen Erfahrungen. Ich bin regelrecht geschockt darüber, wie ich einfach nur dasitze, ganz still, und plötzlich kommen diese unglaublichen Ideen aus dem Nichts heraus und manifestieren sich dann.

Handlung aus der Leere heraus. Ich habe zwei Tätowierungen auf meinem Arm. Die eine ist ein Kreis, der für „Leere" steht, und die andere ist ein Schwert, als Zeichen für die „Tat". Manchmal, wenn man zu dieser Leere kommt, denkt man: „Oh Gott, hier gibt es nichts und nichts wird geschehen!" Es kann sich anfühlen, als hätte man die Kreativität verloren, die man zuvor hatte, die aus Entdeckungen entstanden war und aus Situationen, in denen eine Sache eine andere auslöste, wo eines zum anderen führte.

Aber du fällst in diese Leere, in dieses Nichts. Und plötzlich entsteht eine Bewegung. Vielleicht fällt dir ein Witz ein oder du hörst, wie du etwas sagst und du denkst: „Wo kam das nur her? So eine Aussage mache ich sonst nie." Sie scheint aus dem Nichts zu kommen. Aber natürlich, wenn du in der Leere bist, im Nichts, dann berührst du die göttliche Kreativität, und wenn du in Kontakt mit dem bist, was gerade da ist, dann wirst du dich mit ihr verbinden und sie zum Ausdruck bringen. (Stille)

Es scheint grundlegend zu sein, einem Meister zu begegnen und sich ihm hinzugeben. Wer ist der Meister, was ist seine Rolle und wie erkennt man einen wahren Meister?

(Stille) Was ist ein Meister? Was ist seine Rolle? Ich habe immer das getan, was sich natürlich anfühlte. Ich muss einfach immer ich selbst sein, soweit ich mir meiner selbst bewusst bin; und früher, als ich noch dachte, dass ich „Ich" wäre, war ich immer so weit ich selbst, wie ich dachte, dass ich es sein könnte. Der Weg der Wahrhaftigkeit. Das war es, was Osho zu mir sagte (was ich sowieso bereits wusste): „Dein Weg ist der Weg der Wahrhaftigkeit. Sei wahrhaftig zu dir selbst, und es ist egal, ob du richtig oder falsch liegst, dann wirst du deine eigene Wahrheit finden."

Und auf diese Weise habe ich bisher gearbeitet. Es ist offensichtlich, dass ich, bis zu einem gewissen Maß, große Fähigkeiten habe, Energiedimensionen zu meistern. Ich kann das einfach! Mir wurde diese Fähigkeit gegeben; das ist eine Tatsache. Ich meistere sie nicht einmal so sehr, sondern diese Fähigkeit ist einfach zu mir gekommen. Ich kann sehen, dass ich unglaubliche Dinge mit Energie tun kann. Ich schaue mir jemanden an, der am Boden liegt, und dann bewege ich meine Hand und der Körper dreht sich um – weil es notwendig ist, und nicht aus Spaß – aber ich kann sehen, wenn ich mit ihnen arbeite und ich das Gefühl habe, dass es richtig ist, etwas zu tun, dann zeigt sich das Ergebnis jedes Mal sofort.

Ich sehe, dass ich einen Raum mit hundert Menschen betreten kann, und innerhalb von drei Minuten werden alle still. Sie fallen einfach in die Stille, sogar wenn sie gar nicht still sein wollen. Trotzdem wird es passieren. Ich sehe, dass das ein Energiephänomen ist. Mir wurde eine Art Können „gegeben". Ich bin mir sicher, dass viel mehr möglich ist als das, was ich kann, und vielleicht wird es sich mit der Zeit auch weiterentwickeln, denn ich glaube, Energie ist die neue Revolution. Ich sehe, dass ich sie meistern kann, und ich kann sehen, dass die Arbeit, die ich anbiete, dazu führt, dass Menschen sagen, der Michael ist ein wahrer Meister und ein Meister der Energie. Sie sagen das auch, weil ich noch andere Dinge anbiete und damit versuche, den Menschen in ihrem Leben zu helfen.

Aber ich kann nicht gleich zu Beginn sagen: „Also, ich bin ein Meister und deine Beziehung zu mir muss so und so aussehen. Wenn das nicht der Fall ist, dann werde ich dich rauswerfen. Dann werde ich dir nichts geben, denn du bist noch nicht bereit für mich." Das kann ich nicht tun. Es muss sich entwickeln. Es muss ganz natürlich aus dem entstehen, wer ich bin und was ich tue.

Die Leute schätzen, was ich tue, es ist eine große Bereicherung für sie. Und so bekomme ich von den Menschen viel Liebe, Anerkennung und Respekt. Einfach so! Aber ich fordere das nicht ein. Ich sage nicht: „Wenn du mir das nicht gibst, dann kannst du nicht mein Schüler oder Student sein." Ich kann nicht gleich zu Beginn sagen: „Ich bin ein Meister."

Keinem der Menschen, mit denen ich bisher gearbeitet habe, war es möglich, diese Energiedimensionen selbst zu finden. Und sehr wahrscheinlich wären sie ihnen von allein nie begegnet. Die Dimensionen gibt es, aber sie zu finden, ist schwer. Wenn ich sie in einem Körper oder in einer menschlichen Gestalt manifestieren kann, die ihnen vertraut ist und zu der sie eine direkte Verbindung spüren, dann können sie diese Energie von mir annehmen. Wenn ich meine Hand bewege und jemanden an der Schulter berühre und diese Person anfängt zu vibrieren oder umzufallen, dann war das, was ich ihr gab, bereits da, nur war sie nicht umgefallen und hatte nicht vibriert. Natürlich ist meine Berührung wichtig. Aber das, was ich in sie hineingebe, ist etwas, das bereits da ist! Ich empfange, was ich den Menschen gebe, aber ich empfange, ohne dass es mir irgendjemand gibt. Ich habe einen Weg gefunden, mich dem zu öffnen, und ich lasse zu, dass es in mich hinein kommen und ein Teil von mir werden kann. Ganz besonders, wenn ich arbeite.

Ich kann einfach sagen: „Ihr könnt mich nehmen." Ich spreche das nicht aus, aber es kommt auf das Gleiche heraus. Wenn ich mithilfe von Energie irgendetwas für diese Menschen tun kann, dann können sie mich dafür in Anspruch nehmen! Ich bin da! Ich habe nichts. Ich habe keine Vorbehalte. Ich habe keine Ansprüche. Für mich muss es nicht auf eine bestimmte Weise sein. Ich kann eins werden mit diesen Energien, und für die Zeit, die ich mit ihnen bin, mache ich das gerne.

Ich bin ein Vermittler. Ich kann den Menschen das geben, womit sie sich selbst nicht verbinden können. Ich gebe es ihnen auf eine Weise, dass sie es aufnehmen können. Sie sind daran gewöhnt, umarmt, angefasst oder gehalten zu werden, dass man mit ihnen spricht, sie anlächelt oder anschaut. Das ist nicht so ungewohnt. Es mag sein, dass ich die Menschen auf eine besondere Weise anschaue, und manchmal, wenn ich sie anschaue, können sie nicht zurückschauen. Aber es geht darum, dass es nichts Außergewöhnliches ist, sie anzuschauen.

Ich habe eine extreme Wirkung auf Menschen, aber das, was ich tue, ist ganz normal! Ich bin einfach jemand, der durch den Raum geht und die Menschen anlächelt und seine Hand ausstreckt und einen kleinen Tanz in der Mitte des Raumes aufführt. Ich bin ein Mensch, und Menschen kennt man. Sie haben keine Angst vor mir. Sie denken nicht, dass ich einen Kopf wie ein Kobold habe, oder dass ich ein Gorilla bin. Ich bin jemand, der wie ein ganz normaler Mensch aussieht! So können sie sich mit mir verbinden, sie öffnen sich mir gegenüber, und dann kann ich sie mit etwas füttern, dass sie selbst nicht direkt bekommen können. Wenn ich das tue, hoffe ich, dass ein Teil von ihnen so weit erwachen wird, dass es ihnen selbst möglich ist, sich direkt damit zu verbinden, so, wie ich das auch tue.

Und wie erkennt man einen wahren Meister?

Nun, ich habe dir ja bereits Jean Klein zitiert: Bringt er dich von dir weg? Das sind nicht meine Worte, aber es ist eine Aussage, die mir ganz gut gefällt.

Wie erkennt man einen wahren Meister? Ich glaube, in meinem Fall ist das etwas anderes als bei anderen Lehrern, weil es bei meiner Arbeit um Resonanz geht. Ich habe dir ja gesagt, dass ich zu dir sofort, als ich dich gesehen habe, eine Verbundenheit spürte. Und als ich dein Foto sah, dachte ich: „Mit diesem Typ werde ich mich gut verstehen."

Noch bevor man die wahre Schwingung erreicht, reagiert die eigene Schwingung eines Menschen auf die Schwingungen anderer Menschen. Ich denke, für die meisten Menschen, die zu mir kommen und eine Zeit lang bei mir bleiben, gibt es eine ähnliche Resonanz, wie ich sie zu dir hatte. Man könnte es so beschreiben: Nach dem Urknall, bevor es uns in alle Richtungen verstreute, waren wir wie Atome in einem kleinen Bereich, wo eine bestimmte Schwingung herrschte. Wir erkennen sie wieder, wenn wir uns begegnen. Die Menschen, die zu mir kommen, fühlen also: „Aha! Dieser Typ, das fühlt sich richtig an; er fühlt sich richtig an für mich", oder: „Das fühlt sich an wie zu Hause – endlich!"

Es geht also nicht um die Frage: „Wie kann ich wissen, ob er der richtige Lehrer ist? Bringt er mich von mir weg?", so wie Jean Klein das sagt. Es ist eher so: „Ich fühle mich wohl, ich fühle mich okay. Ich vertraue diesem Typ. Er berührt mein Herz. Ich habe freundschaftliche Gefühle zu ihm und ich spüre, dass seine Arbeit, seine Energiearbeit, mir entspricht. Sie passt zu mir, sie funktioniert für mich." Wenn diese Dinge zusammenkommen, dann habe ich einen Schüler und er hat einen Lehrer.

Wenn es eine solche Beziehung zwischen Meister und Schüler oder Lehrer und Schüler gibt, dann entsteht sie aus einer grundlegenden Bindung. Ich laufe nicht herum wie ein Meister. Ich komme nicht in die Gruppen wie ein Meister und setze mich auf einen schönen großen Stuhl und sage so etwas wie: „Hier bin ich also. Ihr könnt sehen, ich bin ein Meister. Wie kann ich euch helfen?" Ich gehe herum. Ich habe einen gewissen Status – ich habe zum Beispiel einen Stuhl und sie sitzen auf dem Boden. Aber manchmal sitze ich auch auf dem Boden. Ich bin einfach nur irgendein Typ. Ich bin ein Typ, der in den Raum kommt. Aber dann mache ich bestimmt Dinge, oder ich befinde mich in einem bestimmten Zustand, oder meine Präsenz ist sehr stark, und die Menschen fangen an, mit der aktuellen Situation in Kontakt zu gehen.

Natürlich, manche kommen mit gewissen Vorstellungen, oder sie haben von diesem Typ gehört, und schon empfinden sie eine gewisse Ehrfurcht. Das passiert besonders bei neuen Leuten. Aber die meisten Menschen, die mich kennen, haben keine Ehrfurcht vor mir. Wenn sie die haben, dann wegen etwas, das sie erfahren haben und nicht wegen etwas, das sie gehört haben. Manche Dinge, die ich tue, sind ziemlich ehrfurchtgebietend, aber nach einer Weile haben sie sich daran gewöhnt. Dann denken sie: „So ist das einfach. So arbeitet er."

Ich kreiere nicht sofort eine Situation, aus der klar wird, dass ich der Meister bin und sie die Schüler. Es ist viel gestaltloser als das, viel formloser. Ich bewege mich einfach zwischen den Menschen; ich gehe mit ihnen in Kontakt und so weiter. Ich bin also eher eine bestimmte Art Katalysator zwischen all den anderen Leuten. Wenn sie dies in das ihnen bekannte Schema von Meister und Schüler umwandeln wollen, können sie das tun. Aber ich habe nicht das Gefühl, dass das gut auf mich zutrifft, denn ich fühle mich nicht verbunden mit den meisten Menschen, die diese Rolle annehmen, die sie gerne annehmen und die es vielleicht sogar absolut wert sind, diese Rolle anzunehmen. Ihnen ist es möglich, die Arbeit des Meisters auszuführen und die Menschen wie Schüler zu behandeln. Sie gehen eher durch die traditionellen Wege der Meister-Schüler-Beziehung. Aber ich habe nicht das Gefühl, das zu tun.

Während du gerade sprichst, fällt mir die Geschichte von einem Mann ein, der einen Zen-Meister besuchte. Er sah also diesen Mann im Garten stehen und fragte ihn, wo er den Meister finden könne. Der Mann antwortete: „Nun, du gehst hier entlang und dann dort." Als er das Gebäude fand, saß letztendlich der gleiche Mann auf einem Stuhl, den er zuvor im Garten getroffen hatte. Die Geschichte hat mir schon immer gut gefallen.

Ja, ich kenne die Geschichte.

Und andererseits gibt es Meister, die eine große Sache daraus machen.

Ich meine nicht, dass ich dagegen bin oder dass es falsch ist. Überhaupt nicht. Ich kritisiere das überhaupt nicht. Osho war so jemand. Er stand auf seinen eigenen Füßen. Es stellte sich nie die Frage, wer der Meister war. Dadurch entstand eine gewisse Distanz. In seinem frühen Buch: „Der Weg der weißen Wolke", wird folgende Frage gestellt: „Was soll ich tun, wenn ich dir beim Spazierengehen begegne?" Seine Antwort ist: „Sprich mich nicht an! Rede nicht mit mir! Ignoriere mich! Tue so, als sei ich nicht da. Wenn du mir begegnest, dann sprich nicht zu mir, als wäre ich irgendjemand, den du getroffen hast." Wenn ich jemandem im Garten begegne, dann sage ich natürlich: „Hallo! Was für schöne Rosen das sind." Für mich ist es vollkommen natürlich, eine persönliche Begegnung zu haben.

Für ihn hat das funktioniert! Schau, wie gut es für ihn funktioniert hat! Schau, wie viele Menschen so viel von ihm bekommen haben. Es hat für ihn funktioniert, aber für mich funktioniert es nicht. Ich arbeite so, wie „es" arbeitet.

Du hast ein paarmal über Osho gesprochen, und ich kann in dir sehr viel Hingabe ihm gegenüber spüren. Ich kann sie in deiner Energie und in deinen Worten fühlen. In der Tradition empfanden Schüler ihrem Meister gegenüber sehr große Hingabe. Welche Rolle spielt Hingabe auf dem Weg zum Erwachen?

In den Jahren, die ich in Pune war, empfand ich Osho gegenüber große Hingabe. Ich war nicht der Typ für Hingabe. Ich war kein *Prem* (Liebe); ich war ein *Ananda* (Glückseligkeit). Außerdem war er direkte Realität für mich, und wegen seiner Realität gab es Dinge an ihm, mit denen ich nicht so zurechtkam. Von Anfang an konnte ich immer eine gewisse Distanz zu ihm wahren, man könnte es eine kritische Distanz nennen. Aber mein Herz hatte viele Jahre lang sehr viel Liebe für ihn. Jetzt sehe ich mich nicht als an Osho hingegeben an. Ich würde sagen, dass ich ihn sehr schätze und große Achtung vor ihm habe.

Er bringt mich zum Lachen, wenn ich an ihn denke und an die Tricks, die er sich einfallen ließ. Er war ein richtiger Trickser und er war damals sehr verspielt. Seine Arbeit, die er machte, war großartig. Es war beeindruckend, wie er so viele kompetente Leute um sich versammelte, die fähig waren, die Arbeit mit anderen Sterblichen zu machen, die er selbst nicht direkt tun konnte, da es einfach zu viele waren oder es nicht ganz der Arbeit entsprach, die ihm gebührte. Das ganze Setup mit den Seminaren, den Meditationslehrern und so weiter war einfach eine unglaubliche Szenerie! Tausende von Menschen wurden dadurch transformiert. Deshalb empfinde ich große Achtung und großen Respekt vor ihm.

Hast du das Gefühl, dass die Hingabe ein wichtiger Teil auf der Reise eines Suchers ist?

Also, ich muss es wieder etwas umdrehen und sagen: Wenn du große Sympathie verspürst, Respekt, Wertschätzung, Anziehung, Spaß, Freude, mit jemandem zusammenzusein, dann wird ein gewisses Maß an Hingabe einfach da sein. Man muss es nicht aufteilen in den einen oder anderen Typus, so wie sie in Indien *Jnani* (Wissen) und *Bhakti* (Hingabe) gegeneinanderstellen. Manch einer spielt einfach nur Musik und hat dabei ganz große Augen und wird im Herzen eins mit dem Meister. Aber so jemand war ich nie.

Ich wiederhole es noch einmal: Hingabe ist keine Frage der Notwendigkeit, aber wenn du eine richtige Beziehung mit einem Lehrer hast, dann ist es zwangsläufig, dass du Hingabe ihm gegenüber empfindest. Du spürst reine Liebe – das ist es, was Hingabe ist – ohne jegliche Art von Negativität oder Gedanken, die hinzukommen, um sie zu verdunkeln. Ein reines Gefühl wird sich auftun von: Toller Kerl! Ich liebe ihn!

Sucher haben oftmals seltsame Vorstellungen über den Zustand des Erwachens. Bitte beschreibe deinen Alltag und wie du die Welt wahrnimmst.

Also, es gibt die Tage hier zu Hause, und es gibt die Tage in meinen Seminaren – sie sind sehr unterschiedlich. Hier stehe ich um sechs Uhr morgens auf, und wenn ich auf einem Seminar bin, stehe ich um acht Uhr morgens auf. Das ist schon mal ein kleiner Unterschied. Dann verabschiede ich meine Kinder, wenn sie am Morgen zur Schule gehen, und das ist nichts anderes, als einfach Vater zu sein! Wenn ich hier bin, verbringe ich viel Zeit damit, Briefe zu beantworten, weil mir viele Menschen schreiben. Ich bekomme hundert Emails pro Woche, wenn nicht sogar mehr, ich habe also diesen Austausch mit Menschen, und natürlich bekomme ich dazu noch Briefe per Post. Ich treffe mich mit Leuten, um irgendwelche Dinge zu besprechen. Ich schaue immer Fußball, wenn meine Mannschaft spielt, und manchmal auch, wenn eine andere spielt. Manchmal schaue ich auch Tennis. Und Kricket. Sport schaue ich mir nur im Fernsehen an. Manchmal schaue ich auch abends einen Film. Zwei- bis dreimal in der Woche mache ich einen Spaziergang hier in der Umgebung. Meine Frau und ich gehen vielleicht alle zehn Tage zusammen aus zum Abendessen. Meistens gehen wir zusammen aus, wenn ich von einer Gruppe wiederkomme.

Ich glaube, wenn ich nicht auf Seminaren bin, gibt es im Allgemeinen nichts besonders Außergewöhnliches darin, wie ich meine Tage verbringe. Es gibt ein Team von Leuten, die jeden Tag hier im Haus sind. Für sie, glaube ich, ist mein Hiersein, ohne dass ich etwas anderes tue, als ich gerade beschrieben habe, auf gewisse Weise außergewöhnlich. Ich habe eine gewisse Energie, die hier im Haus ist und die du fühlen kannst, wenn du hereinkommst. Sie nehmen sie auf, auch wenn ich nicht so viel direkten Kontakt mit ihnen habe. Oft passiert es nach dem Essen, dass plötzlich diese riesige Stille über uns kommt. Ich tue nichts, ich meditiere nicht, ich habe meine Augen nicht geschlossen, ich sage vielleicht sogar etwas zu Mishka, meiner Frau oder zu einem meiner Kinder. Eine riesige Stille fällt herab und jeder hört auf zu essen. Sie schließen die Augen und sitzen da, und ich denke: „Also, ich tue gar nichts." Sie tun das nicht aus Respekt mir gegenüber, aber jeder fällt in diesen unglaublich tiefen Raum, kann nicht mehr essen oder sich bewegen. Ich warte dann und warte, aber irgendwann muss ich aufstehen und gehen! Wenn ich das nicht tun würde, würden sie dort den Rest des Abends sitzen. (Premananda lacht)

Sie haben nicht aufgehört wegen etwas, das ich beabsichtigt hatte, zu tun. Es ist nicht, als würden wir vor dem Essen das Tischgebet sprechen: „Und jetzt werden wir unsere Stille nach dem Essen haben." Es geschieht einfach! Nach vielleicht zehn oder zwanzig Minuten stehe ich einfach auf und gehe, und dann fangen die anderen an, die Teller abzuräumen. Das Leben geht weiter.

Ein Teammitglied, das hier im Haus lebt, schrieb mir letztens Folgendes: „Wenn ich dich anschaue, irgendwo im Haus, findet in meinem Inneren eine Explosion statt. Und plötzlich habe ich den Wunsch zu lachen, zu spielen, Spaß zu haben, zu weinen, dir auf stille, nahe Weise zu danken."

Ich glaube nicht, dass mein Tag so ungewöhnlich ist, was die einzelnen Begebenheiten betrifft. Ich meditiere nicht. Ich setze mich still hin, aber ich glaube nicht an Meditation. Ich glaube an einen meditativen Raum. Ich bin oft in solch einem meditativen Raum, aber ich tue dann nicht wirklich etwas. Wenn ich allein bin, falle ich manchmal in diesen meditativen Raum, so wie ich es beim Abendessen beschrieben habe. Dann sitze ich da, vielleicht für fünfzehn oder zwanzig Minuten, manchmal auch für eine Stunde.

In meinen Gruppen benutze ich viel Musik. Ich kaufe viele CDs und muss sie mir anhören und Lieder finden, die meiner Meinung nach zu meiner Arbeit passen. So höre ich oft morgens nach dem Aufstehen eine Stunde lang Musik. Ich lese zwei Zeitungen am Tag:

„The Times" und „The Guardian". Ich halte mich mit allen Neuigkeiten auf dem Laufenden. Auch daran ist nicht wirklich etwas anders, denke ich.

Es mag sein, dass im Haus immer eine besondere Energie ist, aber ich kreiere sie nicht absichtlich. Sie ist einfach da. Genauso ist es, wenn ich in eine Gruppe komme. Ich mache nichts absichtlich, aber wenn ich hereinkomme und mich hinsetze, dann geschieht etwas. Plötzlich verändert sich der ganze Raum. Wirklich, ich mache gar nichts! Ich verhalte mich einfach so, wie ich mich fühle. In der Gruppe zu sein, hat einen Einfluss auf mich. Aber Tatsache ist, sobald ich den Raum betrete, geschieht etwas, das irgendwie unabhängig von jedem zu sein scheint, der dort ist, mich eingeschlossen. Aber ich weiß es nicht. Ich weiß es nicht wirklich. Ich bewege mich einfach mit dem Strom.

Du hast uns einen tiefgründigen Diskurs über das Erwachen gegeben. Wenn du jemandem begegnen würdest, mit einer Leidenschaft für das Erwachen, was wäre dein kurzer Ratschlag?

Ich begegne oft Menschen mit einer Leidenschaft für das Erwachen, und ich liebe es! Oh, ich liebe es! Das ist ein „echter" Sucher, ein „echter" Schüler! Es ist mir egal, ob er bei mir bleibt oder einen anderen Lehrer findet. Dieser Mann oder diese Frau hat es bereits in sich! Ich kann sehen, dass in ihnen das Potenzial steckt, den Höhepunkt menschlicher Kapazität zu erreichen. Ich kann die Energie spüren oder etwas sehen.

Was für einen Ratschlag gebe ich ihnen? Nun, eigentlich gebe ich ihnen überhaupt keinen Rat. Ich fange sofort an, mit ihnen zu arbeiten. Die Arbeit wird auf eine spezielle Weise zu ihnen gelangen, weil sie sich in diesem Zustand befinden. Ich werde wahrscheinlich feststellen, dass ich mehr auf sie ausstrahlen kann, sie mehr umarmen kann. Etwas in mir reagiert auf diesen Zustand, in dem sie sind, und bewegt sich auf sie zu. Es kommt sofort etwas auf diese Person zu, etwas sehr Kraftvolles! Denn jeder Mensch nimmt nur das, was er aufnehmen kann.

Willst du damit sagen, dass du jemandem mehr geben kannst, bei dem du spürst, dass er mehr aufnehmen kann?

Ja. Oder mehr kommt zu ihm. Es ist nicht so, dass ich fühle: „Jetzt kann ich dieser Person mehr geben." Es kommt mehr!

Verstehe.

Es hat etwas mit Energie zu tun. Früher hatten die Radios elektrische Widerstände. Wenn du wolltest, dass es langsamer läuft, hast du einen großen Widerstand eingelegt. Wenn du wolltest, dass es schneller läuft, nahmst du einen kleinen Widerstand, und wenn du wolltest, dass es richtig läuft, hast du überhaupt keinen Widerstand eingelegt. Ich war Radiomechaniker bei der Armee, ich kenne also die Anzeichen. Wenn also kein Widerstand da ist, wenn du spürst, dass die Person nichts umgibt, wenn sie vollkommen offen ist (auch wenn sie selbst nicht weiß, dass sie es ist), dann „geht" etwas! Ich muss mir nicht sagen: „Diese Person ist sehr offen, ein angehender Buddha, ich muss ihr also alles geben, was ich kann!" So funktioniert das nicht; ganz instinktiv wird es einfach zu ihr kommen.

Du hast über Widerstand gesprochen. Ich muss dich einfach fragen, ob du irgendwelche speziellen Tricks hast für Menschen, bei denen du spürst, dass sie in großen Widerstand geraten.

Nun, auf der Ebene, auf der ich arbeite, gibt es keinen Widerstand. Einige wenige Menschen wissen, dass sie auch auf dieser Ebene leben, und so haben sie auf dieser Ebene keinerlei Verteidigungsmechanismen entwickelt. Auf der persönlichen Ebene haben sie viele Verteidigungsmechanismen. Sie wissen, wie man den Ball fängt und ihn zurückwirft, wie man ausweicht und die Rüstung anzieht. Aber auf energetischer Ebene hat bisher niemand irgendwelche Verteidigungsmechanismen aufgebaut, weil sie mit ihr nicht vertraut sind. Vielleicht ist bisher nichts auf sie zugekommen, zumindest nichts, was ihnen bewusst ist.

Natürlich, alles erscheint immer auf dieser Ebene, genauso wie auf den anderen Ebenen. Wir sind alle miteinander verbunden. Es ist nicht so, dass ich den Energieaustausch erfunden habe. Er ist immer da! Du kennst das, wenn du irgendwo hereinkommst und denkst: „Dieser Typ gefällt mir nicht!" Oder: „Aha! Diese Person erscheint mir etwas kompliziert." Es kommt; es ist nicht nur der Ausdruck auf ihren Gesichtern, den du wahrnimmst, sondern auch ihre Energie sagt dir dieses oder jenes über sie. Das ist immer so.

Danke. Möchtest du diesem Gespräch noch etwas hinzufügen? (Stille) Während wir sprachen, wurde mir ziemlich schnell bewusst, dass die Fragen nicht wirklich zu der Art deiner Arbeit passen. Würdest du gerne etwas beschreiben, das deinem Gefühl nach deine Arbeitsweise näher beschreibt?

Ich lehre nicht so viel durch das Sprechen; das ist für mich eher etwas Ergänzendes. Am Ende von Gruppen komme ich zu den Fragen und Antworten. Die Leute stellen Fragen, entweder darüber, was in ihnen vorgeht, oder, öfter noch, über ihr Leben oder ihre Beziehungen. So ist mein Sprechen zielgerichtet. Ich sage: „Ich möchte, dass du weißt, was passieren wird." Wenn du aber nur sagst: „Nun, erzähle mir etwas über deine Arbeit!" Das kann ich nicht! Das ist mir viel zu theoretisch! Komm einfach zu meinem nächsten Seminar! (Beide lachen)

Mooji

Wir sind bereits Das, was wir suchen – das Ewige. Ich weise unaufhörlich auf dieses mühelose Sein hin. Wir scheinen uns dessen nicht bewusst zu sein. Stattdessen identifizieren wir uns mit dem Körper-Verstand-Wesen und mit der Programmierung oder Konditionierung, die uns sagt: Wir sind abgetrennte Individuen, die sich als einzigartige Persönlichkeiten ausdrücken, wir sind der Körper, wir sind autonom und so weiter.

Spiritualität ist das Aussieben von allem, was unwahr, was unreal ist, so dass das Gefühl des „Ich bin" bei sich selbst bleibt, aus sich selbst heraus erstrahlt.

Mooji

Mooji

Geboren in Port Antonio, Jamaika, ist Mooji ein direkter Schüler von Sri H.W.L. Poonjaji (Papaji). Viele Jahre bevor er Papaji traf, geschah nach einer kurzen Begegnung mit einem jungen christlichen Mystiker die Zerschlagung seiner persönlichen Identität. In den späten 1993ern zog ihn die Lehre des indischen Heiligen Sri Rama Krishna Paramhansa nach Indien, wo er unerwartet Papaji begegnete, der ihm endgültig die verbliebenen Reste des falschen Glaubens an ein illusionäres „Ich" nahm. Mooji lebt bereits seit vielen Jahren in London. Obwohl er dem Weg des Herzens folgt, betont Mooji, dass die Selbsterforschung, mehr als jede andere Methode, der direkteste und unmittelbarste Weg ist, die unvergängliche Wahrheit zu entdecken.

1993 bin ich Mooji in meinem Gästehaus in Lucknow begegnet. Es war ein dramatischer Abend, weil einer der Gäste einen psychotischen Anfall hatte. Moojis sonnige jamaikanische Energie machte uns sofort zu Freunden – und half, die Situation mit dem Gast zu entschärfen! Es ist großartig zu sehen, wie seine Satsangs in Tiruvannamalai wachsen, und ich genieße es, jedes Jahr die Chance zu haben, mich mit ihm zu treffen.

Sri Ramana Maharshi empfahl die grundlegende Frage: „Wer bin ich?" – Wer bist du?

Ah! Wer bin ich? Es gibt keine andere Erklärung dafür, als dass ich das Bewusstsein selbst bin. Nur Bewusstsein, das in diesem Körper funktioniert. Das ist es, was ich sagen würde: Ich bin Bewusstsein.

Viele Menschen aus dem Westen suchen nach Erleuchtung, als wäre sie lediglich eine Erfahrung. Was ist Erleuchtung?

Erleuchtung ist einfach zu wissen, wer oder was man wirklich ist; zu wissen, wer man ist – abgesehen von unserer Konditionierung, unserer Erziehung und unserer Identifikation mit dem Körper. Diese Identifikation erscheint als abgetrenntes Selbst, aber das ist es nicht. Das ist nur die Vorstellung oder das Bild, das wir von uns selbst haben. Jemand kann also durchs Leben gehen – „jemand" bedeutet Bewusstsein selbst – und identifiziert sein mit dem Gefühl, der Körper zu sein. Es könnte als ausreichend erscheinen, durch diese körperliche Existenz mit dem Gefühl oder der Überzeugung zu gehen, dass ich ausschließlich der Körper bin. Doch Erleuchtung bezieht sich genau auf jene Selbsterkenntnis, in der man entdeckt, ich bin nicht nur der Körper, nicht das Denken, nicht die Konditionierung, nicht die scheinbare Identität, die da als eine Person auftaucht.

Ich bin Das, in dessen Präsenz alles, was als Manifestation, als Leben, Zeit, Beziehung oder Raum erscheint, wahrgenommen wird. All das wird in mir wahrgenommen. Aber mein Selbst kann nicht direkt oder als Erscheinung wahrgenommen werden, denn ich habe keine dauerhafte Form. Ich habe keine dauerhafte Form – es gibt eine offensichtliche Form, die ebenfalls in mir erscheint, doch Es selbst ist formlos. Wenn sich diese Erkenntnis wirklich gesetzt hat oder sich selbst geschehen ist, nennt man das normalerweise Erwachen, Befreiung, Erleuchtung.

Also ist es keine Erfahrung?

Ich bin da sehr vorsichtig, denn manchmal scheint es, als ob zu viel Aufhebens um Worte und Terminologien gemacht wird, während all diese Begriffe mit dem richtigen Verständnis viel flexibler und leichter zu handhaben sind. Und so spüre ich manchmal, dass es ein Fehler sein kann, Ausdrücken wie: „Es ist keine Erfahrung" zu viel Aufmerksamkeit zu schenken. Es ist keine Erfahrung in dem Sinne, dass Erfahrungen normalerweise in der Zeit stattfinden. Sie kommen und gehen. Sie haben einen Anfang und ein Ende, wohingegen das, was wir sind, vor Anfängen und Enden ist. Die Wahrnehmung von Anfängen und Enden erscheint darin, aber Es selbst ist anfangslos. Dies wird intuitiv gewusst – und das ist sogar ein Wissen jenseits von Überzeugungen.

Alle Erfahrungen haben eine Geburt, eine Zeit, in der sie stattfinden, und eine Zeit, in der sie vorübergehen, aber von dem, was „ist", kann man nicht sagen, dass es vorübergeht. Alles andere erscheint und vergeht vor ihm oder in ihm, aber da es selbst unendlich und konstant ist, kann es selbst nicht vorübergehen. In diesem Kontext also kann man nicht sagen, dass Erleuchtung eine Erfahrung ist.

Ich habe den Ausdruck „jenseits von Erleuchtung" gehört. Könntest du „jenseits von Erleuchtung" erläutern?

Ich weiß nicht, worauf sich dieser Begriff bezieht. Wenn wir den Begriff „Erleuchtung" so benutzen, dass es das Erkennen dessen bezeichnet, was keinen Anfang und kein Ende hat, dann könnte dieses Erkennen in der Zeit stattfinden. Und deshalb kann sich das Erkennen wie eine Erfahrung anfühlen. Aber das, woraus diese Erfahrung ist, ist selbst zeitlos. Wenn jemand also von „jenseits von Erleuchtung" spricht, weiß ich nicht, worauf er sich bezieht.

„Vor der Erleuchtung", „während der Erleuchtung", „nach der Erleuchtung", das ist für mich nur mentale Spielerei. Das Selbst, das sich vorher innerhalb der Zeit wähnte, weil es am zeitgebundenen Körper festhielt, nahm sich in seinem eigenen Denken ebenfalls als Opfer der Zeit wahr. Aber jetzt, durch Gnade und durch *Satsang* (Treffen in Wahrheit), erkennt das Selbst, dass es zeitlos ist, dass es kein Phänomen ist, sondern dass es das ist, in dessen Präsenz das Phänomen erscheinen kann. Alle Phänomene erscheinen darin. Doch es selbst kann nicht direkt wahrgenommen werden, weil es jenseits von Eigenschaften ist. Das ist alles, was passieren muss.

Ich weiß nicht, was „jenseits von Erleuchtung" bedeutet. Man könnte sagen: jenseits des Konzeptes von Nicht-Erleuchtung und Erleuchtung, jenseits des Konzeptes von Unwissen und des Konzeptes von Wissen. Aber es gibt hier nichts zu messen und nichts, von dem man sagen könnte, „jenseits davon". Es gibt nichts zu vergleichen. Um zu vergleichen, musst du in den Bereich des Verstandes oder dieses fließenden Bewusstseins gehen; dann kannst du über Vergleiche sprechen. Aber jenseits davon – also in dem, was vor dem Sein oder vor dem

Gefühl des „ich existiere" ist – gibt es nichts zu vergleichen. Dort gibt es keine Zeit, keinen Raum, kein „Du", kein „Ich". Es ist der natürliche zustandslose Zustand, auf natürliche Weise mühelos und still.

Alle Gespräche enden, alle Reisen enden. Sie haben ihr Realitätsgefühl im Bereich des Relativen, im Verstand. Aber das, was mit Erwachtsein zur wahren Natur gemeint ist, ist hinter dem sich bewegenden Verstand, an diesem Ort totaler Stille, an dem es niemanden gibt, der die Stille aufrechterhält, still bleibt oder überhaupt irgendetwas tut. Jenseits davon? Ich denke, das ist Spekulation. Ich weiß nicht, wer das so sagt.

Also gibt es auch keine Stufen der Erleuchtung?

Nein, nicht Stufen der Erleuchtung. Das, was rein und ewig ist, gibt sich selbst keine Namen. Es trägt nicht das Etikett „ewig". Es kann nicht benannt werden. Und wir sind Das. Die ganze Reise der scheinbaren Suche nach Wahrheit geht darum, Das zu erkennen, was selbst natürlich und mühelos ist. Sein dynamischer Ausdruck als dieses Gefühl von Existenz im Körper, das wir alle so gut kennen als das Gefühl von „Ich" und „Ich bin", nenne ich das aktive Bewusstsein. Darin gibt es, sogar nachdem die Wahrheit erkannt wurde, auch weiterhin ein unvermeidliches Reifen, durch das das Bewusstsein mehr und mehr verfeinert wird. Es sind also keine Stufen von Erleuchtung, sondern es ist eine Bewegung, die vor einem Hintergrund unbewegten, unveränderlichen Gewahrseins stattfindet. Es ist ein Paradox.

Im Bereich des Wechselhaften können wir von „Stufen" sprechen, aber jenseits davon gibt es keine Stufen. Und es gibt niemanden, der eine dieser Stufen erreichen oder auf ihr verweilen könnte.

Gibt es irgendwelche Voraussetzungen für die Erleuchtung? Ist eine Sadhana (spirituelle Disziplin) notwendig? Wenn ja, welche Form empfiehlst du? Welche Form würdest du die Menschen lehren?

Die Voraussetzungen sind unpersönlich, sprich, es sind nicht die Voraussetzungen einer Person. Ich würde es sehr einfach ausdrücken und es muss betont werden: Wir sind bereits Das, was wir suchen – das Ewige.

Ich weise unaufhörlich auf dieses mühelose Sein hin, das wir bereits sind. Wir scheinen uns dessen nicht bewusst zu sein. Stattdessen identifizieren wir uns mit dem Körper-Verstand-Wesen und mit der Programmierung oder der Konditionierung, die uns sagt: Wir sind abgetrennte Individuen, die sich als einzigartige Persönlichkeiten ausdrücken, wir sind der Körper, wir sind autonom – und so weiter.

In einigen Wesen entsteht ein Drang, die Wahrheit zu finden und über die vordergründige Konditionierung hinauszugehen. An der Oberfläche mag es so aussehen, als ob dies durch etwas Erklärbares stimuliert wurde, wie etwa das Lesen eines Buches, ein Unfall oder der Verlust eines Familienmitgliedes. Solche Dinge können ein tieferes inneres Hinterfragen auslösen.

Ich möchte daraus kein System machen, denn es ist vollkommen unvorhersehbar und ziemlich oft unerwartet. Es gibt Zeiten, da kommen Menschen, die überhaupt kein Interesse an echter Selbsterkenntnis oder Erleuchtung haben, irgendwie in Kontakt damit und könnten auf einmal – „Puff!" – zerspringen, um sich vorbehaltlos ins Unbekannte zu stürzen. Wogegen andere, die scheinbar unerschütterlich die Wahrheit verfolgt haben, oft nicht über einen bestimmten Punkt hinauszukommen scheinen. Es ist unvorhersehbar. Es gibt keine Regeln.

Wenn du einen Sog verspürst, dann wirst du ganz natürlich in die Richtung gehen, aus der dich etwas anzieht. Ich halte es gerne einfach, weil der Verstand es sonst benutzt, um zu sagen: „Weißt du, ich bin noch nicht bereit. Vielleicht ist das nichts für mich." Es ist sehr leicht, sich auf diese Art zu entmutigen. Es wurde bereits erkannt, dass im Verstand ein Aspekt unseres Selbst im Widerstand gegen die unmittelbare Anerkennung dieser Wahrheit in uns selbst ist. Dem möchte ich dann keine Nahrung geben, indem ich sage, du musst so oder so sein.

Wir sind alle bereits Das, und auf die eine oder andere Weise sind alle Wesen in der Welt in einer Art *Satsang*, sie sind auf der Reise der Selbstentdeckung. Es mag in deinem Verstand noch nicht wirklich klar sein, dass es dies ist, worauf die Bewegung hinzielt, aber ab einem bestimmten Punkt wird es klarer.

Du hast auch gefragt, ob es Übungen, ob es eine Praxis gibt. Ja, es gibt einige Übungen. Einige Leute sagen: „Es gibt keine Übungen.

‚DAS' ist, was es ist". Und das ist wahr. DAS, es selbst, praktiziert überhaupt nichts. Aber bis du das tief im Herzen weißt, wirst du weiterhin an die Erfahrung glauben, du seist eine Person in Trennung. Obwohl wir Formulierungen benutzen wie: „Oh, da ist niemand! Nichts existiert!", geben unsere Handlungen preis, dass wir von dieser Wahrheit nicht überzeugt sind. Wir sprechen oft sehr hochfliegend, aber unsere Körpersprache, unser Verhalten vermittelt, dass wir noch nicht fest in diesem Wissen gegründet sind. Wenn wir es wären, wäre da eine Stille, ein gewisser Friede und Licht, und nicht diese Überempfindlichkeit, diese Arroganz. Wir würden nicht diesen persönlichen Geruch transportieren.

Ehrlich gesagt, ja, es gibt eine Übung, ein Training oder eine Praxis, und die ist, uns weiter unsere Annahmen anzuschauen sowie das, was sie wahrnimmt. Einige Menschen betrachten das Gefühl, „ich bin diese Person" nicht als eine Annahme. Sie empfinden es als eine Tatsache, und solange es als Tatsache wahrgenommen wird, wird es unhinterfragt bleiben. Sie werden sich selbst nicht weiter infrage stellen.

Aber in einigen Wesen taucht die Frage unmittelbar aus dem Inneren auf: „Wer bin ich wirklich?" Etwas sagt „Ich" in diesem Körper, und seit der Geburt dieses Körpers hat es immer wieder „Ich" gesagt, Millionen und Abermillionen Male. Und doch, wenn wir gefragt werden: „Wer genau bist du, der da ‚Ich' sagt?", beginnen wir zu zögern und zu stottern. Wir können nicht überzeugt davon sprechen, denn es wird nicht gewusst.

In unseren Gesprächen verfolgen wir den Ansatz, uns anzuschauen, was „Ich" sagt. Das Gefühl von „Ich" ist allen fühlenden Wesen gemeinsam. Das Gefühl von Existenz ist allen Wesen gemeinsam, so sehr, dass selbst Gott „Ich" sagt. Aber der Teufel sagt auch „Ich". Und dazwischen ist, wie es scheint, eine lange übergangslose Skala von „Ich-heit" möglich. Wir untersuchen hier kein Objekt, das wir vermessen und von dem wir sagen können, es ist so und so viele Zentimeter breit und so und so hoch. Wir reden nicht über Objekte. Worüber wir tatsächlich sprechen, ist reine Subjektivität. Also können wir für das, was unermesslich und formlos ist, nicht dieselben Regeln anwenden, die der Verstand zum Ausmessen von Objekten benutzt. Wir müssen uns auf unsere intuitive

Fähigkeit in uns selbst verlassen, um diese subtileren Wahrheiten zu verstehen.

Kommen wir also zum Thema Praxis zurück. Die Praxis ist, wirklich unseren Gebrauch dieses Begriffes „Ich" und wo er entspringt zu untersuchen, weil er das uns vertrauteste Wort in unserer Sprache ist. „Ich" deutet auf eine Intuition, ein Seinsgefühl, ein Existenzgefühl hin. Insofern scheint allem, was vor uns auftaucht, diese Annahme zugrunde zu liegen, dass „ich" der Denker des Gedankens oder der Ausführende der Handlung bin.

Wir beginnen also, uns das anzuschauen und wenn der Scheinwerfer erst einmal darauf ausgerichtet ist, diese Annahmen infrage zu stellen, beginnt sich etwas zu verändern, aufzubrechen. Wir entdecken, dass es immer größere Tiefen in unserem Seinsgefühl gibt. Wir erkennen, dass wir dies nicht wirklich im Herzen gewusst haben. Wir haben nur ein bestimmtes Wissen angenommen, weil es uns gegeben wurde, und wir haben es wie durch Osmose absorbiert und niemals wirklich infrage gestellt. Diese Annahmen beginnen in der Selbsterforschung ans Licht zu kommen. In diesem Sinne ist es eine Übung, die man effektiv und unterstützend benutzt, bis man nicht mehr nach einer Praxis verlangt, bis der Verstand sich selbst im Verstehen stabilisiert hat.

Richtig. Sri Ramana sagte, der direkteste Weg zur Erkenntnis des Selbst, sei die Selbsterforschung. Was kannst du über Selbsterforschung sagen? Wie wendet man sie an?

Ja, ich stimme mit Sri Ramanas Worten vollkommen überein und fühle mich sehr mit ihnen verbunden. Es ist das schonungsloseste Werkzeug, die schonungsloseste Praxis, um den Schutzschild des Ego wegzupusten und es zu entblößen. Das Gefühl von „Ich", das auf der Vorstellung beruht, dass ich der Körper-Verstand bin, ist ein kompletter Schwindel. Ich sage, die Selbsterforschung ist genauso effektiv und schnell, wie in den Spiegel zu schauen und sein eigenes Spiegelbild zu sehen. Der Spiegel äußert keine Meinung. Er sagt dir nicht: „Bitte warte. Ich bin jetzt zu beschäftigt, komm später wieder." Er ist immer verfügbar. Ich würde die Selbsterforschung mit dieser Effektivität vergleichen. Es braucht allerdings eine Weile, sich dem anzupassen.

In einigen Gesprächen, die in den vielen Büchern über Sri Ramana festgehalten wurden, ist es offensichtlich, dass selbst zu der Zeit, als er im Körper war, viele seiner Anhänger die Kraft und Wirksamkeit dieser Frage oft nicht wirklich schätzen konnten. Er wurde viele Male gebeten zu erklären: „Was bedeutet es, ‚Wer bin ich?' zu erforschen? Soll ich es als *Mantra* (heiliger Klang) behandeln? Soll ich es ständig wiederholen?" Mit Ausnahme von sehr wenigen Menschen wurde es damals nicht grundlegend verstanden.

Ich würde sagen, dass das Erforschen, wenn es einmal verstanden wurde, am direktesten ist. Als Werkzeug, um das Selbst jenseits jeglicher Spekulation zu enthüllen, ist es so direkt und effektiv, dass du, wenn du der Linie des Erforschens folgst, nichts anderes mehr zu tun brauchst. Die Erforschung ist so effektiv, dass es keine Notwendigkeit mehr gibt, noch irgendeine andere spirituelle Praxis auszuüben, während man sie anwendet. Jedoch sollte man sich ein offenes Herz bewahren und ein Gefühl der Ehrfurcht vor der Wahrheit. (Stille)

Wie wendet man die Selbsterforschung an?

Manche Menschen haben das Gefühl, dass die Selbsterforschung eine sehr starre, lineare Übung oder Praxis ist, aber sie hat verschiedene Aspekte, verschiedene Stimmungen. Bei der populärsten Methode, wie sie durch Sri Ramana ausgedrückt wird, wird mit dem Gefühl von „Ich" begonnen, weil alle menschlichen Wesen sich intuitiv auf sich selbst als „Ich" beziehen.

Wir sind uns manchmal nicht bewusst, dass das „Ich" ein Verwandlungskünstler ist. Es trägt verschiedene Kostüme und drückt sich selbst durch das Kostüm aus, das es gerade trägt. Aber das reine Gefühl von „Ich" oder „Ich bin" ist in Wirklichkeit unpersönlich. Es ist unpersönliches Sein. Die Weisen betrachten es als die erste Spiegelung des Absoluten innerhalb der Manifestation. Das Gefühl „Ich" impliziert Bewusstsein. Das ist gleichbedeutend mit dem Gefühl für bewusstes Sein, für bewusste Präsenz und mit dem Gefühl von Existenz, von „Ich bin".

Es hat keine persönliche Qualität. Es hat kein Geschlecht, es ist nicht der Körper. Es ist ohne Geburt, ohne Eltern, ohne Nachkommen. Es ist reine Intuition, das reine Gefühl von Präsenz.

Im Tiefschlaf ist das Gefühl von Präsenz nicht wirklich vorhanden. Vielleicht ist es in einer sehr, sehr subtilen Form da, aber die dualistische Wahrnehmung fehlt. Also wissen wir, dass das Bewusstsein in etwas „auftaucht", das wir den Wachzustand nennen. Wenn es auftaucht, kündigt es sich im Körper als das Gefühl von „Ich bin" an. Wir werden uns unserer Existenz bewusst. Nach dem Auftauchen von „Ich" kann alles andere hereinkommen: Zeit oder das Gefühl von Andersartigkeit, Intention, Erinnerung und Intellekt.

„Ich" ist also das Vertrauteste. Es ist das früheste Selbstbildnis des Absoluten im Bewusstsein und als Bewusstsein. Aber sobald es präsent ist, sobald es verfügbar ist, tritt die Identifikation mit dem Körper in Funktion und es beginnt zu glauben: „Ich bin der Körper". Dieses Gefühl „Ich bin der Körper" ist eine Verzerrung, eine Modifikation des ursprünglichen Gefühls von „Ich bin". „Ich bin der Körper, ich bin eine Person", taucht mit der darauffolgenden Programmierung auf. Dann können all die anderen Gedanken hereinkommen, und zusammen bilden sie eine Komposition, die wir unsere Identität nennen, unser Person-Sein, unser Selbst, allgemein auch bekannt als Ego.

Das Ego selbst existiert nicht unabhängig vom Bewusstsein. Es ist auch Bewusstsein, aber es ist Bewusstsein in einer sehr begrenzenden Modifikation, weil es seine Identität auf den Körper gründet und an diesem Körper – der innerhalb der Zeit existiert – festhält. Der Körper hat eine Geburt, er hat eine Lebensdauer und folglich wird er auch vergehen. Also existiert er innerhalb der Zeit und ist Zeit.

Das Gefühl „Ich bin", das formlos ist, ist in seiner Essenz auch zeitlos, denn es taucht aus dem Absoluten auf. Doch wenn es sich dem Körper einfügt im Glauben, in der Zeit zu sein, wird es erfahrungsgemäß annehmen: „Ich werde sterben." Der Körper ist anfällig für Krankheit und Tod, so dass dadurch das Trauma „Ich werde sterben" in das Wesen eindringt. Das ist die Depression der Menschheit, denn es gibt dieses subtile Trauma in der Psyche, dass ich, in der Zeit, sterben werde. Man könnte sagen, dass dies einer der großen „Stürze" aus dem Zustand des reinen Gewahrseins des Seins ist, aus dem, was wir immer sind. Die nachfolgenden Modifikationen dieses „Ich bin" finden statt, wo immer sich das „Ich bin"-Gefühl mit dem Körper verbindet und z.B. fühlt: „Ich bin ein Mann, ich bin eine Frau, ich bin ein Doktor, ich bin dies oder das." Abhängig davon, wie tief der Glaube an diese Modifikationen – „Ich bin der Körper", „Das bin ich" – ist, entstehen aus dieser Modifikation heraus Arroganz, Stolz und Ignoranz und dauern fort.

Es ist diese Modifikation des Bewusstseins, die in ihrem höchsten Aspekt als Sucher nach Wahrheit auftaucht. Nicht alle Ausdrucksformen des Bewusstseins suchen die Wahrheit direkt. Sogar in den höchsten Ausdruckformen des Suchens ist es oft gemischt – eine Mischung aus reiner Präsenz und den Gefühlen, „ich existiere", „ich bin der Körper". Dieser Cocktail von Überzeugungen befindet sich normalerweise dort, wo sich das Bewusstsein aufhält. Es hält sich in der Modifikation „Ich bin eine Person" auf, die dem Bewusstsein wirklich Leiden verursacht.

Das Gefühl von Existenz funktioniert in dieser gesamten Manifestation in seinem reinsten Aspekt als der Wahrnehmer des Spiels der Phänomene, des Universums, des Körpers. Es ist der Seher, der Wahrnehmer, der Genießer, der Schmecker des Erfahrens. Es braucht den Körper, um diesen Geschmack des Erfahrens haben zu können. Indem das Bewusstsein mit dem Körper und dem Atem funktioniert, fällt es in einen Zustand der Hypnose und hält sich selbst für den Körper. Und das ist der eigentliche Grund, warum Bewusstsein auf Dualität, Angst und Tod stößt. All diese Dinge treffen auf das Bewusstsein.

Spiritualität ist tatsächlich das Aussieben von allem, was unwahr, was unreal ist, so dass das Gefühl des „Ich bin" bei sich selbst bleibt, aus sich selbst heraus erstrahlt, frei von der Identifikation mit dem Körper, frei von dem Gefühl, der Tuende zu sein, frei von der begrenzten Identität: „Ich bin eine Person". Wenn man seine eigene ursprüngliche Natur wiederentdeckt, endet alles Leiden und wird durch Frieden, Raum und Freude ersetzt. Da ist eine natürliche Stille, ein intuitives Wissen, dass wir ewig sind. Es kann nicht mit Worten gelehrt werden oder auf diesem Wege verbal ins Herz eindringen. Es muss durch echte Erkenntnis erfahren werden, die klar und schnell durch Erforschen enthüllt wird.

Deshalb sagte Ramana, dass es der direkteste Weg sei.

Es ist der direkteste Weg, weil es den Seher direkt spiegelt. Normalerweise stellt sich die Überzeugung „Ich bin der Körper" als der Seher dar und wird nicht hinterfragt, weil, wie ich schon sagte, seit der Geburt des Körpers sich etwas Millionen Male als „ich, ich, ich", „mich, mir, mein" kundgetan hat. Diese Überzeugung bleibt unangefochten, weil wir in dieser Welt – gedanklich – auf der Basis agieren können, dass ich der Körper bin. Nur, wenn wir tiefer gehen wollen, fühlen wir die tiefere Erkenntnis, dass wir über „Ich bin der Körper" hinaus gehen und entdecken können: Ich bin selbst das „Ich bin", das göttliche Prinzip im Körper, das ursprüngliche Prinzip des Körpers, das sämtliche Manifestationen in gelassener Losgelöstheit wahrnimmt. Das ist der Ort des „Ich bin".

Schließlich entdecken einige Menschen, dass sogar das Gefühl „Ich bin", diese exquisiteste, vollkommenste Erfahrung, selbst ein Phänomen ist. Die Crux an Sri Ramanas Maharshis Hinweis ist wirklich, dass sogar das Gefühl „Ich bin", das ich manchmal das erste Konzept des Höchsten nenne – die unbefleckte Empfängnis, wenn man so will –, dass selbst das ein Phänomen ist. Wenn du in der Lage bist, klar zu erkennen, dass das Gefühl „Ich bin", der Same der Existenz selbst, ein auftauchendes Phänomen ist, dann bist du im Unsagbaren. Und das, so hochtrabend sich das anhört, ist unser normaler, müheloser, natürlicher Zustand. Irgendwie scheint diese intuitive Erkenntnis durch die Faszination verschleiert zu sein, die wir für die körperliche Existenz haben oder für die Konditionierung, dass wir der Körper-Verstand sind. Es scheint dieses fundamentale Selbst-Gewahrsein zu verbergen.

Im Moment sind wir in Südindien und um uns herum gibt es viele Dörfer mit recht einfachen Menschen, die sehr in Harmonie mit dem Land leben. Wenn man sie trifft, strahlen sie oft. Man hat fast das Gefühl, dass sie sehr mit dem leben, von dem du sprichst, dass sie sehr mit dem Selbst leben. Vielleicht sind sie sich dessen nicht wirklich bewusst. Könntest du darüber etwas sagen?

Da ist dieses innere Licht. Wir wissen nicht, wie viel von unserer natürlichen Strahlkraft als Bewusstsein verborgen ist, wenn wir ausschließlich mit dem selbstsüchtigen Aspekt „Ich bin der Körper, ich bin die Person" identifiziert sind. Es ist eine Art Selbstsucht. Ganz einfache Bauern vom Land haben oft eine Helligkeit in sich und um sich herum. Sie denken nicht so oft an sich selbst. Sie sind nicht von ihrer Persönlichkeit besessen. Vielleicht ist das Leben so herausfordernd für sie, dass es ihnen überhaupt keine Zeit für dekoratives Denken lässt. Ihr Leben funktioniert wirklich auf einer sehr praktischen und elementaren Ebene, und darin liegt eine Reinheit. Das hat etwas von Klarheit, von einem sauberen Gefühl. Aber dennoch, sie sind nicht frei. Viele dieser Menschen haben ein tief hingebungsvolles Naturell.

Vor kurzem habe ich eine Gruppe dieser Leute getroffen und wir fühlten uns zueinander hingezogen. Ihr Verhältnis zum Meister ist derart, dass zum Beispiel Frauen normalerweise Fragen nicht direkt stellen, nicht einmal indirekt. Sie sind nur in der Zuhörerrolle und versuchen dann, das aufzunehmen, was sie gehört haben.

Es hat etwas gedauert, bis ich ihnen vermitteln konnte, dass es in Ordnung war, Fragen zu stellen. Eine Zeit lang schien es so, als ob sie keine Fragen hätten. Aber als ihr Zögern erst einmal vorbei war, begannen sie, Fragen zu stellen. Es gab eine nonduale Resonanz auf vieles, was sie fragten und Aufnahme, Verständnis und Wirkung waren so schnell! Sie sahen keinen Widerspruch und keinen Konflikt in unserem Austausch. Das war eine köstliche Erfahrung für mich! Es sind Menschen, die nicht sehr gebildet in ihrem Denken sind, die aber den Kern erfassen konnten, das Wesentliche, das, worauf hingewiesen wurde. Sie konnten es tatsächlich erkennen und die Resonanz in sich selbst fühlen. Das war genug. Eine andere schöne Sache: wenn sie genug hatten, sind sie höflich und leise gegangen. Und später haben sie dann eine Nachricht geschickt: „Können wir uns wieder treffen?" Dieses Treffen war so köstlich!

Um ehrlich zu sein, sehe ich das Selbst tatsächlich in jedem. Es gab eine Zeit, da sah ich Menschen und empfand, was in ihnen vor sich ging. Aber jetzt kümmert mich das alles nicht mehr. Solche Beobachtungen sind nur ein kleiner Teil dessen, was wirklich ist. Was jetzt noch übrig ist, ist nur das Sein. Jetzt ist meine Einstellung allen Suchern der Wahrheit gegenüber: „Überzeuge mich, dass du nicht Das bist!", weil das alles ist, was ich sehen kann. Vielleicht sind meine Augen fehlerhaft, ich weiß nicht.

Als Sri Ramana gefragt wurde, wann man das Selbst erkannt hat, antwortete er: „Wenn die Welt, die das Gesehene ist, entfernt worden ist, wird die Erkenntnis des Selbst als das Sehende gesehen." Wie ist die Welt zu verstehen und wie kann man sie beseitigen?

Ah! Eine exzellente Frage! So, wie ich es sehe, ist die Welt nicht „da draußen". Die Welt ist in uns selbst. Christus wurde von seinen Jüngern etwas gefragt und antwortete: „Vertraue auf Gott". Das war seine Antwort. „Vertraue auf Gott. Vertraue auch mir", sagte er, „weil ich die Welt überwunden habe." Als ich das zum ersten Mal hörte, dachte ich: „Aber er hat noch nicht einmal sein Heimatland verlassen! Er ist nicht mit dem Rucksack herumgereist, nicht von Land zu Land gefahren. Über welche Welt spricht er also?" Ich bin mir sicher, dass er nicht in Jamaika war, er reiste nicht nach Kanada, wie könnte er also die Welt überwunden haben? Er hat kaum seinen Geburtsort verlassen.

Nach und nach wurde dem Bewusstsein klar, dass die Welt innerhalb des Verstandes selbst war. Die gewöhnliche Welt, die physische Welt der Elemente, die wir sehen, ist nicht die Welt. Gewissermaßen kann ich sagen, dass es eine Erde gibt, aber Millionen von Welten. In jedem Körper wird täglich, sekündlich eine Welt erschaffen, geformt von unserem Denken, unserer Programmierung, unserer Konditionierung, unserem Verlangen und unseren Anhaftungen. All diese Geschmacksrichtungen, an die wir glauben, erschaffen eine Welt, die aus der Psyche heraus konstruiert wird. Eine Welt aus Emotion und Gefühl, aus Bestreben, Wunsch, Anhaftung, aus Erinnerungen. Das ist die „reale" Welt, in der die Menschen leben, die Welt der emotionalen, konzeptuellen und subjektiven Erfahrung. Die grobe materielle Welt ist nur der Hintergrund. Aber „unsere Welt" ist die Welt der Wahrnehmung, der Interpretation, der Träume, der Wünsche. Das ist die Welt des Menschen.

Die Vielzahl der Welten in den Köpfen der Menschen können niemals in eine Einheit gebracht werden. Eine integrale Welt kann niemals aus dem Verstand entstehen, der eine instabile Projektion und nicht von Dauer ist. Wir müssen darüber hinaus gehen, uns eine weltliche Existenz als letztendliche Realität vorzustellen. Wir müssen uns in die Wahrheit hineinbewegen, in unsere Gemeinsamkeit, wo es nicht möglich ist, über Unterschiede zu streiten, wo wir wirklich eins sind. In Wahrheit sind wir immer eins, auch wenn unsere Welten viele und unterschiedlich sind, eben entsprechend unserer Art, zu denken. Wie auch immer, die Einheit muss gefühlt und erreicht werden. Diese Einheit ist jenseits des Verstandes, vor dem Beginn der Welt. Hier spreche ich nicht von Millionen von Jahren, darum geht es nicht. Ich spreche von jedem Moment, bevor die Welt in unserem Verstand beginnt.

Die Welt erscheint zutiefst bedeutungsvoll, zutiefst real. Wenn Sri Ramana sagt: „Wenn die Welt, die das Gesehene ist, entfernt worden ist, wird die Erkenntnis des Selbst als das Sehende gesehen", bezieht er sich auf die Bedeutungen und auf den, der Bedeutungen verleiht. Der, der an diese Bedeutungen glaubt, ist nicht real, und die Welt, an die er glaubt, ist ebenfalls nicht real. Es sind beides Gedanken, die im reinen Bewusstsein auftauchen.

Ich verstehe diese Worte so: Wenn man von einem Ort der Wahrheit aus schaut, erkennt man, dass die Welt in all ihren Formen, einschließlich der physischen, der emotionalen und der psychischen Welt, eine Vorstellung ist. Im Licht der reinen Erkenntnis verliert die Welt ihre Macht, ihre Wirksamkeit als unabhängige Einheit. Dann verschwinden diese Welten in dem Sinne, dass ihre Autorität, sich dem Seher aufzudrängen verschwindet. Sie sind nur noch wie der Mond am Tage, der manchmal gleichzeitig mit der Sonne am Himmel zu sehen ist. Niemand schreibt Gedichte über solch einen Mond. Der Verstand wird so ähnlich. Die Welt wird sehr vage, sehr weit entfernt, und doch ist es dein Sein, das dieser Welt Licht gibt. Zu dieser Erkenntnis gelangt man nicht ausschließlich durch wiederholte Praxis. Sie taucht spontan in einem zugänglichen Verstand auf. Wenn das Kernwesen erst einmal wiedererkannt wird, strömen Wellen der Erhellung und der Klarheit in den Verstand und alles wird wieder harmonisiert. So fühlte es sich für mich an, im meinem Herzen das zu würdigen, was Sri Bhagavan sagte. Ich konnte keine andere Sichtweise finden.

Nach der Verwirklichung des Selbst baute Sri Ramana einen Ashram und bot den Menschen verschiedene Formen der Unterstützung an; er las Zeitung und nahm an allen möglichen alltäglichen Aktivitäten teil. Wenn es keine Welt gibt, wer ist er dann darin? Sri Ramana spricht also nicht über die gewohnte physische Welt, die nicht im Widerspruch zur Wahrheit steht, sondern eher ein integraler Teil unseres physischen Aspekts ist. Er spricht über die Welt von Emotion, Sehnsucht, Erinnerung, über die Welt des konzeptionellen Denkens. All das lichtet sich, wenn im Herzen und im Verstand echte Erkenntnis erblüht.

Ich kann mich nicht genau erinnern, was du in unserem Interview vor drei Jahren gesagt hast, aber ich kann spüren, dass dieser ganze Prozess, in dem du Treffen abhältst, viele Menschen siehst, sehr still bist, zu einer Vertiefung in dir geführt hat. Nach Retreats oder Treffen kann ich oft fühlen „Ah! Premananda, du bekommst das größte Geschenk!"

Ja. Ja.

Oft wird behauptet, dass der Verstand erst zerstört werden muss, damit Befreiung stattfinden kann. Hast du einen Verstand? Wie zerstört man den Verstand?

Noch einmal, es ist nur Terminologie, die geklärt werden muss. Der Ratschlag: „Der Verstand muss zerstört werden", bedeutet in Wirklichkeit, dass der feste Glaube „Ich bin der Körper" – der meistens die Grundlage für irreführendes Denken und für sämtliches Leiden ist – und die Abhängigkeit von diesem Glauben überwunden werden muss. Diese sehr begrenzte Vorstellung, die das Gefühl hervorbringt, einen persönlichen Verstand zu haben und eine Person zu sein, muss transzendiert werden. Indem sie transzendiert wird, gelangt man zu dem, was man den „natürlichen Verstand" nennen könnte. Es könnte „Buddhas Verstand" genannt werden. Es könnte „No-mind" genannt werden. Es könnte „den Verstand töten" genannt werden. Es ist alles dasselbe.

Die Menschen fragen: „Wie kann es eine Welt ohne den Verstand geben?"

„Was wird geschehen?"

„Den Verstand zu töten, scheint mir eine schreckliche Idee."

„Ist der Verstand von Natur aus böse?"

Ich sage: „Nein, nein! Der Verstand ist auch das Selbst! Er ist die Wahrheit! Er ist die Namen- und Formenabteilung des Selbst. Was gibt es da also noch zu töten?" Es wird erkannt, dass der Verstand – in seinem Aspekt von: „Ich bin dieser Körper; ich habe Autonomie; ich bin eine Person, ich tue was ich will" – Unwissen ist. Solange Bewusstsein in einen Zustand herabgestiegen ist, in dem es glaubt, die Person, das begrenzte Verstand-Körper-Spiel zu sein, wird es nicht frei sein. Es muss diese Vorstellung, diese Arroganz abschütteln.

Sri Ramana hat dazu übrigens etwas Schönes gesagt, was mir sehr gut gefällt: „Das ‚Ich' muss das ‚Ich' beseitigen, aber dennoch das ‚Ich' bleiben". Das natürliche Gefühl, das Gefühl „Ich bin", ist das Sein. Es ist das Absolute in seiner Ausdrucksform als Bewusstsein, der Wahrnehmer der Existenz. Jenes natürliche Gefühl, das geschlechtslos, rasselos, ohne Religion, ohne Glaube, ohne Eltern, ohne ein Zweites ist, muss die Unwissenheit von „Ich bin der Körper" abschütteln. Wenn es den Glauben: „Ich bin der Körper, der Ausführende der Handlung und der Denker der Gedanken" abschüttelt, wenn es diese Vorstellung los wird, bleibt es in seiner natürlichen Vormachtstellung, in diesem reinen, unvermischten, intuitiven Gefühl von „Ich bin". „Ich bin" beseitigt also das „Ich"-Ego und bleibt so „Ich bin". Es ist dasselbe wie „Ich" beseitigt das „Ich" und bleibt doch das „Ich". Es ist eigentlich ein Ruf – begleitet von einer Explosion von Gnade – zum Erwachen aus dem Traum des „Ich bin der Körper", der eine Begrenzung und eine Täuschung ist.

Natürlich bin ich auch der Körper. Allerdings ist der Körper eine sehr begrenzte, unzureichende Repräsentation dessen, was Wahrheit wirklich ist. Er ist nur das Gefäß, das Instrument, durch das das Bewusstsein Vielfältigkeit ausdrücken und erfahren kann. Das ist kein Fehler, es ist so angelegt, das Bewusstsein will das tun! Aber irgendwie schläft es in seiner eigenen Projektion ein und muss aufwachen. Das ist das Spiel, das Spiel von *Lila* (göttliches Spiel), wie man sagt.

Jemand sagte zu mir, das, was Sri Ramana groß gemacht hat, war, einen toten Verstand zu haben; Existenz hat einfach durch ihn durch gesprochen wie durch ein Radio, wie durch ein Empfangsgerät. Und doch, wie du schon gesagt hast, las er Zeitung, baute seinen Ashram und kochte fast jeden Tag das Essen für den Ashram.

Ja, als Bewusstsein! Manchmal glauben wir, dass Sri Ramana die Form Sri Ramana ist, der Körper Sri Ramana. Das liegt an unserem eigenen Identitätsgefühl, dass wir eher Personen in einem Körper sind, als Bewusstsein, oder dass wir Personen mit Bewusstsein sind. Es gibt eigentlich überhaupt keine „Personen"! Es gibt nur Bewusstsein, das sich eine Identität für sich selbst erträumt und sich als autonomer, unabhängiger Sucher fühlt, der sich unabhängig in einem Körper bewegt. Wir wären wie eine Welle auf der Oberfläche des Ozeans, die denkt: „Ich will diesen Weg nicht gehen! Ich glaube, ich möchte heute jenen Weg gehen" – obwohl wir wissen, dass jede Bewegung der Welle den gesamten Ozean unter sich hat. Diese Feststellung, „Ich bin eine Welle", wurde auf die eine oder andere Weise aus dem Körper von Sri Ramana entfernt.

Was wir Sri Ramana nennen ist Bewusstsein. Es ist Bewusstsein, das Zeitung liest. Es ist Bewusstsein, das die im Körper auftauchende Konditionierung schmeckt. Aber für einen Weisen ist Konditionierung so oberflächlich, so leicht, dass sie nicht störend auf das Bewusstsein einwirkt. Es ist nur eine andere Möglichkeit, wie Bewusstsein sich selbst im Körper erfährt.

Sri Ramana wurde an einem bestimmten Ort geboren und aufgezogen, deshalb tauchten einige Konditionierungen auf; aber diese Äußerungen waren nur an der Oberfläche. In den Tiefen gab es keinerlei Persönlichkeitsbewusstein. Er wusste nicht, was Persönlichkeit ist. Es war nur irgendein Gerücht, irgendeine Vorstellung. Das ist es, was gemeint ist, wenn gesagt wird: „Sri Ramana ist wie ein Verbindungskabel, damit etwas anderes hinein- oder durchkommen kann." Nein! Er ist nicht getrennt von dem, was ist. Er ist Das Selbst. Und auch wir sind Das.

Wenn du sagst, „wir", worauf beziehst du dich? Ist es der Körper? Du könntest sagen: „Wir, als der Körper, sind das Instrument, durch das

das Göttliche agieren kann". Bist du also der Körper? Ist es der Körper oder etwas anderes, das dies sagt? „Ok, vielleicht sagt der Verstand das." Was ist sich dann des Verstandes bewusst? Was glaubt den Vorschlägen des Verstandes? Du antwortest: „Oh ja! Es muss das Seiende sein, das unter einem Zauberbann steht und glaubt, zum Verstand gehen zu müssen, um das Wasser zu bekommen, das seinen Durst löscht."

Diese Dinge sind sehr subtil. Aber sie werden durch die Innenschau, die durch Selbsterforschung inspiriert wird, immer klarer. Wir sagen: „Sri Ramana besaß keine persönlichen Dinge ..." Doch, er besaß persönliche Dinge! Er hatte einen einzigartigen Charakter. Er drückte sich aus, er war sehr darauf bedacht, nichts zu verschwenden. So hat sich Bewusstsein in jenem Körper ausgedrückt. In einem anderen Körper hätte es vielleicht alles weggeschmissen!

Er hob jedes Reiskorn vom Boden auf!

Ja! In der einen Form mag er ein Reiskorn aufgehoben und gesagt haben: „Hört auf zu kochen! Wir müssen das noch hinzufügen." So aufmerksam einer so kleinen Sache gegenüber, könntest du sagen. In einem anderen Körper könnte die Ausdrucksform von Bewusstsein sein: „Schmeiß alles weg! Wer braucht das? Schmeiß alles weg!" Und das ist genauso echt.

Die Tendenz des Verstandes ist, zu imitieren, wie zum Beispiel: „Lass uns Sri Ramanas Handlungen folgen", und dann verfehlen wir den Sinn.

Solange wir versuchen, durch den Verstand zu lernen, werden wir diese Fehler machen. Wenn wir das Wesentliche verstehen, den eigentlichen Punkt, den Kern von Sri Ramanas Hinweisen, dann ist keiner dieser Unterschiede mehr wichtig. Das Selbst wird sich durch seinen natürlichen Ausdruck in deiner Form manifestieren und weiterhin perfekt sein. So verstehe ich das.

„Den Verstand töten"? Du könntest auch sagen: „Wo ist denn der Verstand? Zeige mir den Verstand, den wir töten können! Welches Instrument benutzen wir, um den Verstand zu töten?" Der Verstand selbst ist Gedanke.

Was ist mit den Tendenzen des Verstandes? Müssen sie erst vollständig entfernt werden, damit Selbsterkenntnis dauerhaft bleiben kann? Wie beseitigt man die Tendenzen?

Die Tendenzen gehören nicht wirklich zum Verstand, weil der Verstand keine Einheit ist. Verstand ist nur das Auftauchen von Denken. Die Einheit wird offensichtlich dann geformt, wenn das Seiende selbst mit dem Verstand identifiziert ist und irgendein Phantom aus dieser „Ich" genannten Identifikation, dieser persönlichen Modifikation auftaucht, das der Steuermann in diesem Körper zu sein scheint. Es ist jene falsche Identität, die *Vasanas* (tief verwurzelte Tendenzen des Verstandes) hat, denn das Selbst hat keine Tendenzen. Das reine Selbst kann keine Tendenzen haben. Wegen seiner einzigartigen Kombination von Elementen wird der Körper seinen einzigartigen Ausdruck haben, aber er kann keine Tendenzen haben. Er ist nicht die Wurzel des Empfindungsvermögens. Er weiß nicht, er hat keine Möglichkeit, Dinge zu entscheiden.

Zwischen dem unschuldigen Mechanismus – dem Körper – und dem reinen Bewusstsein, von dem man nicht sagen kann, es hätte irgendeine Sünde, irgendeine Schwäche, oder es hätte Tendenzen, ist das, was Tendenzen haben kann, die Vorstellung davon, wer wir selbst sind. Diese Idee nennen wir das Ego oder Selbst, und es ist nie konstant, es ist wie ein sich ständig änderndes Selbstporträt. Die Vorstellung, die wir davon haben, wer wir sind, hat andere Vorstellungen über sich selbst und leidet unter seinen Vorstellungen. Wie heilt man ein Gespenst mit Magersucht? Das meine ich. Das Gespenst hat Magersucht. Es glaubt: „Oh wow, ich bin wirklich dick!" Alle anderen Gespenster denken: „Du bist wirklich dünn!" Lass uns daran arbeiten und versuchen, das Gespenst von seiner Magersucht zu heilen. Das Gespenst wird nur geheilt, wenn es herausfindet, dass es nicht existiert. Das ist es, was man entdeckt.

Was wir über uns selbst denken, ist keine elementare Wahrheit. Es ist nur irgendein Gebräu. Was wir wirklich sind, ist das Selbst, das glaubt, wir seien die eigene Person. Die Macht des Glaubens, das ist es, was der Glaube kreiert. Wir glauben es – und es existiert. Ich will nicht sagen, dass das ein Fehler ist. Es scheint, als würde der Mechanismus der

Manifestation so funktionieren, dass etwas in unserer Ausdrucksform dafür vorgesehen ist, Konditionierung zu erfahren. Alle Wesen in der Manifestation werden konditioniert, genauso, wie alle Wesen im Ozean nass sind. Es scheint, dass das Spiel „Wahrheit finden" dazu da ist, aus dieser Macht der Hypnose unserer Konditionierung – dass wir lediglich unser Körper-Verstand sind – aufzuwachen.

(Premananda kichert) Wie ist es mit Schicksal? Erwartest du, dass die Dinge einfach geschehen oder drückst du deinen freien Willen aus und wählst?

Noch einmal, alles hängt an dieser einfachen Sache: Wenn jemand die Wahrheit dessen, wer oder was er wirklich ist und die richtige Position hinsichtlich des Ursprungs des Wahrnehmens erkennt, dann werden all diese Dinge ganz harmonisch von selbst wiedererkannt. Wir sprechen von Schicksal. Wenn wir glauben, wir seien eine Person, wird unser Leben zu einem Leben von Ereignissen. Einige Ereignisse verheißen Glück, andere verheißen Unglück. Wir suchen immer nach dem, was uns Nutzen bringen könnte und versuchen, das zu vermeiden, was uns Schmerzen bereitet. Das ist der Lebensstil der Ego-Identität. Deswegen ist das, was passiert oder was nicht passiert, sehr, sehr stark in unserem Denken.

Für einen Weisen, der weiß, dass all das substanzlos und unwirklich ist, ist unwichtig, was geschieht oder nicht geschieht. Aber für jemanden, der das Selbst noch nicht gefunden hat, bedeutet das, was geschieht oder nicht geschieht, sehr viel. Es ist also der Körper-Verstand, für den das Schicksal spielt, nicht für das reine Bewusstsein. Reines Bewusstsein ist jenseits und steht über all diesen Modifikationen, die – so könnte man sagen – nur im Bereich des Relativen um sich greifen können.

Das Spiel des Schicksals findet wirklich nur auf der Körper-Verstand-Ebene statt. Was der Körper tut, und sei es ein Augenblinzeln, das Schlucken von Speichel, das Drehen der Hand oder das Kratzen am Knie, ist alles auf irgendeine Art vorherbestimmt. Glücklicherweise musst du nicht daran glauben. Vielleicht ist es dein Schicksal, jetzt nicht daran zu glauben, sondern erst zu einem späteren Zeitpunkt. Aber das ist nicht wichtig. Mach es nicht zu einem Kriterium, um zu verstehen, wer du bist.

Vielleicht sage ich: „Was immer du tust, ist vorherbestimmt", und du sagst: „Ich kann meine Meinung tausend Mal ändern". Wir rechnen also auf: „Neunhundertneunundneunzig, okay. Eintausendzwei Mal". Es ist nur das Schicksal des Spiels, dass es sich so oder so entfalten wird. Wenn man das weiß, wenn man sich damit entspannen kann, gut. Wenn du das nicht kannst, vergiss die Sache mit dem Schicksal, weil es nicht wichtig ist, das zu wissen, um frei zu sein. Es füttert nur den Verstand. Verwickle dich nicht in all diese Dinge, bleib einfach als das unvermischte Selbst.

Die, die sehen können, können auf gewisse Weise bestätigen, dass alles der Saat des Schicksals gehorcht, eines kollektiven Schicksals. Die genetische Information in einem Samen bestimmt, wie dieser Same wachsen wird, aber wenn er einmal in die Erde gesteckt ist, arbeiten andere Kräfte an ihm, Kräfte, die nicht im Samen sind. Der Same ist in einem größeren Samen. Wie der Wind wehen wird, wie viel Sonne es geben wird, wie viel Schatten er haben wird, wer ihn gießen wird – diese Faktoren sind ebenfalls Teil jenes Schicksals, aber sie sind nicht im Schicksal der DNA dieses Samens; sie sind einfach in der DNA des Kosmos. All das, dieses Spiel, ist also etwas sehr Großes.

Ich tendiere jedoch mehr dazu, Menschen darauf auszurichten, sich ausschließlich auf die Erkenntnis zu fokussieren, dass sie derjenige sind, der einfach nur sieht. Du brauchst nicht zu versuchen, nicht zu manipulieren. Sogar das Gefühl von Manipulation ist ein Phänomen, das wahrgenommen wird, egal, wie subtil. Es gibt Empfindungen, die so subtil sind, dass es keine Namen für sie gibt, in keiner Sprache. Du bist noch subtiler, denn du bist der, der sie wahrnimmt. Das ist wirklich eine Einladung, aufmerksam zu sein. Wer wohl könntest du sein, wenn du der bist, der das Subtilste und Grobstoffliche sehen kann, das, was geschieht und nicht geschieht, was kommt und was geht – während dies selbst jedoch unbewegt bleibt? Kann das Unbewegte wahrgenommen werden? Hat es irgendeine ihm zugehörige Eigenschaft und kann deswegen wahrgenommen werden? Kann es irgendetwas anderes sein als dein eigenes Selbst? Diese Überlegungen waschen den Lärm komplett aus unserem Verstand und helfen, eine reine Reflektion dessen zu zeigen, was wir sind.

Es scheint grundlegend zu sein, einen Meister zu haben und sich diesem Meister hinzugeben. Wer ist der Meister?

Der Meister ist derjenige, der über alle Zweifel hinausgegangen ist, die im Verstand des gewöhnlichen menschlichen Wesens auftauchen könnten. Der Meister hat all diese Zweifel, alles Unwissen, alle Arroganz transzendiert, und ist in der klaren Erkenntnis: „Ich bin kein Objekt. Ich bin nicht das, was geboren wird und was stirbt. Ich bin nicht einmal derjenige, der als Person lebt, die ein Leben hat. Ich bin Leben." Dieses Wissen ist da und er ist eins damit im Kern seines Seins.

Man könnte sagen, der Meister ist die Verkörperung all dessen, was rein und wahr in uns selbst ist. Solch ein Meister ist unsere eigene innerste Wahrheit, sichtbar gemacht in Form eines menschlichen Wesens. Ob dieser Mensch ein Mann oder eine Frau ist, ist unwichtig, aber das Prinzip ist in dieser Form verkörpert. Die Form des Meisters ist tatsächlich ein Spiegelbild unserer wahren Natur.

Aber ein Meister kann nicht fühlen: „Ich bin ein Meister", nicht mit dem Verstand. Er ist sich nur sicher, dass er nicht das ist, was die meisten Leute glauben. Da ist niemand, der sich wünscht, zu einem anderen Platz zu gelangen, der als besser empfunden wird. Es gibt nichts zu heilen, zu reparieren oder zu ändern. Diese Manifestation kommt ins Spiel und wird ihre Absicht erfüllen, ihre Ausdrucksform erschöpfen und wieder zurück zur Quelle gehen. Der Meister ist sich dessen bewusst. Es ist einfach reines Wissen. Der wahre Meister ist reines Wissen, reine und direkte Kenntnis des Selbst. Und wir sind in Wirklichkeit dieses Wissen!

Der *Satguru*, der höchste Wissende, ist in unserem Herzen – als unser eigenes Selbst. Wer ist realer, das „Wir" oder dieser *Satguru*? Wir sind Das. Aber in seiner Manifestation als „der Körper" und als „die Identität" scheint es in eine Art Gegensätzlichkeit zu geraten, in der es glaubt, dass es auch „die Person" ist, und dann versucht die Person das Wirkliche zu finden. Aber es ist nur ein Spiel! Es ist nur eine Illusion. Wir sind das *Satguru*-Prinzip, das sich selbst vorübergehend als der

Glaube, „Ich bin der Körper" erfährt, wovon es sich wieder erholen muss. Wenn das Selbst unter den Bann seiner eigenen Projektionen gerät, aus dem es nicht mehr herauskommt, dann muss das Selbst sich auch als „der Meister" manifestieren, um zu sich selbst zu sprechen – als Ausdrucksform innerhalb der Täuschung, die sich selbst dazu ermutigt, zurückzukehren: „Komm zurück! Du hast eine Verabredung im Inneren." Das ist eine Möglichkeit, die ich sehr mag, um das auszudrücken; nicht absolut, aber es ist eine schöne Art, das auszudrücken.

Was ist die Rolle des Meisters?

Die Rolle des Meisters ist, dir zu sagen, dass du wirklich schon Das bist, was du suchst. Der Meister ist in der Tat der Spiegel, der dir zeigt, dass du schon Das bist, wonach du suchst: die höchste Wahrheit. Du bist schon Das. Du musst diese Wahrheit einfach in deinem Herzen erkennen, indem du das beseitigst, was „das Falsche" an dir ist. Der Körper mag bleiben, aber die falsche Überzeugung, „Ich bin der Körper", muss gehen. Der Meister zeigt auf, dass diese Überzeugung an sich schon falsch ist und nicht im Dienste der Wahrheit steht, die du bist. Das also ist die Rolle des Meisters: auf dein wahres Selbst hinzuweisen, auf die Unveränderliche Quelle.

„Du bist Das, und wenn du in der direkten Erkenntnis deines eigenen Selbst bist, wirst du jenseits von Bedürftigkeit sein, jenseits von Leiden, jenseits von Schwierigkeiten. Du bist das allumfassende Ganze. Du bist reine Wirklichkeit." Er kann dir nur das sagen. Er kann dir nichts weiter geben. Alles, was er dir geben könnte, wäre nur etwas, das du verlieren könntest. Er kann dich nur hinweisen auf das, was du nicht verlieren kannst. Du glaubst nur, dass du es verloren hast, oder du träumst, dass du davon getrennt wurdest. Das, so könnte man sagen, ist die Rolle des Meisters.

Wie erkennt man einen wahren Meister?

Wenn wir in einem Zustand starker Identifikation mit unserer Körper-Verstand-Erfahrung und mit Konditionierung sind, sind wir nicht dafür ausgerüstet, einen Meister zu beurteilen, weil Meister so unterschiedlich in ihrer Ausdrucksform sein können. Wir beurteilen eher die Ausdrucksform, als dass wir fähig wären, den Kern zu sehen. Manche Meister sind so abstoßend in ihren Ausdrucksformen, und andere sind so elegant, so einfach, so liebevoll. Wie soll man da urteilen?

Im Allgemein ist ein Meister jemand, in dessen Präsenz der Verstand mühelos sehr still wird, und es wird einfach, die Worte aufzunehmen, die er spricht. Dann kann es wiederum sein, dass der Verstand in der Präsenz eines Meisters zeitweilig sehr, sehr laut wird. Doch es wird ein subtiles inneres Erkennen geben, auf was dieser Lärm hinweist: dass es ein verheißungsvoller Lärm ist, dass er Lärm an die Oberfläche bringt, der ruhend gewesen ist. Er kommt an die Oberfläche, er sprudelt hervor, um zu erlöschen. Du wirst es wissen. Ein Meister ist jemand, dessen Verhalten und Handlungen den Sucher nicht frustrieren oder demoralisieren, sondern dessen geschickte Art, sich auszudrücken, den Sucher eher auf den einfachsten und direktesten Weg führen, jeden Einzelnen, indem er ihn als sein oder ihr eigenes Selbst erkennt oder versteht.

In der Präsenz eines Meisters fühlst du natürlichen Respekt. Du hast das Gefühl, aus dem Unwissen herauszukommen. Wenn du ein solches Wesen entdeckst, dessen Nähe dir Freude und inneren Frieden bringt und ein starkes Bestreben weckt, frei zu werden vom Einfluss deiner negativen Konditionierung – wenn du so jemanden triffst und mit ihm gehst, wird seine Gesellschaft förderlich für dich sein. Dann fühlst du vielleicht intuitiv und spontan ein Wiedererkennen so tief in deinem Herzen, dass du weißt, es ist nicht nur mental, und es entsteht die Überzeugung, dass du mit diesem Wesen verbunden bist, um das unsterbliche Selbst zu erkennen.

Aber sei nicht zu sehr in Eile, denn sonst wird dein Verstand deine Ungeduld und deine Neigung, zu urteilen benutzen, um dich von der Fährte abzubringen. Wenn es jedoch zum Spiel des Schicksals gehört, dass ein Körper in Kontakt mit einem anderen Körper kommt und sich aus diesem äußeren Kontakt ein innerer Kontakt zum Nutzen des Suchers offenbart, dann wird dies das Schicksal dieses einen Suchers sein. Wenn es dir bestimmt ist, mit einem Meister zu sein, im Herzen, dann wirst du das nicht vermeiden können. Wenn es dir nicht bestimmt ist, wirst du es herbeiführen können. (Premananda kichert)

Traditionell hatten die Anhänger eine enorme Hingabe an den Meister. Bitte sage etwas über Hingabe im Streben nach Erwachen.

Hingabe muss vorhanden sein. Mein eigener Meister, Sri Poonjaji, sagte immer: „Die Wahrheit wird sich in einem arroganten Verstand nicht enthüllen." Etwas Hingabe, etwas Bescheidenheit muss vorhanden sein. Hingabe und Bescheidenheit pflastern den Weg für das Erscheinen des Herrn im Herzen. Diese Hingabe ist die Ankündigung, dass Gnade kommt. Gnade ist hier. Da ist keine Arroganz.

Allgemein gesprochen gibt es zwei Arten von Anhängern oder von Suchern der Wahrheit. Es gibt die, die ein sehr hingebungsvolles Temperament haben, und die anderen, deren Weg mehr über den Intellekt geht. Von diesen beiden neigen diejenigen mehr zur Arroganz, die über eine intellektuelle Disposition verfügen. Sie sind diejenigen, die eher zu dem Gefühl neigen: „Ich brauche nichts. Es gibt niemand, der mir helfen wird. Es gibt kein ‚Ich', dem geholfen werden muss." Es ist sehr langwierig und schwierig für sie, die volle Wahrheit im Herzen zu erkennen. Sie fühlen vielleicht, dass sie es erkennen, doch es ist oft nur im Kopf, und bis es nicht im Herzen bestätigt wird, sind sie nicht wirklich frei, was immer sie auch denken mögen. Manchmal sprechen sie vielleicht wunderschöne Worte, aber es ist, als ob sie dir einen schönen Schokoladenkuchen geben, der aber nach Sardinen riecht. (Premananda kichert) Es wird nicht authentisch sein.

Jene, die mehr dazu neigen, eher hingebungsvoll zu sein, legen wahrscheinlich weniger Arroganz an den Tag. Die Natur der Hingabe ist so. Sie ist bescheiden und sie ist freundlich; sie ist ein breiterer Weg. Aber es gibt bei beiden Ausdrucksformen einige Herausforderungen. Die Menschen, die zur Hingabe neigen, hängen manchmal zu sehr an Emotionen. Hingabe und Wissen sind wie zwei Flügel eines Vogels, sie müssen einander spiegeln. Hingabe ohne Weisheit ist sehr wischiwaschi, und Wissen ohne Hingabe ist sehr trocken und leblos. Es muss also beides stattfinden. Das heißt nicht, dass man eine Wahl treffen sollte, hingebungsvoll oder klug zu sein. So funktioniert das nicht.

Ein echter Lehrer erkennt das Temperament eines jeden Anhängers und führt sie entsprechend. Die, die hingebungsvoll sind, werden im Herzen den schnellsten Weg zur Erkenntnis des Selbst finden. Die, die mehr im Verstand sind und eher den Intellekt benutzen, werden einen Weg finden, die Fallen von Arroganz, Selbstsucht und Selbstbezogenheit zu vermeiden und das Selbst ebenfalls im Herzen zu erkennen. Mit „Herz" meine ich den Kern unseres Seins. Es kann nicht nur mit dem Intellekt erkannt werden. Ihre Worte mögen schön „klingen", aber es wird wie der Unterschied zwischen einer Plastikrose und einer echten Rose sein. Sie mögen schön und von weitem auch gleich aussehen, aber wenn du näher herangehst, siehst du den Unterschied.

Es ist sehr wichtig, dass dieses Verstehen im Herzen stattfindet. Und Hingabe ist wirklich ein sicherer Weg. Selbst die Meister sagen das. Sogar die nondualen Lehren werden dir sagen, dass, wenn du eine Haltung der Dankbarkeit in deinem Herzen behältst, diese dich vor Arroganz schützen wird. Arroganz macht deinen Pfad schlüpfrig. Die Haltung von Dankbarkeit hilft dir also, dich daran zu erinnern, wer du bist, und sie ist sehr wichtig, sowohl für Vertreter des *Bhakti* (Hingabe) wie des *Jnani* (Wissen).

Ich würde Hingabe sehr, sehr hoch stellen. Manchmal tendieren Menschen, die von einem intellektuellen Hintergrund herkommen, dazu, auf Leute mit *Bhakti* herabzuschauen. Sie haben das Gefühl, dass diese sehr naiv sind und anderen zu schnell ihr Vertrauen schenken. Die intellektuellen Typen sind selbst manchmal dermaßen gefangen in ihrer eigenen Autarkie und Selbstherrlichkeit, dass sie sich nicht wirklich ins Herz hinein entwickeln. Hingabe ist also das Herz des Ganzen, und Hingabe ist süß, wenn sie mit Weisheit vermischt ist. Dann kann der Intellekt stark und klar sein, aber auch weich mit der Wärme der Hingabe. Schön. Dann erfüllt es sich selbst. Weisheit erfüllt sich selbst durch Liebe und Liebe erfüllt sich selbst durch Weisheit.

Suchende haben oft seltsame Vorstellungen vom Zustand der Erleuchtung. Wie sieht dein Alltag aus und wie nimmst du die Welt wahr?

Ah! Jemand fragte einmal: „Mooji, wenn du aufwachst, was ist deine erste Reaktion auf die Welt?" Ich hörte Worte herauskommen, wie: „Nichts bleibt unberührt. Alles ist, wie es ist. Es gibt kein Bedürfnis, Dinge anzustoßen. Augen werden geöffnet, Bilder werden wahrgenommen. Alles passiert von selbst."

Hier in Indien haben wir ein sehr volles *Satsang*-Programm. Die ganze Zeit passiert etwas und doch fühlt sich hier nichts dadurch belastet an. Da ist eher ein Gefühl von Belastung, wenn von mir gefordert wird, meinen Verstand für alltägliche Dinge einzusetzen, oder wenn ich mit Menschen zu tun habe, die in der mentalen Welt gefangen sind. Das ist ein bisschen ermüdend.

Auf Ereignisse bezogen, nehme ich meinen Tag fast nicht war. Mein Tag ist voller Stille und Frieden. Alles entsteht spontan. Es gibt keine dauerhaften Sorgen. Da ist Raum für alles. Jede Emotion, jeder Gedanke kann kommen, aber sie haben keinen wirklichen Landeplatz, um zu bleiben. Alles ist ein Tourist. Alles kommt und geht. Ich kümmere mich wirklich nicht darum. Es ist etwas vorhanden, das überhaupt nicht beschrieben werden kann, aber als es sich einmal angekündigt hatte, als es sich fühlen ließ, wurde alles andere zweitrangig. Ich weiß nicht, was ein typischer Tag ist.

Kochst du dir immer noch jamaikanisches Essen?

Manchmal ja, hauptsächlich, wenn ich zu Hause in der gewohnten Küche bin. Ich fühle mich sehr wohl beim Kochen und es fällt mir sehr leicht. Wir benutzen kein Kochbuch. Wir kochen einfach kreativ viele verschiedene Sachen. Es gibt auch andere Aktivitäten, mit denen wir uns beschäftigen, so viele verschiedene Dinge! Es kann Malen sein oder im Garten arbeiten – einfach, was gerade von selbst auftaucht und in diesem Moment angenehm erscheint.

Hier in Indien ist für mich eine Zeit lang das wahrscheinlich am meisten programmierte Dasein. Es scheint so, als würden wir etwas tun und danach etwas anderes und dann wieder etwas anderes. Es wird akzeptiert, dass das ebenfalls eine Art ist, in der Bewusstsein ausgedrückt wird. Es ist eine Freude darin. Es gibt viele Menschen, die sich momentan in diesem Lebensumfeld bewegen. Eine Zeit lang fühlen sie: „Ah! Es gibt zu viel Arbeit; es gibt zu viel zu tun." Dann kommen sie an einen Punkt, an dem sie feststellen: „Ich tue überhaupt nichts." Sie erkennen: „Ich tue überhaupt nichts." Etwas geht einfach aus dem Weg. Derjenige, der glaubt, der Handelnde zu sein, fällt weg. Handlungen tauchen einfach von selbst auf. Aber im Inneren, im Kern des Ganzen, ist etwas Undefinierbares, aus dem all die Energie, all die Liebe und all die Freude kommen.

Wir haben uns vorhin deine Skizzen und Bilder angesehen. Sind sie Teil deines Lebens? Hast du eine künstlerische Vergangenheit?

Weißt du, das war einmal. Ich liebte die Malerei! Ich liebte es, etwas mit den Händen zu erschaffen. Ich habe es so lange geliebt. Jeden Tag habe ich gemalt, aber jetzt male ich nicht mehr so viel. Die Idee kam auf, ein paar Illustrationen in das neue Buch zu integrieren, so dass ich damit angefangen habe, und ich habe so viel Freude daran, diese Illustrationen zu machen, weil jetzt eine Freiheit darin ist, weil nichts mehr zu ernst genommen wird. Es gibt also eine Menge Dinge, die einfach kommen und gehen. Es geschieht in der Weite der Ausdrucksform, aber es gibt keine Anhaftung an diese Aktivitäten. Das ist der Unterschied, es gibt keine Anhaftung.

Manchmal werde ich gefragt: „Würdest du gerne mehr machen?" Ich würde, aber ich weiß es nicht. Vielleicht ergibt es sich nicht. Wir haben etwas Material zum Arbeiten mitgebracht, aber ich habe nicht mehr gemalt als ein paar Skizzen, die wir für das Buch brauchten. Es gibt also viele Dinge, die einfach auftauchen, sich einfach ergeben. Es geschieht in der Weite der Ausdrucksform, aber es gibt keine Anhaftung daran.

Jetzt kommen wir zur letzten Frage. Du hast gerade ausführlich über das Thema Erwachen mit uns gesprochen. Wenn du jemandem mit einer Leidenschaft für das Erwachen begegnen würdest, was wäre dein kurzer Rat an ihn?

Dieser kurze Rat würde sich selbst zeigen! Einige Leute kommen und sagen: „Diese Sache brennt wirklich sehr stark in mir!" Ich sage: „Komm und setz dich. Trink eine Tasse Tee!", und alles ist einfach im Augenblick. Alles ist im Augenblick. Es scheint so, als ob sie brennen, als hätten sie für etwas Feuer gefangen, und ich könnte sie einfach sitzen lassen, um eine Tasse Tee zu genießen. Ich habe nichts zu sagen. Es könnte sich so anfühlen. Jemand anderes könnte kommen, der nur zwanglos, ohne jegliches offensichtliche Feuer, mit mir spricht, und nach wenigen Worten wird etwas vertieft und ist gegenwärtig. Irgendwie, ohne jede Absicht, explodiert etwas im Inneren und ein tiefes Erkennen findet statt.

Lass so gut wie möglich deine Absichten beiseite. Lass das, was du zu wissen glaubst, für einen Moment beiseite und sei einfach hier. Lass uns sehen, was passiert. Irgendetwas kommt für gewöhnlich in jedem Fall dabei heraus. Aber ich hänge nicht an dem, was herauskommt. Ich habe so schöne Begegnungen stattfinden sehen – Einssein würde ich es nennen. Aber dieser Art von Austausch stehe ich total frei und entspannt gegenüber. Wenn nichts zu geschehen scheint, dann geschieht nichts. Ich glaube allerdings, dass immer etwas geschieht, aber was geschieht, weiß ich nicht.

Manchmal ist es offensichtlich, es ist klar – es gibt eine Veränderung und etwas stößt auf. Ein anderes Mal fühlt es sich so an, als ob du mit jemandem sprichst, der einfach nur glasige Augen hat, und es geschieht überhaupt nichts. Doch ich weiß es nicht, es gibt kein „Ich", das verantwortlich dafür wäre, was geschieht. Die Einstellung ist: „Lass uns einfach sehen, was geschieht." Das Leben scheint sich aus seinem eigenen Selbst heraus zu entfalten. Dieser Körper ist in das Drama, in dieses Spiel involviert, das ist alles.

Ich habe das Gefühl, ich tue überhaupt nichts. Das hier ist meine Freude, meine Freiheit! Ich tue überhaupt nichts. Es geschieht einfach, und doch kann ich auch gleichzeitig das Gefühl „Ich tue etwas" haben. Manchmal habe ich das Gefühl, dass ich etwas tue, aber im Allgemeinen sitzt sogar das Gefühl „Ich tue etwas" in einem größeren Gefühl, dass ich nichts tue.

Alles geschieht, und gleichzeitig kann ich alles über Bord werfen. In meinem Herzen geschieht überhaupt nichts; nichts geschieht, das genügend Bedeutung hätte, um auch nur die Rückseite einer Briefmarke ausfüllen. Andererseits aber wird es manchmal ausgedrückt: „Oh, lass uns das tun!", „Lass uns dies tun!" Es sieht einfach so aus, als sei dies das Spiel der Existenz, das in dieser Form spricht. Und da ist die klare Einsicht, dass all das in Ordnung ist! Jedes einzelne Ding ist in Ordnung. Und doch ist es nichts. Es ist nichts. Ich sage das nicht aus Respektlosigkeit dem Leben gegenüber, aber es ist nichts! Es ist nichts im Vergleich zu Dem, aus dem es herausströmt. Es ist nichts.

Immer und immer wieder finden Bewegungen statt, aber es gibt nichts zu berichten. Das ist die Wahrheit, und doch sagt ein Kind manchmal etwas, oder jemand drückt seine Freundlichkeit aus, und ich bin voller Tränen und Emotion. Das passiert auch. Ich habe keinen Willen, mein Leben abzuschließen oder fortzuführen. Ich muss sagen, ich genieße mein Leben, aber es gibt keine Bewegung, zu versuchen, es nachhaltig aufrecht zu halten. Das Bewusstsein ist hier. Der Körper ist hier, und Erfahrung scheint in ihm stattzufinden. Aber es ist nichts, über das ich auch nur sprechen möchte.

Vielen Dank. Danke.

Ah! Ich danke dir! Vielmals.

OM C. Parkin

Das Problem mit dem Konzept von Erleuchtung ist, dass die Menschen bestimmte Vorstellungen darüber haben, wie Erleuchtung sich manifestiert. Westliche Menschen haben, wenn wir uns die kollektive Färbung der Idee von Erleuchtung ansehen, in ihren Köpfen den Archetyp des Heiligen, weil die Manifestation von Erleuchtung in einem Menschen innerhalb der christlichen Tradition immer mit heilig gleichgesetzt wurde.

Viele Menschen glauben, dass Sadhana und die plötzliche Verwirklichung des Absoluten nicht zusammengehen.

OM C. Parkin

OM C. Parkin

OM C. Parkin ist ein spiritueller Lehrer, Psychotherapeut, Mystiker und Enneagramm-Lehrer. Als er siebenundzwanzig war, hatte er bei einem schweren Autounfall eine Nahtoderfahrung. Diese zerschlug für ihn die Idee eines „Ich", das für sich allein existiert. Kurz danach begegnete er Gangaji. Durch diese Begegnung vertiefte sich seine Erkenntnis der Nicht-Existenz eines „Ich". Poonjaji gab ihm den Namen OM. Seit 1995 verbindet OM den Weg der Mystik mit der therapeutischen Kunst des Heilens. Er nennt dies die „innere Arbeit", und sie basiert auf der Typologie und Kosmologie des Enneagramms.

Ich lernte OM 1993 in Lucknow kennen, als ich ihn dazu einlud, in meinem Gästehaus Satsang zu geben. Danach haben wir uns nur noch einmal getroffen – für dieses Interview. Während des Gesprächs war ich fasziniert von seinem Interesse an westlichen Mystikern. Auch hat mich die hohe Qualität seiner Veröffentlichungen über die Jahre sehr beeindruckt. OM ist vor kurzem Vater geworden.

Sri Ramana Maharshi empfahl die grundlegende Frage: „Wer bin ich?" – Wer bist du?

(Lange Stille) Du und ich, wir sind nicht verschieden voneinander. Ich habe eine bestimmte Persönlichkeit. Ich habe einen bestimmten persönlichen sowie kulturellen Hintergrund, der der Form, wie ich lehre, eine persönliche Geschmacksnote gibt.

Viele westliche Sucher suchen nach Erleuchtung, als ob es eine Erfahrung wäre. Was ist Erleuchtung?

Erleuchtung ist die vollkommene, bewusste Vermählung zwischen dem Absoluten und dem Relativen. Ramesh Balsekar definiert es als das Ende der Vorstellung von persönlichem Handeln. Ich mag diese Definition sehr, weil sie das Ende jeglicher persönlicher Färbung der reinen Lehren des *Advaita* (Nichtdualität) bedeutet.

Wie gesagt, es gibt eine Persönlichkeit und es gibt eine persönliche Note. Es gibt auch eine persönliche Form, das zu vermitteln, was ich das „innere Netzwerk" der verschiedenen Aspekte der Lehre nenne. *Advaita* ist die Essenz – ich nenne es die Essenz von allem. Die Essenz der Lehre ist die Reinheit seines Kerns, aber es ist nicht die gesamte Lehre. Die Vielfalt der Wesen ist so groß, dass es viele verschiedene Aspekte gibt, und unterschiedliche Formen mögen sich auf unterschiedliche Aspekte der Lehren fokussieren oder verschiedene Eintrittstore zu derselben Essenz anbieten, zum selben Kern. Natürlich ist meine Form nicht indisch, durch meinen Organismus fließt westliches Blut.

Ist es deutsches Blut?

Es ist deutsch und englisch.

Du hast aber hauptsächlich in Deutschland gelebt?

Ja. Meine Familie ist halb englisch. Ich habe das Gefühl, Zugang zum westlichen Kollektiv und zum westlichen Mystizismus zu haben und fühle mich auf eine natürliche Weise mit dem verbunden, was ich den westlichen Strom der Weisheit nenne. Natürlich, wie kann es in der Essenz einen Unterschied zwischen *Advaita* und christlicher Mystik geben? Ich bin dem indischen Strom des Wissens sehr dankbar. Und doch konnte ich, während es sich für mich entfaltete, mehr und mehr Zugang zur westlichen Tradition gewinnen, die die natürliche Abstammungslinie dieses Organismus ist, die Abstammungslinie, in der dieser Organismus aufgezogen wurde.

Ich glaube, du bringst ein Buch über Meister Eckart (deutscher christlicher Mystiker) heraus?

Nein, ich habe noch kein Buch über ihn herausgebracht, aber ich fühle mich ihm sehr verbunden und zitiere ihn auch in meinen Vorträgen. Es gab im Mittelalter in Deutschland einen sehr starken mystischen Kern innerhalb des christlichen Mainstreams. Als ich jünger war, rebellierte ich wie die meisten gegen alles, was mit dem Christentum und mit Jesus zu tun hatte, aber das hat sich total gewandelt.

Erwähnst du Jesus in deinen Lehren?

Nicht die Person Jesus, aber das, wofür Jesus steht, und ich arbeite durchaus mit der Bibel. Ich stehe verschiedenen christlichen Mystikern sehr nahe. Ich sehe meine Rolle eher darin, ein Schmelztiegel dort zu sein, wo sich die westliche und die östliche Linie treffen und etwas völlig Neues zu kreieren, das überhaupt nicht neu ist, aber vielleicht neu in seiner Form.

Gibt es irgendwelche Qualifikationen für die Erleuchtung? Sind Übungen notwendig, und wenn ja, welche Form empfiehlst du?

Meine Sicht ist sehr nüchtern und ich würde sogar sagen, in ihrem Kern wissenschaftlich, weil ich keinen Unterschied sehe zwischen Mystik und innerer Wissenschaft. Die Geschichte hat uns gelehrt, dass diese letzte Verwirklichung des Seins, die wir Erleuchtung nennen, nur in sehr seltenen Fällen plötzlich geschieht. Sie kann zum Beispiel durch Unfälle geschehen, durch Schocks, durch unterschiedliche, sehr extreme Situationen. Aber niemand kann darauf warten, dass so etwas passiert.

In meinem Fall kann ich sagen, dass die Gnade durch einen Autounfall wirkte. Ich hatte vorher keinen verwirklichten Lehrer. Nach diesem Unfall war ich klinisch tot, deshalb kann ich sagen, dass der Tod mein erster Lehrer war. Es war so ein riesiger Schock für das gesamte System, dass es tatsächlich alles ausgelöscht hat. Wenn das persönliche Ich also versuchen würde, das zu imitieren und sagen würde: „Okay, ich fahre gegen eine Eiche so wie du", wird das Ergebnis eher Verletzungen und mehr Leiden sein als Erleuchtung. Insofern ist es nichts, was das „Ich" tun könnte.

Es ist also keine Übung, die du empfehlen würdest? (Beide lachen)

Nein, ich würde diese Übung nicht empfehlen. Es ist keine Praxis, auf die wir uns verlassen können. (Beide lachen)

Vielleicht hast du einige sanftere Übungen?

Einer von Tausenden oder einer Million Fällen klinischen Todes könnte vielleicht diesen „Nicht-Zustand des Geistes" hervorrufen, aber ich empfehle unbedingt den Pfad der *Sadhana* (spirituelle Disziplin). Ich lehre die Menschen, dass sie tun sollen, was immer getan werden muss, die Arbeit tun, die getan werden muss. Ich könnte es Hausaufgaben nennen; jeder muss seine Hausaufgaben machen.

Ich nenne die westliche *Sadhana* die „Innere Arbeit". Es gibt keine absolute Definition für das, was getan werden muss. Die Arbeit, die ich mit Menschen mache, basiert auf Erfahrung, ihrer eigenen Erfahrung und auf ihrem eigenen Verständnis von der Funktion, die für die Illusion verantwortlich ist. Und das ist auf jeden Fall der Verstand. Deshalb macht es Sinn, den Verstand zu untersuchen und sich anzusehen, was das ist, was wir den Verstand nennen.

Dies nenne ich den westlichen Beitrag zur Weisheit im Allgemeinen. Die Kenntnis des Verstandes, und ganz besonders die Kenntnis des Unterbewussten, ist nach meinem Verständnis viel wichtiger für westliche Schüler als für östliche Schüler.

Ich habe einige Zeit mit Osho verbracht; dort gab es ein großartiges Programm von Gruppen, die diese Art von innerer Arbeit machten, aber zu den Indern sagte Osho immer: „Oh! Du brauchst das nicht zu machen."

Papaji hat gesagt: „Mache Selbsterforschung. Frage dich selbst diese Frage: ‚Wer bin ich?' Frage es einmal, frage es richtig und dann bist du frei."

Ja, aber wer ist dazu in der Lage? Nisargadatta hat zum Beispiel gesagt, dass du, um die Frage „Wer bin ich?" zu beantworten, zuerst die Frage „Wer bin ich nicht?" beantworten solltest. Denn wie kann die Frage „Wer bin ich?" ohne ein volles Verständnis dessen, was ich nicht bin, abschließend beantwortet werden? Sri Ramana wurde auch im indischen Strom aufgezogen, nicht im westlichen Strom. Ich sehe sehr viele Menschen aus dem Westen nach Indien gehen und auf gewissen Ebenen Einblicke ins *Advaita* bekommen, aber diese Einblicke sind meist begrenzt. Meiner Auffassung nach ist das Wissen über den Verstand ein sehr wichtiger Beitrag dazu, wie sich das Ganze für westliche Menschen entfaltet.

Ich stimme dir vollkommen zu. Vor kurzem habe ich begonnen, mich für das Enneagramm zu interessieren, und ich preise es als: „Wisse, wer du nicht bist" an. Es passt zu dem, was du gerade gesagt hast. Vielleicht kannst du mehr über das Enneagramm sagen, denn ich glaube, du benutzt es auch.

Das Enneagramm bietet durchaus wertvolle Einblicke in das Unterbewusste und in die gesamte Struktur des Verstandes, der du nicht bist. Der Verstand ist nicht so persönlich, wie es scheint, aber er wird aus der Geschichte geformt und hat kollektive Wurzeln. Die ganze Vorstellung von einem „Ich" ist nicht so persönlich, wie es aussieht. Doch das Enneagramm beschreibt auch die natürlichen Qualitäten des Wesens, und diese natürlichen Eigenschaften unterscheiden sich. Nicht jeder Mensch hat dieselben natürlichen Qualitäten. Man kann sagen, dass das Licht, das auf den Diamanten scheint, auf unterschiedliche Weise reflektiert wird. Bei dem einen mag es mehr grünlich erscheinen und bei dem anderen mehr gelblich. Das sind unterschiedliche Eigenschaften, unterschiedliche essentielle Qualitäten.

Aus absoluter Sicht ist das natürlich immer noch, was du nicht bist. Einige *Advaita*-Lehrer nennen diese Ebene die primäre Illusion. Es ist, als hätte Lila, das Spiel Gottes, selbst natürliche Wege, in Erscheinung zu treten, die sich dann zeigen, wenn der Verstand, das falsche „Ich", aus dem Weg geht. So wird zum Beispiel der Archetyp des Heiligen, der auf natürliche Weise durch unterschiedliche Organismen erscheint, niemals derselbe sein wie der Archetyp des „Helden" oder des „Philosophen". Deshalb arbeitet dieser Organismus hier in einer anderen archetypischen Weise als zum Beispiel dein Organismus.

Das Problem mit dem Konzept von Erleuchtung ist, dass die Menschen bestimmte Vorstellungen darüber haben, wie Erleuchtung sich manifestiert. Westliche Menschen haben, wenn wir uns die kollektive Färbung der Idee von Erleuchtung ansehen, in ihren Köpfen den Archetyp des Heiligen, weil die Manifestation von Erleuchtung in einem Menschen innerhalb der christlichen Tradition immer mit heilig gleichgesetzt wurde. Und dann werden dem Heiligen bestimmte Attribute zugeschrieben, aber Erleuchtung ist viel undefinierbarer – sie ist unvorhersehbar.

Das Projekt „Facetten des Erwachens", in dem rund fünfundvierzig erwachte Menschen interviewt wurden, zeigt ganz deutlich, dass jeder einen anderen Geschmack hat. Es gibt keinen archetypischen erleuchteten Menschen. Die Vorstellung von einem perfekten, erleuchteten Archetyp verur-sacht dem Sucher viele Schwierigkeiten.

Das ist richtig. Die Menschen haben eine geschichtlich begrenzte Vorstellung von erleuchteten Wesen, und es ist wertvoll, in die kollektive Färbung zu schauen. Ich sage zu westlichen Menschen, egal, ob du dich als Christ oder nicht definierst, du bist sowieso ein Christ. Dass du aus der Kirche ausgetreten bist, spielt keine Rolle! Dein Verstand hat mindestens zweitausend Jahre christlicher Färbung hinter sich.

Darin liegt eigentlich die Macht dieses Missverständnisses. Es geht nicht um ein persönliches Leben. Es hat sich über Tausende von Jahren angesammelt, und die Leute unterschätzen die Macht dieser kollektiven Geschichte.

Vor dreißig Jahren reiste ich nach Indien und kam in tiefen Kontakt mit Advaita, aber wenn du jetzt anfängst, über die Mystik des Westens zu sprechen, kann ich sehen, dass es diesen Teil in mir gibt, der nicht viel Raum bekommen hat. Was du sagst, berührt mich und ist sehr interessant.

Dieser Zugang zu den westlichen kollektiven Wurzeln entstand in meinem Fall ganz natürlich. Ich habe keine feste Vorstellung davon, was oder was nicht auf mich zukommen sollte. Ich glaube, das Geschenk eines westlichen Lehrers ist, dass er oder sie den westlichen Verstand viel besser versteht als ein östlicher Lehrer. Aus absoluter Sicht ist alles dasselbe, aber es geht nicht nur um das Absolute. Es geht um die Vermählung zwischen dem Absoluten und dem Relativen, um Sein und Werden. Indische *Advaita*-Lehrer scheinen daran nicht wirklich interessiert, aber ich bin es, mehr und mehr.

Ein indischer *Advaita*-Lehrer kann westliche Menschen nicht auf dieselbe Art und Weise unterrichten wie ein westlicher Lehrer. Das ist ganz normal. Ich würde nie behaupten, dass ich indische Menschen in derselben Weise unterrichten könnte wie ein indischer Lehrer.

Abgesehen davon scheint es, dass Papaji, der natürlich Inder war, einen enormen Einfluss auf viele westliche Menschen hatte, die seitdem selbst Lehrer geworden sind. Ich habe den Eindruck, dass die größte Kinderstube für die derzeitigen westlichen Lehrer durch seinen Einfluss entstanden ist.

Das ist richtig. Wenn wir uns die Realität des spirituellen östlichen Kollektivs und des spirituellen westlichen Kollektivs der Gegenwart ansehen, ist der Unterschied, dass die unsichtbare spirituelle Matrix in der östlichen Hemisphäre immer noch lebendiger, gesünder und sichtbarer ist. In unserer Hemisphäre ist sie sehr stark zerstört worden. Das ist definitiv ein großer Vorteil in den östlichen Kulturen. Und Indien ist in einer ganz bestimmten Weise die Wiege der Spiritualität auf der Erde. Indien ist etwas Besonderes. Es ist nicht nur ein Land, es ist die Quelle.

Ja, ich empfinde das auch so. Etwas geschieht, allein wenn man etwas Zeit auf indischem Boden verbringt.

Ja. Darum ist es ganz natürlich, dass die Hauptimpulse von Indien aus nach Europa, in die Staaten, nach Australien und die gesamte westliche Welt kommen und nicht umgekehrt. Obwohl das nicht heißt, dass das indische Kollektiv nicht von dem, was ich den westlichen Beitrag nenne, lernen könnte, der auch sehr wertvoll ist. Der Verstand der indischen Menschen arbeitet anders, aber das bedeutet nicht, dass das Wissen über den Verstand völlig unnötig ist.

Vor etwa einem Jahr wollte ein indischer Buchverleger eine Tour durch Indien organisieren, auf der ich Satsangtreffen mit der Mittelklasse halten sollte. Ich war total geschockt, weil ich mich fragte, warum die Leute kommen und jemandem wie mir aus dem Westen zuhören sollten. Aber er sagte, dass die Mittelklasse in Indien auch ihre Wurzeln zum Kollektiv verloren habe. Sie sind also irgendwie ein bisschen wie die westlichen Menschen geworden.

Ja, das können wir in der ganzen modernen Welt beobachten. Die ganze Welt wird immer mehr verwestlicht. Das ist eine Strömung, die nicht der Spiritualität direkt entspringt; sie kommt von der weltlichen Ebene, sie kommt aus der Wirtschaft, der Ökonomisierung des gesamten Lebens. Das ist es, was diesen ganzen Verlust von Spiritualität überlagert, der dann übertragen wurde in die Wirtschaft, ...

Technologie, Materialismus.

Letztendlich Materialismus, ja. Es ist interessant zu beobachten, dass die gesamte materialistische Strömung, die beginnt, die ganze Welt zu erfassen, wieder eine verschleierte Form der christlichen Kultur ist, die versucht, sich auszubreiten. Es ist interessant zu sehen, wie das Christentum durch diese, sagen wir Ebenenverwechslung, einen anderen Weg findet, die Welt zu konvertieren und so in einer anderen Form missionarisch tätig ist.

Sri Ramana sagte, dass Selbsterforschung der direkteste Weg ist, das Selbst zu verwirklichen. Was sagst du über die Selbsterforschung und wie wird Selbsterforschung durchgeführt?

Ich unterscheide zwischen der kleinen Selbsterforschung und der großen Selbsterforschung. Sri Ramanas Selbsterforschung ist in ihrem Kern die große Selbsterforschung. Die Innere Arbeit, die westliche *Sadhana*, die notwendig ist, um die Illusionen des Verstandes zu durchdringen und es dem Unterbewussten zu ermöglichen, wirklich ins Bewusstsein aufzusteigen, das ist es, was ich die kleine Selbsterforschung nenne.

Also könnte man sagen, dass die kleine Selbsterforschung eindeutig die Erforschung dessen ist, was du nicht bist. Nenne es Vorbereitung, nenne es „Enthüllung", so dass der Himmel klar wird und die Frage „Wer bin ich?" keine Begrenzungen mehr hat, einfach emporsteigen kann und sich in die Ganzheit, in alles hinein entfalten kann. Sie stößt dann auf keine Grenzen mehr.

Jede unbewusste Schicht des Verstandes ist eine Begrenzung und manchmal, in sehr seltenen Fällen, ist es wirklich möglich, dass diese Frage einfach durch jede Schicht der Illusion dringt, durch jede Staubschicht, die sich im Inneren abgesetzt hat, und geradewegs durch alles hindurch zum Absoluten vordringt.

Also ja, im Endeffekt führt das zu einem widersprüchlichen Ansatz, denn während ich an etwas arbeite, was auch immer meine *Sadhana* sein mag, sollte ich die Frage „Wer bin ich?" nicht aufschieben. Ich bin für diese Frage jederzeit offen, in jedem Moment, und gleichzeitig tue ich meine Innere Arbeit. Viele Menschen, die mit *Advaita* in Berührung gekommen sind, haben nicht verstanden, was ich den paradoxen Pfad nenne. Sie glauben, dass *Sadhana* und die plötzliche Verwirklichung des Absoluten nicht zusammengehen.

Jetzt, wo wir uns ein wenig unterhalten haben, bekomme ich langsam einen Eindruck von deinem Ansatz. In der langen Zeit, die ich mit Papaji verbracht habe, ist er fast nie auf das eingegangen, was du Innere Arbeit nennst oder die Illusion. Sein ganzer Ansatz war, einfach durch alles hindurchzuschneiden, und er hatte genug Energie oder Wahrnehmung oder Kraft, das zu tun. Ich bin nicht ganz sicher, wie es funktioniert hat. Gnade ist vielleicht das richtige Wort.

Nachdem ich Menschen und sogar Lehrer beobachtet habe, die von Papaji kamen, Jahre, nachdem dies mit ihnen geschehen war, kann ich sagen, dass Papaji für viele Menschen ein großer Türöffner war. Aber diese inneren

Türen blieben oftmals nicht offen. Ich erinnere mich an Leute, die ihren Verstand nicht finden konnten, als sie 1992 in seinem Wohnzimmer in Lucknow saßen, aber später hat ihr Verstand zurückgeschlagen.

Große Öffnungen fanden statt, von denen die Leute dachten: „Das ist Erleuchtung". Aber es war nicht unbedingt die totale Zerstörung der Macht des Verstandes als abgetrennte Einheit. Es war nicht das vollkommene Verstehen des Verstandes oder die Zerstörung des Unbewussten. Es war eine große Öffnung, die für eine Weile angehalten hat, aber immer noch begrenzt war.

Es ist definitiv wahr, dass diese Kraft durch Papaji kam. Es ist jedoch meiner Beobachtung nach auf keinen Fall wahr, dass es für viele Leute das endgültige Verstehen war. Es gab eine Zeit und einen Raum, wo große Öffnungen geschahen, aber ich bin nicht mehr nur hinter großen Öffnungen her.

Man muss mit Wasser kochen. Es gibt einige wenige Zeitfenster und Orte, wo du mit Champagner kochen kannst, aber in der Regel musst du mit Wasser vorlieb nehmen; und um dem Verstand auf die Spur zu kommen, brauchst du bestimmte Qualitäten wie z.B. Disziplin, bestimmte radikale Qualitäten, die dieser Organismus sich aneignen muss, denn sonst werden die großen Öffnungen des Himmels nur zeitlich begrenzt sein.

Viele Menschen dachten also: „Wow, das ist es; ja, da ist kein Verstand." Dann ist der Verstand wieder da. Er ist wie Radioaktivität; er ist nicht sichtbar, du kannst ihn nicht fühlen, du kannst ihn nicht anfassen. Wo ist er?

Wenn du ihn suchst, ist er verschwunden, aber woher kommt er, wenn er zurückkommt? Es ist merkwürdig, dass er sich plötzlich wieder hereinschmuggelt; er kommt von nirgendwo. Ich habe das oft beobachtet, viele Jahre lang. Menschen sind naiv genug, um die Macht des Verstandes zu unterschätzen, seinen Willen, als „Ich" zu überleben.

Worüber du gerade sprichst ist einer der Schlüssel. Viele Leute haben eine große Öffnung, einen kurzen Einblick im Satsang, *aber nachdem sie dann wieder zu ihren Familien, in ihre Arbeitssituation zurückgegangen sind, schleicht sich der Verstand nach ein paar Tagen wieder ein.*

Es könnte nach ein paar Tagen sein, es könnte nach ein paar Wochen sein, es könnte nach ein paar Jahren sein. Ich sage nur, dass die Kenntnis über den Verstand wie ein Fundament ist. Wenn also diese Öffnung geschieht und keine innere Weisheit und Reife da ist, ist es so, als wäre das Gefäß nicht vorbereitet. Also muss der Verstand zurückschlagen.

Ist dein Ansatz, das Gefäß vorzubereiten, das, was du die „Innere Arbeit" nennst?

Ich erzähle den Leuten, dass du deinen Gegner kennen musst. Wenn du deinen Gegner nicht kennst, mag der Kampf für eine Weile vorbei sein, aber du weißt nicht, von wo aus der Gegner zurückschlagen wird. Unterschätze niemals deinen Gegner. Der Verstand ist viel stärker und sehr viel machtvoller, als du erfassen kannst, und er versteckt sich hinter Masken von Erleuchtung oder Weisheit. Was ist das also für ein Gegner?

Sei dir bewusst, dass der Verstand Milliarden von Menschen hat, Milliarden von Menschen besitzt, also muss man Respekt haben und letztendlich Wissen über diese Macht, so dass der Verstand wirklich ein Verbündeter werden kann. Er kann sich dann als ein Diener von allem integrieren, in das, was Ramesh Balsekar den Körper-Verstand-Mechanismus nennt.

Aber vor allem will der Verstand nicht Diener sein; er will die Macht übernehmen, er will auf dem Thron sitzen. Wenn du also eine große Öffnung erfährst, wird tendenziell der Verstand kommen und sagen: „Es ist ‚meins', ‚meine' Erleuchtung, ‚meine' Öffnung. Lass mich jetzt etwas damit tun. Lass mich ein großer Lehrer sein; lass mich den Menschen erklären, wie es geht."

Als Sri Ramana gefragt wurde: „Wann hat man das Selbst erkannt?", antwortete er: „Wenn die Welt, die das Gesehene ist, entfernt worden ist, wird die Erkenntnis des Selbst als das Sehende geschehen." Was ist das wahre Verständnis der Welt und wie beseitigt man die Welt?

Zunächst einmal, als er den Ausdruck „Welt" benutzte, meinte er den Verstand; die Welt und der Verstand sind nur zwei Wörter für dieselbe

Sache. Wenn der denkende Verstand weggenommen wird, fällt die Welt auseinander, und der Fall ins Absolute, der auch ein Fall ins Unbekannte ist, geschieht auf natürliche Weise. Dann kommt die Welt zurück, aber das ist nicht der Verstand. Denn es gibt auch etwas, das wir die Welt nennen können, das aber nicht der Verstand ist. Vorhin habe ich mich darauf als primäre Illusion bezogen, die z.B. das Sosein eines Baumes ist, das Sosein von allem, was erscheint; und in dem Sosein von allem, was ist, gibt es kein Leid.

Der Verstand muss beseitigt werden, das heißt, um wieder Ramesh Balsekar zu zitieren, die Idee persönlichen Handelns zu beseitigen, die immer die Konsequenz des „Ich"-Gedankens ist, der beansprucht, der Handelnde oder der Denkende zu sein.

Es wurde behauptet, dass der Verstand zerstört werden müsse, damit Selbstverwirklichung geschehen kann. Hast du einen Verstand? Wie zerstört man den Verstand?

Ja, selbstverständlich habe ich einen Verstand. Es gibt definitiv ein Missverständnis im Hinblick auf die Zerstörung des Verstandes. Westliche Philosophen und Psychologen würden behaupten, dass das Konzept der Zerstörung des Verstandes lächerlich ist, absurd, du könntest nicht funktionieren ohne einen Verstand. Wenn dich jemand beim Namen rufen würde, hättest du ohne den Verstand überhaupt kein Verhältnis zu diesem Namen. Wie sollte das funktionieren?

Aber darin ist ein Körnchen Wahrheit, allerdings auch Missverstehen und Arroganz. Das Körnchen Wahrheit ist, dass der Verstand in seiner Essenz nicht zerstört werden kann.

Andererseits: Es ist der denkende Verstand, der zerstört werden kann, ja, er muss sogar zerstört werden. Seine Vorstellung, ein abgetrenntes Wesen zu sein, das die Macht hat, die Welt, andere Menschen oder mich zu beeinflussen, ist das Ergebnis einer Spaltung, einer Spaltung innerhalb des Verstandes selbst und seines mentalen Universums von Ideen. Wenn diese ursprüngliche Spaltung sich wieder zusammenfügt, reflektiert der Verstand nicht mehr sich selbst, sondern ist dann nur noch Diener innerhalb der Einheit oder, sogar ein noch besseres Wort, innerhalb von *Advaita*.

Ramesh trifft eine wichtige Unterscheidung, die deutlich macht, dass der Verstand nicht zerstört werden muss. Der „denkende Verstand" muss zerstört werden, aber der „arbeitende Verstand" ist nicht nur wichtig, sondern absolut notwendig, damit der Körper-Verstand-Mechanismus funktionieren kann. Wenn der arbeitende Verstand tot ist, ist der Organismus tot.

Ich habe einen Verstand, aber ich habe keinen persönlichen Verstand, der die Vorstellung hat, persönlich zu sein, für sich zu sein, ein Jemand zu sein. Aber dieser Organismus braucht auf jeden Fall einen Verstand. Der Verstand ist großartig, die Essenz des Verstandes ist reine Intelligenz.

Ich habe Ajja für das Buch „Facetten des Erwachens – Indische Meister" interviewt. Hast du von ihm gehört?

Ja, ich habe von ihm gehört. Er hat vor einiger Zeit ein Interview in der Zeitschrift „What is Enlightenment?" („Was ist Erleuchtung?") gegeben.

Das ist richtig, mit Andrew Cohen. Wir haben ihn in den letzten vier Jahren regelmäßig besucht und jedes Jahr mit ihm Satsangs gehabt. Er hat seinen Körper im Februar 2008 verlassen, als er etwas über 90 Jahre alt war. Wir waren zehn Tage, bevor er seinen Körper verließ, dort. Jeder konnte spüren, dass da ein außergewöhnliches Wesen und fast keine Person mehr war. Was vom Persönlichen übrig war, schien so wenig zu sein, dass es sich anfühlte, als wäre da nur dieses reine Gefäß. Das war ziemlich außergewöhnlich.

Die kleine Gruppe von Menschen, die um ihn herum lebte, erzählte uns, dass er, als beispielsweise der Krieg im Irak begann, für drei oder vier Tage in sein Badezimmer verschwand und es den Anschein hatte, dass sein Körper von den Energien des Planeten übernommen wurde. Von all den Meistern, die ich getroffen habe, muss ich sagen, dass er fast keine Person mehr war.

Ich weiß, was du meinst, obwohl ich das ein bisschen anders sehe. Ich sehe einen anderen Aspekt. Wenn der Körper älter wird, geht er durch einen Prozess der Dematerialisierung. Mein Körper ging durch diesen Prozess durch den Unfall, und dann, nach dem Unfall, ging ich durch einen Prozess der Rematerialisierung. Jetzt fühlt sich mein Körper etwas zerbrechlich an, aber es gibt eine *Shakti* (Energie, universelle weibliche Kraft), und der Körper ist überhaupt nicht transparent. Aber wenn der Körper altert, wird alles normalerweise viel feiner. Das Gesicht des Todes scheint hindurch, nicht als Schreckensmaske, sondern als feine Liebesenergie.

Ja, ich denke, so war es, als wir Ajja das letzte Mal trafen.

Es war genauso bei der Form von Ramesh, kurz vor seinem Tod. Da schien dasselbe durch, sehr subtil. Es ist fast, als könntest du durch die Haut die Knochen sehen. (Ramesh verließ seinen Körper bald nach diesem Interview.) Aber dieser Organismus hier ist definitiv in einem anderen Zustand. Es gibt gewissermaßen mehr Persönlichkeit.

Was ist mit den Neigungen des Verstandes? Müssen sie beseitigt werden, bevor die Selbstverwirklichung dauerhaft werden kann? Wie beseitigt man die Neigungen des Verstandes?

In gewissem Sinne habe ich die Frage schon beantwortet. Diese Vorstellung des linearen Denkens, dass es zuerst eine Vorbereitung geben müsse, dann eine Zeit der Reife, und dann erst kann Erleuchtung stattfinden, ist einfach nicht wahr! Das ist zu eindimensional. Deshalb sagte ich, wir müssen uns mit dem Paradox befassen. Das heißt, arbeite an den latenten Neigungen des Verstandes, bete, meditiere, mache Innere Arbeit, tue, was immer getan werden muss, und sei gleichzeitig offen dafür, die Wahrheit zu realisieren. Während du dich mit dem Unwahren beschäftigst, sei offen, die Wahrheit, das Absolute zu verwirklichen.

So arbeite ich mit den Menschen. Ich handle widersprüchlich. Die Treffen, die ich *Darshans* nenne, weisen direkt auf das Absolute hin, aber gleichzeitig arbeite ich mit den Menschen. Ich habe vor zehn

Jahren eine Schule gegründet, die Mysterienschule, in der ich mit den Menschen arbeite und dabei die metaphysische Weisheit der Zeitalter anwende, geheimes Wissen und nicht geheimes Wissen (lacht). Dort machen wir *Sadhana* auf den verschiedenen Ebenen des Organismus: physisch, emotional und mental. Das nenne ich den integrierten Ansatz, der sich auf jede Ebene im Relativen bezieht und natürlich auf das Absolute.

Einige Leute glauben: „Ich muss mich vorbereiten und es wird in der Zukunft passieren, wenn ich reif genug bin." Andere, die *Advaita* missverstanden haben, denken genauso linear, aber in die entgegengesetzte Richtung. Sie behaupten, jegliche Vorbereitung sei sinnlos: „Tue gar nichts, mache deine Arbeit nicht, sitze einfach da und wisse, wer du bist." Sie weisen das Konzept der Entfaltung zurück. Aber das ist nur die entgegengesetzte Richtung desselben linearen Missverständnisses und nicht die volle Erkenntnis des Paradoxons, das mit dem denkenden Verstand nicht gelöst werden kann. Ja, letztendlich müssen wir jedes Konzept zurückweisen, sogar das Konzept von Konzeptlosigkeit.

Das gefällt mir sehr; akzeptiere das Paradox. Du hast ein paar Dinge gesagt, die mich berührt haben und denen ich wirklich zustimme. Die Art, wie du über die Innere Arbeit sprichst, ist sehr tiefgreifend. Es ist wirklich sehr interessant.

Was ich sage, ist, dass die menschliche Wahrheit wirklich jenseits des linearen Ansatzes liegt. Die Frage, der wir nun gegenüberstehen, ist: Geschieht Erleuchtung plötzlich oder ist es ein Weg? Wie kann dieses Problem gelöst werden?

In der Zen-Tradition hat es lange einen Kampf zwischen verschiedenen Schulen gegeben. Die Soto-Schule betonte mehr die Schritte des Pfades, den Prozess der Anhebung, während die Rinzai-Schule den plötzlichen Knall hervorhob. Ich würde sagen, dass Papaji mit seinem Ansatz definitiv mehr in diese Richtung ging. Ich bin weder auf der einen noch auf der anderen Seite. Ich erkenne, dass der Ansatz ein Paradox ist, und wer immer auch nur versucht, dieses Paradox zu lösen, irrt sich. Es gibt da keinen Widerspruch. Der Widerspruch ist nur das

Ergebnis eines Versuchs des Verstandes, das Problem zu lösen, das nicht gelöst werden kann.

Wenn du mich vor zehn Jahren gefragt hättest, hätte ich gesagt, dass das einzige Ziel für die Menschen Erleuchtung ist. Jetzt würde ich auf eine differenziertere Weise antworten. Ich würde sagen, ja, die wahre Quelle und das Ziel der Menschen ist, zum Selbst zu erwachen, die Selbstverwirklichung, und zusätzlich das Entfalten des höchsten göttlichen menschlichen Potenzials zu erlauben.

Dies hier ist wiederum ein Prozess im Relativen. Erleuchtung ist nicht das Ende, es ist nicht das Ende eines relativen Prozesses. In der Mysterienschule müssen die Leute den Unterschied zwischen „suchen" und „lernen" verstehen. Als Papaji gesagt hat: „Beende die Suche", haben manche Leute verstanden: „Beende das Lernen", oder: „Beende den Weg." Das hat er nicht gesagt.

Wie bei allen indischen *Advaita*-Meistern integrierte Papajis Ansatz nicht den, wie ich es nenne, Prozess der menschlichen Erhebung zur höchsten Weisheit. Das heißt, das Bemühen hört niemals auf. Es ist ein Paradox, als würde etwas, was schon ganz ist, nach der höchsten Verwirklichung streben oder der höchsten Emanation dessen, was ganz ist.

Ich nenne das die Vermählung der Philosophie des Seins mit der Philosophie des Werdens. Dies sind zwei verschiedene Ströme, und mein Verständnis ist, dass der höchstmögliche, nennen wir es „Zustand", diese Vermählung ist und nicht das Verschmelzen mit dem Absoluten. Man kann das in den zehn Ochsenbildern im Zen sehen. Ursprünglich gab es nur acht Bilder, und zuerst war das achte Bild eigentlich das vollkommene Auflösen in die Leere, was nur eine andere Art ist, auf: „Das ist das Absolute, nichts ist existent" hinzuweisen. Dann brauchte es einige Generationen von Zen-Meistern, um ein Fazit aus dem ganzen Szenario zu ziehen, und zwei zusätzliche Bilder wurden hinzugefügt.

Das letzte handelt davon, dich selbst auf dem Marktplatz wiederzufinden. Nicht nur, dass du vollständig im Leben stehst, sondern auch der Prozess des Strebens nach dem höchsten Potenzial ist nicht vorbei. Der Prozess des Lernens ist nicht vorbei. Das ist ein Aspekt, den der indische Strom definitiv vernachlässigt.

Ich denke, dass du eine sehr spezielle Sicht darauf hast. Ich bin dem eigentlich in keinem anderen Interview so begegnet. Du hast einen sehr einzigartigen westlichen Filter. Ich habe gespürt, wie das einige Male im Interview durchgekommen ist.

Ich sehe, dass im spirituellen Bereich die östliche und die westliche Hemisphäre die zwei Teile repräsentieren, die das große Paradox bilden. Das zeigt sich auch im Yin-Yang-Symbol und in allen anderen großen kosmologischen Symbolen; sie zeigen alle dasselbe. Der östliche Ansatz ist nicht vollständig, wenn er ausschließlich die Verwirklichung des Selbst betont.

Es muss eine Vermählung zwischen diesen beiden Ansätzen geben, die widersprüchlich erscheinen. Es scheint so, dass sie nicht miteinander verschmelzen können; sie können nicht eine Einheit bilden. Sie scheinen einander auszuschließen. Wir können diese einzigartige Vermählung nur verwirklichen, wenn wir über den Ansatz des linearen Denkens hinausgehen, der versucht zu trennen und dem einen oder anderen zu folgen. Wir mögen unterschiedliche Eintrittstore haben, aber um das Höchste zu realisieren, müssen wir alle widersprüchlichen Ansätze, jeden inneren Widerspruch aufgeben und auf eine „No-Mind"-Weise zusammenkommen.

Gibt es irgendwelche Stufen der Erleuchtung? Was sind das für Stufen? Wie kann man jede Stufe erreichen?

Wie kann es Stufen der Erleuchtung geben? Erleuchtung ist die Auflösung von Stufen. Auf dem inneren Pfad kann es Stufen der Einblicke geben, die man relative Einblicke oder vorübergehende Einblicke nennen könnte, aber ich würde sie nicht Stufen der Erleuchtung nennen. Ich würde sie Einsichten oder flüchtige Einblicke oder relative Öffnungen nennen, aber Erleuchtung ist Erleuchtung. Der Begriff wurde dadurch verwässert, dass man zu viel darüber gesprochen hat.

Dieses Stufenkonzept birgt wieder die Gefahr, lineare Wege zur Wahrheit finden zu wollen, was ebenfalls eine typisch männliche Idee eines Verstandes ist, der seine femininen Wurzeln verloren hat. Das ist, nebenbei bemerkt, eine allgemeine Krankheit des westlichen Verstandes, was mit den christlichen Patriarchen zu tun hat, die die gesamten christlichen Lehren gefärbt haben. Es ist eine allgemeine Krankheit, nicht nur in Männern, sondern auch in westlichen Frauen; der Denkprozess ist maskulin.

Daher ist meine Antwort, nein, es gibt keine Stufen der Erleuchtung. Es gibt Erleuchtung und es gibt relative Einblicke, die nicht auf der endgültigen Verwirklichung, dem endgültigen Wissen basieren. Und es gibt Zustände. Wir können Erleuchtung noch nicht einmal einen Zustand nennen. Natürlich weiß ich, dass die Menschen das nicht unterscheiden können. Man kann nur erkennen, was auf der Ebene des Verstehens ist, auf der man sich selbst befindet.

Was mir gefällt, sind die Stationen, die in den zehn Ochsen-Bildern gezeigt werden. Es ist eine brillante Art, in Tausenden von Jahren gereift, zu zeigen, was wirklich die Stationen des spirituellen Weges sind, die sich auf natürliche Weise einstellen. Das ist der wissenschaftliche Ansatz: nur zu beobachten.

Aber der Verstand will wiederum ein Konzept daraus machen und wissen, was Schritt zwei ist, der nach Schritt eins auf dem Weg zur Erleuchtung kommt. Es ist eine große Desillusionierung, dass diese berechenbaren Schritte nicht funktionieren, weil ich letztendlich zugeben muss, dass ich nicht weiß, was Schritt zwei sein wird, richtig? Aber ich kann mich auf jeden Fall auf einen Lehrer verlassen, der das endgültige Wissen hat und kein starres Konzept von Schritt eins, Schritt zwei, Schritt drei!

Sehr schön; das sagt etwas über den Wert eines Meisters aus, was meine nächste Frage ist.

Es scheint grundlegend zu sein, einem Meister zu begegnen und sich diesem Meister hinzugeben. Wer ist der Meister, was ist die Rolle des Meisters und wie erkennt man einen wahren Meister?

Das waren viele Fragen in einer! Wie erkennt man einen wahren Meister? Es gibt eine enttäuschende Antwort auf diese Frage und die ist, dass man es nicht kann. Weil, wie ich vorher schon gesagt habe, man etwas, das „nichts" ist, nicht erkennen kann. Es ist jenseits unserer Wahrnehmungsfähigkeit. Aber das ist auch keine absolute Antwort, denn obwohl die Menschen von Verstandesschichten beherrscht sind, ist eine Aufnahmefähigkeit für diese Kraft da, die aus unbekannten Gründen in der Lage ist, durchzudringen und direkt ins Herz des Seins zu gehen. Obwohl es einen Verstand gibt, und obwohl es Widerstand und das ganze Szenario geben wird, wird jenseits des Verstandes erkannt, dass dies ein Meister ist.

Wie auch immer, wenn die Menschen lernen, sich selbst treu zu bleiben, lernen sie, zwischen der Stimme des Herzens und der Stimme des falschen Verstandes zu unterscheiden. Wenn sie mit einem Meister zusammen sind, beginnen sie, tiefer in ein wahrhaftiges Verhältnis mit sich selbst hineinzufallen, weil der Meister das Selbst ist.

Oder aber sie fangen an, während des Prozesses innerer Vertiefung die Grenzen in den Lehren zu erkennen. Sie fangen an zu erkennen, dass die Lehre nicht rein ist, dass es unterschiedliche Arten der Färbung gibt oder Imitationen der Lehre als spirituelle Konzepte.

Meister und Prediger können dieselben Worte benutzen, sie können das Wissen des *Advaita* benutzen, aber wir können nicht nur anhand der Worte unterscheiden. Wir können auch nicht nur anhand der Handlungen der Meister unterscheiden. So einfach ist es nicht. Wir können den Verstand nicht durch Handlungen erkennen, der Verstand kann alles imitieren, alles.

Was wir brauchen, ist eine vollkommene Innenschau und ein sehr stilles, inneres Zuhören; dann haben wir vielleicht flüchtige Eindrücke von einem wahren Meister. Aber der denkende Verstand hat nicht die Fähigkeit der Unterscheidung, er kann nicht wirklich wissen.

Die Zen-Tradition ist viel rauer als die *Advaita*-Tradition. Indische Meister haben oft eine sehr sanfte Persönlichkeit, weil das indische Kollektiv im Allgemeinen ein eher weiches, sanftes und feminines Kollektiv ist: „Mutter Indien". Es hat einen ganz außerordentlich süßen Duft. Zen-Tradition ist viel rauer, und dort gab es Meister, die sehr eigenartige, extreme und man kann sogar sagen, brutale Dinge getan haben, die der moralistische christliche Verstand niemals Liebe nennen würde! Es gibt eine sehr bekannte Zen-Geschichte, in der der Meister die

Fingerspitze eines Schülers abgeschnitten hat, und in diesem Moment wurde er erleuchtet.

In meinem Buch „Papaji – Kraft der Gnade" gibt es einen Vorfall, in dem Papaji offensichtlich eine Frau namens Sathya einen Schlag versetzt. Sie fiel danach in einen viele Wochen andauernden Zustand, in dem es keinerlei Bewegung mehr in ihrem Verstand gab. Aber wenn du darüber liest, hört es sich total schockierend an, dass er eine fünfzigjährige Dame schlug.

Das ist noch relativ harmlos. In alten Geschichten über Zen-Meister wurden sogar Schüler getötet. Das sind alles Legenden, aber, wie du weißt, ist in der Legende immer ein Körnchen Wahrheit.

Was ist die Rolle des Meisters?

Der Meister ist ein Führer, ein Begleiter und auch ein Katalysator. Es ist wahr, dass man, von einem absoluten Gesichtspunkt aus, keinen Meister in einer personengebundenen Form braucht. Alles kann der Meister sein, kann „der" Meister sein, innen oder außen.

Der Meister in Form einer Person ist ein Katalysator. In der Nähe eines persönlichen Meisters können Prozesse, die sonst vielleicht Hunderte von Jahren brauchen würden, plötzlich schmelzen. Hunderte von Jahren können in ein paar Jahre zusammenschmelzen oder zum Schluss in gar keine Zeit.

Ich denke, es war eine schöne Idee von J. Krishnamurti, die Menschen zu lehren, sich auf die innere Autorität, auf den inneren Lehrer zu fokussieren. Gleichzeitig nannte er die äußeren Lehrer „einen Fluch". Es gibt nur sehr wenige Lehrer, hauptsächlich Amerikaner, die diese Linie verfolgen. Es ist eine schöne Idee, aber sie passt nicht zur Beobachtung, zur naturwissenschaftlichen Beobachtung von Generationen von Suchern. Sie ist nicht im Einklang mit der beobachtbaren Realität. An diesem Punkt verließ J. Krishnamurti die reine Lehre des inneren Wissenschaftlers, da sich ein ungelöstes persönliches Autoritätsthema in den Weg stellte. In meinem neuen Buch „Intelligenz des Erwachens" schrieb ich einen differenzierten Kommentar zu J. Krishnamurti und seinem Verstecken hinter der Position des „Nicht-Lehrers".

Tatsache ist, dass das Zusammensein mit einem Meister in einer persönlichen Form der radikalste, klarste und offensichtlichste Ansatz ist, sich der Wahrheit zu nähern. Alles andere funktioniert für mindestens neunundneunzig Prozent der Menschen nicht.

Traditionell hatten die Anhänger eine enorme Hingabe zum Meister. Bitte sage etwas über Hingabe im Zusammenhang mit Erwachen.

Hingabe ist für westliche Menschen sehr schwer. Sie ist nicht wirklich Teil ihres Horizonts, gehört nicht zu dem, was der Verstand gelernt hat. Hingabe passt nicht zu den kollektiven Resultaten des Zeitalters der Aufklärung, durch das unser Kollektiv gegangen ist. Die Frucht des Zeitalters der Aufklärung ist der freie Wille und der Gebrauch des mündigen Verstandes. Das Konzept der Hingabe lässt sich nicht wirklich mit der Idee des freien Willens verbinden und mit der Idee der Trinität aus der französischen Revolution: liberté, égalité, fraternité (Freiheit, Gleichheit, Brüderlichkeit).

Ich kann kein französisch, aber es hört sich gut an. (Beide lachen)

Dies führt die Menschen zum Verständnis der menschlichen Würde, doch gibt es eine Verwechslung von menschlicher Würde und individuellem Willen, der sich im Konzept der Selbstbehauptung ausdrückt. Das ist die Macht des Ego, die Behauptung des „Ich". Es gibt also einen großen Konflikt auf einer kollektiven Ebene. Er ist nicht nur auf der persönlichen Ebene, er ist auch auf der kollektiven vorhanden.

Es ist schwer für westliche Menschen, wirklich etwas über Hingabe zu lernen, weil Hingabe impliziert, dass es da definitiv etwas Höheres gibt, als ein „Ich" zu haben, etwas, das selbst höher als die menschliche Würde ist. Und dass „das, was höher ist", sich sogar in einer persönlichen Form zeigen könnte, ist überhaupt nicht im Konzept der westlichen Sucher vorhanden. Ja, natürlich, Jesus Christus, vor zweitausend Jahren! Es ist einmal passiert, aber danach, wie du weißt, wartet das christliche Kollektiv immer noch, wartet und wartet (lacht) auf einen neuen ...

Messias!

Ja, und seitdem hat die christliche Religion praktisch alle lebenden Mystiker verfolgt. Verfolgt, gefoltert, als Abergläubige verbannt. In unserer Kultur existierten erleuchtete Lehrer nicht. Heiligsprechung ist nur für die Toten.

Ich denke, wenn wir etwas über Hingabe lernen wollen, müssen wir vom Osten lernen. Ich war immer sehr berührt von der Hingabe indischer Menschen, eine natürliche Hingabe, die keiner inneren Anstrengung bedarf. Aber für westliche Menschen braucht es Anstrengung, und um ehrlich zu sein, manchmal auch ein Gefühl von innerer Demütigung, bis sie ihren Kopf beugen. Wenn ich das sage, kannst du dir schon den Argwohn des westlichen Verstandes vorstellen, wenn er das hört. Er sucht ständig nach potenziellem Missbrauch. Höre diese Worte nur einmal mit den Ohren von Zweifel und Misstrauen!

Jesus sagte so etwas wie: „Den Demütigen gehört das Himmelreich."

Ja.

Das steht in Verbindung mit der Hingabe. Gehst du in irgendeiner Form in deinen eigenen Lehren darauf ein?

In unterschiedlichen Formen. Ich lehre verschiedene heilige Bewegungen in der Mysterienschule, die den Aspekt der Hingabe in Menschen berühren. Dies sind sehr, sehr langsame Bewegungen, die eine Verbindung zu Gebetshaltungen haben.

Hast du sie von Gurdjieff gelernt?

Ich hatte verschiedene Lehrer, bevor ich meinen Autounfall hatte, darunter auch einen Sufi-Lehrer. Ich würde ihn nicht erleuchtet nennen, aber er war definitiv ein Mystiker. Der Kern dieser Bewegungsübungen kam von ihm, aus der Tradition, aber sie wurden auf eine natürliche Weise modifiziert. Das ist also ein Weg.

Aber der kraftvollste, direkteste Weg, der auf eine natürliche Art und Weise auf den Aspekt der Hingabe hindeutet, ist, dass du zu den Menschen die Wahrheit sprichst und dass du Unwahrheit in bestimmten Momenten nicht tolerierst. Den Menschen die Wahrheit zu sagen, ist manchmal demütigend für das Ich. Ich brauche keine persönliche Intention, Menschen zu demütigen. Es ist einfach DAS, was ausströmt und den Verstand auf eine Art demütigt, dass er in dem Moment zugeben muss, dass dies eine Lüge war, eine Illusion, nur eine ausgedachte Geschichte, auch wenn sie spirituell oder gut oder erwacht klang.

Ein Augenblick wahrer Demütigung ist nicht ein Augenblick des Leidens. Er hat das Potenzial der Hingabe in sich, weil es der Augenblick ist, in dem Stolz in Demut transformiert werden kann. Jemand, der das erkennt, der den Schlag hinnimmt, erfährt den Duft der Hingabe. Ein anderer, der diesen Augenblick nur dazu nutzt, sich zu verteidigen, sich in seine Festung zurückzuziehen, erntet die Früchte der Hingabe nicht. Hingabe führt zu Liebe und Liebe lässt alles schmelzen.

Sucher haben oft merkwürdige Vorstellungen vom erleuchteten Zustand. Bitte beschreibe deinen typischen Tag und wie du die Welt wahrnimmst.

Erleuchtung hat nichts mit der äußeren Welt zu tun und nichts mit der Oberfläche. Ich könnte es so beschreiben, dass alles aus einer tiefen, inneren Stille entspringt. Die Aktivitäten an der Peripherie der Welt haben nicht die Macht, sich in diese Stille einzumischen oder mit dem Kern zu interagieren.

Es gibt keine Möglichkeit mehr, sich an der Oberfläche zu engagieren. Das heißt nicht, dass ich nicht wütend werden kann. Das heißt nicht, dass ich nicht alle Formen natürlicher menschlicher Zustände des Berührtseins oder sogar Aufgeregtseins zeigen kann. Aber da ist das tiefe, unendliche Bewusstsein einer ewigen Stille, in der die Welt stattfindet, und niemals gibt es die Verbindung zwischen dem Seher und dem „Ich-Gedanken".

Der „Ich-Gedanke" ist entwurzelt. Es ist, als ob du das Unkraut nimmst und aus dem Boden ziehst; es kann kein Lebenssaft mehr nachfließen, weil es entwurzelt ist. Das ist eine mächtige Erfahrung. Es heißt nicht, dass der Verstand keine Negativität mehr hat. Der Verstand wird immer Negativität haben, sogar in den höchsten Zuständen, die vorübergehend sind, weil Erleuchtung kein Zustand ist.

Wie kann irgendetwas, das sich manifestiert, keine Negativität haben? Die Manifestation selbst ist die dualistische Welt. Diese Vorstellung, die Negativität müsse überwunden werden, ist eine Verwirrung. Viel wichtiger, als die Negativität zu überwinden, ist das eigene Verhältnis dazu. Das nenne ich, „das Unkraut entwurzeln". Der Verstand produziert manchmal noch ein paar negative Gedanken, aber es gibt keine persönliche Beziehung mehr zu ihnen; und so werden sie einfach verbrennen. Alles verbrennt in Bewusstheit. Also lass die Wolken, die kommen, einfach vorbeiziehen; es gibt nichts, was du tun kannst. Versuche nicht, gut oder sogar besser zu sein.

Die letzte Frage: Du hast uns einen tiefgründigen Diskurs über das Erwachen gehalten ...

Ich weiß nicht, ob das tiefgründig war.

Ich empfand Teile als tiefgründig. Wenn du jemanden mit einer Leidenschaft für das Erwachen treffen würdest, was wäre dein kurzer Ratschlag?

Weißt du, mein Rat oder mein Zusammensein mit der Person würde auf jeden Fall die Ebene, auf der sich diese Person befindet, einbeziehen. Mit anderen Worten: Wie heiß ist dieses Feuer und wie heiß ist deine Bereitschaft, es brennen zu lassen? Ich gebe Menschen niemals denselben Rat. Der Rat ist nur eine Reflektion des Verlangens der Person, die vor mir sitzt. Wenn jemand einen Rat zu seiner Beziehung mit seiner Freundin haben will, gebe ich ihm vielleicht einen Rat auf dieser Ebene oder ich sage nur: „Ich weiß es nicht. Es ist nicht interessant."

Aber dennoch kann ich sagen, dass, wenn wirklich, wirklich Feuer da ist, es auf eine andere Weise zurückgespiegelt wird. Mit anderen

Worten, wenn der Input leidenschaftlich ist, erscheine ich vielleicht leidenschaftlich, wenn der Input nicht leidenschaftlich ist, bin ich vielleicht nicht interessiert. Das ist nicht so, weil ich eine bestimmte Vorstellung darüber habe, wie man sich benehmen sollte; es ist einfach die natürliche Art, wie etwas reflektiert wird.

Gibt es irgendetwas, das du ergänzen möchtest?

Nun, ich glaube, dass die meisten Menschen nicht wirklich am Erwachen interessiert sind. (beide lachen)

Da muss ich dir natürlich zustimmen!

Auch viele Sucher sind nicht interessiert. Ich erinnere mich, dass Gangaji einmal gesagt hat, dass sie nie wüsste, welche Menschen plötzlich Durchbrüche haben würden. Es gibt Menschen, die üben, stundenlang jeden Tag meditieren, viele Lehrer treffen, viele Bücher lesen. Sie wissen eine Menge, aber es ist kein inneres Wissen; es sind nur angesammelte Kenntnisse. Sie sind mit dir zusammen, aber du fühlst, dass tief darunter ein Fels ist. Er sagt: Ich will nicht wirklich wissen. Der innere Prozess ist also der einer Stagnation, und es passiert eigentlich nichts, weißt du? Noch einmal, das ist nur ein weiteres Zeichen des Unbekannten. Man weiß es nie.

Im Allgemeinen muss ich sagen, gibt es wenig Interesse, letztendlich sogar innerhalb der so genannten *Satsang*-Bewegung. Ich war nie ein Freund dieser verwässerten Bewegung, und die Anzahl der Leute, die zu diesen Treffen gehen, ist sehr zurückgegangen, seit ihrem Höhepunkt in der Jahrhundertwende. Menschen, die wirklich interessiert sind, sind auch offen, die notwendige Innere Arbeit zu tun. Sie sind offen für alles, was getan werden muss. Der Lehrer ist das Selbst. Das Selbst sagt dir, was zu tun ist und was nicht.

Dafür gab es ein wunderbares Beispiel beim letzten Treffen, das wir mit Ajja hatten. Eine Geschäftsfrau aus Australien, eine sehr nette Frau, die etwa fünfundfünfzig Jahre alt war, saß vor ihm und stellte ihre Frage. Ich kann mich an die Frage wirklich nicht mehr erinnern, aber es war eine ganz und gar wohlerzogene Frage, und sie hat wahrscheinlich auf eine ganz und gar wohlerzogene Antwort gehofft.

Aber dann forderte er sie heraus und fragte: „Bist du wirklich an der Beantwortung dieser Frage interessiert? Ist das wirklich dein Interesse?"

Sie hatte die Falle nicht richtig verstanden, die dabei war zuzuschnappen, also sagte sie: „Natürlich, ja, ja." Dann sagte er: „Hast du ein Rückflugticket?", und sie sagte: „Ja, ich habe ein Rückflugticket." „Bist du bereit, dein Rückflugticket zu zerreißen?" Sie bekam einen Riesenschreck, während er sie einfach weiter herausforderte, ihr Ticket zu zerreißen und in seinem Ashram zu bleiben; dann wolle er ihre Frage beantworten.

Für sie stand das überhaupt nicht zur Debatte. Beim nächsten Treffen am nächsten Tag saß sie in der hintersten Ecke, ganz hinten, und hoffte, dass er sie nicht bemerken würde. Aber natürlich funktionierte das nicht, und das Erste, was passierte, war: „Wo ist diese Frau?" (Beide lachen)

Ich möchte mit der Beobachtung schließen, dass wir dieses Interview wirklich „abgehandelt" haben. Es war sehr tiefgehend und es ist sehr schön für mich, dir in dieser Weise zu begegnen.

Alles Gute für dein Projekt.

Danke.

Padma & Torsten

Ich würde sagen, es ist auch sehr hilfreich, manchmal allein zu sein, wirklich allein und nicht mit anderen Menschen, mit deinem Partner oder mit den ganzen Ideen über Beziehung beschäftigt zu sein. Nutze die Chance, keine Beziehung zu haben, allein zu sein und deinen eigenen inneren Frieden und deine eigene Liebe zu finden, die beide nicht von Beziehung abhängig sind.

Wir hatten von Anfang an eine ganz klare Vereinbarung,
dass unsere Beziehung im Dienst der Wahrheit steht.

Padma & Torsten

Padma & Torsten

Padma und ihr Partner Torsten leben in Hamburg. Sie bieten seit 2002 zusammen Satsang an. Beide sind tief verbunden mit der Linie von Sri Ramana Maharshi und Sri Poonjaji. Sie sehen Gangaji und Eli Jaxon-Bear als ihre hauptsächlichen Lehrer an, für die Padma seit 1997 auch übersetzt. 2001 begann sie, Einzelsitzungen und Ausbildungen in „Leela-Therapie" und Enneagramm und ebenso Satsang anzubieten. Torsten beschäftigt sich vor allem mit transpersoneller Psychologie. 1998 unterstützte Gangaji ihn darin, sein Erleben der Freiheit mit anderen zu teilen. 2007 eröffneten Padma und Torsten das Zentrum für Meditation und Selbsterforschung. Dort bieten sie Gruppen und Kurse an.

Deva Setu, der das Jetzt-TV leitet und so etwas wie ein Experte in Sachen Meister ist, machte mir den Vorschlag, Padma und Torsten zu interviewen. Mir gefiel diese Idee, da sie jünger sind, ein Paar, direkten Kontakt mit Papaji hatten und für Gangaji und Eli übersetzten. Wir trafen uns zweimal, und ich genoss die Herausforderung, zwei Menschen zu interviewen und über ihre persönliche Beziehung in Wahrheit zu sprechen.

Sri Ramana Maharshi empfahl die grundlegende Frage: „Wer bin ich?" – Wer seid ihr?

Torsten: Wenn ich diese Frage höre, oder wenn ich mich selbst frage: „Wer bin ich?", dann führt das ins Nichts. Es lenkt meine Aufmerksamkeit zur Quelle dessen, was ich bin, und das ist vor dem, was ich sehe, vor äußeren Objekten, vor dem, was ich im Inneren fühle und sogar vor der Erscheinung meines Namens, meiner persönlichen Identifikation, der Geschichte von „Torsten". Diese Frage führt zum Zentrum, von dem aus alles gesehen wird, und dort wird nichts gefunden. Sie geht zur Leere. Aber sogar „Leere" ist nur ein Wort, das von der Leere gesehen wird. Jedes Wort, das ich für das, was ich bin, finden kann, ist in dieser Hinsicht nicht korrekt. Doch es führt in diese Richtung, und da kann ich dann nichts mehr sagen. (Kichert)

Padma: Zurück bleibt eine lebendige Erforschung; wir schauen einfach weiter, was da ist. Auf diese Weise bleibt sie lebendig und frisch, aber wenn wir untersuchen, wer oder was oder wo „Ich" ist, finden wir keine eigenständige Wesenheit. Wenn wir zurückgehen zu diesem Urgrund, wo die Wahrnehmung wahrgenommen wird, oder von wo aus Sprechen oder Handlung entspringt, was kann da gefunden werden? (Lacht)

Torsten: Ja, so ist es.

Viele Sucher suchen nach Erleuchtung, als sei sie ein Erlebnis, eine Erfahrung. Was ist Erleuchtung?

Padma: Wir können Erfahrung untersuchen und sehen, dass sie aus Wahrnehmung besteht und aus dem, was wir mit Wahrnehmung machen, wie wir auf sie reagieren. Wir können „das Licht des Bewusstseins", unsere Aufmerksamkeit, auf Erfahrung richten, und alle möglichen Erfahrungen können daraus hervorgehen, aber, wie bei der Erkundung von „Ich", liegt das Hauptinteresse auf dem Urgrund der Erfahrung – auf dem, woraus sie hervorgeht.

Torsten: Wir benutzen das Wort „Erleuchtung" nicht oft, weil es sehr stark mit besonderen Erfahrungen, die wir unbedingt machen wollen, in Verbindung gebracht wird. Aber im Kern ist es: zu erfahren, wer oder was erfährt. Wie Padma sagte, oft gibt es die Erwartung, dass es da etwas zu finden gibt: ein begrenztes, eigenständiges Wesen, das in Raum und Zeit existiert. Aber wenn der Urgrund des „Erfahrenden" wirklich erlebt wird, dann gibt es nur ein sich Öffnen hinein in die Weite unserer wahren Natur.

Würdet ihr sagen, dass das Wort „Erleuchtung" wegen seiner Geschichte etwas kontraproduktiv ist? Es ist ein ausdrucksstarkes Wort, und wahrscheinlich hat es Menschen dazu geführt, nach etwas ganz Besonderem zu suchen, wodurch das, was so sehr gewöhnlich ist, übersehen wurde.

Padma: Manchmal benutzen wir Worte, die auf etwas hinweisen können, das man wirklich nicht mit Worten ausdrücken kann. Eine Zeit lang mag ein Wort hilfreich und frisch sein und uns in das Unbekannte zurückwerfen, aber bald schon betrachten wir es als selbstverständlich: „Oh, ja, genau, ich weiß schon: ‚Erleuchtung'." Dann ist es nicht mehr hilfreich.

Torsten: Manchmal benutzen wir den Begriff „Erwachen", aber auch der kann von den ganzen Gedanken und Konzepten, die wir darüber haben, falsch eingefärbt werden. Beide Worte deuten auf das Aufgeben sämtlicher Konzepte hin: das Aufgeben dieses Strebens danach, besondere Erlebnisse erreichen zu wollen, ein Jemand sein zu wollen, auch ein „erleuchteter" Jemand. Manchmal wird „Erleuchtung" als Substantiv benutzt, manchmal als Adjektiv.

Padma: Ah, ja, dann hat man eine „erleuchtete Person"! (Lacht)

Torsten: Eine „erleuchtete Person"! Das ist sehr irreführend, denn die erleuchtete Person hat erkannt, dass die Person an sich eine Illusion ist. Auch hier zeigt sich die Begrenzung von Sprache und Denken.

Gibt es irgendwelche Voraussetzungen für die Erleuchtung? Sind spirituelle Übungen nötig und wenn ja, welche Form empfehlt ihr?

Padma: Ja und Nein auf all diese Fragen. (Lachen) Auf der einen Seite können wir mit absoluter Sicherheit „Nein" sagen. Welche Voraussetzung könnte erforderlich sein, um einfach dieses Sein zu sein, das die Quelle von allem ist? Du kannst es nicht nicht sein! Du kannst nicht von dem getrennt sein, was ungetrennt ist. Es ist immer zugänglich, jederzeit, unter allen Umständen, für jeden. Dennoch scheinen Menschen, die zufälligerweise zurück in das bewusste Erleben dieses Seins geworfen werden, sich nur selten darin festigen zu können.

Es kommt vor, dass Menschen ohne vorheriges Wissen oder Suchen plötzlich diese bewussten Erlebnisse haben, dass sie in das zurückgeworfen werden, was nicht getrennt ist, es erkennen, erleben und sogar wertschätzen. Sie begreifen: „Wow! Das ist es, was wahrhaftig ist, darum geht es in meinem Leben." Man könnte sagen, die Voraussetzungen werden dann nach dem Durchbruch erfüllt. Also, keine spirituelle Praxis. Wie kann man „Sein" üben? Wie kann man üben, wo es doch niemanden gibt, um irgendetwas zu üben? Das funktioniert natürlich nicht.

Und auf der anderen Seite, wenn es so scheint, als gäbe es „jemanden" – als gäbe es Raum und Zeit, als gäbe es etwas, das wir tun, als gäbe es die Erscheinung der Welt, was für die meisten von uns häufig der Fall ist – gibt es viele wunderbare Zugänge und Übungen, die hilfreich und unterstützend sein können. Es ist nicht so, dass sie erforderlich wären oder man sie machen müsste. Das ist sehr individuell. Vielleicht ist zu einer bestimmten Zeit für den einen Menschen eine gewisse Übung einfach fantastisch und sie hilft ihm, sich im Sein zu gründen oder in dieses Unbekannte zurückgeworfen zu werden. Und dann, genau wie bei dem Wort „Erleuchtung", wird sie ab einem gewissen Punkt zu einem „Ding". Sie wird starr und ist nicht mehr länger hilfreich.

Du hast gesagt, dass Übungen nicht wirklich notwendig sind, aber wenn wir uns sehr stark als einen „Jemand" sehen, dann ist so etwas wie Meditation eine sehr hilfreiche, traditionelle Übungsweise.

Padma: Ja.

Wie ich verstanden habe, habt ihr einen gewissen psychologischen Hintergrund. Benutzt ihr manche dieser eher westlichen psychologischen Herangehensweisen?

Padma: Ja, das tun wir, und wir finden sie sehr hilfreich. Nicht immer, nicht für jeden, aber manche von ihnen sind großartig. Wenn man wirklich das Gefühl hat, dass sich etwas gelöst hat, dann kann man es loslassen oder sich davon de-identifizieren. Also, ja, manchmal können sogar psychologische Hilfsmittel äußerst hilfreich sein.

Torsten: Gewöhnlich verstehen wir unter spirituellen Übungen die Entwicklung unseres persönlichen Ich-Gefühls. Wir wollen mehr sein, ein besserer Jemand sein. Diese Entwicklung geschieht in der Zeit. Wir glauben: „Wenn ich also jeden Tag eine halbe Stunde lang meditiere, dann werde ich in zehn Jahre erleuchtet sein", oder so ähnlich, ja? So wird „Üben" normalerweise verstanden. Es geschieht in der Zeit, und ich kann etwas damit erreichen.

Es gibt noch ein anderes Verständnis von Üben, und das ist, zu entdecken, was bereits erleuchtet, in Frieden und frei ist, genau jetzt, in diesem Moment. Es gibt viele Übungsweisen oder Schlüssel oder Zugänge zu dieser Erkenntnis in diesem Moment. Wenn wir sie so verstehen, dann macht Übung Sinn. Sie kann sogar die Stabilisierung oder das Sich-Gründen im wahren Sein, das wir zuvor in einem kurzen Einblick erlebt haben, vertiefen.

Padma: Mein Lehrer, Eli Jaxon-Bear, vergleicht Übungen oft mit homöopathischen Gegengiften. Man könnte zum Beispiel sagen, wir setzen Hypnotherapie als homöopathisches Gegengift für die Trance ein, in der wir uns täglich befinden. Wir benutzen spirituelle Übungen als homöopathisches Gegengift für das, was wir normalerweise üben. Unsere gewohnte tägliche Praxis ist Identifikation. Wir üben, ein Jemand zu sein, der etwas tut oder etwas braucht. Man könnte also sagen, jede wahrhaftige Meditation ist eher ein Ent-Praktizieren, Ent-Üben, ein Zurückkommen zu dem, was ganz von selbst, einfach aus sich selbst heraus ist.

Sri Ramana sagte, die Selbsterforschung sei der direkte Weg zur Verwirklichung des Selbst. Was sagt ihr zur Selbsterforschung, und wie führt man Selbsterforschung durch?

Torsten: Ich habe es am Anfang bereits etwas beschrieben. Die Frage „Wer bin ich?" ist kein mentales Nachsinnen. Sie lädt vielmehr dazu ein, die Aufmerksamkeit von den Objekten abzuwenden, hin in Richtung Subjekt. Das wird normalerweise vollkommen übersehen. Im normalen Zustand unseres Bewusstseins richten sich unser Verstand und unsere Aufmerksamkeit hauptsächlich auf die Objekte im Außen oder auf die Gefühle, Gedanken oder Empfindungen im Körper. Oft möchte unser Verstand die Objekte verändern. Die Frage: „Wer bin ich?" dreht die Aufmerksamkeit um, dreht sie zu dem hin, der all diese Objekte sieht. Was ist das Subjekt? Gibt es wirklich ein Subjekt, ein Einzelwesen, oder gibt es etwas anderes, eine andere Dimension?

Ja, ich würde sagen, das ist einer der kraftvollsten Wege, auf Wahrheit hinzuweisen. Tatsächlich! Es ist ein Hauptschlüssel, aber es ist nicht der einzige Schlüssel. Es gibt noch viele andere Hauptschlüssel, die auch sehr kraftvoll sind.

Kannst du ein Beispiel von diesen anderen Hauptschlüsseln geben?

Torsten: Was für mich auch eine sehr kraftvolle Frage ist: „Was ist es, das bleibt?" Was kommt und geht nicht? Was ist immer da, während all meine persönlichen Erfahrungen auftauchen und wieder verschwinden?

Padma: Das ist die Frage, die Sri Ramana Papaji stellte.

Torsten: Ich glaube, diese Frage stammt sogar von *Shankara* (indischer Philosoph, vermutlich Quelle alter, grundlegender *Advaita-Vedanta*-Texte). Erforsche den Unterschied, zwischen dem, was wahr und nicht wahr ist, zwischen dem, was sich verändert und nicht verändert. „Was bleibt immer gleich?" Wenn wir diese Frage benutzen, sehen wir, dass Objekte, Situationen, Empfindungen, Gedanken und Gefühle kommen und gehen. Und wenn wir fragen: „Was ist es, das bleibt?", dann fragen wir auch: „Was ist dieser Urgrund des Seins?" Das ist für mich eine kraftvolle Frage.

Padma: Sie ist ein Weg, die Illusion der getrennten Dinge, getrennten Einzelwesen zu durchschauen. Außerdem würde ich sagen, dass es so wichtig ist, dass das Fragen lebendig bleibt, dass es ein frischer, wahrhaftiger Prozess bleibt. Denn sogar diese kraftvolle Frage, „Wer bin ich?", kann zu einem Konzept werden. Dann besteht die Gefahr, die Frage einfach immer zu wiederholen, bis sie zu einem Tonband wird, das du in deinem Kopf abspielst. Und wie Torsten sagte, sie hat diese Kraft, dich einfach in diesen Moment zurückzuwerfen, in dieses lebendige Unbekannte.

Ich erinnere mich, wie Papaji sagte: „Du machst es einmal, und du machst es richtig." Aber das ist natürlich eher selten.

Torsten: Ja, das ist eher selten. (Lachen)

Padma: Manchmal kann es helfen, sie neu zu formulieren. Anstatt zu sagen, „wer" bin ich, zu fragen, „was" oder „wo". „Wo kannst du dieses Ich finden?" Das kann zu einer neuen, wahren Erforschung führen: „Wohin geht die Wahrnehmung und von wo aus entsteht Handlung? Wo kann ich die Quelle finden?"

Als Sri Ramana gefragt wurde: „Wann hat man das Selbst erkannt?", antwortete er: „Wenn die Welt, die das Gesehene ist, entfernt worden ist, wird das Selbst erkannt, welches der Sehende ist." Wie ist die Welt wirklich zu verstehen, und wie entfernt man die Welt?

Torsten: Wie entfernt man die Welt? (Lachen) Das ist gut!

Padma: Wenn ich dich das zitieren höre, ist meine erste Antwort: „Ja, natürlich stimmt das!" Normalerweise sind wir vollkommen hypnotisiert von der Annahme, dass die Welt wirklich ist, und von unserer Beschäftigtheit damit, etwas in oder an der Welt zu machen. Wir vergessen zu sehen, wer oder was ich bin. Es muss alles losgelassen werden, alles verschwinden. Wir müssen uns wirklich trauen, wirklich das Risiko eingehen, uns nach innen zu wenden und das alles loszulassen, alles verschwinden zu lassen. Dann entsteht von dort aus natürlich ein neues, frisches Erkennen und Interagieren mit der Welt – die wieder erscheint.

Ja, natürlich verschwinden die Bäume nicht plötzlich aus der Landschaft.

Padma: Nein, das tun sie nicht! Aber plötzlich kannst du sie auf ganz neue Weise wahrnehmen und wertschätzen. „Wow! Baum!" Auch nicht getrennt von diesem Sein!

Es ist interessant, denn es scheint für Menschen allgemein sehr schwierig zu sein, wirklich zu erkennen, wie sehr sie an „der Welt" anhaften.

Padma: Was in Wirklichkeit ein Anhaften an ihren Konzepten von der Welt ist. Denn die traurige Wahrheit ist, dass wir die Welt nicht wirklich wahrnehmen, solange wir an ihr haften. Wir können sie nicht wirklich sehen und in vollem Umfang wahrnehmen und wertschätzen.

Torsten: Wir nehmen nur unsere Gedanken über die Welt wahr. Da gibt es nicht wirklich eine Welt, die eine Welt ist. Wenn wir einen Baum anschauen, denken wir „Baum". Der Name, die Vorstellung davon taucht in unserem Verstand auf. Es ist die innere Darstellung von etwas, das dort draußen ist, und wir glauben zu wissen, dass es wirklich einen Baum gibt. Aber tatsächlich ist das eine sehr begrenzte Wahrnehmung. Es ist lediglich eine Interpretation unseres Verstandes.

Es gibt keine Welt. Es gibt nur unsere Gedanken über sie, unsere Interpretationen. Somit erschafft unser Verstand die Welt. Und deshalb, ja, müssen das Benennen, die Vorstellungen, die Konzepte der Welt verschwinden. Das bedeutet, dass es einen Moment der Stille geben muss. Die Neigungen des Verstandes zu benennen, zu vergleichen, etwas verändern zu wollen, müssen aufhören.

Wenn unser Verstand zur Ruhe kommt, haben wir einen flüchtigen Einblick. Für einen Moment wird er transparent oder er bricht wirklich vollkommen zusammen. Dann scheint etwas anderes durch. Wenn das tief genug ist, wenn das wirklich als das erkannt wird, was es ist, ist die Erkenntnis des wahren Selbst da. Vielleicht wird die Welt wiederkommen, was bedeutet, dass Gedanken und Emotionen wieder erscheinen.

Doch wenn sie aus dieser Tiefe heraus gesehen werden, dann ist die Welt kein Problem. Sind wir allerdings in die Welt verwickelt, weil wir sie verändern wollen, wird das Selbst übersehen.

Ich empfinde die Situation im Westen als sehr dicht. In einer Großstadt ist es sehr schwer, die Welt loszulassen und zu Unschuld zu gelangen. Ich würde das Wort „Unschuld" benutzen.

Padma: Ja, „Unschuld" ist ein sehr schönes Wort für diese frische Offenheit.

Wahrscheinlich liegt die Anziehungskraft, dass man in Länder wie Thailand oder Indien reist, darin, dass es dort etwas gibt, was es den Menschen aus dem Westen leichter macht.

Padma: Das ist wahr. Eigentlich ist es ein Loslassen „unserer Welt", wie wir sie kennen, und das macht es leichter.

Torsten: Da spielt wahrscheinlich auch die Kultur eine Rolle. Wenn du mit einer vollkommen anderen Kultur konfrontiert bist, können bestimmte Teile deines Verstandes zusammenbrechen. Dadurch wird er viel frischer. Er fährt nicht einfach in seiner altgewohnten Weise fort, denn er wird mit etwas vollkommen anderem konfrontiert – mit dem ungewöhnlichen Verhalten der Menschen oder mit der unbekannten Landschaft – und, ja, das hat seine Auswirkungen. Es hat sogar einen Effekt, wenn wir einfach in die Natur gehen, hier in der westlichen Welt. Die natürlichen Sinneseindrücke beruhigen oft den Verstand.

Sogar das Umstellen der Möbel in der eigenen Wohnung kann eine Art Erkenntnis auslösen. (Lachen)

Torsten: Letztendlich hängt es natürlich nicht von der Umgebung ab, aber am Anfang ist es manchmal sehr hilfreich, eine Umgebung zu haben, die dieses Loslassen wirklich unterstützt.

Es wird behauptet, dass der Verstand zerstört werden muss, damit die Befreiung stattfinden kann. Habt ihr einen Verstand? Wie zerstört man den Verstand?

Padma: (Lacht) Wow! Was ist das? Was ist ein Verstand? Niemand hat bisher jemals einen gefunden.

Du bist wahrscheinlich genau die richtige Person, um das zu beantworten.

Padma: Wir haben unterschiedliche Konzepte darüber, was der Verstand ist. Es gibt psychologische oder philosophische oder sonstige Erklärungen oder Theorien, aber letztendlich hat niemand je wirklich einen gesehen. Es gibt ein Video, in dem Menschen darüber berichten, dass Papaji sie losgeschickt hat, um den Verstand zu finden. Eine Person erzählt, sie hätte überall verzweifelt gesucht, zum Beispiel hinter Türen, und sie konnte ihn nicht finden. (Kichert)

Torsten: Ja, Papaji hat oft die Menschen gefragt: „Zeige mir den Verstand. Wo ist er?" Das ist eine Art Erforschung. Papaji sagte, wenn wir wirklich nachforschen, ist der Verstand nichts anderes als ein Bündel von Gedanken, die in unserem Bewusstsein erscheinen. Wenn wir uns einen Teil dieses Bündels, einen Gedanken, wirklich genau anschauen, was ist er? Wir können ihn nicht finden, weil er keine Substanz hat. Er steigt nur für eine Millisekunde auf und fällt dann wieder weg. Wenn wir unseren Namen wiederholen, zum Beispiel: „Torsten", oder „Premananda", „Padma", wie lange ist er da? Jeder Gedanke, der aufsteigt, verschwindet einfach.

Padma: Und aus welcher Substanz besteht er? Was ist seine Realität? In deiner Frage sagtest du, „der Verstand muss zerstört werden". Wieder haben wir ein Paradox. Was ist wirklich da? Wie kann man etwas zerstören, das nicht einmal real ist?

Torsten: Er zerstört sich selbst, könnte man sagen.

Padma: Er muss zerstört werden, aber ich glaube, da gibt es oft ein Missverständnis wie: „Okay, jetzt muss ‚ich' den Verstand zerstören." Das ist nicht, was hier gesagt wird. Nicht „du" musst den Verstand zerstören. Es muss eine Bereitwilligkeit da sein, dass alles, was sich wie „Verstand" anfühlt, zerstört wird. Eine Bereitwilligkeit ist erforderlich, alles zu erfahren, was sich anfühlt wie: „Dann wäre ich zerstört." Du musst bereitwillig sein, zu sagen: „Okay, lass mich hinschauen. Lass mich das erleben." Das ist wirklich die radikale Einladung und Herausforderung, die Sri Ramana uns anbietet – bereit zu sein, zu sterben und zu erkennen, dass alles, was als „Ich" erscheint, zerstört werden muss. Und das wird es, ganz natürlicherweise. Das ist ein Naturgesetz. Alles, was ist, alles, was in die Existenz kommt, wird sie auch wieder verlassen. Und so muss auch der Verstand zerstört werden. Und: Kannst du dann hier sein, um herauszufinden, was bleibt?

Hast du einen Verstand?

Torsten: (Lacht)

Padma: (Lacht) Ich habe noch keinen gefunden.

Torsten: Ich würde sagen, niemand hat einen Verstand. Sogar das Konzept von haben, etwas besitzen, es festhalten – das ist nicht möglich. Niemand besitzt irgendetwas. Aber manchmal ist da die Illusion, dass man in seiner äußeren Welt oder in seinen Empfindungen oder Gefühlen seiner inneren Welt etwas besitzen könnte. Doch all das kommt und geht. Niemand kann irgendetwas besitzen, also kann niemand einen Verstand haben. Es gibt die Erscheinung von Verstand, aber sie ist ohne Substanz.

Padma: Er ist wie ein Geist. Das ist eine Metapher, die mir wirklich gefällt. Im Deutschen kann man für „mind" (Verstand) tatsächlich verschiedene Übersetzungen benutzen, die alle nicht wirklich funktionieren, aber eine davon ist „Geist". Und der Verstand ist wie ein Geist. Du kannst von ihm verfolgt werden, und je mehr du versuchst, ihm zu entkommen, oder je mehr du versuchst, ihn nicht zu sehen, desto realer erscheint er. Aber wenn du ihn wirklich mit der Bereitwilligkeit betrachtest, zerstört zu werden, wenn du bereit bist, die Wahrheit der Situation zu erkennen, dann ist nicht wirklich etwas da; es ist nichts da, was tatsächlich Macht über dich oder irgendetwas hat.

Manche Menschen teilen den Verstand in den „denkenden Verstand" und den praktischen, „arbeitenden Verstand" auf. Wir müssen den arbeitenden Verstand erhalten, um unser Leben zu leben, aber der denkende Verstand ist der Teil, der uns die Probleme schafft, weil wir Vorstellungen in die Zukunft projizieren, und dadurch entsteht Leiden.

Padma: Ja. Ich habe dieses Konzept selbst schon manchmal zitiert und benutzt. Ich finde es brillant. Ich glaube, es war hauptsächlich Ramesh Balsekar, der dieses Verständnis geprägt hat. Es kann sehr nützlich sein. Aber ich musste manchmal auch feststellen, dass auch das zu einem Konzept wird, oder, wie du sagst, da könnte es die Vorstellung geben: „Okay, jetzt muss ‚ich' den arbeitenden Verstand aufrechterhalten." Wer denn? Was musst du tun, um diese natürliche Funktion des Seins aufrechtzuerhalten?

Torsten: Ich würde auch sagen, dass wir ihn nicht aufrechterhalten müssen. Er kommt einfach wieder, wenn er gebraucht wird; er funktioniert ganz von allein. Das Einzige, was wir vielleicht tun müssen, ist, mit Klarheit zu erkennen, wann der denkende Verstand – der identifizierte Verstand – auftaucht. In dieser Bewusstheit kann er sich auflösen, und zurück bleibt nur der arbeitende Verstand. Der arbeitende Verstand ist da, wenn es etwas zu erledigen gibt, Kreativität oder etwas anderes erscheint, und manchmal ist er nicht da. Der identifizierte Verstand ist das, was sterben und einfach verschwinden kann.

Padma: Das Bild, das ich gerade vom Verstand bekomme, ist wie ein Sack, voll von all diesen mentalen Aktivitäten. Dies beschreibt Ramesh Balsekar eher als den „arbeitenden Verstand". Ich würde sagen, wir lassen den Sack verschwinden, und zurück bleiben dann einfach nur diese natürlichen Funktionen der Intelligenz, die im Leben erscheinen. Intelligente Funktionen kommen und gehen und erledigen ihre Arbeit. Aber, bin „ich" die Quelle davon? Wenn ja, wo kann diese Quelle gefunden werden? Gibt es so etwas wie „meinen Verstand", der funktioniert? Wo können wir diesen Verstand, der mir gehört, finden? Auch den habe ich noch nicht gefunden.

Was ist mit den Neigungen des Verstandes? Müssen diese erst entfernt werden, bevor die Erkenntnis des Selbst dauerhaft sein kann? Wie entfernt man die Neigungen?

Padma: Auch hier erscheint mir die Metapher vom Geist sehr hilfreich. Es scheint jemanden zu geben, der anscheinend von etwas verfolgt wird, der sogar davon besessen zu sein scheint, der scheinbar etwas tun muss und etwas anderes nicht tun kann. Es kann sehr hilfreich sein, diesen Geistern zu begegnen und zu erkennen, was wirklich da ist, um zu sehen, was dich da wie ein Spuk verfolgt. Wenn sie wirklich ganz und gar gesehen werden, können sie befreit werden.

Torsten: Ich würde sagen, dass die Erkenntnis des Selbst stattfinden kann, auch wenn Neigungen noch vorhanden sind. Aber wenn die Neigungen, sich zu identifizieren, sehr stark sind, wird ein Einblick in die Erkenntnis des Selbst wahrscheinlich nur ein kurzer Einblick bleiben, und die Neigungen werden so stark sein, dass sie diesen Einblick überdecken werden. Viele Neigungen müssen also wirklich durchschaut werden, damit sie sich auflösen. Dann ist der Boden des Seins, des Friedens da. Wenn Neigungen auf diesem Boden erscheinen, ist das kein Problem.

Ich mag dieses Zitat von Papaji sehr: „Einen erleuchteten Menschen kümmert es nicht, ob er identifiziert ist oder nicht." Das erlöst uns von der rigiden Vorstellung, dass es keine Neigungen geben dürfte, um Freiheit zu erfahren. Diese Vorstellung von absoluter Reinheit kann noch mehr Leiden hervorrufen. Andererseits hört man manchmal, besonders in *Advaita*-Kreisen: „Naja, alles ist gleich. Es macht nichts, wenn Neigungen da sind, denn ich weiß, dass ich das bin, was unberührt ist."

Mein Eindruck ist, dass sich das manchmal nur wie ein Konzept anhört. Es ist nicht wirklich in der Erfahrung verankert.

Padma: Da kann diese Offenheit sein, alles zuzulassen, alles wirklich sehen zu wollen und wirklich damit durch zu sein. Und manchmal scheint es sogar anders herum, dass es zuerst eine starke Erkenntnis des Selbst geben muss, um bereit und fähig zu sein, die Kapazität zu haben, die Dinge hochkommen zu lassen, ihnen zu begegnen und sie zum Ende kommen zu lassen.

Es scheint sehr üblich zu sein, dass Menschen zum Beispiel zum Satsang *(Begegnung in Wahrheit) kommen und nach zwei oder drei Stunden in der Gruppe den* Satsang *sehr leer und sehr präsent verlassen. Dann gehen sie nach Hause und begegnen den Gegebenheiten ihrer Familie oder ihrer Arbeitssituation, und ganz schnell fallen sie in ihr ganzes Zeug zurück.*

Padma: Mir gefällt, was Byron Katie sagt: „Wenn du glaubst, dass du erleuchtet bist, dann geh deine Mutter besuchen!" (Lachen)

Torsten: Ja, und die Begegnung mit der Mutter kann eine Möglichkeit sein, tiefer zu erwachen, wirklich zu erforschen und dem zu begegnen, was gerade da ist. Höre mit der Selbsterforschung nicht auf. „Wer sieht meine Mutter? Wer sieht die schlechten, negativen Gefühle, die durch diese Situation in mir ausgelöst werden?" Oder: „Was ist dieses negative Gefühl? Ist es wirklich real, oder kommt und geht es? Wenn ich es wirklich erlebe, vollkommen, ganz direkt, ohne darüber nachzudenken oder es zu benennen, was zeigt sich dann?"

Meiner Erfahrung nach ist es ein fortlaufender Prozess des Tiefergehens. Dann kann das, was im *Satsang* oder mit einem Lehrer erfahren wurde, als das erkannt und gesehen werden, was genau hier ist, in diesem Augenblick.

Padma: Wir können es einen Realitätscheck nennen, eine Überprüfung an der Wirklichkeit. Frage dich, ob du auch für die aufsteigenden

Neigungen wach sein kannst. Kannst du wach sein, wenn eine alte Interaktion, ein altes Gefühl mit deiner Mutter aufsteigt? Bist du noch da? Kann diese Wachheit, diese Offenheit immer noch da sein? So werden diese alten Geister auch befreit, ganz nebenbei.

Torsten: Ich denke, die Kraft dieser *Satsang*tradition ist, dass sie einen starken kurzen Einblick geben kann, und zwar sehr schnell, ohne dass man etwas tut. (Lacht) Ich erinnere mich, wie Eli über Menschen sprach, die mit Papaji in einer Sekunde erwacht sind, einfach, indem sie ein paar Worte von ihm hörten oder in seiner Gegenwart waren. Großartig! Welche Kraft! Aber genauso schnell schliefen sie wieder ein! Oft ist dieser kurze Einblick ein Geschenk, und dann musst du dich fragen, ob du wirklich Freiheit willst, oder ob du das alte Zeug wieder willst.

Padma: Wirst du dem alles geben, oder gibt es etwas, das du dem noch vorenthältst oder noch versuchst auszuschließen? „Oh, nein! Nicht meine Arbeit! Sie sollte noch funktionieren!" Oder ist es möglich zu erkennen, wer oder was ich bin, egal, wo oder in welcher Verfassung ich mich gerade befinde?

Es scheint mir eher selten zu sein, jemanden zu finden, der wirklich bereit ist, man könnte sagen, nackt dazustehen.

Padma: Ja, auch deshalb ist es so kostbar.

Ich habe oft das Gefühl, das, was Menschen wirklich wollen, ist, dass alles gleich bleibt und sie ein bisschen Freiheit darüber streuen.

Padma: Ja, ... Erleuchtung soll ein schönes kleines Accessoire sein, (lacht) und wir vergessen dabei, dass sie eine Bombe ist, die alles explodieren lässt! (Lacht)

Torsten: Ja, sie ist wirklich radikal. Sie bläst wirklich alle deine Konzepte weg. Und das Ego will das natürlich nicht.

Was ist mit Schicksal? Erwartet ihr, dass die Dinge einfach geschehen, oder lebt ihr euren freien Willen und wählt?

Padma: Das ist noch eines dieser interessanten Paradoxe. Dies scheint so eine wichtige Frage zu sein, vielleicht besonders im Westen, aber ich glaube, dass sie nur auf dieser grundlegenden Annahme funktioniert, dass da ein „Ich" ist und eine Welt. Nur dieses „Ich" und diese Welt können vorbestimmt sein oder einen freien Willen haben. Aber wenn „du" kein eigenständiges Wesen bist, wenn du eins bist mit dem sich entfaltenden Leben, dann nimmst du natürlich teil, und dennoch können wir nicht einmal von Teilnahme sprechen. Es fühlt sich wie freier Wille an. Woher kommt er? Wie entscheidest du, was du willst?

Im Westen gibt es den starken Glauben, wenn du keine Entscheidung triffst, wird nichts passieren.

Torsten: Ja.

Padma: Ja, richtig. Das ist eine große Angst.

„Ich werde nur auf meinem Stuhl sitzen, und nichts wird passieren."

Torsten: Es gibt aber auch einen anderen Weg, das Leben wirklich zu erfahren, und der besteht darin, dass Entscheidungen von ganz allein entstehen. Das ist mein Gefühl, meine Erfahrung. Ich muss mich nicht entscheiden. Das bedeutet nicht, dass keine Entscheidungen entstehen. Sie tun es! Vielleicht erscheint im Verstand ein klares „Ja" oder „Nein". Aber das bin nicht „ich", der dieses „Ja" oder „Nein" produziert. Es kommt aus der Intuition. Es ist also nicht wahr, dass keine Entscheidungen gefällt werden, wenn du weißt, dass nicht du es bist, der die Entscheidungen trifft; sie kommen aus einer anderen Dimension.

Dieses erste Buch über die indischen Meister und nun so etwas Ähnliches über westliche Meister zu machen, war sehr interessant für mich, da ich die

Meister nie selbst ausgewählt habe. Und dennoch kamen sie. Jetzt sitze ich hier mit euch. Ich hatte keinen Plan, dass ich hier mit euch sitzen werde. Und dann, erst wenige Tage bevor ich nach Hamburg kam, erzählte mir jemand von euch beiden. Ich dachte: „Ja, warum nicht ein Paar interviewen? Das ist sicher interessant." So, und jetzt sind wir hier, seht ihr? Kein Plan, und trotzdem passiert ganz viel!

Torsten: Ja, das ist das Leben.

Ja, und es ist so wunderschön zu sehen, je weniger ich tue, desto mehr geschieht.

Torsten: Je mehr Klarheit da ist, desto mehr Kreativität ist da. Und die Dinge kommen aus heiterem Himmel.

Padma: Wenn du vom Leben nicht getrennt bist, wie könnte sich das Leben nicht auch durch dich ausdrücken, einfach ganz natürlich und schön?

Ja, aber ich glaube, das ist für viele Westler sehr schwer, weil wir so stark darauf konditioniert sind, etwas „zu tun". Von „etwas tun" hin zu „sich da hinein entspannen, dass Dinge geschehen können", ist für viele Menschen ein großer Schritt.

Padma: Ja, und es scheint, dass im Westen dieses Konzept von einem individuellen, getrennten „Ich" sehr viel stärker entwickelt ist. In vielen östlichen Ländern scheint das nicht so ein großes Thema zu sein. Aber hier ist es sehr wichtig, ein starkes „Ich" zu haben, ein starker, eigenständiger, unabhängiger Jemand zu sein. Das wird als etwas Gutes gesehen. Und das ist es auch. Es kann dich sogar bis zu dem Punkt bringen, an dem du erkennst, dass auch das hingegeben werden kann. Oder: an dem du stark genug bist, um den Mut aufzubringen und zu erkennen, was wirklich die Wahrheit der Situation ist: Wo genau sind wirklich meine Grenzen? Wie fälle ich diese freien, eigenständigen Entscheidungen? Woher kommen sie?

Torsten: Wie du schon sagst: Es ist schwer für die Leute, sich ins Nicht-Tun hinein zu entspannen. Es ist eine Herausforderung, denn oft steigt Angst auf: „Oh, wenn ich mich nicht entscheide, wie wird dann mein Leben aussehen? Werde ich meine Miete zahlen können?", und so weiter. Das ist die Herausforderung. Es ist auch eine Art Tod: „Oh, vielleicht werde ich sterben. Vielleicht werde ich nicht für meinen Körper sorgen können." Aber es gibt die Möglichkeit der Selbsterforschung, so, wie Sri Ramana sie vorgeschlagen hat. In seinem Erwachenserlebnis als junger Mann erlebte er, wie eine Welle von Todesangst ihn überkam, und er gab sich ihr hin: „Okay, der Tod tritt ein. Was jetzt? Will ich meinen Körper retten? Nein. Ich schaue einfach, was geschieht, wenn ich diese Welle der Todesangst über mich kommen lasse und schaue, was übrig bleibt. Was ist mein wahres Wesen?" Ich würde so die Essenz seines Erwachenserlebnisses beschreiben.

Padma: Vielleicht ist das etwas Typisches für den Westen, ich bin mir nicht sicher, aber diese Angst oder dieses Gefühl von: „Ich" muss mein Leben am Laufen halten, scheint ein Ausdruck von grundlegendem Misstrauen zu sein. Wir haben nicht wirklich das Vertrauen, dass das Leben uns lebt, sondern „ich" muss das tun, und wenn „ich" es nicht tue, dann: Oh mein Gott! Das Leben wird mich nicht von sich aus am Leben erhalten. Das ist es also, was herausgefunden werden muss. Hier brauchen wir den Mut herauszufinden, was wirklich vertrauenswürdig ist.

Ja. Im Westen entfernen wir uns technologisch immer mehr von den natürlichen Dingen – Milch wird im Tetra Pak geliefert und wir wissen nicht mehr wirklich, was Kühe sind –, und ich frage mich, ob dieser gesamte Trend uns eigentlich von dem entfernt, was wir wirklich sind.

Padma: Ja, das stimmt. Mit diesem ganzen technologischen Wissen, das wir angesammelt haben, scheinen wir so viel mehr Kontrolle zu haben, aber haben uns immer mehr von der Quelle des Lebens entfernt. Und wieder: Es bedarf eines gewissen Mutes, einfach bereitwillig zu sein, durch diese Angst hindurchzugehen und zu sehen, was wirklich da ist. Die gute Nachricht ist: Das, was da ist, ist das, was dich schon immer gelebt hat. Und das erweist sich tatsächlich als vertrauenswürdig, viel mehr als alles andere. Aber das musst du in deiner eigenen Erfahrung herausfinden.

Torsten: Und wieder ist Sri Ramana so ein gutes Beispiel für dieses Vertrauen. Es wird gesagt, dass er nie um etwas bat. Wenn es im Ashram zum Beispiel nichts mehr zu essen gab, verfielen die Leute langsam in Panik und drängten ihn: „Wir müssen jetzt etwas tun, sonst verhungern wir. Wir müssen Spenden sammeln oder um Essen betteln. Los, los!" Ramana blieb ruhig. Seine Haltung war eher: „Entspanne dich, sei still." Schließlich kam das Essen oder andere Unterstützung. Häufig kam sie aus heiterem Himmel. Und das ist so ein gutes Beispiel für Vertrauen. Es ist wirklich möglich, zu vertrauen.

Als er vom Berg herunterzog, um beim Grab seiner Mutter zu bleiben, lebte er in einer Palmblatthütte. Dann kamen allmählich die finanziellen Mittel, um einen ganzen Ashram um ihn herumzubauen, und er vertraute dem einfach.

Torsten: Ja, genau

Padma: Er hatte keine Aktien darin, könnte man sagen: Er hat sich nicht eingemischt, um das Leben in seinem Interesse zu beeinflussen. Er vertraute einfach auf das Leben, dass es für alles sorgen werde.

Ja.

Torsten: Seine Priorität war es, in Frieden zu sein und nicht, sich in weltlichen Angelegenheiten wie im Nachdenken über: „Wie komme ich an Geld?" zu verlieren. Wenn das den Frieden überdeckt, ist es zu viel. Wenn es das nicht tut, wenn es aus einer Entspannung heraus entsteht, warum nicht darüber nachdenken? Aber wenn dem denkenden und sich sorgenden Verstand wirklich die Priorität gegeben wird, verdeckt er unsere wahre Natur.

Es scheint grundlegend zu sein, einem Meister zu begegnen und sich diesem hinzugeben. Wer ist der Meister, was ist die Rolle des Meisters, und wie erkennt man einen wahren Meister?

Torsten: Ich würde sagen, der Kern des Meisters ist alles und zugleich unsere wahre Natur. So betrachtet, ist der Meister tatsächlich im Innern. Und es wird gesagt: Wenn wir das nicht unmittelbar sehen können und die Sehnsucht nach Wahrheit da ist, manifestiert sich der Meister im Außen. Und zwar so, dass der Meister auf eine Art und Weise spricht, die der sogenannte Schüler verstehen kann. Der Meister lädt den Schüler ein, nach Innen zu schauen und zu erkennen, dass er das Gleiche ist wie der Meister, dass er diese stille Bewusstheit ist, die der Meister ist. Wenn es also gebraucht wird, wird jemand oder etwas im Außen erscheinen, um dir einen Hinweis zu geben. Und dann, wenn du wirklich siehst, wirst du natürlicherweise erkennen, dass der Verstand, welcher die Unterscheidung oder Trennung zwischen Meister und Schüler macht, Illusion ist. Dann entdeckst du: Es gibt keine Trennung zwischen Meister und Schüler.

Es gab einen indischen Meister, der sagte, die Rolle des Meisters sei, dem sogenannten Schüler zu zeigen, dass „er das Gleiche ist wie ich".

Torsten: Das stimmt. Das ist natürlich paradox, weil sich die Guru-Schüler-Beziehung auf diese Weise gewissermaßen selbst zerstören muss.

Padma: Ein Aspekt, der besonders im Westen allerdings heikel sein kann, ist, wenn manche Leute sagen: „Ach nein, es gibt keinen Meister. Ich brauche keinen Meister. Ich bin mein eigener Meister." Sie haben vielleicht ein Gefühl von: „Ich bin unabhängig. Ich kann das selbst und ich bin mein eigener Meister." Auf diese Weise wird es vermieden, sich dem Meister auszusetzen. Dadurch wird eine Art Schutzschild um dieses „Ich, Mich, Meins" gebildet. „Ich bin der Meister, und ich brauche nichts und niemanden", und das hält das Ego aufrecht.

Ja, das ist recht üblich, und worauf du hinweist, ist absolut wahr, aber meistens wird es nicht mit dem richtigen Verständnis gesagt.

Padma: Ja, in solch einem Fall könnte es so aussehen, als ob es der Bereitwilligkeit bedarf, sich hinzugeben und sogar das zu akzeptieren, was wie eine Hierarchie erscheint. Das widerspricht vollkommen unserem westlichen Verständnis davon, wie es ist oder sein sollte: Wir sollten alle gleich sein – was wir auf der tiefsten Ebene auch sind, wir sind sogar dasselbe – aber wie wir das denken, ist: „Ich bin dieser gleichberechtigte, unabhängige Jemand, und niemand hat mir etwas zu sagen." Und so funktioniert es einfach nicht, innere Freiheit zu entdecken. Es hält den Schein der Trennung aufrecht.

Wie erkennt man einen wahren Meister?

Torsten: Die Aussage von Sri Ramana dazu gefällt mir sehr. Er sagte, wenn du jemandem begegnest, und dein Verstand kommt zur Ruhe, du fühlst einen natürlichen Frieden, all dein Leiden, deine Sorgen und deine Pläne verschwinden, und wenn du zugleich natürlichen Respekt und Dankbarkeit diesem Menschen gegenüber empfindest, dann kann dieser Mann oder diese Frau dein Meister sein. Es ist ganz einfach. Du kannst es nicht erdenken. Es hat mit dem Herzen zu tun. Wenn du dich zu jemandem wirklich hingezogen fühlst und du diese Wirkung des Friedens spürst, dann ist das ein natürliches Zeichen, dass diese Person dich in deinem Wunsch nach Wahrheit, deinem Wollen klarer Erkenntnis unterstützen kann.

Traditionell empfinden Schüler große Hingabe zum Meister. Bitte sagt etwas über Hingabe in Hinsicht auf das Erwachen.

Padma: Ja, ich glaube, da war ich gerade etwas vorausgesprungen. Ich würde sagen, Hingabe könnte das richtige Wort für das sein, was ich auszudrücken versucht habe. Hingabe kann eine wunderschöne Zutat sein, und vielleicht ist sie sogar ein Muss – oder zumindest kann sie nicht vermieden werden. Sie ist vielleicht ein Teil dessen, was wir im

Westen zu vermeiden versuchen: Wir wollen kein hingebungsvoller, demütiger Schüler sein, wir wollen selbst der Meister sein. (Kichert) Dann ist es so schade, dass wir diese Hingabe nicht zulassen können, uns nicht gestatten, ihre Süße zu erfahren.

Torsten: Ja, die Süße und die Grenzenlosigkeit der Liebe. Hingabe hat mit Liebe zu tun. Du fühlst dich zutiefst mit deinem Meister verbunden. Das übersteigt alle anderen Arten der Liebe. Oftmals haben wir im Westen die Vorstellung, dass es nur möglich ist, jemanden zu lieben, der Teil der Familie ist, oder dass Liebe vor allem in einer romantischen Liebesbeziehung zu finden ist. Das ist so begrenzt. Wenn du wirkliche Hingabe zu einem Meister, einem spirituellen Lehrer empfindest, kann das total öffnend sein. Da kann so viel Liebe erlebt werden, sogar intensiver als mit deinem intimsten Lebenspartner! Wenn du dich ihr einfach hingibst, wird diese Liebe sogar noch größer. Sie dehnt sich auf alles aus. Letztendlich, wie die *Advaita*-Meister sagen, siehst du deinen Meister in jedem Augenpaar. Diese Art Liebe ist wirklich ein Tod, weil du in ihr nicht an deinem Konzept eines getrennten Wesens festhalten kannst. Ich würde sagen, dass das für den westlichen Verstand ziemlich ungewöhnlich ist. Doch wenn sie auf natürliche Weise erscheint, stellt sie wirklich eine Gelegenheit dar.

Padma: Ja. Wenn wir versuchen, „hingebungsvoll zu sein", dann ist das ziemlich abscheulich. Es kann nicht gemacht werden.

Ja, das ist vielleicht noch ein weiterer Grund für die Anziehung, die wir im Westen empfinden, nach Indien oder Thailand zu reisen.

Padma: Das stimmt. Es kann faszinierend sein, weil es dort so exotisch ist, und wir wollen uns ja eigentlich wirklich hingeben. Manchmal kann dann dabei die Intelligenz fehlen. Papaji sagte, dass der Vogel der Freiheit oder Wahrheit mit beiden dieser Flügel fliegen muss – *Bhakti* (Hingabe) und *Jnana* (Wissen). Es muss also beides da sein, diese liebende Hingabe und Ergebenheit und die Intelligenz der Erforschung und Erkenntnis der Wahrheit der Situation. Dann kommen beide zusammen.

Ein Schüler von Sri Ramana schrieb eine wunderschöne Abhandlung darüber, in der er ergründete, wie sie letztendlich zusammenkommen müssen. Denn wenn du wirklich die Wahrheit der Situation erforschst und erkennst, kannst du nicht anders, als in Ehrfurcht, demütiger Liebe und Verehrung niederzufallen. Und wenn du wirklich vollkommen ergeben bist und du dich ganz und gar hingibst, musst du erkennen, dass alles eins ist, und dass, wenn du wirklich total und vollkommen bereit bist, dich der Liebe zum Guru hinzugeben, dann der Guru das Einzige ist, was übrigbleibt. (Kichert) Und wieder bleibst du nicht als ein getrennter Jemand zurück.

Ich verbrachte fünf Jahre in Papajis Nähe, und es war interessant, dass er am Anfang, etwa 1992 oder 93, sehr aus der Sicht von Jnana *lehrte, Erforschung und Wissen. Dann veränderte es sich allmählich, bis es gegen Ende fast alles* Bhakti *war, was in den* Satsangs *passierte.*

Padma: Es scheint, als müsse es eine Art Ausgewogenheit geben. Ich kam zu einer Zeit zu Papaji, als es hauptsächlich *Bhakti* gab. Ich liebte es sehr. Ich schätzte die Intensität der Treffen und die Süße der Hingabe wirklich sehr, und trotzdem fehlte mir etwas. Ich brauchte an diesem Punkt etwas mehr Führung in meiner Erforschung. Und dann, natürlich, wurde auch diese zur Verfügung gestellt.

Papaji selbst begann als Krishna-Bhakta *(Anhänger* Krishnas*). Er war tief mit* Krishna *verbunden, und das zeigte sich in Hingabe.*

Padma: Totaler *Bhakta*!

Torsten: Das ist vielleicht der Grund, warum Sri Ramana ihm so eine große Hilfe dabei war, ihm wirklich die andere Seite zu zeigen: *Jnana* in der Form der intelligenten Erforschung.

Sucher haben oftmals seltsame Vorstellungen von dem erwachten Zustand. Bitte beschreibt einen typischen Tag und wie ihr die Welt wahrnehmt.

Padma: Hmmm, was genau ist ein typischer Tag? Ich glaube, ich habe keinen mehr. (Lachen) Also, das ist wirklich etwas, was sich verändert hat. Da ist wirklich ein Unterschied. Meine Güte! Mein Leben war früher so dramatisch! So wichtig, besonders alles über mich, und es ist eine große Erleichterung, wenn das wegfällt. (Lachen) Und doch ist es nicht wie: „Oh, jetzt schwebe ich einfach den ganzen Tag auf Wolken, jeden Tag", oder: „Meine Hauptbeschäftigung ist jetzt, einfach erleuchtet zu sein" Es sieht wahrscheinlich ganz normal aus. Wahrscheinlich normaler als vorher. (Lachen) Manchmal habe ich sehr arbeitsintensive Tage und manchmal nicht. War es das, was du wissen wolltest?

Ja. Ich glaube, Menschen haben häufig das Konzept, dass sogenannte Erleuchtete, wenn es sie gibt, auf ganz besondere Weise leben. Wohingegen ich genau das Gegenteil empfinde, dass das Leben sehr viel gewöhnlicher wird, sehr viel einfacher.

Padma: Ja, genau. Das wollte ich damit sagen.

Torsten: Ja. Und es ist beides. Es ist gewöhnlich und einfach, und manchmal erkennt man in den gewöhnlichsten Dingen die allerschönsten Offenbarungen von sich selbst und von Liebe. Das ist vielleicht die Freiheit. Du kannst gewöhnliche Dinge erleben, und du kannst tiefe Einblicke und tiefe Offenbarungen von allem haben: von Liebe, von Licht, von tiefem Glück, von was auch immer. Aber du bist nicht an das tiefe Glück gebunden. Alles, was du erlebst, ist in Ordnung. Wenn wir Kriterien aufstellen wollen, dann ist das wahrscheinlich die wichtigste Sache für mich: Dass es da einen Frieden gibt, der aller Aktivität zugrunde liegt.

Und, ja, er kann sehr gewöhnlich sein. Es ist wirklich schwer für mich, einen typischen Tag zu beschreiben, weil das tatsächlich in eine Geschichte hineinführt, und das ist nicht sehr interessant. Dieser Moment ist interessant. Er ist frisch, er ist neu. Er ist ohne Geschichte, ohne sogar darüber nachzudenken, was typisch oder untypisch ist. Der Moment hier ist wirklich frisch.

Ihr habt uns einen tiefgehenden Diskurs über das Erwachen gegeben. Wenn ihr jemandem begegnen würdet mit einer Leidenschaft für Erwachen, was wäre euer kurzer Rat?

Padma: „Mit einer Leidenschaft für Erwachen." Das ist die wichtigste Zutat, würde ich sagen. Das ist die Liebe zur Wahrheit. Dann erlaubst du dir also einfach, zu lieben, was du liebst. Ehrlichkeit ist immer eine sehr wichtige Zutat. Sie muss da sein, um nach der Wahrheit zu suchen. Du siehst einfach, was sich präsentiert, was wirklich vor sich geht, und dann liebst du die Wahrheit, ganz natürlicherweise. Man könnte sogar sagen, es entsteht eine gegenseitige Anziehung, falls wir von „dir und der Wahrheit" sprechen wollen. (Kichert) In der Ehrlichkeit wird alles, was sich scheinbar in den Weg stellt, aufgedeckt und durchschaut.

Torsten: Ich stimme mit allem überein, was Padma sagt. Wenn ich Menschen begegne, die zum *Satsang* kommen, ist das Erste, dass wir zusammen in Stille sind. Da geschieht ein Blick in die Augen – wenn die Offenheit dafür da ist – und da ist etwas, das vor den Worten liegt, vor jeglicher Erklärung, Technik oder philosophischem Gespräch. Da ist etwas, was wirklich ist: Stille. Mein Hinweis wäre: Vertraue dem Moment, bevor die Konzepte aufsteigen und sogar vor der Frage: „Was ist Erleuchtung und wie kann ich sie erreichen?" DAS ist davor. Da ist ein Moment, wo sich der Verstand entspannt, und das ist der Ort, von dem aus sich Wahrheit offenbaren kann.

Ihr bietet Satsang *an und lebt auch zusammen. Deshalb würde ich gerne die Frage über Beziehung genauer untersuchen. Oftmals scheinen Beziehungen das Streben nach Wahrheit zu erschweren, aber in eurem Fall ganz eindeutig nicht. Könntet ihr über das Thema Beziehung sprechen?*

Padma: Ich würde sagen, wir haben sehr, sehr großes Glück, und es war von Anfang an sehr klar, dass Wahrheit bereits der Schwerpunkt in unser beider Leben war. Es war also klar, dass wir beide kein Interesse an einer Beziehung hatten, die die Wahrheit auf irgendeine Weise blockieren oder stören würde. Wir waren uns von Anfang an total einig, dass diese Beziehung absolut verbindlich im Dienst der Wahrheit steht.

Stimmt es, dass ihr seit zehn Jahren zusammen seid?

Padma: Ja, und es funktioniert wundervoll. Ich kann ganz deutlich sagen, dass es für mich eine riesige Unterstützung war, um die Wahrheit noch tiefer zu erkennen.

Torsten: Es war nicht immer nur süß. (Lachen) Natürlich gab es Herausforderungen. Wie in jeder Beziehung gibt es diese Momente, wo die Glaubensmuster einer Person, die Muster der Identifikation, denen des anderen begegnen, und dann fängt es ziemlich an zu brennen. Was ich für Liebe halte, was Padma für Liebe hält, wie wir uns verhalten sollten – wir unterscheiden uns sehr auf der Ebene der Persönlichkeit und Fixierung. Wir passen eigentlich nicht besonders gut zueinander. Aber nach meinem ersten Einblick in die Wirklichkeit war jedes Feuer in einer Beziehung eine Chance. Es war die Chance, alle Wünsche und Sehnsüchte verbrennen zu lassen.

Padma: Die Beziehung kann dann sogar ein Katalysator werden. Wir haben vorhin über Byron Katie gesprochen, die sagt: „Gehe deine Mutter besuchen ..." Viele Menschen mögen eine solche Beziehung haben, in der der Partner genauso eine Herausforderung ist wie die Mutter. Natürlich, in einer Liebesbeziehung lebst du mit jemandem zusammen, und alles kommt an die Oberfläche. Da hast du es direkt vor der Nase. (Lacht)

Torsten: Es gibt noch ein schönes Zitat von Byron Katie: „Der Meister, den du brauchst, ist die Person, mit der du lebst." Ich glaube, das ist ganz richtig. (Kichert) Es ist wirklich der, mit dem du gerade in diesem Moment zusammen bist. Wenn in der Beziehung etwas aufsteigt, das den Frieden stört, ist das eine Chance.

Auf eine Art haben wir also eine „Beziehung". Andererseits gibt es wirklich das Gefühl von totaler Unabhängigkeit. Wir sind allein mit unserer eigenen Erkenntnis und Verwirklichung. Manche Menschen haben wahrscheinlich romantische Vorstellungen über so eine Beziehung: „Wow! Da sind zwei Menschen, die an der Wahrheit interessiert sind, und sie leben immer in Harmonie." (Lachen) Das ist nicht der Fall.

Kannst du das bitte noch mal sagen? (Lachen)

Padma: Wir lassen einfach mal gerade die ganzen Ideale und romantischen Fantasien zerplatzen. (Lachen)

Torsten: Sogar in einer Beziehung, die schön ist, können die gleichen Dinge hochkommen, wie wenn man allein ist. Da kann eine Sehnsucht sein, da kann Enttäuschung sein. Die Chancen sind immer gleich, ob du eine Beziehung hast oder nicht.

Ihr begegnet wahrscheinlich Menschen, die Beziehungen haben, oder besser gesagt, die sich mit der ganzen Idee von Beziehung identifizieren.

Padma: Ob sie nun eine haben oder nicht, viele Menschen sind mit dieser Idee identifiziert.

Ja. Wenn sie keine haben, sind sie vielleicht noch stärker daran interessiert, eine zu haben. Die Zeit, die ich mit euch verbracht habe, hat deutlich gemacht, dass ihr beide eine Klarheit habt, und wegen dieser Klarheit ist es euch möglich, frei von Geschichten zu bleiben. Aber mir scheint es, dass die meisten Menschen sich sehr leicht in Geschichten verwickeln. So, wie Beziehung eine Chance sein kann, kann sie auch so schwierig sein, dass man nicht bis zu dieser Chance kommt, weil man sich in den Geschichten verliert.

Padma: Ob es nun mit Beziehung zu tun hat oder nicht, ich würde sagen, das ist die menschliche Verfassung.

Ja, aber mir scheint, dass eine unklare Beziehung die Komplikationen schon fast beinhaltet.

Padma: Ja, sie ist ein wirklich fruchtbarer Boden für Geschichten.

Die Konditionierung, die dahinter steht, sind Hollywoods romantische Liebesvorstellungen darüber. Das ist für die meisten Menschen sehr, sehr stark.

Padma: Sie ist eine tiefe Trance. (Lachen)

Torsten: Ich würde sagen, es ist auch sehr hilfreich, allein zu sein, wirklich allein und nicht mit anderen Menschen, mit deinem Partner oder mit den ganzen Ideen über Beziehung beschäftigt zu sein. Nutze die Chance, keine Beziehung zu haben, allein zu sein und deinen eigenen inneren Frieden und deine eigene Liebe zu finden, die beide nicht von Beziehung abhängig sind.

Grundsätzlich ist das mein Rat, den ich den Leuten gebe. Wenn sie einen tiefen Wunsch nach Wahrheit haben und sie wirklich dafür brennen, dann ist mein Rat, auf ihren eigenen Füßen zu stehen. Sei in keiner Beziehung. Ich kann aber auch sehen, dass eine Beziehung sehr hilfreich sein kann.

Torsten: Ja, beides.

Ehrlichkeit und Klarheit, über die du gesprochen hast, könnten die beiden Schlüssel sein. Wenn du Ehrlichkeit und Klarheit hast und es passiert, dass du mit jemandem eine Beziehung eingehst, dann liegt in allem eine Chance.

Torsten: Ja.

Padma: Das stimmt. Wenn dein Hauptinteresse die Wahrheit ist, dann steht alles andere in ihrem Dienst. Und wenn nicht, wird alles sehr verwirrend. (Kichert)

Ja. Und mir scheint, dass es grundsätzlich so ist – alles wird sehr verwirrend, vielleicht sogar noch verwirrender.

Padma: Man kann in seinen Prioritäten verwirrt sein. Wir denken: „Oh, romantische Liebe ist das, was ich in meinem Leben am meisten will, ein bisschen Wahrheit wäre auch ganz nett." Natürlich führt das zu Verwirrung, weil du dann die Wahrheit für die Idee der romantischen Liebe verkaufst. Vielleicht hast du sogar eine romantische Liebe, aber die Wahrheit fehlt. Was für einen Wert hat eine romantische Liebe in deinem Leben, wenn sie nicht wahr ist? Sie ist eine Illusion.

Torsten: Sie kann sich ganz, ganz schnell in einen Albtraum verwandeln. Du weißt, wie die sogenannte Liebe sich blitzschnell in Hass verwandelt!

Wie dem auch sei, ich bin sehr froh, dass ich mit euch beiden Zeit verbracht habe, weil alles so ein leichtes Fließen war. Ich konnte immer fühlen, dass ihr beide sehr einfühlsam miteinander seid. Wenn einer spricht, dann fügt der andere vielleicht etwas hinzu. Es war total leicht. Es ist deutlich spürbar, dass eure Beziehung wirklich funktioniert.

Padma: Ja, das stimmt. Sogar im Satsang erleben wir sie als unterstützend. Sie läuft wirklich sehr, sehr leicht und natürlich.

Ich bin der Meinung, dass ihr den Menschen etwas Wunderschönes bietet. Wenn sie euch fragen würden: „Wie kommt es, dass es so gut funktioniert?", dann könnt ihr die Wichtigkeit dieser Ehrlichkeit und Klarheit erklären: „Hast du diese Ehrlichkeit, oder verlierst du dich in romantische Geschichten über die Liebe und wie sie sein sollte?"

Padma: Ja, genau: „wie sie sein sollte, wie ich sie brauche, wie ich sie gern hätte". Wenn das jemals wichtiger sein sollte, als einfach die Wahrheit der Situation zu sehen, dann gibt es einen Schlamassel.

Ihr seid beide ziemlich jung und ihr seid seit zehn Jahren zusammen, habt ihr davor Beziehungen erlebt, die nicht so gut funktioniert haben?

Padma: Oh ja! (Lachen)

Torsten: Ja. Ich erlebte eine Beziehung, wo es klar war, dass ich bereits an Wahrheit interessiert war, und die andere Person war nicht so sehr an ihr interessiert. Da war ganz viel Feuer, aber es war ein gutes Feuer für mich. Es ist noch nicht einmal notwendig, dass der andere Partner an Wahrheit interessiert ist. Wenn du wirklich an ihr interessiert bist, dann kannst du alles, was in der Beziehung auftaucht, für deine eigene Erforschung benutzen. Aber es ist natürlich auch schön, wenn der andere dich verstehen kann. Ich würde also sagen, diese Beziehung ging ganz natürlich zu Ende. Und dann haben Padma und ich uns kennengelernt.

Padma: Ich muss gestehen, dass es für mich vielleicht genau andersherum war. Irgendwann ging ich bereits zum Satsang und war sehr an der Wahrheit interessiert, aber vielleicht doch noch etwas mehr an persönlicher Liebe. Und das hat nicht funktioniert. Es war sogar ein ziemliches Schlamassel und verursachte eine Menge Leid. Damals konnte ich das nicht klar sehen, aber im Nachhinein würde ich sagen, dass er wahrscheinlich eigentlich etwas mehr an der Wahrheit interessiert war, die durch mich hindurchschien, als an mir als Person. Aber ich wollte die persönliche Liebe. Und so entstand ein großes Durcheinander.

Danke. Gibt es noch etwas, das ihr hinzufügen möchtet?

Torsten: Danke für deine Fragen und für die Freude dieses Zusammenseins, und auch für dein Projekt. Sehr interessant. Und es war schön, dich persönlich kennenzulernen. (Lachen) Wirklich!

Padma: Ja!

Ja, es war wirklich eine Freude.

Premananda

Wir lernen die strukturellen Muster unseres Verstandes und unsere emotionalen Reaktionen auf bestimmte Situationen kennen. Wir werden immer vertrauter mit der Funktionsweise des Verstandes, wir werden uns des Körpers, der Körper-Verstand-Verbindung und unseres Verhältnisses zu dieser Körper-Verstand-Verbindung bewusst. Das alles ist der Beginn der Selbsterforschung.

Hingabe an den Meister ist die tiefste Liebesbeziehung
und mit ihr wurden viele Dinge möglich.
Premananda

Premananda

Premananda wuchs in England auf. Er studierte Bauingenieurwesen und Architektur. 1972 lebte er in Japan, wo er das erste Mal von Osho hörte, der sein erster Meister wurde. Die nächsten fünfzehn Jahre lebte er als Osho-Sannyasin. 1992, in der Präsenz von Sri H.W.L. Poonjaji (Papaji), fiel für ihn die Identifikation mit einem getrennten „Ich" weg. Er blieb fünf Jahre bei seinem zweiten Meister. Dann ging er nach Australien und fing 1998 an, *Satsang* anzubieten. Seit 2003 lebt er in Deutschland. Er reist durch ganz Europa und arbeitet intensiv mit Menschen, indem er die Selbsterforschung als Werkzeug für die Selbstverwirklichung benutzt. Zweimal in der Woche wird sein *Satsang* über das Internet auf Premananda Satsang TV übertragen.

Tara und Mahima, langjährige Bewohnerinnen aus der Open-Sky-House-Satsang-Gemeinschaft, forderten mich heraus, die gleichen Fragen zu beantworten, die ich fünfzig Meistern gestellt hatte. Sie interviewten mich, und uns allen gefiel das Ergebnis – hier ist es also!

Ich möchte gern vorwegschicken, dass ich keine „eigenen Lehren" habe und zwar deshalb, weil ich nicht wirklich einen Mechanismus dafür habe, eine Lehre zu entwickeln. Ich bin ein Botschafter für die Lehren von Papaji, der mein direkter Meister war, und von Sri Ramana Maharshi, der sein Meister war. Ich fühle eine tiefe innere Verbindung zu dieser Linie, die in die Nebelschleier uralter indischer Zeit zurückzugehen scheint. Deswegen ist nichts Persönliches in allem, was ich sage. Das Einzige, was ich als meinen Anteil betrachten würde, ist die Art, wie ich die Lehren kommuniziere.

Fühlst du dich mit Indien stark verbunden?

Ja. Als ich ungefähr dreißig war, brachte mich das Leben nach Indien, und in den letzten dreißig Jahren, die sehr ungewöhnlich waren, habe ich ungefähr zwölf Jahre in Indien gelebt. Seit zehn Jahren kehre ich jeden Januar für ein oder zwei Monate zum Arunachala nach Südindien zurück. Da ist also eine tiefe Verbundenheit mit Indien, aber es ist schwierig zu sagen, was es genau ist. Manchmal fühlt es sich an wie eine Verbindung zu einem uralten Teil der Menschheit. Aber ja, ich bin immer sehr berührt, sobald ich nach Indien komme.

Sri Ramana Maharshi empfahl die grundlegende Frage: „Wer bin ich?" – Wer bist du?

Es gibt verschiedene Wege, wie ich an diese Frage herangehen würde. Die grundlegende Antwort wäre, nichts zu sagen, einfach Stille. Die nächste wäre, zu sagen: „Ich bin Das", was die spirituell korrekte Antwort wäre. Aber die wirkliche Antwort lautet, dass ich es nicht weiß.

Die Antwort aus der alten indischen Weisheit wäre zu sagen, ich bin *Sat-Chit-Ananda*. *Sat* ist Wahrheit, *Chit* ist Bewusstsein und *Ananda* ist Glückseligkeit. Zusammen weisen diese drei Worte *Sat-Chit-Ananda* auf *Brahman* hin, das Bewusstsein ist.

Viele Menschen aus dem Westen suchen nach Erleuchtung, als wäre sie lediglich eine Erfahrung. Was ist Erleuchtung?

(Stille) Es ist ein Wort. Es ist eines dieser Wörter, die eine stark gefühlsgeladene Energie tragen. Als ich jünger war, bewirkte es, dass sich mein Leben völlig veränderte. Mit ungefähr dreißig begegnete mir dieses Wort zum ersten Mal in einem Kontext, in dem etwas mit mir hätte geschehen können. Ich sah es als eine Lösung für meine Probleme an. Nach gesellschaftlichen Maßstäben war ich ein einigermaßen erfolgreicher Mensch, so dass mein Leben eigentlich in Ordnung war. Aber innerlich fühlte ich mich schon seit etwa zehn Jahren unzufrieden, desorientiert und traurig – ich bin mir nicht ganz sicher, welches Wort ich nehmen soll. In meinen Zwanzigern brachte mich dieses Gefühl dahin, zu suchen, nachzuforschen. Anfangs wusste ich nicht, wonach ich suchte. Ich arbeitete damals als Architekt und war kein besonders spiritueller Mensch.

Diese Suche führte mich nach Japan. Ich wurde von Japan angezogen, teils wegen seiner großartigen Architektur, teils wegen des Zen. Als ich also in meinen Dreißigern nach Japan kam, bewegte sich mein Leben hinein in die spirituelle Welt. Damals begegnete ich diesem Wort „Erleuchtung". Es bot mir die Möglichkeit einer Lösung – dass etwas anderes in mir passieren könnte, und dass dies durch dieses Etwas, das Erleuchtung genannt wurde, geschehen würde.

Es zog mich nach Indien, es zog mich in den Ashram von Osho, in dem er fast täglich über Erleuchtung sprach. Das war Mitte der siebziger Jahre, vielleicht 1976. Er sprach über alle möglichen Meister aus China und Japan, über Buddha und Jesus. Er sprach über all diese alten Meister im Kontext ihrer Erleuchtung und eröffnete damit die Möglichkeit, dass ich auch erleuchtet werden könnte. Ich dachte: „Okay, das ist sehr gut. Ich entscheide mich definitiv für Erleuchtung."

Damals war dieses Wort ganz entscheidend daran beteiligt, mein Leben zu verändern und das war sehr attraktiv für mich. Sechzehn Jahre lang ließ es mich mit meiner Meditation und meinen Psychologie-Workshops weitermachen, und ließ mich die Architektur und einen Platz in der konventionellen Gesellschaft aufgeben. Es gab mir eine Art Ziel, auf das ich hinarbeiten konnte, eine Art Errungenschaft. Eine Errungenschaft deshalb, weil ich mich noch als ein Jemand verstand, der erleuchtet werden konnte. Das Wort war für mich in dieser Anfangszeit sehr nützlich, aber später wurde es problematisch. Es hielt mich in der Vorstellung fest, dass ich etwas bekommen könnte und damit auch in der Vorstellung, dass ich ein Jemand war, der etwas bekommen könnte.

Als Osho seinen Körper verlassen hatte, führte mich das Leben zu einem anderen Meister: Sri Poonjaji, Papaji, in Lucknow. Nachdem ich ungefähr sechzehn Jahre mit verschiedenen spirituellen Praktiken verbracht hatte, größtenteils auf der Suche nach Erleuchtung, war ich total geschockt, als ich dort ankam und entdeckte, dass es so etwas wie Erleuchtung gar nicht gab. Mein Verstand brauchte eine Weile, um sich darauf einzustellen. Während dieser Umstellungszeit hörte ich Papaji über die Quelle sprechen, die er das Selbst nannte, die immer präsent war.

Ich begann zu erkennen, dass diese Sache „Erleuchtung", die ich erlangen könnte, bereits da und immer schon da gewesen war. All mein Streben in diesen Jahren war gewesen, erleuchtet zu werden, und es hatte sich angefühlt wie die Spitze des Mount Everest. Ich erkannte, dass die Suche nach Erleuchtung eine falsche Vorstellung gewesen war.

Papaji drehte meine Suche so um, dass ich anfing, einen Wert darin zu sehen, mich selbst über dieses „Ich" und über diesen „Jemand" zu befragen. Bis zu diesem Zeitpunkt hatte ich nie diesen „Jemand" untersucht, der erleuchtet werden sollte – ich hatte ihn als gegeben hingenommen! Das schien unterstützt zu werden durch meine Bücher, in denen spirituelle Meister so dargestellt wurden, als hätten sie bei ihrer Erleuchtung sehr aufregende Momente erlebt. Damals war ich nicht erfahren genug, um zu erkennen, dass diese Geschichten wahrscheinlich von Schülern geschrieben worden waren, die die Leistung ihres Meisters glorifizieren wollten – und vermutlich waren diese fantastischen Augenblicke gar nicht wahr, in denen tausend Sonnen explodierten oder Ähnliches. Sie waren nur Metaphern, ich aber hatte die Story gekauft.

Was ist mit „Erwachen"? Fühlt sich dieses Wort klarer an, und hattest du einen Moment des Erwachens?

Das Wort Erwachen ist sympathischer, weil es andeutet, dass wir schlafen, wenn wir annehmen, wir seien ein „Ich". Wir schlafen in der Annahme, wir seien ein Jemand, und wir wachen aus diesem „Traum" zur Wahrheit auf. Deshalb kann „Erwachen" ein besseres Wort als „Erleuchtung" sein, aber ich bevorzuge „Selbstverwirklichung". Es gibt einen Moment, wo du erkennst, dass du tatsächlich schon immer das Selbst gewesen bist und niemals ein abgetrennter Jemand. Du erkennst, dass du immer schon der Ozean warst, dass du niemals eine abgetrennte, individuelle Welle im Ozean warst und dass diese Welle niemals vom Ozean getrennt war.

Diese Erkenntnis kam mir nach und nach in den ersten Wochen, die ich mit Papaji verbrachte. Es war eine schwierige Zeit, weil ich das Gefühl hatte, mich von etwas dekonditionieren zu müssen, das nicht mehr wahr erschien, um offen zu sein für das, was dieses neue Selbst bedeutete.

Was geschah in jener Zeit bei Papaji?

In den ersten Wochen bei Papaji stellte ich ihm drei Fragen. Als ich, während ich vor ihm saß, die dritte Frage stellte, konnte er meine Worte nehmen, mich durch die Kraft seiner Energie tief nach innen führen, und etwas geschah. Was geschah – wenn ich jetzt diese achtzehn Jahre zurückschaue – war, dass sich alles aufzulösen schien. In jenem Moment, als ich dort saß und nach innen schaute, gab es eine enorme energetische Kraft, die alles, was ich Premananda nennen könnte, vollkommen auslöschte. Visuell kann ich mich daran als eine Art von Whiteout erinnern, eine alles auslöschende Helligkeit. Ich schaute nach innen, und es war wie in einem Schneesturm. Es war vollkommen weiß und vollkommen still, und ich konnte meine Augen nicht öffnen. Dieses sehr starke energetische Geschehen dauerte eine Weile an und wurde von Papaji sehr unterstützt. Nach einer Weile öffnete ich meine Augen wieder. Er holte mich auf seine Plattform, half mir, gab mir Wasser und sagte ein paar Dinge, ich weiß nicht mehr was, und brachte mich zurück in den Raum. Doch ich funktionierte nicht wirklich und habe auch für eine ziemlich lange Zeit danach nicht funktioniert.

Doch in diesem Moment der Begegnung mit ihm ist natürlich etwas sehr Tiefgreifendes geschehen. Er hat dieses Geschehen unterstützt oder anerkannt, indem er den *Satsang* unterbrach und veranlasste, dass der Rest des Treffens eine Feier sein durfte.

Nach der Musik und dem Singen rief er mich zurück, um mit ihm zu sitzen. Ich fühlte mich ein bisschen wie ein Sack Kartoffeln, und er schaute auf mich herunter und sagte etwas wie: „Du brauchst morgen nicht zu kommen", und dann ging er.

Ich kam am nächsten Tag wieder und die nächsten fünf Jahre lang auch. Doch was immer an diesem Tag geschehen war und was ich Selbstverwirklichung nennen würde, war zweifellos eine totale Veränderung in meinem Leben. Es gab nie wieder eine Frage. Das Interesse an Erleuchtung und der Sucher nach Erleuchtung verschwand völlig, ebenso das Leiden und der Kampf, mit denen sich dieser „Jemand" bewusst fünfundzwanzig Jahre lang beschäftigt hatte. Ich kann ehrlich sagen, dass sich von diesem Tag an bis heute nicht wirklich etwas geändert hat. Etwas sehr Grundlegendes hatte sich verändert, so dass ich sogar sagen könnte: „Okay, das war meine Erleuchtung." Doch ich würde das niemals sagen, weil es einfach niemanden gibt, der erleuchtet werden könnte. Aber es war eine tiefgreifende Begegnung zwischen Papaji und mir, und von dem Moment an war mein Leben sehr verändert.

Du beschreibst es hauptsächlich als ein energetisches Phänomen. Würdest du auch sagen, dass es Verstehen gab?

Ja, ich würde sagen, dass es ein sehr tiefes Verstehen gab, das nicht auf der Ebene des Verstandes stattfand und nicht auf der Ebene der Emotionen. Es war, als erwachte ein tiefliegender Teil, den wir das Wesen, die Seele, die Intuition oder das Selbst nennen könnten, und sagte: „Hey, Premananda! Jetzt habe ich das Sagen!"

Ich fühlte immer eine enorme Dankbarkeit Papaji gegenüber, weil ich sicher bin, dass ich es ohne seine Fähigkeiten und seine unglaubliche Energie nicht verstanden hätte! Ich war schon achtundvierzig Jahre alt und sechzehn Jahre lang ein sehr engagierter Sucher gewesen, aber ich hatte nie verstanden, dass ich etwas suchte, was unmöglich zu erreichen war! Es war, wie das Ende des Regenbogens zu suchen. Ich war dabei sehr engagiert, verstand aber nicht, dass sich der Regenbogen die ganze Zeit mit mir mit bewegte.

Ich fühlte immense Dankbarkeit und gleichzeitig, dass es nichts gibt, wohin man gehen könnte. Nach etwa einem Monat setzten sich die Dinge und ich musste entscheiden, was ich tun wollte. Doch ich konnte nichts entscheiden. Ich blieb einfach, wo ich war, und akzeptierte Papajis Vorschlag, ein Gästehaus zu führen, das mich mit einem Grundeinkommen versorgte, damit ich dort leben konnte, und mir die Aufgabe gab, die *Sangha* (spirituelle Gemeinschaft) zu unterstützen. In den nächsten fünf Jahren führte ich also ein großes Gästehaus. Dieses Gästehaus wurde für mich zu einem Labor, in dem ich viele meiner Verstandesstrukturen erkennen und klären konnte. Was ich

Selbstverwirklichung nenne, führte dazu, keine Fragen mehr zu haben. Obwohl ich danach fünf Jahre lang in den *Satsangs* saß, fühlte ich nicht ein einziges Mal eine Frage auftauchen.

Du hast gesagt, dass du Osho-Meditationen praktiziert hast. Gibt es irgendwelche Voraussetzungen für die Erleuchtung? Sind Übungen notwendig? Wenn ja, welche Form würdest du empfehlen?

Das ist eine interessante Frage, weil ich von dort aus, wo ich jetzt bin, sagen könnte, dass keine Übungen nötig sind – du kannst jetzt, in diesem Moment, aufwachen. Aber ich muss zugeben, dass das in meinem eigenen Leben nicht geschah! Es geschah in Sri Ramanas Leben. Er hatte ein spontanes Erwachen oder einen Augenblick der Selbstverwirklichung, als er erst sechzehn Jahre alt war, und er hatte zu diesem Zeitpunkt noch keine Übungen gemacht. Ich war achtundvierzig und hatte sechzehn Jahre lang ziemlich intensive Meditationsübungen gemacht, was also soll ich sagen?

Aus jetziger Sicht kann ich jedem sagen, der daran interessiert ist, sich selbst zu entdecken, dass es nicht nötig ist, zu meditieren. Allerdings ist der konditionierte Verstand meistens ziemlich aktiv und chaotisch. Das macht es sehr schwer, einfach nur friedvoll zu sein. Die Menschen sind bereits so angefüllt mit Ideen und Konzepten, dass sie noch nicht einmal in der Lage sind, zuzuhören und eine neue Sichtweise einzunehmen. Unter diesen Umständen würde ich auf jeden Fall sagen, dass Meditation eine nützliche spirituelle Praxis sein kann. Welche spezielle Form der Meditation, das ist nicht so wichtig, ich würde sogar empfehlen, verschiedene Techniken auszuprobieren – Tai Chi, Yoga, Sitzmeditation, aktive Meditation –, um für sich selbst herauszufinden, womit man sich wohlfühlt und was für einen funktioniert. Dann würde ich empfehlen, diese Technik regelmäßig zu praktizieren, bis der Verstand ruhiger wird.

Für den fortgeschrittenen Sucher oder für jemanden, der natürlicherweise einen ruhigen Verstand hat, ist die bestmögliche Praxis die Selbsterforschung, oder einfach zu beobachten, was im Inneren passiert. Sri Ramana unterstützte diese Art von Erforschung. Verändere deinen

Fokus, ziehe ihn von der äußeren Welt ab und richte ihn auf das, was sich im Inneren abspielt. Ein ruhiger und friedvoller Verstand ist sehr hilfreich. Doch grundsätzlich gibt es keine Voraussetzungen für die Erleuchtung. Dieser Augenblick der Verwirklichung kann jedem in jedem Moment und überall geschehen, und es scheint, als wäre dies in den letzten Jahren immer mehr Menschen passiert. Sie hatten einen Augenblick des klaren Sehens, ohne jegliche Praxis, ohne Vorbereitung.

Du hast die Selbsterforschung schon erwähnt. Sri Ramana sagte, der direkteste Weg zur Erkenntnis des Selbst sei die Selbsterforschung. Was kannst du über Selbsterforschung sagen? Wie wendet man sie an?

Die Selbsterforschung regt einen Fokuswechsel an. Anstatt nach draußen in die Welt zu schauen, schlägt sie eine Hundertachtziggradwende vor, um die innere Welt anzuschauen. Wie das Wort es schon andeutet, ist es eine Erforschung des Selbst, eine Erforschung oder Untersuchung dessen, was im Inneren wirklich vor sich geht. Dies schafft sofort ein Gewahrsein, und wir werden immer sensibler dafür, zu schauen, und uns anzusehen, was da wirklich geschieht. Selbsterforschung ist ein inneres Schauen, eine Untersuchung.

So lernen wir uns wirklich selbst kennen, lernen unsere Strukturen, die Muster unseres Verstandes kennen. Wir lernen unsere emotionalen Reaktionen auf bestimmte Situationen kennen. Wir werden sehr vertraut mit der Funktionsweise des Verstandes und werden uns auch des Körpers mehr und mehr bewusst, der Körper-Verstand-Verbindung und über unser Verhältnis dazu. Das alles ist der Beginn der Selbsterforschung.

In seinem kleinen Lehrbüchlein „Wer bin ich?" erläutert uns Sri Ramana in seiner Antwort auf die elfte Frage die Einzelheiten, um die Selbsterforschung durchzuführen. Wenn du bewusst wirst, siehst du, dass viele Gedanken auftauchen. Normalerweise haftest du an diesen Gedanken an. Sri Ramanas Anweisung ist, zur Quelle der Gedanken zurückzugehen. Gib die Energie nicht den Gedanken selbst, sondern frage dich stattdessen: „Wem erscheinen diese Gedanken?" „Mir", wirst du antworten, weil du damit identifiziert bist, ein getrennter Jemand zu sein. Und dann fragst du: „Wer ist dieses ‚mir'?", oder: „Wer bin ich?"

„Wer bin ich?" ist zu einem bekannten Slogan geworden. Doch es ist eine ernsthafte Untersuchung darüber, was eigentlich genau dieses „Ich" ist, mit dem wir alle so identifiziert sind. Wenn man diese zweite Frage stellt, stellt man fest, dass man tiefer und tiefer nach innen geführt wird. Wenn du mit der Selbsterforschung beginnst, kommen dir vielleicht solche Antworten wie: „Ich bin eine Krankenschwester, ein Mann, ein Architekt" und so weiter. Aber du merkst schnell, dass diese Art intellektueller Erforschung dir nicht viel helfen wird, also macht es keinen Sinn, auf diese Weise zu antworten. Du entdeckst, dass es keine echte Antwort gibt. Diese Frage führt dich in die Stille, sie führt dich in das Mysterium des Selbst. Meine Erfahrung ist, dass es einen tiefgreifenden Effekt auf die Menschen hat, wenn sie sich intensiv diese Frage stellen, genauso, wie Sri Ramana es in seinem Büchlein vorgeschlagen hat.

Ich habe damit angefangen *Satsang* anzubieten, als ich in Australien lebte und diese Übung dort vorgeschlagen. Das führte zu keinem Ergebnis, niemand wollte darüber sprechen und offensichtlich hat es nie jemand praktiziert. Dann brachte mich die Existenz nach Deutschland. Auch in meiner ersten Zeit in Deutschland habe ich angeregt, Selbsterforschung zu betreiben. Die Leute kamen zu mir und sagten: „Wir haben Selbsterforschung ausprobiert und es sind unglaubliche Dinge geschehen." Vielleicht hielt ihr Verstand an oder sie waren für mehrere Tage in Glückseligkeit versunken. In den letzten sieben Jahren, in denen ich hier in Deutschland lebe, durch Europa reise und Selbsterforschung anbiete, gab es viele Menschen, die tiefgreifende Öffnungen durch das Praktizieren der Selbsterforschung erfuhren.

Normalerweise tauchen Gedanken aus dem Nichts auf. Sie sind einfach spontan und finden die ganze Zeit über statt. Was aber leicht passiert, ist, dass wir sofort nach einem Gedanken greifen und sagen: „Mein Gedanke." „Ich" dachte daran, nach Spanien in Urlaub zu fahren – aber eigentlich gab es nur einen Gedanken an Spanien, weil die Sonne gerade schien. Selbsterforschung heißt, dass du in einer solchen Erforschung sehr leicht herausfinden kannst, dass es nichts mit „Ich" zu tun hat. Da war niemand, es war nur ein Gedanke!

Wenn du das nach und nach immer mehr sehen kannst, lockert sich das Klebeband der Anhaftung an die Gedanken. Diese ganze Konditionierung des „Ich" lockert sich. Du glaubst nicht mehr wirklich an dieses „Ich". Selbsterforschung ist also ein goldener Schlüssel um herauszufinden, dass du kein „Jemand" bist. Es ist das Letzte, was das „Ich" tun kann, das glaubt, ein „Jemand" zu sein. Es funktioniert! Und danach gibt es nichts mehr, was „ich" tun kann. Aufgrund meiner Erfahrung in den letzten sechs oder sieben Jahre stimme ich völlig mit Sri Ramana überein, dass es der direkteste Weg zur Selbstverwirklichung ist.

Als Sri Ramana gefragt wurde, wann man das Selbst erkannt hat, antwortete er: „Wenn die Welt, die das Gesehene ist, entfernt worden ist, wird die Erkenntnis des Selbst als das Sehende gesehen." Wie ist die Welt zu verstehen und wie kann man sie beseitigen?

Nun, um ganz klar zu sein: Wenn wir durch unsere Augen schauen und etwas sehen, gibt es keine Möglichkeit, das zu beseitigen. Doch Ramanas Aussage heißt keinesfalls, dass es hier eine Art Trick gibt, nach dessen Anwendung da nur noch das Nichts ist und du nichts mehr siehst. So ist das nicht gemeint. Es ist nicht wörtlich zu nehmen. Entweder ist die Übersetzung nicht so präzise, oder er benutzt es hier als Metapher, um etwas aufzuzeigen. Ich kann dazu sagen, dass die Welt, die scheinbare Welt, etwas ist, das aus dem Inneren kommt. Genau genommen gibt es nicht wirklich ein „Innen" und ein „Außen", aber der Einfachheit halber kann ich hier eher von einem „Innen" als von einem „Außen" sprechen. Innen ist hier, und von diesem Hier aus, aus unserem konditionierten Verstand heraus, taucht die Welt auf. Wir sind im Prozess unseres Heranwachsens konditioniert worden, uns als getrennt von der Welt und getrennt von anderen vorzufinden: Ich und du, wir und sie. Sri Ramana spricht nicht darüber, die physische Welt zu beseitigen, die scheinbar da draußen ist; worüber er wirklich spricht, ist, das zu entfernen, was hier drinnen ist – die Konditionierung im Verstand.

Wir sind in der Dualität aufgewachsen und glauben, dass wir abgetrennt von der Welt sind. Leiden entsteht, weil meine Wahrnehmung glaubt, ich müsse mein Leben da draußen in der Welt leben, und das führt zu solchen Dingen wie Ehrgeiz und Konkurrenz, und zu dem Gefühl, dass ich getrennt, allein, einsam und so weiter bin. In Wirklichkeit ist alles eins – die scheinbare Welt versorgt uns mit der Luft zum Atmen, mit Essen –, doch wir sind aufgewachsen in dieser Dualität, in der Trennung herrscht. Die Aussage von Sri Ramana regt an, unser Verhältnis zur Welt zu untersuchen, und wenn wir das tun, werden wir uns unseres Egos bewusst, dieser separaten Identität. Wir entdecken den konditionierten Verstand und unsere Anhaftung an diesen konditionierten Verstand.

Ein kleines Kind, das noch keine Zeit hatte, um sehr konditioniert zu werden, spielt spontan und reagiert kreativ auf Situationen. Der konditionierte Erwachsene ist nicht wirklich präsent im Augenblick und reagiert eher aus dem konditionierten Verstand als aus der Kraft der Leere. Sri Ramana weist auf die Möglichkeit der Selbstverwirklichung hin. In der Verwirklichung des Selbst verstehst du, dass alles eins ist, dass es keine separate Welt gibt. So beseitigt man die Welt. Es ist nicht so, dass die Welt verschwindet, aber das Verhältnis zur Welt verändert sich. Im Moment, in dem die Verwirklichung stattfindet, kollabiert binnen einer Sekunde der Glaube und auch die Anhaftung daran, dass man ein separater Jemand ist, und zwar deshalb, weil Selbstverwirklichung ein Augenblick des klaren Sehens ist, in dem diese grundlegende Illusion plötzlich verschwindet. Der Vorhang geht auf!

Ich kann mich erinnern, dass ich danach eine Zeitlang desorientiert war, weil ich an der Illusion festhielt, dass ich ein separater Jemand mit einem Namen, einem Job, einer Beziehung und so weiter sei. Ich hatte an der ganzen Geschichte von „meinem Leben" achtundvierzig Jahre lang festgehalten, sie vollständig geglaubt – und plötzlich, binnen einer einzigen Sekunde, wusste ich ohne jeden Zweifel, dass all das überhaupt nicht wahr ist. Ich war also durch diese Erfahrung noch etwas desorientiert, aber nach und nach setzten sich die Dinge und ich entdeckte, dass eine innere Veränderung vor sich gegangen war. Direkt nach diesem Augenblick, der Selbstverwirklichung genannt werden könnte, geschahen eine Menge energetischer Phänomene. Im Inneren lief eine Art Waschmaschine; alles wurde umgedreht und neu ausgerichtet, aber nach und nach setzten sich die Dinge, und in den Tagen danach war da ein großer

Frieden. Meine Augen sahen aus wie leere Monde – ruhig, friedvoll, tief. In den ersten paar Tagen ist nicht wirklich etwas passiert und dann wurden die Dinge langsam wieder etwas normaler. Man könnte sagen, Premananda kam wieder zurück, und über einen längeren Zeitraum hinweg bemerkte ich, dass alles viel ruhiger war als ich es jemals erfahren hatte. Da war viel mehr Glück – ich nenne es ruhiges Glück – mehr, als ich es jemals zuvor erfahren hatte.

Langsam, im Laufe der Monate und Jahre, bemerkte ich, dass verschiedene Strukturen des Verstandes, vertraute Teile von Premananda, die üblicherweise vorbeizogen, bestimmte Denkprozesse, die ziemlich vertraut waren, verschwanden. Es ist nicht so, dass irgendetwas passierte, es gab keine Anstrengung. Sie verschwanden einfach! Die Analogie, die ich dafür benutzen würde, ist ein blauer Himmel mit weißen Wolken. Diese Wolken sind Gedanken oder Vorstellungen oder sogar Strukturen des Verstandes, die schließlich im blauen Himmel verschwinden. Eine sehr vertraute Struktur des Verstandes, an die ich vorher immer geglaubt hatte, war: „Ich bin nicht gut genug." Eines Tages stellte ich fest: „Wow! Wie es scheint, habe ich einen Monat lang nicht gedacht, dass ich nicht gut genug bin!" Es war nicht so, dass ich auf einmal gut genug wurde, es war einfach neutral. Da war keine Frage danach, ob ich gut genug bin oder nicht. Es gab kein Urteilen über gut oder schlecht mehr; das ist es, das ist, was geschah. Im Lauf der letzten achtzehn Jahre scheinen diese Muster oder Strukturen des Verstandes einfach verschwunden zu sein.

Müssen diese Tendenzen des Verstandes, diese Vasanas *erst vollständig beseitigt werden, damit Selbsterkenntnis dauerhaft bleiben kann? Und wie beseitigt man diese Tendenzen?*

Nun, wie schon gesagt, du musst überhaupt nichts tun! Was du tun musst, ist, einen Augenblick der Selbstverwirklichung zu haben. Wenn du das Selbst erkennst, verschwinden diese Strukturen von selbst! Deshalb würde ich sagen: Es ist nicht notwendig, sie zu beseitigen. Ich kann mich erinnern, zu der Zeit, als die Selbstverwirklichung passierte, waren in mir sehr starke Strukturen von „Ich werde nicht überleben" und „Ich bin nicht gut genug." Ich war angefüllt mit dieser Art des gewöhnlichen, konditionierten Urteilens über mich selbst und alle anderen! Auf einer tiefen Ebene gab es Vorstellungen über Erfolg und Wünsche, die mich in die Welt hineinzogen. Sogar nach Jahren spiritueller Praxis und Workshops gingen diese Dinge noch weiter. Es gibt also nicht viel, was man mit diesen Tendenzen machen kann. Ich würde sagen, es ist sehr nützlich, Selbst-Gewahrsein zu entwickeln, um diese Tendenzen zu sehen und zu verstehen. Workshops und eine Praxis wie die Selbsterforschung können dir helfen, ein tieferes Verständnis dieser Dinge zu bekommen, darüber, was im Inneren vor sich geht. Aber ich weiß nichts, was man wirklich tun kann, um sie zu beseitigen, und ich sehe auch keine Notwendigkeit, sie zu beseitigen.

Wenn du ein emotionales Trauma hast, das beständig jeden Tag in deinem Leben aktiv ist, kann es notwendig sein, dem durch Psychologie oder eine Therapie auf den Grund zu gehen. Das wird nichts beseitigen, aber es könnte den Griff etwas lockern und es ein bisschen einfacher machen. Es gibt keine Technik und keine Notwendigkeit, die Tendenzen zu beseitigen. Aus der Selbstverwirklichung heraus, aus dem Auflösen der Anhaftung heraus, bleibt niemand mehr übrig, um diese Strukturen festzuhalten, um diese Vorstellungen und Konzepte festzuhalten, so dass ihnen einfach die Energie ausgeht und sie sich in den blauen Himmel hinein auflösen. Die Bewegung in Premananda in den letzten achtzehn Jahren war eine Bewegung hin zu einer immer tieferen Leere oder Stille. Wenn ich jetzt nach innen schaue, ist da nichts ... vollkommen leer. Diese Worte kommen nicht aus Premanandas Trickkiste. Sie kommen einfach durch, und das ist wirklich sehr schön. Diese Tendenzen zu beseitigen ist also eine sehr schöne Sache, aber du musst nichts tun. Sie werden einfach verschwinden, sobald die Anhaftung an dieses separate „Ich" klar wahrgenommen wurde. Sie verschwinden langsam, und in diesem langsamen Verschwinden kommst du in eine immer tiefere Verbindung zum Selbst oder zur Stille.

Die nächste Frage ist ganz ähnlich. Es wurde behauptet, dass der Verstand zerstört werden müsse, damit Selbstverwirklichung geschehen kann. Hast du einen Verstand? Wie zerstört man den Verstand?

Als Sri Ramana darauf hinwies, dass der Verstand zerstört werden müsse, was meinte er da mit Verstand? Er wurde ein berühmter Heiliger, weil er offensichtlich keinen Verstand hatte, und jetzt versucht jeder, so wie er zu werden und den Verstand zu beseitigen. Aber natürlich ist die Realität, wenn man sich Sri Ramanas Leben anschaut, dass er das Essen für den Ashram meist selbst geplant und gekocht hat, dass er Zeitung las und Schriften überarbeitet hat, und dass er den Aufbau des Ashrams überwachte. Also hatte er ganz offensichtlich einen Verstand, aber was meint er mit Verstand? Und genau das ist der Punkt. Er spricht nicht davon, diesen funktionierenden, praktischen, alltäglichen Verstand zu entfernen. Er spricht davon, den konditionierten Verstand zu beseitigen – die Vorstellungen, die Konzepte, all das Zeug, mit dem wir seit der Kindheit angefüllt wurden. Sowie der Augenblick der Selbstverwirklichung stattfindet, löst sich der konditionierte Verstand auf, er hat keinen Halt mehr.

Was ist der Verstand, wenn nicht Gedanken? Wenn du dir die Gedanken anschaust, siehst du, dass sie spontan aufsteigen und fast augenblicklich durch einen anderen Gedanken ersetzt werden, der den vorhergehenden zerstört. Gedanken zerstören sich kontinuierlich gegenseitig und so zerstört sich der Verstand permanent selbst. Wir könnten das sogar Tod und Wiedergeburt nennen. Wir könnten sagen, dass Tod in jedem Moment stattfindet, weil in jedem Moment ein alter Gedanke geht und ein neuer Gedanke geboren wird. Dies ist ein kontinuierlicher Prozess, der sich durch unser gesamtes Leben zieht.

Wir können uns also entspannen, was den Verstand betrifft. Es ist nicht der Verstand, der der Feind ist! Es ist die Anhaftung an den konditionierten Teil des Verstandes, der es uns unmöglich macht zu sehen, wer wir wirklich sind. Und hier kann Meditation unterstützen. Wie ich schon gesagt habe, wenn man einen sehr geschäftigen Verstand hat, der die ganze Zeit voller chaotischer Gedanken ist, kann Meditation die Aktivität des konditionierten Verstandes reduzieren. Meditation hat ihre Funktion, ihren Wert.

Was ist mit Schicksal? Erwartest du, dass die Dinge einfach passieren oder drückst du deinen freien Willen aus und entscheidest dich?

Vor diesem Interview war da zum Beispiel die Frage: „Welches Hemd soll ich tragen?" Glücklicherweise besitze ich ein paar Hemden, so dass es eine Auswahl gab. Ich würde sagen, dass wir bei diesen kleinen Details des Lebens eine Wahl haben. Aber wenn ich auf den gesamten Verlauf meines Lebens blicke, kann ich sagen, dass es enorme Richtungsän-derungen gab, und es scheint, dass ich, also jemand, der Premananda genannt wird, in all diesen Momenten nicht viel damit zu tun hatte – es ist einfach passiert! Ich kann dir zwei Beispiele geben. Als ich so um die dreißig war, fing ich an, intensiv zu suchen. Ich war Architekt und hatte japanische Architektenfreunde, die mich nach Japan einluden. Ich dachte: „Oh! Das ist eine gute Idee! Dort kann ich Zen erforschen." Ich interessierte mich ein wenig für Zen. Also bin ich nach Japan gegangen – ich dachte, nur für ein paar Monate. Ich fing an, mich für die japanische Kultur zu interessieren, bekam einige Jobs und letztendlich bin ich dreieinhalb Jahre geblieben. Ich traf einen deutschen Architekturprofessor, der mir sagte: „Premananda, ich glaube, du bist absolut bereit dafür, meinen Meister zu treffen! Ich denke, du solltest nach Indien gehen!" Sein Meister war Osho. Ich erinnere mich, unser Treffen war intensiv und ging sehr tief. Wir haben die ganze Nacht mit Reden verbracht, aber als er sagte: „Geh und triff meinen Meister, du bist bereit dafür", kann ich mich erinnern, dass mein Verstand sagte: „Kein Interesse."

Ein Jahr später stand ich in Oshos Ashram! Und ich bin dort durch wundersame Umstände hingelangt. Ich war mit meiner japanischen Frau nach Europa gereist. Das Flugzeug, das uns zurück nach Japan bringen sollte, hatte einen Maschinenschaden, wir wurden umgeleitet und man gab uns ein Air-India-Ticket. Als wir auf dem Weg zurück nach Tokyo den Flughafen von Delhi anflogen, öffnete sich mein Mund und sagte: „Warum steigen wir hier nicht aus?" Und das taten wir! Damals konnte man so etwas tun. Schließlich konnten wir umsonst durch Indien reisen, da sie uns ein reguläres Ticket gegeben hatten. Ich landete also in Pune, in dem Ashram, den mein Freund mir vorgeschlagen hatte. Und ich erinnere mich daran, dass mein Verstand dennoch klar sagte: „Kein Interesse." Als ich den Ashram betrat, war da direkt das Gefühl, dass ich an diesem Ort die Antwort auf meine Frage bekommen könnte. Zehn Jahre lang hatte ich eine innere Frage. Ich wusste nicht, was die Frage war, aber da war das starke Gefühl, dass ich hier die Antwort auf diese Frage bekommen könnte.

Das zweite Beispiel war in Australien. Vor ungefähr acht Jahren lebte ich in Sydney. Es gab eine innere Botschaft, dass es jetzt vielleicht an der Zeit wäre, nach Europa zurückzukehren. Ich hatte gerade meine zweite Frau getroffen und eigentlich ein ziemlich schönes Leben in Australien, doch vielleicht war da das Gefühl, die europäische Kultur ein wenig zu vermissen. Dann kam diese Botschaft. Ich akzeptierte die Botschaft und die Umstände in meinem Leben unterstützten diese Entscheidung. Der Besitzer des Hauses, das ich gemietet hatte, wollte es plötzlich zurück haben, mein Auto brach plötzlich jenseits aller Reparaturmöglichkeiten zusammen – und so war da ein klares Gefühl von: „Okay, ich gehe zurück nach Europa." Und nachdem ich auf dem Weg eine Zeit in Indien verbracht hatte, landete ich dann auch tatsächlich zwei Jahre später in Europa. Ich hatte keine Vorstellung davon, wohin ich in Europa gehen würde, aber auf dem Weg traf ich eine Französin, die mich ihrem Freund aus einer kleinen Stadt in Norddeutschland vorstellte. Er beherbergte mich und arrangierte Treffen und Retreats und so startete mein gesamtes Leben in Deutschland. Nach ungefähr einem Jahr kamen ein paar meiner Schüler mit mir zusammen und wir gründeten eine Gemeinschaft. Das war vor sechs Jahren, und die Gemeinschaft blüht immer noch und entwickelt sich.

Ich bin ein Engländer, der sich entschieden hat, in Deutschland zu leben! Aber eigentlich gab es keine Wahl. Wenn man mich in Australien gefragt hätte: „Gehst du nach Deutschland?", hätte ich gesagt: „Auf gar keinen Fall! Ich interessiere mich nicht für Deutschland. Ich würde vielleicht gerne nach Spanien gehen, wo es viel Sonne gibt, oder nach Italien wegen der Architektur und der Kunst, aber ich würde mir auf keinen Fall Deutschland aussuchen!" Leider wurde ich als Engländer gegen Deutschland konditioniert. Jetzt lebe ich seit sechs Jahren in Deutschland und mein ganzes Leben ist aufgeblüht. Mir geht es wunderbar hier!

Das sind zwei ziemlich dramatische Beispiele, in denen mein konditionierter Verstand und meine Intuition völlig verschiedene Resultate produziert haben, und ich würde dies das Wirken des Schicksals nennen.

Es scheint grundlegend zu sein, einen Meister zu treffen und sich diesem Meister hinzugeben. Wer ist der Meister, was ist die Rolle des Meisters und wie erkennt man einen wahren Meister?

Ich würde dem zustimmen: Es ist grundlegend. Ich hatte zwei Meister, den ersten, als ich dreißig war. Wenn ich zurückschaue, würde ich sagen, dass ich damals total verloren war! Ich war total verloren und dumm. Ich war recht intelligent und gebildet – ich war ein normal erfolgreicher Mann, der als Architekt funktionierte. Aber andererseits war ich total dumm. Ich habe auf einer tieferen Ebene wenig verstanden, und wenn ich nicht Osho, dem Meister, über den Weg gelaufen wäre, glaube ich nicht, dass sich mein Leben wirklich verändert hätte! Osho leistete damals einen sehr wichtigen Dienst, indem er eine Alternative anbot. Er behauptete, dass man durch Meditation zur Erleuchtung gelangen könne. Das fühlte sich wie ein guter Deal an und ich gab mein Leben als Architekt komplett auf und sagte: „Okay, ich entscheide mich für Erleuchtung!"

In dem Moment war der Meister also sehr, sehr wichtig. Ich könnte vielleicht sagen, dass ich bis dahin innerlich verstanden hatte, dass es eine Art Resonanz gab zwischen meiner Intuition und dem, was der Meister sagte. Ich könnte auch sagen, dass der wahre Meister, der ultimative Meister, dein eigenes Selbst ist, deine eigene Intuition. Wenn du eine Verbindung zu deinem Selbst hast, wird der Meister im Außen unwichtig. Aber die meisten von uns sind so identifiziert damit, ein Jemand zu sein, dass wir einen lebenden Jemand im Außen brauchen, der uns führt. Als ich dreißig war, war es notwendig für mich, dass Osho mir diese Erleuchtung anbot. Er bot sie auf eine sehr charismatische und aufregende Weise an. Ich habe die Story gekauft, und mein Leben hat sich vollkommen verändert. Zu diesem Zeitpunkt war der Meister also sehr, sehr wichtig.

Später, nach vielen Jahren des Erfahrens und des Verstehens, traf ich meinen zweiten Meister, Papaji. Bei ihm wurde mir klar, dass meine konditionierten Vorstellungen über Spiritualität, die ich hauptsächlich von Osho hatte, einfach falsch waren. Die richtige Anschauung wurde mir von Papaji gegeben, der diese Anschauung von Sri Ramana erhielt, der sie aus der alten Weisheit Indiens schöpfte. Deswegen habe ich anfangs gesagt, dass ich mich sehr stark als Kanal für diese Linie der alten Weisheit fühle, vielleicht von *Shankara* zu Sri Ramana und zu Papaji. Diese Worte sind ganz und gar nicht Premanandas Lehre. Das Einzige, was, wie ich hoffe, Premananda für sich beanspruchen könnte, ist die Einfachheit und Klarheit der Kommunikation. Die Rolle des Meisters ist es, dir zu zeigen, dass du dasselbe bist wie der Meister.

Der Meister versucht nicht, sich besonders zu machen, er versucht nicht, dich kleiner zu machen. Einige Leute glauben, dass du dich einem menschlichen Wesen hingibst, wenn du dich mit einem spirituellen Meister einlässt und dich dadurch kleiner machst und dadurch empfänglicher bist für eine missbräuchliche Situation. Ein wahrer Meister würde nie so arbeiten. Ein wahrer Meister möchte, dass du erkennst, dass du das Selbst bist! Er ist das Selbst und du bist das Selbst. Jeder ist das Selbst! Wir sind alle das Selbst! Es ist alles eins! Das ganze Bestreben eines Meisters ist, dich aus deiner Unwissenheit herauszubringen und zur Klarheit darüber, wer du bist. Das ist die wahre Arbeit eines Meisters.

Wie erkennt man einen wahren Meister?

Einen echten Meister zu erkennen, ist in der Tat nicht so einfach. Ich würde sagen, der beste Beleg ist, wenn du in seiner Gegenwart ruhig, friedvoll und still wirst. Du kannst einen wahren Meister nicht daran erkennen, wie er sich verhält oder was er sagt, weil Meister unvermeidlicherweise einzigartig sind. Es gibt kein Verhalten, bei dem man sagen könnte, dass es typisch für einen Meister wäre. Letztendlich ist ein wahrer Meister derjenige, der vor dir erscheint, aus deiner tiefen Sehnsucht heraus, und wenn das passiert, kannst du irgendwie diese Person sofort als den einen erkennen. Es gleicht ein wenig einer Liebesbeziehung. Wenn du deinen Geliebten triffst, fragst du nicht: „Wie erkenne ich meinen Geliebten?" Du weißt einfach, dass diese Person dein Geliebter ist, und da ist eine tiefe Verbindung. Genauso ist es, wenn der Meister erscheint: Du weißt einfach, dass es der eine ist, auch wenn dieser Meister nicht der ist, den du dir vorgestellt hast, und vielleicht nicht unbedingt eine Person ist, die dir besonders gefällt und zu deiner

Vorstellung davon passt, wie ein Meister sein sollte. Aber du weißt es. Du weißt es tief drinnen – und es passiert immer unerwartet.

Ich habe verstanden, dass ein Meister unverzichtbar ist. Machst du dich selbst als Meister zugänglich?

In meinem derzeitigen Leben reise ich hin und wieder und biete öffentliche *Satsangs* an. In solchen Situationen sitze ich vom Publikum getrennt auf einem Stuhl. Die Menschen projizieren auf mich, was immer sie gerne möchten, und manchmal machen sie mich zu einem Meister. In der Gemeinschaft, in der ich jetzt meistens wohne, lebe ich mit neunzehn, zwanzig Menschen zusammen. Ich sehe mich selbst als ihr Freund. Und was macht ein Freund? Er tut täglich alles, was er nur kann, um diesen Menschen zu zeigen, was sie sehen müssen, damit sie Freiheit erlangen können! Es gibt Situationen, in denen ich sagen könnte, ich bin der Meister, weil ich „meisterlich" handle. In den letzten sechs Jahren zum Beispiel gab es einige ernste Krisen, in denen die Gemeinschaft leicht hätte am Ende sein können. Ich kann sagen, dass ich in diesen Situationen meisterlich gehandelt habe, und die Gemeinschaft wurde fortgeführt. Auf diese Weise geschieht etwas Meisterhaftes. Ein wahrer Meister würde niemals herumlaufen und sich selbst einen Meister nennen, und er braucht auch keinen besonderen Stuhl. So funktioniert das nicht!

Kannst du mehr über die Gemeinschaft sagen und deinen täglichen Umgang mit den Menschen in der Gemeinschaft?

Meine Rolle ist es, verfügbar zu sein und die Bewohner dazu zu ermutigen, alles, was sie tun, als Spiegel zu nutzen, um bewusster zu sein und zu ihrer wahren Natur aufzuwachen. Wir arbeiten zusammen und betreiben Geschäfte und Projekte, und durch diese gemeinsame Arbeit bin ich in der Lage zu sehen, welche Strukturen angeschaut werden müssen und biete, wenn nötig, Unterstützung an. Ich halte spirituelle Treffen ab und bin jederzeit verfügbar, um gemeinsam ein Thema anzuschauen, das für einen Bewohner auftaucht.

Die Gemeinschaft ist fast schon zufällig entstanden. Ich gebe zu, dass mir viele Jahre lang die Idee gefiel, einen städtischen Ashram zu haben oder eine Gemeinschaft von Menschen im Westen, die auf innere oder spirituelle Arbeit fokussiert sind. Mir gefiel diese Vorstellung und es war anziehend, an einem solchen Platz zu leben. Aber es gab keine konkrete Idee, einen solchen Platz zu gründen. Ich würde sagen, durch das Schicksal sind verschiedene Dinge zusammengekommen und so hat die Gemeinschaft mit etwa achtzehn Menschen schließlich auf einem schönen Pferdehof im Schwarzwald begonnen. Nach ein paar Jahren zogen wir in unser jetziges Haus, ein Anwesen aus dem 17. Jahrhundert direkt am Rhein, umgeben von wunderschöner Natur und ganz in der Nähe von Köln. Wir haben zusammen sehr schöne Gemeinschaftsräume geschaffen, wie zum Beispiel ein Malstudio, ein Tanzstudio, ein Musikstudio, Seminarräume für Workshops und einen Raum für *Satsang*-Treffen.

Traditionell hatten die Anhänger eine enorme Hingabe an den Meister. Bitte sage etwas über Hingabe auf dem Weg zum Erwachen.

Ziemlich grundlegend und natürlich. Wie ich schon bei der letzten Frage sagte, ist ein lebender Meister notwendig, wenn man wirklich frei werden will. Meine Erfahrung ist, dass ein Meister in deinem Leben erscheinen wird, wenn es in dir eine wirkliche Sehnsucht danach gibt. Du wirst diesen Meister erkennen und du wirst dich diesem Meister hingeben. Du wirst dich in diesen Meister verlieben, du wirst diesem Meister hingegeben sein.

Das passierte mir dreimal in meinem Leben. Als ich dreißig war, traf ich Osho. Er saß auf einem Podium mit ungefähr tausend Menschen, die zu seinen Füßen saßen. Er schien ein unglaubliches menschliches Wesen zu sein, und anfangs hatte ich große Ehrfurcht vor ihm. Ich war ihm nicht wirklich hingegeben. Aber ich glaube, dass sich diese Ehrfurcht mit der Zeit, als ich Jahr für Jahr bei ihm blieb, in eine sehr tiefe Hingabe verwandelte. Vertrauen und Hingabe wuchsen, je tiefer das Verhältnis zu Osho wurde, und in all den Jahren hielt ich nie nach einem anderen Meister Ausschau.

Erst, nachdem er seinen Körper verlassen hatte und ich noch in der Nähe seines Ashrams wohnte, brachten mich meine Lebensumstände zu einem anderen Meister. Es war nicht so, dass ich Osho nicht mehr liebte, nein. Diese Hingabe, diese tiefe Liebe, die sich nach und nach in mir aufgebaut hatte, wuchs in einem solchen Maße, dass ich mich einen hingebungsvollen Menschen nennen konnte. Mein Herz hatte sich geöffnet. Mit diesem offenen Herzen konnte ich den zweiten Meister akzeptieren, Papaji. Als ich Papaji traf und dieser Moment der Selbstverwirklichung geschah, war da ein Gefühl von totalem Vertrauen, totaler Hingabe, totaler Kapitulation, und ich habe niemals daran gedacht, irgendwo anders hinzugehen. So blieb ich fünf Jahre, und wäre auch weiter geblieben, wenn er mir nicht diese innere Botschaft gegeben hätte, dass es an der Zeit sei, zu gehen – und der ich ein ganzes Jahr lang widerstand. Dies ist die tiefste Liebesgeschichte und mit ihr wurden viele Dinge möglich. Ich blieb fünf Jahre nach dem Augenblick der Selbstverwirklichung dort, ging zu seinen *Satsangs*, traf ihn manchmal persönlich und lebte in der *Sangha*, die ihn umgab. Meine Arbeit war noch nicht zu Ende.

Eine Art Reinigung der Tendenzen war noch notwendig und ein sich Setzenlassen oder Erden dieses ganzen fantastischen Augenblicks der Selbstverwirklichung. Es brauchte Zeit, damit die ganze Energie nach und nach in meinem täglichen Leben geerdet werden konnte. Es brauchte fünf Jahre. Dort, völlig hingegeben in Papajis Energiefeld, konnte ich mit den harten Schlägen fertig werden. Wenn du bei einem Meister bist, ist nicht alles Erdbeeren mit Schlagsahne. Ganz und gar nicht! Es ist eine sehr modische spirituelle Idee, dass um einen Meister herum alles Friede, Liebe und wunderbar ist. Aber so war es wirklich nicht. So war es nicht um Osho herum und es war auch nicht so bei Papaji, und, soweit ich es verstehe, war es so auch nicht bei Sri Ramana. Da war eine enorme Hingabe, aber manchmal hat Papaji mich wirklich hart geschlagen!

Ich erinnere mich an einen Tag, an dem ihn alle begrüßten. Wir kamen nacheinander herein und überreichten ihm eine Girlande. Es war am *Guru Purnima* Tag, der Tag, an dem der Meister geehrt wird. Er nahm eine Girlande von dir in Empfang, schaute dir in die Augen und gab dir dann die Girlande zurück. Es waren sehr intime, süße dreißig Sekunden oder eine Minute, die du mit dem Meister hattest. Wir hatten uns den ganzen Tag lang vorbereitet, hatten unsere Lieblingsgirlanden gekauft, und da stand ich nun in der Schlange. Ich habe die Leute vor mir beobachtet, wie sie ihren schönen Augenblick hatten, in dem sie ihm in die Augen schauten. Dann, genau in dem Moment, in dem ich vor ihm niederkniete, bemerkte er eine Fliege an der Decke – und er sah mir überhaupt nicht in die Augen! Ich bekam diesen wundervollen Moment nicht, und es war, als hätte er mich mit dem größten Hammer geschlagen, den man sich nur vorstellen kann! Ich brauchte Tage, um mich davon zu erholen. Mit einem Meister zusammenzusein, ist also überhaupt nicht angenehm, und nachdem so etwas passiert ist, könnte man leicht in den nächsten Zug steigen und abhauen.

Hingabe ist sehr wichtig, weil es in dieser Liebesverbindung, in der Verbindung offener Herzen, in diesem einen Herzen, eine große energetische Unterstützung gibt, um durch schwierige Momente zu gehen. Wenn du wirklich frei werden willst, ist die Arbeit mit dem Moment der Selbstverwirklichung noch nicht getan. Die spirituelle Arbeit geht weiter, und das hat mit der Reinigung des konditionierten Verstandes zu tun. Dafür ist der Meister sehr wertvoll, weil er den Einblick hat und sieht, was gebraucht wird. Dieser Moment mit der Fliege an der Decke passierte offensichtlich, weil Papaji meinen Verstand sehen konnte. Wie jeder gute Meister konnte er meine Erwartung sehen, und er wollte ihr nicht entsprechen, also gab er mir einen harten Schlag. Aber ungefähr eine Woche später, als ich irgendwo in der Ecke völlig zufrieden und vollkommen still in seinem *Satsang* saß und nichts von ihm brauchte, konnte es sein, dass er mitten durch den Raum ging, sich vor mich hinstellte, mir direkt in die Augen schaute und mich mit Liebe durchflutete. Auf diese Weise bekam man den Stock und auch die Karotten. Die Stockhiebe waren nicht immer so einfach zu verkraften, und Hingabe war eine große Hilfe dabei.

Hingabe ist ein ganz natürlicher Teil des Verhältnisses mit dem Meister. *Bhakti* ist der Weg der Hingabe, der Weg des Herzens, und *Jnana* ist der Weg von Erkenntnis und Wissen. Man könnte sagen, dass dieser Weg eher meiner westlichen Erziehung entspricht. Aber in mir gibt es auch viel *Bhakti*-Energie, und zusammen haben sie mich auf eine lange Abenteuerreise geführt. Es gibt einige spirituelle Traditionen, zum Beispiel innerhalb der Sufi-Traditionen, die vollkommen *Bhakti* sind – singen, tanzen und hingebungsvolle Praktiken. Das ist ein ganz anderes Herangehen als *Advaita Vedanta*, das die Annäherung an die Wahrheit durch Verstehen ist und Selbsterforschung beinhaltet. Natürlich führen diese verschiedenen Herangehensweisen letztendlich zu ein und derselben einzigen Wahrheit.

Könntest du sagen, dass die Liebe zur Schönheit auch ein Teil des Weges des Herzens ist? Verliebt zu sein in die Schönheit, die Schönheit zu erkennen?

Ich bin mir nicht sicher, ob Schönheit ein Teil des Weges des Herzens ist, aber ich würde sagen, dass die Worte Schönheit, Wahrheit, Frieden und Liebe mit ihren leicht unterschiedlichen Duftnoten alle auf dieselbe Wahrheit hinweisen. Als ich das letzte Mal in Paris war, habe ich den Louvre besucht. Ich ging eine sehr lange Galerie entlang, übervoll mit Bildern. An einer bestimmten Stelle musste ich anhalten, ich musste einfach stehen bleiben. Ein bestimmtes Bild rief mich. Ich sah, dass es ein schönes Gemälde war und fragte mich, wer es wohl gemalt hatte. Es war von Leonardo da Vinci, einem der großen Meister. Wie habe ich dieses eine spezielle Bild erkannt? Als ich erforschte, was passiert war, hatte ich den Eindruck, dass der Künstler mit mir kommunizierte. Er kommunizierte nicht durch die Objekte oder Farben in dem Gemälde, sondern auf einer tieferen Ebene kommunizierte er sein eigenes Selbst. Er teilte das Selbst des Künstlers dem Selbst des Betrachters des Gemäldes mit – dasselbe Selbst. Ich habe Einheit erfahren, weil dieses Gemälde in einem Zustand der Einheit kreiert wurde. Aus dieser Einheit tauchte das Wort Schönheit auf, und in diesem Sinne sind Schönheit und Wahrheit nicht verschieden.

Es gibt einige Kunstwerke und natürliche Phänomene, die fast jeder als schön erachtet – Michelangelos Skulpturen, unberührte Wildnis – also, was heißt das: Schönheit? Du erfährst etwas, etwas wird berührt. Ist es dein Herz, das berührt wird? Ja, du fühlst dich offenherziger und ruhiger, wenn du einen schönen Sonnenuntergang erlebst, aber ich denke, dass es eigentlich denselben Ort berührt wie es Wahrheit, Liebe und Frieden tun. Es berührt das Selbst!

Suchende haben oft seltsame Vorstellungen vom Zustand der Erleuchtung. Wie sieht dein Alltag aus und wie nimmst du die Welt wahr?

Meine Tage sind sehr unterschiedlich. Sie sind voller Aktivitäten, Diskussionen und Telefongesprächen, weil ich aktiv am Leben der Open Sky House Gemeinschaft teilnehme. Mein tägliches Leben beschäftigt sich hauptsächlich mit den Tätigkeiten der Gemeinschaft und mit dem, was mit den Bewohnern vor sich geht. Ich bin in Buchprojekte involviert, in Filmprojekte und spirituelle Treffen. Obwohl ich unglaublich beschäftigt bin, bin ich immer für eine Begegnung offen, wenn jemand eine wirkliche Frage oder ein echtes Bedürfnis hat. Auf der einen Seite könnte ich sagen, dass mein Leben sehr normal ist – ich frühstücke und esse zu Mittag wie jeder andere. Ich bekomme eine enorme Unterstützung von der Gemeinschaft, ich muss zum Beispiel nicht selbst Wäsche waschen und bekomme mein Zimmer sauber gemacht – ein paar Vorteile gibt es schon! Aber auf der anderen Seite ist mein Leben genauso wie das bei jedem Anderen.

Ich habe ein Auto und ein Boot, die es mir ermöglichen, allein und in der Natur zu sein. Manchmal besuche ich eine Kunstgalerie oder stöbere in Buchgeschäften. Ich male gerne, obwohl ich im Moment nicht so viel Gelegenheit dazu habe. Ich verbringe jeden Tag Zeit am Computer, empfange und schreibe viele E-Mails und kommuniziere mit Menschen aus der ganzen Welt. Letztes Jahr haben wir etwas begonnen, was wir Satsang TV nennen. Es ermöglicht uns, die *Satsangs*, die wir hier im Haus abhalten, live im Internet zu übertragen. Sie können weltweit live am Computer gesehen werden. Ich finde, das ist eine wundervolle Zugabe, die da vor Kurzem in mein Leben gekommen ist.

Ich glaube, der größte Unterschied, die eine Sache, die mein Leben vielleicht nicht so normal macht, ist, dass es einfach still und leer im Inneren ist, wenn ich anhalte. Das war vor dreißig Jahren nicht so! Mein konditionierter Verstand hat mich immer getrieben. Ich musste immer etwas haben, und ich war nie wirklich zufrieden. In meinem Inneren gab es immer irgendein Problem oder Leiden – starke Wünsche, manchmal sehr negative Emotionen. All das gibt es nicht mehr in meinem Leben.

So gibt es jetzt viel Platz in meinem Inneren. Ich bin in vielen verschiedenen Projekten aktiv und kann zwei oder drei Dinge fast zur gleichen Zeit machen, weil es keinen Druck des konditionierten Verstandes gibt. Diese Basis aus Frieden, Leere und Stille zu haben, macht mein Leben vielleicht ein bisschen ungewöhnlich und gestattet mir viele Möglichkeiten, die ich sonst vielleicht nicht handhaben könnte. Es gab eine dramatische Veränderung in meinem Leben, aber im Wesentlichen hat sich nichts verändert. Auf eine Art ist alles gleich, auf eine andere Art ist alles anders.

Könntest du darüber etwas sagen, wie Frieden sich in Kreativität manifestieren kann?

Ich habe gesehen, wie das im Laufe der Jahre in der Gemeinschaft geschehen ist. Ab einem gewissen Punkt war es offensichtlich, dass sich da eine kreative Energie ausdrückte. Zuerst dachte ich, dies geschähe deshalb, weil mein Interesse an Kunst kreative Menschen anzog, aber ich glaube nicht, dass das so stimmt. Wenn du in die Stille kommst, wenn du in die Leere kommst, wenn dein Verstand immer weniger Zugriff auf dich hat, gibt es mehr Raum im Inneren. Kreativität entspringt ganz natürlich aus dieser Stille, aus diesem leeren Raum. Ich habe es bei den Bewohnern der Gemeinschaft bemerkt. Wenn sie stiller und nicht mehr so sehr von ihrem konditionierten Verstand gedrückt werden, öffnet sich ein Raum im Inneren und eine Leidenschaft entwickelt sich. Vielleicht für Musik, für Singen oder Tanzen. Von der Gruppe gibt es hierbei Unterstützung und Ermutigung, und ich würde sagen, dass die Menschen einen enormen Nutzen daraus ziehen können, wenn sie etwas von innen heraus ausdrücken können.

Wir nennen uns jetzt eine Satsang- und Kunst-Gemeinschaft, weil sich die Kreativität immer mehr manifestiert, und ich kann mir vorstellen, dass sich dieser Ausdruck weiter vertiefen wird. Ich kann mir vorstellen, dass dies ein immer tieferer Ausdruck unserer Gemeinschaft werden wird. Wir betreiben eine Kunstgalerie, in der wir Maler, Bildhauer und Fotografen aus verschiedenen Teilen Europas ausstellen. Wir haben direkt zu Anfang beschlossen, dass wir nur Arbeiten ausstellen, die aus der Stille kommen. Zu Beginn dachte ich, dass wir wahrscheinlich nicht viele Künstler finden würden, die wir ausstellen könnten, aber tatsächlich fanden wir alle möglichen ungewöhnlichen Leute. Wir hatten zwei Ausstellungen, in denen die Künstler fast alles in weißer Farbe gemalt haben! Es klingt ein bisschen merkwürdig, aber es waren wirklich sehr schöne Ausstellungen und beide Künstler haben ganz klar aus einem tiefen Gefühl für Stille und Meditation heraus gemalt. Es liegt etwas sehr Natürliches in der Kombination von Stille und Kreativität.

Du hast gerade ausführlich über das Thema Erwachen mit uns gesprochen. Wenn du jemanden mit einer Leidenschaft fürs Erwachen treffen würdest, was wäre dein kurzer Rat?

Natürlich würde das von jedem einzelnen Individuum abhängen. Ich habe dafür keine Antwort auf Lager, außer, dass ich diesen Menschen ermutigen und unterstützen würde. Es mag im Osten anders sein, aber die Realität im Westen ist so, dass die grundlegende Energie in der Gesellschaft jemanden, der eine Leidenschaft für das Erwachen hat, nicht wirklich unterstützt. Diese Leidenschaft wird sogar oft verleugnet. Es kann beängstigend sein, wenn man eine solche Öffnung erfährt und niemanden hat, der einen unterstützt und einem erklärt, was passiert ist. Die Gesellschaft unterstützt diejenigen, die eine Leidenschaft für harte Arbeit und materielle Dinge haben.

Wenn ich jemanden treffe, der eine Leidenschaft für das Erwachen hat, und glücklicherweise treffe ich in meinem täglichen Leben viele solcher Menschen, dann kann ich ihnen alle Unterstützung geben, damit sie ihre Leidenschaft weiterverfolgen. In den letzten paar Jahren ist es, als wäre die Gemeinschaft an einen neuen Ausgangspunkt gelangt. Die Energie ist auf einen solchen Level gestiegen, dass jeder, der einigermaßen sensibel ist, hier Liebe oder Energie spüren kann – was sehr unterstützend wirkt. So ist vielleicht der beste Weg, wie ich unterstützen kann, diese

Person einzuladen, hierher zu kommen und eine Zeit in unserer Gemeinschaft zu verbringen.

Vielen Dank. Gibt es etwas, was du diesem Gespräch hinzufügen möchtest?

Nur eine kleine Beobachtung und einen Dank. Vielen Dank euch beiden, weil ihr gute Arbeit geleistet habt mit der Kamera und den Fragen. Am Anfang war ich mir noch bewusst, dass ihr Fragen gestellt habt und ich geantwortet habe, aber ab einem bestimmten Punkt war es nicht mehr klar, wer gefragt und wer geantwortet hat. Es war ein wunderschöner Fluss. Das Interview war sehr schön – eine Begegnung im Selbst, in Präsenz. Vielen Dank.

Rupert Spira

Es ist sehr inspirierend, eine längere Zeit mit einem Lehrer zu verbringen, der diese unpersönliche Qualität der Liebe besitzt. Wir lernen, wie man unpersönliche Freundschaften führt, zuerst mit unserem Lehrer, dann mit jedem. Wir lernen, dass Liebe etwas zutiefst Intimes und gleichzeitig wahrhaftig unpersönlich ist. Das hat einen tiefgreifenden Effekt auf unsere Beziehungen, egal, ob es sich dabei um eine intime Liebesbeziehung handelt oder nicht.

Die separate Einheit, für die wir uns selbst halten,
ist aus den Überzeugungen gemacht, die das
Denken auf das Gewahrsein überträgt.

Rupert Spira

Rupert Spira

Bereits in ganz frühen Jahren hatte Rupert Spira tiefes Interesse an der Natur der Wahrhaftigkeit. Zwanzig Jahre lang studierte er die Lehren von P. D. Ouspensky, J. Krishnamurti, Rumi, Shankaracharya, Sri Ramana Maharshi, Nisargadatta und Robert Adams. Dann, vor vierzehn Jahren, begegnete Rupert seinem Lehrer Francis Lucille. Francis brachte Rupert die Lehren von Jean Klein und Atmananda Krishnamenon näher. Und, was noch wichtiger ist, er zeigte ihm unmittelbar die wahre Natur der Erfahrung. Außerdem macht Rupert wunderschöne Keramikarbeiten.

Nachdem Francis Lucille mir Rupert vorgestellt hatte, freute ich mich, ihn für das Buch zu interviewen. Wir trafen uns für dieses Interview in Paris. Rupert ist ein liebenswerter, sanfter Mann. Er ist auch als erstklassiger Töpfer in England sehr bekannt. Es war herrlich, mit ihm über Schönheit zu sprechen, als Zusatz zu den regulären Fragen.

Sri Ramana Maharshi empfahl die grundlegende Frage: „Wer bin ich?" – Wer bist du?

Wenn wir uns die Frage stellen: „Was bin ich?" oder: „Wer bin ich?", oder wenn wir nur das Wort „Ich" aussprechen oder denken, beziehen wir uns auf das, was uns von uns selbst am Vertrautesten erscheint. Das Wissen, dass „ich bin", ist die einfache und innige Kenntnis unseres eigenen Wesens.

Normalerweise denken wir, dass „ich" sich auf den Körper bezieht und auf all die Gedanken, Erinnerungen, Hoffnungen, Wünsche und

Ängste, von denen wir annehmen, sie wohnten in diesem Körper. Zum Beispiel glauben wir, wir seien ein Mann oder eine Frau, hätten ein bestimmtes Alter, eine bestimmte Größe, ein bestimmtes Geschlecht, eine Nationalität, hätten verschiedene Eigenschaften oder Attribute wie Intelligenz, Freundlichkeit, Großzügigkeit. Wenn wir jedoch unsere Aufmerksamkeit auf dieses „Ich" richten, das wir so innig als uns selbst kennen, geschieht etwas Merkwürdiges. Es wird offensichtlich, dass das, worauf wir uns auch immer als „Ich" beziehen, den Körper und den Verstand auf genau die gleiche Art und Weise kennt oder erfährt, wie es die Welt kennt oder erfährt.

Das ist eine einfache aber tiefe Erkenntnis. Bis dahin glaubten wir, dass das „Ich", der Körper-Verstand, das Subjekt der Erfahrung sei und das „Du", die Dinge, Andere und die Welt, die Objekte der Erfahrung. Aber wenn wir uns unsere Erfahrung näher ansehen, erkennen wir, dass der Körper und der Verstand ganz genauso die Objekte unserer Erfahrung sind, wie die Welt es ist. Jetzt sind wir bei einem neuen Verständnis unserer Erfahrung angekommen: Es ist nicht der „Ich-der-Körper-Verstand", das Subjekt, das das Objekt, das Andere oder die Welt kennt oder erfährt, sondern es ist vielmehr das „Ich", diese bewusste Präsenz, das das Subjekt der Erfahrung ist, und es ist die Körper-Verstand-Welt, das sein Objekt ist. Wir haben auf experimentelle Weise herausgefunden, dass das, was wir als „Ich" bezeichnen, kein Gefühl, Gedanke oder Bild ist. Es ist kein Objekt des Körpers oder des Verstandes.

Wenn wir jetzt versuchen, unsere Aufmerksamkeit auf dieses „Ich" zu lenken, wissen wir noch nicht einmal, in welche Richtung wir uns wenden sollen, weil Aufmerksamkeit nur auf ein Objekt, in eine bekannte Richtung innerhalb des Verstandes, des Körpers oder der Welt gerichtet werden kann. Wir wollen unsere Aufmerksamkeit auf dieses „Ich" richten, das wir so innig als uns selbst kennen, aber es befindet sich immer in der entgegengesetzten Richtung, in einer unbekannten Richtung. Es ist, als würde man aufstehen und versuchen, auf sich selbst zuzugehen. Jeder Schritt ist ein Schritt in die falsche Richtung, und doch ist es gleichzeitig nicht möglich, sich von sich selbst zu entfernen.

Was können wir über dieses „Ich" sagen? Wir wissen sicher, dass es präsent ist und dass es wissend oder bewusst ist. Diese beiden Elemente wohnen unserer Erfahrung von uns selbst inne. Es ist beides, präsent und wissend. Man könnte es Wissende Präsenz nennen, oder manchmal wird es Gewahrsein oder Bewusstsein genannt, was einfach die Präsenz dessen bedeutet, was bewusst ist. Und was ist das, was diese Wissende Präsenz kennt oder was sich ihrer bewusst ist? Offensichtlich muss das, was sie kennt oder sich ihrer bewusst ist, selbst sowohl wissend als auch bewusst sein. Mit anderen Worten: In der einfachen Erkenntnis unseres eigenen Seins ist das Bewusstsein sich seiner selbst bewusst. Es ist – und gleichzeitig weiß es, dass es ist.

Was kann man noch aus der unmittelbaren Erfahrung heraus über Bewusstsein sagen? Kann es lokalisiert werden? Um irgendwo lokalisiert zu sein, muss es eine objektive Eigenschaft besitzen, so wie wir auf der relativen Ebene sagen können, dass ein Stuhl in einem Raum lokalisiert ist. Es sind die objektiven Eigenschaften des Stuhls und des Raumes, die es uns möglich machen zu sagen, dass der eine sich im anderen befindet. Weil aber diese Wissende Präsenz oder dieses Bewusstsein keine objektiven Qualitäten besitzt, gibt es nichts in unserer unmittelbaren Erfahrung, also in seiner Erfahrung von sich selbst, was die Behauptung zuließe, dass es irgendwo lokalisiert ist.

Hat es einen Anfang oder ein Ende? Wo sind seine Grenzen? Wir haben bereits aus unserer Erfahrung heraus festgestellt, dass Bewusstsein keine objektiven Qualitäten besitzt und deshalb keine Begrenzung haben kann, denn jede Begrenzung müsste eine Art bekanntes Objekt sein. Diese augenscheinliche Begrenzung würde sich dem Gewahrsein zeigen, aber in keiner Weise beinhalten, dass Gewahrsein selbst begrenzt oder lokalisiert ist. Ebenso hat Gewahrsein keine Erfahrung eines Anfangs oder einer Geburt. Es hat keine Erfahrung seiner eigenen Evolution, seines Verschwindens oder Todes. Es hat kein Alter, kein Geschlecht, keine Nationalität, keine Form, kein Gewicht, keinen Ort, keine Größenordnung etc. In jedem dieser Fälle ist es immer nur der Verstand, der seine eigenen begrenzten Eigenschaften auf das Gewahrsein überträgt und sich dabei vorstellt, Gewahrsein besäße dieselben Begrenzungen wie er selbst. Die separate Einheit, für die wir uns selbst halten, ist aus diesen Überzeugungen gemacht, die das Denken auf das Gewahrsein überträgt.

Das wahre „Ich" des Gewahrseins wird durch diese Überzeugung als ein begrenztes Objekt erdacht, das im und als der Körper lokalisiert ist. Dadurch scheint das unpersönliche, unendliche, allgegenwärtige „Ich" des Gewahrseins zu einer endlichen, temporären, abgetrennten Einheit zu werden, die im Kopf als der Sehende oder Hörende, im Herzen als der Fühlende und im Körper als der Handelnde lokalisiert ist.

Es ist jedoch eine Sache, intellektuell zu verstehen, dass unsere Glaubensvorstellung, eine begrenzte, lokalisierte, abgetrennte Einheit zu sein, keine gültige experimentelle Grundlage hat, aber es ist eine ganz andere Sache, zu „fühlen", dass das, was ich bin, unbegrenzt, nicht lokalisiert und allgegenwärtig ist. Diese Erforschung des Gefühls der Trennung führt die Untersuchung viel tiefer als einfach intellektuelles Verstehen.

Viele Sucher suchen nach Erleuchtung, als wäre es eine Erfahrung. Was ist Erleuchtung? Wäre es zum Beispiel dieser Moment der Verwirklichung, über den du gerade gesprochen hast?

Wir könnten sagen, dass Erleuchtung das auf Erfahrungen beruhende Verstehen ist, dass wir unbegrenzte, nicht lokalisierte Präsenz, Bewusstsein oder Gewahrsein sind. Was ist es, das das weiß? Unbegrenzte, nicht lokalisierte Präsenz ist alles, was „da" präsent ist, um sein eigenes unbegrenztes Sein zu erkennen; also ist dieses Wiedererkennen unseres eigenen Seins eine Selbsterkenntnis, die vor dem Verstand und unabhängig von ihm stattfindet. In dieser Selbsterkenntnis erkennt das Bewusstsein oder das Gewahrsein sich selbst als formlos, unveränderlich, unendlich und allgegenwärtig. Aber das ist noch nicht das Ende der Geschichte. Es ist das Ende des Gefühls von Trennung oder zumindest der Anfang des Endes des Gefühls der Trennung. Mit dieser Selbsterkenntnis bricht der dualisierende Verstand zusammen, der ein abgetrenntes Selbst hier drinnen (im Körper) und eine abgetrennte Welt dort draußen entwirft.

Wenn der Verstand, der Körper und die Welt wieder erscheinen, werden sie nicht länger als unabhängig oder getrennt vom Bewusstsein gesehen, in dem sie erscheinen. Doch es ist nicht genug, einfach zu wissen, dass alles innerhalb des Bewusstseins aufsteigt oder erscheint.

Wir können noch weiter gehen. Was ist das Verhältnis der Objekte des Verstandes, des Körpers und der Welt zum Bewusstsein, in dem sie erscheinen? Das ist sozusagen eine weitere Stufe der Selbsterforschung, in der die „Ichheit" des Körper-Verstandes und die „Nicht-Ichheit" der Welt untersucht werden und entdeckt wird, dass beide genauso nah, genauso vertraut, genauso aus dem Bewusstsein gemacht sind, in dem sie erscheinen.

Wenn wir erkennen, dass wir unbegrenzte Präsenz sind, nehmen wir unsere Position als das bezeugende Bewusstsein hinter und vor allen Erscheinungen des Verstandes, des Körpers und der Welt ein. Aber wenn der Verstand, der Körper und die Welt wieder erscheinen, untersuchen wir sie erneut im Lichte dieser empirischen Erkenntnis und entdecken, dass sie nicht nur vom Bewusstsein bezeugt werden, sondern dass sie aus Bewusstsein gemacht sind. Wir entdecken, dass Bewusstsein nicht nur der Zeuge ist, es ist die Substanz aller Erfahrung. Es ist nicht nur transzendent. Es ist immanent.

Diese tiefergehende Untersuchung, die nach dem Wiedererkennen unseres eigenen Seins stattfindet, ist ein Prozess, in dem der Verstand, der Körper und die Welt nach und nach wieder ausgerichtet werden auf die empirische Erkenntnis unseres Selbst als unbegrenzte, nicht lokalisierte, allgegenwärtige Präsenz. Hatten wir den Verstand, den Körper und die Welt in eine Distanz gebracht, um die Präsenz und die Vorherrschaft des Bewusstseins aufzubauen, so holen wir sie jetzt wieder nahe heran, näher als nah, tatsächlich so nah, dass sie nicht länger als irgendetwas Anderes erfahren werden als unser Selbst. Eigentlich holen wir sie nicht an uns heran. Sie waren immer schon nah, vertraut und einzig aus dem wahren „Ich" des Bewusstsein gemacht. Nur jetzt werden sie als solches erkannt und gefühlt.

Gibt es irgendwelche Qualifikationen für die Erleuchtung? Sind Übungen notwendig, und wenn ja, welche Art empfiehlst du? Welche Art würdest du die Menschen lehren?

Aus absoluter Sicht ist die einzige Voraussetzung, wenn wir es eine Voraussetzung nennen können, die Präsenz des Bewusstseins, weil

Bewusstsein sich nur durch sich selbst erkennt. Es erkennt sich selbst nicht durch den Verstand oder den Körper. In diesem Wiedererkennen ist nichts anderes präsent als Bewusstsein selbst, ganz allein mit sich selbst. Nichts anderes als die Präsenz des Bewusstseins ist nötig. Und da dieses immer präsent ist, sind die Voraussetzungen für dieses Wiedererkennen immer erfüllt.

Der dualisierende Verstand erscheint innerhalb des Bewusstseins und ist letztendlich aus nichts anderem gemacht als aus Bewusstsein. Er stellt sich vor, dass Bewusstsein nur in dieser Ansammlung von Empfindungen wohnt, die der Körper genannt wird, und nicht, dass es die Gesamtheit aller Gedanken, Empfindungen und Wahrnehmungen gleichermaßen durchdringt. Dadurch scheinen die Allgegenwärtigkeit und Unendlichkeit des Bewusstseins verschleiert zu werden und stattdessen die temporären und endlichen Eigenschaften des Körpers anzunehmen. Mit anderen Worten: Bewusstsein scheint in den Körper als abgetrennte, endliche Einheit hineinzuschrumpfen, und als unvermeidliche Begleiterscheinung dieser Kontraktion scheint die Welt nach außen zu springen und „verschieden von" zu werden, fern und unabhängig.

Die abgetrennte Einheit und die abgetrennte Welt werden gleichzeitig geboren. Sie sind zwei Seiten derselben Medaille. Sie kommen und gehen immer zusammen. Sobald diese imaginäre Geburt einer separaten inneren Einheit und der abgetrennten äußeren Welt stattgefunden hat, ist die Erkenntnis unseres eigenen Wesens als unbegrenztes, nicht lokalisiertes Bewusstsein verschleiert.

Das Erkennen unseres eigenen Wesens ist auch bekannt als Glück. Wenn der dualisierende Verstand auftaucht und das Bewusstsein sich ausschließlich mit dem Körper identifiziert, scheint das Glück, das der Kenntnis unseres eigenen Wesens innewohnt, verschleiert zu sein. Diese Verschleierung des Glücks löst eine Suche im Bereich der Objekte aus, die das separate Selbst kennzeichnet. Tatsächlich sucht das separate Selbst nicht nach Glück; es „ist" die Suche nach Glück. Sobald die Nahtlosigkeit der Erfahrung künstlich in ein Subjekt im Inneren und ein Objekt, das Andere oder die Welt, im Äußeren aufgeteilt ist, wird dieses separate Subjekt, als das wir uns denken, unvermeidlich Glück, Frieden und Liebe in Objekten, Situationen und Beziehungen suchen.

Als diese augenscheinliche Einheit brechen wir auf in die scheinbare Welt der Objekte, Aktivitäten und Beziehungen und suchen nach dem Glück, dem Frieden und der Liebe, die verloren gingen, als wir scheinbar aufhörten, unser eigenes Sein zu kennen. Im Versuch, das Gefühl von Mangel im Herzen der separaten Einheit auszufüllen, probieren die meisten von uns alle zur Verfügung stehenden konventionellen Mittel aus, wie zum Beispiel Substanzen, Aktivitäten und Beziehungen. Doch unsere Suche im Bereich der Objekte scheitert früher oder später und dann dämmert es uns, dass die Suche selbst die Aktivität des Unglücklichseins ist. Wir beginnen uns zu fragen: „Wer ist das, im Herzen allen Suchens?"

Wir beginnen zu erkennen, dass das Glück, der Friede und die Liebe, die gesucht werden, in Wirklichkeit durch eben diese Aktivität des Suchens verschleiert werden. Glück und Suchen schließen einander aus. Das heißt, dass die separate Einheit, die einfach die Aktivität des Suchens ist, die Verleugnung ebendieses Glücks ist, das sie sucht. Unser Interesse wendet sich nun, natürlich und mühelos, von der Vielfalt und Unterschiedlichkeit der Objekte der Welt ab, hin zu diesem einzigen suchenden Subjekt. Doch die separate Einheit ist tatsächlich nur die Verschleierung des Glücks. Das Glück, das sie sucht, ist die ganze Zeit da, dünn verschleiert, dünn verkleidet von dieser scheinbaren separaten Einheit. Mit anderen Worten: Es ist das Glück selbst, das die Suche nach sich selbst anfeuert; Liebe – offenbar verschleiert durch den Glauben, dass Liebe nicht vorhanden ist –, die nach Liebe sucht.

Sobald sich der Fokus unserer Energien mehr und mehr diesem „Ich" zuwendet, verlieren die Vielfalt und Unterschiedlichkeit der Objekte in der Welt, in die unsere Energie und Aufmerksamkeit zuvor eingebunden und zerstreut waren, auf natürliche Weise, mühelos und spontan ihre Anziehungskraft auf uns, und dementsprechend wird die Intensität und Zielstrebigkeit unseres Interesses und unserer Liebe zur Wahrheit fokussierter und größer. Deshalb sind Glück, Friede oder Liebe – alles Synonyme für Bewusstsein – die einzigen Voraussetzungen. Es gibt nur Glück oder die scheinbare Verschleierung des Glücks, nur Präsenz oder die scheinbare Verschleierung von Präsenz.

Also gibt es nicht wirklich eine Praxis?

Die separate Person ist eine Aktivität, nicht eine feste Einheit. Deshalb kann nicht die Rede davon sein, dass die separate Person etwas „nicht tut". Die separate Person „ist" ein Tun. Sie „ist" die Aktivität des Suchens. Diese Aktivität des Suchens wird in dem Moment, in dem wir anfangen, unser Unglücklichsein zu untersuchen, in etwas transformiert, was man „Praxis" nennen könnte. Eine Art von Praxis wird in dem Moment ausgelöst, wo wir uns umdrehen und fragen: „Wer ist derjenige, der unglücklich ist? Wer ist derjenige, um den sich mein Leben dreht und der immer unbefriedigt ist, der immer nach Erfüllung im Bereich der Objekte sucht?" Eine mögliche Praxis ist, diesen Scheinbaren zu untersuchen, auf der Ebene des Verstandes diese Einheit zu untersuchen, für die wir uns selbst halten, und noch wichtiger, das Gefühl der Trennung auf der Ebene des Körpers zu untersuchen.

Wenn wir uns diesem suchenden „Ich" zuwenden, verliert es all seine Attribute. Wir sehen vielmehr, dass es niemals irgendwelche objektiven Eigenschaften wie eine Begrenzung oder eine Grenze oder einen Standort in Zeit oder Raum besessen hat. Es ist, als ob man sich einer Landschaft in einem Film nähert und entdeckt, dass sie nur aus Leinwand gemacht ist. Mit dieser Erforschung nähern wir uns dem suchenden „Ich" an, aber wir finden keinen Verstand und keinen Körper. Wir finden einfach „Wissen" und „Sein". Aber nicht „Wissen" und „Sein" als zwei verschiedene Dinge, eher: „Wissendes Sein" oder „Wissende Präsenz". Das heißt, es findet sich selbst. Es erkennt sein eigenes Sein, ohne Vermittlung durch den Glauben an Trennung. Wir sind zu unserem Selbst zurückgekehrt, das wir niemals auch nur für einen Moment verlassen haben.

Dies ist der zeitlose Augenblick, der Erleuchtung oder Erwachen genannt werden könnte. Es ist das Wiedererkennen des unbegrenzten, allgegenwärtigen Bewusstseins, das ich bin. Aber es ist nicht notwendigerweise das Ende des separaten Selbstes. Es ist der Anfang des Endes. Für die meisten von uns gibt es noch eine weitere Stufe, in der die Überreste des Denkens, Fühlens, Handelns, Sich-Beziehens und Wahrnehmens im Interesse einer separaten Einheit aufgedeckt und langsam unserer empirischen Erkenntnis angeglichen werden. Dies ist eine Erforschung des Körpers und der Welt – der Überreste des „Ich" und des „Nicht Ich". Es ist eine Wiedereingliederung des gesamten Erfahrungsbereiches zurück ins Selbst, dem es vorübergehend entfremdet schien. Es ist eine Umgestaltung des Körpers, des Verstandes und der Welt.

Du hast das Wort „Selbsterforschung" zwar nicht benutzt, aber du sagst uns eine Menge darüber.

Ja, ich habe das Wort „Selbsterforschung" nicht benutzt, aber ich habe ständig darüber gesprochen! Ich tendiere dazu, das Wort so zu benutzen, dass diejenigen nicht verschreckt werden, für die es in manchen Kreisen des zeitgenössischen *Advaita* so missverstanden und falsch interpretiert wurde. Selbsterforschung auf der Ebene des Verstandes könnte definiert werden als Untersuchung der Glaubensvorstellung, dass das, was wir sind, persönlich, lokalisiert und begrenzt ist; und, viel wichtiger, könnte sie auf der Körperebene als Untersuchung dessen definiert werden, was uns „fühlen" lässt, dass wir begrenzt und abgetrennt sind.
Wenn wir uns diesem augenscheinlich separaten „Ich" zuwenden, finden wir keine Eigenschaften des Verstandes und des Körpers, die es von Natur aus begrenzen oder lokalisieren, sondern wir finden die unbegrenzte, nicht lokalisierte Präsenz des Bewusstseins selbst, sprich, es findet sich selbst. In dieser Selbsterkenntnis gibt es keine Aktivität, keine Erforschung, einfach nur Verweilen im Sein. So mag die Selbsterforschung auf der Ebene des Verstandes angestoßen werden und sich durch tiefere Schichten von Erforschung fortsetzen, aber sie landet letztendlich einfach beim Verweilen im Sein.

Richtig. Sri Ramana sagte, dass Selbsterforschung der direkteste Weg ist, das Selbst zu realisieren. Ich wollte dich darüber befragen, aber ohne gezielt deine Worte dahin zu lenken, hast du schon viel über Selbsterforschung gesprochen, vielleicht mit einem etwas anderen Schwerpunkt.

Ja, ich habe fast ausschließlich über die Erforschung dieses „Ich" gesprochen, das zunächst die Eigenschaften eines Körpers und eines Verstandes zu teilen scheint, aber das, wenn es betrachtet wird, seine Attribute von Glauben und Gefühl, die wir ihm übergestülpt haben, verliert und nackt und enthüllt als das allgegenwärtige, grenzenlose „Ich" des Bewusstseins dasteht.

Ich denke, es ist wahr, dass sie der direkte Weg zur Selbstverwirklichung ist, weil jedes andere Mittel, dessen sich diese separate Einheit bedienen könnte, um seine wahre Natur zu finden, beinhalten würde, dass diese scheinbare Einheit etwas tut. All dieses Tun bestätigt die Einheit, die dies scheinbar tut, auch wenn es für einige notwendig sein mag, sich in einer bestimmten Phase ihrer spirituellen Suche mit solchen Aktivitäten zu beschäftigen. Irgendwann muss sich dieses „Tun" herumdrehen und sich seiner eigenen Aktivität stellen. Dieser Moment der Umkehr ist der Moment, wo die Selbsterforschung beginnt. Es ist die Rückreise, die Rückkehr nach Hause. Es ist nicht der Fortschritt eines separaten „Ich", das sich durch verschiedene Übungen einem Ziel nähert. Es ist vielmehr so, dass das separate „Ich" selbst in eine genaue Überprüfung gerät, und indem wir es ansehen oder es suchen, wird es als nicht existent erkannt. An seiner Stelle, dort, wo wir es zu finden glaubten, finden wir Präsenz, das heißt, Präsenz findet sich selbst. Sie schmeckt ihr eigenes Selbst, so, wie es ist, nicht vermittelt durch den Verstand, sondern als unbegrenzt, nicht lokalisiert, unendlich und allgegenwärtig.

Als Ramana gefragt wurde „Wann hat man das Selbst erkannt?" antwortete er: „Wenn die Welt, die das Gesehene ist, entfernt worden ist, wird die Erkenntnis des Selbst als das Sehende geschehen." Was ist das wahre Verständnis der Welt und wie beseitigt man die Welt?

Die Welt wird normalerweise als abgetrennt und entfernt verstanden und aus etwas anderem als „Ich", Bewusstsein gemacht. Und „Ich", Bewusstsein, wird normalerweise als im Körper lokalisiert angenommen, wobei es die Welt kennt oder sieht, die als außerhalb, unabhängig und abgetrennt von ihm betrachtet wird. Auf diese Weise wird das reine Wissen oder die reine Wahrnehmung, die nur Bewusstsein ist, in der Imagination in einen Wahrnehmenden und ein Wahrgenommenes aufgeteilt, in einen Wissenden und ein Gewusstes, in ein Subjekt und ein Objekt, in ein „Ich" und die Welt.

Daraus ergibt sich, dass die abgetrennte äußere Welt als eigenständiges Objekt betrachtet wird, das aus etwas anderem gemacht ist als Bewusstsein. Diese „andere Substanz" ist die tote, inaktive Substanz, die wir „Materie" nennen. Sie wird als das betrachtet, was nicht Bewusstsein ist. In Wirklichkeit ist diese Substanz, diese Welt ein Konzept. Niemand hat sie je so erfahren, wie sie normalerweise begriffen wird, nämlich als Objekt, unabhängig und abgetrennt vom Bewusstsein.

Es ist die Auflösung dieses dualisierenden Gedankens, der sich vorstellt, dass sich Erfahrung in ein Subjekt und ein Objekt aufteilt und dadurch ein „separates inneres Selbst" und eine „separate äußere Welt" erschafft, auf die sich Sri Ramana bezog, als er sagte, die Welt müsse beseitigt werden. Wenn die Welt-die-als-Objekt-erkannt-wird und das Selbst-das-als-Subjekt-erkennt als solche klar als nicht existent erkannt werden, ist alles, was bleibt, Erkenntnis; nicht ein Selbst, das erkennt und eine Welt, die erkannt wird, sondern einfach Erkenntnis, und die einzige Substanz, die in Erkenntnis präsent ist, ist Bewusstsein. Mit anderen Worten, es gibt nicht „zwei Dinge" in der Erfahrung: *Advaita*, nicht zwei. Nur Bewusstsein.

Es ist nur der dualisierende Verstand, der auftaucht und sagt, dass das, „was auch immer erkennt", sich „hier" (im Körper) befindet, und das, „was auch immer erkannt wird", sich „dort drüben" (in der Welt) befindet. Diese Trennung geschieht eigentlich nie wirklich. Sie scheint nur zu geschehen. Wenn wir die Natur unserer Erfahrung tiefgehend untersuchen – und das ist, was Selbsterforschung bedeutet – werden wir herausfinden, dass der „Wissende" und das „Gewusste" nicht für einen einzigen Augenblick getrennt sind. Es ist für sie gar nicht möglich, getrennt zu sein, weil sie keine zwei Substanzen sind. Es gibt nur eine einzige homogene Substanz, die nicht in „zwei Dinge" oder „Einheiten" aufgeteilt werden kann. Es stimmt nicht, dass der „Wissende" und das „Gewusste" eins werden. Es ist vielmehr so, dass sie von Anfang an nicht zwei waren.

Wenn das offensichtlich wird, wird die Welt als Ausdruck unseres Selbst betrachtet. Eigentlich ist sie noch näher. Sie ist unser

Selbst. Alles wird als eine Modulation unseres Selbst betrachtet, als die Form, die unser eigenes Selbst annimmt, ohne jemals zu etwas anderem als zu sich selbst zu werden. Aber solange „die Welt" noch etwas von „Andersheit" oder „Äußerlichkeit" hat, scheine „ich" ebenso noch etwas von „Separater-Selbst-heit" zu haben. „Die Welt" scheint da „drüben" zu sein und „ich" scheine „hier" drinnen zu sein. Das separate „Ich" und die abgetrennte „Welt" erscheinen zusammen im Bewusstsein und sinken beide wieder zusammen ins Bewusstsein zurück. Sie sind zwei Seiten desselben Irrglaubens. Es ist das Beseitigen dieser Glaubensvorstellung, was Sri Ramana als „die Welt beseitigen" beschreibt.

Es wurde behauptet, dass der Verstand zerstört werden müsse, damit Selbstverwirklichung geschehen kann. Hast du einen Verstand? Wie zerstört man den Verstand?

Niemand hat einen Verstand. Der Verstand wird normalerweise als ein großer Container betrachtet, der in jedem Kopf untergebracht ist. Man glaubt, alle Gedanken, Erinnerungen, Hoffnungen, Ängste, Wünsche, Bilder etc. seien in diesem großen Container untergebracht. Doch ein solcher Verstand ist niemals erfahren worden. Es gibt die Erfahrung eines Gedankens oder eines Bildes, aber es gibt keine Erfahrung eines Verstandes, in dem jener Gedanke oder jenes Bild stattfinden.

Die Vorstellung, dass es einen solchen Verstand gibt, ist selbst nur ein Gedanke. Mit anderen Worten: Der Verstand ist ein Konzept, das durch den Gedanken erschaffen wird, der ihn denkt. Wir können sogar noch weiter gehen. Ein Gedanke ist selbst ein Konzept und wird niemals wirklich so erfahren, wie er normalerweise gesehen wird. Wir kennen keinen Gedanken, wir kennen nur Denken. Und wenn wir tief in die Erfahrung des Denkens hineingehen, finden wir dort nichts anderes als Bewusstsein.

Um zu deiner Frage zurückzukommen: Es ist nicht der Verstand, der zerstört werden muss. Wie könnte etwas, das nicht existiert, zerstört werden? Vielmehr können wir sagen, dass der Verstand klar als nicht existent erkannt werden muss.

Ja, das ist eine sehr klare Sichtweise, denn man könnte sagen, dass diese Idee, dass der Verstand zerstört werden muss, den Sucher in ein Dilemma bringt.

Um den Verstand zu zerstören, muss man ihn erst einmal finden. Der Verstand wird als eine giftige Schlange betrachtet, die alles zugrunde richtet, und deshalb versuchen wir, sie zu töten. Wir gehen diese giftige Schlange suchen, aber niemand findet sie. Früher oder später erkennen wir, dass dieses Konzept von einem großen Container, der „Verstand" genannt wird und irgendwo in dieser Empfindung untergebracht ist, die „der Körper" genannt wird, eigentlich niemals wirklich erfahren wird.

Nun lass uns jetzt einmal hingehen und nachschauen, ob es einen Beweis für die Glaubensvorstellung gibt, dass Gedanken im Körper stattfinden. Gehen wir zu dieser kribbelnden, amorphen Masse der Empfindung, die „der Kopf" genannt wird. Und jetzt nimm irgendeinen Gedanken, zum Beispiel: „Wo sollen wir heute Abend zum Essen hingehen?" Ist es unsere unmittelbare Erfahrung, dass dieser Gedanke innerhalb des Bündels von Empfindungen auftaucht, das wir „den Kopf" nennen? „Der Kopf" erscheint als eine Empfindung, aber wir haben keine Erfahrung von einem Gedanken, der innerhalb einer Empfindung stattfindet. Die Empfindung und der Gedanke erscheinen beide am selben Ort und sind aus demselben Stoff gemacht. Der eine erscheint nicht in dem anderen. Sie erscheinen beide im Bewusstsein und sind aus Bewusstsein gemacht.

Hier geht es darum, klar zu sehen. Es ist ein Verstehen aus Erfahrung heraus, kein intellektuelles Verstehen. Das ist es, was als die „Zerstörung des Verstandes" bezeichnet wird: klar zu sehen, dass der Verstand in erster Linie überhaupt nicht existent ist, dass er keine eigene Realität hat. Gedanken sind nur aus Denken gemacht und das Denken selbst ist aus der Substanz unseres eigenen Wesens gemacht. Es ist unser eigenes Wesen, das die Form von Denken annimmt und als der „Verstand" auftaucht. Es ist unser Wesen, das die Form von Fühlen annimmt und als der „Körper" erscheint, das die Form von Wahrnehmung annimmt und als die „Welt" erscheint.

Am Denken ist nichts auszusetzen. Es ist nur eine bestimmte Form des Denkens, die problematisch ist. Das Problem ist nur das dualistische Denken. Dualistisches Denken ist der Gedanke, der Bewusstsein speziell mit dem Körper identifiziert. Folglich scheint er Bewusstsein in diesem Körper zu lokalisieren, und als natürliche Begleiterscheinung dieser Glaubensvorstellung, scheint er eine Welt außerhalb zu lokalisieren. Nur dieser spezielle Gedanke ist der bösartige unter den Gedanken. Dieser dualistische Gedanke trennt die nahtlose Totalität der Erfahrung zwar nie wirklich, doch er scheint es zu tun.

Trotzdem muss selbst dieser dualisierende Gedanke nicht zerstört werden. Er braucht nur als unwahr erkannt zu werden. Wenn er erst einmal als unwahr erkannt wird, stirbt der dualisierende Verstand einfach langsam. Er stirbt an Erkenntnis. Er wird nicht länger von der Glaubensvorstellung angefeuert, dass das, was er sagt, wahr sei, er wird als so offensichtlich unwahr gesehen. Wir haben unsere Erfahrung erforscht und die Vorstellungen, mit denen der dualisierende Verstand sie repräsentiert, als falsch erkannt. Sie bestätigen nicht unsere Erfahrung und werden folglich einfach überflüssig. Sie sterben an Vernachlässigung.

Wir können immer noch die normale dualistische Sprache benutzen, um, wenn nötig, mit dem täglichen Leben umzugehen. Diese alten Konzepte, in denen Zeit, Raum, separaten Einheiten und Objekten etc. eine vorläufige Glaubwürdigkeit gegeben wird, werden immer noch benutzt, aber es wird nicht mehr an sie geglaubt. Und weil diese Vorstellungen als unwahr gesehen werden, verringern sich mit der Zeit auch die Gefühle, die von ihnen abhingen. Nichts muss also zerstört werden.

Was ist mit den Neigungen des Verstandes? Müssen sie beseitigt werden, bevor die Selbstverwirklichung dauerhaft werden kann? Wie beseitigt man die Neigungen des Verstandes?

Stell dir einen tiefen Brunnen vor, in dem viele gruselige Krabbeltiere leben. Normalerweise sind nur die Krabbeltiere, die an der Oberfläche des Brunnens leben, lebendig und aktiv. Die, die in der Tiefe des Brunnens leben, sind die meiste Zeit in tiefem Schlaf. Aber jeden Tag steht die Sonne für eine kurze Zeit direkt über dem Brunnen und ihr Licht scheint direkt hinunter bis zum Boden. In diesem Moment wachen alle dunklen Krabbeltiere in der Tiefe auf und beginnen, an die Oberfläche zu kommen. Nach einer Weile, wenn die Sonne weiter über den Himmel zieht, scheint ihr Licht nicht mehr in den Brunnen hinunter und die Krabbeltiere schlafen wieder ein.

Die Tendenzen des Verstandes sind wie diese Krabbeltiere. Sie sind unsere gewohnheitsmäßigen Wege, um zu fühlen, zu reagieren oder uns in bestimmten Situationen zu verhalten. Verschiedene Tendenzen leben gewissermaßen auf verschiedenen Ebenen. Die vertrauten Tendenzen leben an der Oberfläche. Sie sind die offensichtlichen Ausdrucksweisen der Trennung, die Verteidigungsmechanismen, die Vermeidungs- und Verleugnungsstrategien, mit denen sich die separate Einheit rechtfertigt und aufrechterhält. Die vertrauten und offensichtlichen fallen meistens schnell weg, wenn klar wird, dass das, was wir sind, nicht begrenzt oder lokalisiert ist. Die separate Einheit, um die sich diese Tendenzen gedreht haben, wird als nicht existent erkannt, und als Folge werden die Tendenzen überflüssig.

Aber die tieferliegenden sind weniger offensichtlich. Sie brauchen Zeit. Sie sind die Pfahlwurzel der Trennung, der tiefste, dunkelste Ort, an dem das Gefühl der Trennung wohnt. Und es wohnt tief unten im Körper, in den Gefühlen, nicht im Denken. Was erlaubt diesen tiefen, dunklen, schwierigen Gefühlen, an die Oberfläche zu kommen? Es ist die Präsenz der Sonne über dem Brunnen. Was ist die Präsenz der Sonne? Die Präsenz der Sonne ist die Präsenz des Bewusstseins. Sie dreht sich und sieht dieser Präsenz ins Gesicht. Wenn ich sage „sieht dieser Präsenz ins Gesicht", beziehe ich mich nicht auf ein Wesen, das sich herumdreht und der Präsenz ins Gesicht schaut, das ist nur eine Redensart. Ich will sagen, es nimmt wissend seine eigene Position als diese Präsenz ein, als diese offene, grenzenlose, alles durchdringende, liebende Präsenz und bietet alles im Körper-Verstand dieser Präsenz an.

Wir erlauben es der Sonne der Präsenz, den Körper zu durchdringen. Wir öffnen uns ihr vollständig und erlauben allem, an die Oberfläche zu kommen. Wir verfolgen keine eigenen Ziele mit den Erscheinungen des Verstandes oder des Körpers. Es gibt keine Notwendigkeit mehr, all diese tiefen, dunklen, schwierigen Gefühle unterdrückt zu halten, weil derjenige, der vor ihnen Angst hat, nicht mehr da ist oder besser gesagt: Derjenige, der vor ihnen Angst hat, wurde als nicht existent erkannt. Mit dem Verstand oder dem Körper werden keinerlei eigene Ziele mehr verfolgt und deshalb gibt es keine Notwendigkeit mehr, diese tiefen, dunklen Gefühle zu unterdrücken.

Es geschieht in diesen Fällen sehr häufig, dass eine bestimmte Eigenschaft sich ein bisschen mehr auslebt als zuvor, und das verwirrt uns manchmal. Wir hatten uns vorgestellt, dass wir in der Folge friedvoller würden, aber stattdessen fühlen wir uns gestörter und aufgewühlter als vorher. Und doch ist es kein Zeichen von mehr Aufruhr, es ist ein Zeichen von Frieden. Wir nehmen in Wirklichkeit immer mehr unsere Position als diese zulassende Präsenz ein, und all diese Gefühle, die vorher durch Angst und Widerstand unterdrückt wurden und zu dunkel und zu schwierig erschienen, um damit zurechtzukommen, werden jetzt als neutrale Erscheinungen, wie das Wetter, erfahren. Sie dürfen einfach an die Oberfläche kommen, ohne dass es einen Plan für oder gegen sie gäbe. Indem wir unsere Position als diese Offenheit einnehmen, erlaubt diese total liebende, nicht urteilende, gleichgültige, uninteressierte Präsenz allem zu erscheinen, wie es ist, ohne Vermittlung durch die Ängste und den Aufruhr der separaten Einheit.

Nichts kann erscheinen, ohne dass Präsenz oder Bewusstsein zuerst „Ja" dazu gesagt haben. Nichts kann außerhalb des Bewusstseins auftauchen, und Bewusstsein kann durch keine Erscheinung des Verstandes, des Körpers oder der Welt berührt werden. Wie aufgeregt die Aktivität in dem Raum, in dem wir sitzen, auch sein mag, sie lässt den Raum des Zimmers selbst immer völlig unberührt. Und doch müsste der Raum des Zimmers präsent sein, um eine bestimmte Aktivität überhaupt erst zu erlauben. Bewusstsein ist genauso. Bewusstsein ist dieser liebende, offene Raum, in dem alle möglichen Formen des Verstandes und des Körpers erscheinen können, aber er bleibt letztendlich von allen unberührt. Es ist dieses Wissen, dass „Ich", Bewusstsein, unberührt und unberührbar bin, das uns von jeglicher Absicht in Bezug auf den Verstand oder den Körper oder sogar der Welt befreit. Es ist das Fehlen einer Absicht, es ist dieser Mangel an Widerstand jenen Tendenzen, jenen

Charaktereigenschaften gegenüber, die es ihnen erlaubt, sich zu zeigen. Sie werden nicht mehr zermalmt, verurteilt oder missbilligt. Sie werden nur noch als ein kleines Energiekräuseln gesehen, das durch das Bewusstsein hindurchläuft.

Es ist ein Prozess, der Zeit braucht. Sobald diese Tendenzen aufsteigen und sichtbar gemacht sind, werden sie vom Licht des Bewusstseins aufgelöst, ohne Anstrengung, ohne einen Versuch, sie loszuwerden, einfach nur dadurch, dass sie zugelassen werden. Wenn das geschieht, werden wir immer mehr im Frieden des Bewusstseins gegründet sein. Es wird auf einer empirischen Ebene immer klarer, dass das, was wir sind, unberührbar ist und sich gleichzeitig vollkommen und inniglich jeder Erscheinung hingibt. Dieser Prozess, alles zu erlauben, alles zu lieben, alles willkommen zu heißen, ist der Prozess, in dem sich diese empirische Erkenntnis festigt. Es ist ein Prozess, der natürlich geschieht, und gleichzeitig können wir mit ihm auch kooperieren.

Was ist mit Schicksal? Erwartest du, dass die Dinge einfach passieren, oder drückst du deinen freien Willen und deine Wahl aus?

Das kommt darauf an, was du mit „deinem freien Willen" meinst. Auf wessen freien Willen beziehen wir uns? Wenn wir verstehen, dass die separate Einheit, für die wir uns halten und als die wir uns fühlen, einfach aus dem Gedanken gemacht ist, der sie denkt, und aus dem Gefühl, das sie fühlt, dann macht es keinen Sinn zu denken, dass dieser Gedanke etwas erschafft, etwas will oder etwas wählt. Die Einheit ist nur aus diesem Gedanken gemacht. Sie ist als Einheit nicht existent.

Es macht keinen Sinn, zu denken, dass diese nicht existente Einheit einen freien Willen hat oder überhaupt irgendeinen Willen hat oder etwas wählen kann. Es ist, als würde man sagen: „Hat der rosa Elefant, der unter deinem Stuhl sitzt, einen freien Willen? Wählt er, entscheidet er, denkt oder fühlt er?" Sowohl die Antwort „Ja" als auch die Antwort „Nein" setzen die Existenz des rosa Elefanten voraus. Aber der rosa Elefant existiert nicht. Wir haben ja bereits erkannt, dass die separate Einheit nicht existiert, also ist keine Rede davon, dass die separate Einheit etwas wählt oder irgendetwas will.

Unsere Erfahrung ist, dass Gedanken nicht nur im Bewusstsein auftauchen, sondern, dass sie aus Bewusstsein gemacht sind. Die Substanz eines jeden Gedankens ist Bewusstsein. Bewusstsein hat die Freiheit, alle möglichen Formen anzunehmen. Der Dichter William Blake sagte: „Alle Dinge, die man möglicherweise glauben kann, sind ein Abbild der Wahrheit." Alle Dinge, bei denen es möglich ist, dass man sie „glauben" kann (oder er hätte auch sagen können, „sich ausdenken", „spüren" oder „wahrnehmen" kann), sind ein Bild oder ein Ausdruck der Wahrheit. Und in diesem Sinne ist alles, was geschieht, ein Ausdruck dieser unbegrenzten Möglichkeit des Bewusstseins, alle möglichen Formen anzunehmen.

Auf dieser Ebene ist totale Freiheit. Freiheit ist die Qualität, die das Bewusstsein hat, um die Form aller möglichen Erscheinungen anzunehmen. Deshalb wird sie Freiheit genannt. Es ist Freiheit des Bewusstseins, nicht Freiheit einer nicht existenten Einheit. Freiheit ist eines der Worte, das manchmal benutzt wird, um Bewusstsein zu beschreiben, weil es in seiner Natur liegt.

Ebenso wird Bewusstsein, obwohl es jede Erscheinung gebiert, niemals durch irgendeine Erscheinung berührt, bewegt, modifiziert oder verändert. So, wie ein Bildschirm die Form eines jeden Bildes annehmen kann, wie wundervoll oder schrecklich es auch sein mag, aber der Bildschirm selbst wird niemals von dem Bild berührt, modifiziert oder verändert. Aus diesem Grund wird Bewusstsein als Frieden erkannt. Wenn ein Objekt erscheint, ist es zutiefst und inniglich eins mit Bewusstsein. Wie eine Mutter ein Kind gebiert, so gibt Bewusstsein seine eigene Substanz jeder Erscheinung und ist aus diesem Grund auch als Liebe bekannt. Liebe ist diese absolute, tiefe Intimität mit allen Dingen.

Freiheit, Frieden und Liebe sind Namen, die dem Bewusstsein innewohnenden Qualitäten gegeben werden. Es ist nie eine Person, die Freiheit hat, friedvoll ist, liebt oder geliebt wird. Liebe, Frieden und Freiheit sind einfach einige der Namen, die wir dem Bewusstsein geben, wenn es sein eigenes Sein schmeckt, wenn es sein eigenes Selbst erkennt, wie es ist, ohne Vermittlung durch den Schleier des dualisierenden Verstandes.

Du benutzt das Wort „Liebe", und genauso wie „Verstand" ist es eines dieser Wörter, die den Leuten eine Menge Schwierigkeiten machen. Könntest du noch ein wenig das Wort „Liebe" erläutern?

Wenn wir jemanden fragen würden, der noch nie von Nondualität oder Sri Ramana Maharshi gehört hat, was mit Liebe gemeint ist, würden die meisten Menschen sie auf die eine oder andere Weise als die Auflösung von allem beschreiben, das uns vom sogenannten „Anderen" entfernt oder getrennt hält. Wenn wir darüber sprechen, uns zu „verlieben", beziehen wir uns auf die Erfahrung, in der sich jegliches Gefühl von Trennung oder Andersheit auflöst. Diese Erfahrung, uns selbst zu verlieren, diese Erfahrung der Auflösung jeglichen Gefühls von Trennung, ist das, worauf das Wort „Liebe" verweist. Also selbst im normalen Verständnis des Wortes „Liebe" gibt es die tiefe Intuition, dass Liebe eine Auflösung der Grenzen ist, mit denen wir uns normalerweise umgeben und einsperren.

All diese Begrenzungen sind aus Verstand gemacht, deshalb ist die Auflösung dieser Begrenzungen tatsächlich die Auflösung des Verstandes. Wenn der Verstand sich auflöst, scheint für einen kurzen Augenblick das Bewusstsein, das „darunter" war, hervor. In Wirklichkeit ist es ein zeitloser Augenblick – zeitlos, weil der Verstand dort nicht vorhanden ist. In diesem zeitlosen Augenblick schmeckt das Bewusstsein sein eigenes Sein, so wie es ist, ohne Vermittlung durch den Schleier dualistischen Denkens. Dieser nicht objektbezogene zeitlose Augenblick wird „Liebe" genannt.

Erst mit dem Auftauchen des dualisierenden Denkens, scheint Bewusstsein als eine Einheit im Körper lokalisiert zu werden, und alle anderen und die Objekte scheinen außen lokalisiert zu sein. Dieses dualistische Denken scheint die nahtlose Totalität der Erfahrung in zwei Dinge zu teilen: „Ich", das Subjekt hier drinnen, und „das Andere" oder „die Welt" dort außerhalb. Mit anderen Worten: Dualisierendes Denken erschafft ein scheinbares „Ich" und ein scheinbares „Du". Erst mit dem Zusammenbrechen dieses dualisierenden Gedankens erkennt die nahtlose Totalität der Erfahrung sich selbst wieder. Diese Selbsterkenntnis wird Liebe genannt.

Wenn der dualisierende Verstand aus dieser nicht objektbezogenen Erfahrung wieder auftaucht, interpretiert er die Erfahrung falsch. Er kreiert sofort eine Person hier drinnen und eine andere dort draußen und sagt: „‚Ich' hier drinnen, liebe ‚dich' da draußen." Das ist eine vollkommene Fehlinterpretation der Erfahrung von Liebe durch den Verstand, der selbst während der Erfahrung nicht vorhanden war. Der Verstand weiß nichts von der Erfahrung der Liebe, weil Liebe von ihrer Definition her die Abwesenheit des Verstandes ist, der die nahtlose Totalität der Erfahrung scheinbar in getrennte Teile teilt, in Objekte, Einheiten, Selbste, Andere und die Welt. Wenn sich diese Vorstellung auflöst, erkennt sich die Erfahrung als allgegenwärtige, nahtlose Totalität, die sie in Wirklichkeit immer schon war – und dieses Wiedererkennen nennen wir Liebe.

Wenn wir einen Freund treffen, wird das Wiedererkennen unseres eigenen Wesens ausgelöst, und wir nennen das Liebe. Wenn genau dieselbe Erfahrung in Bezug auf ein Objekt oder ein Kunstwerk stattfindet, brechen der scheinbare Sehende und das scheinbare Objekt, das gesehen wird, in sich zusammen und dann bezeichnen wir genau dieselbe nicht objektbezogene Erfahrung als „Schönheit". Wenn es durch den Erwerb eines Objekts ausgelöst zu werden scheint, nennen wir es „Glück". Aber das sind alles verschiedene Worte, die sich auf genau dieselbe nicht objektbezogene Erfahrung beziehen – der Kenntnis unseres eigenen Seins.

Ich möchte dich gerne bitten, etwas mehr über Schönheit zu sprechen, weil das auch etwas ist, das die Menschen vielleicht nicht immer mit dem Thema Wahrheit in Zusammenhang bringen.

Das ist sehr wahr. Die beiden Pfade der Weisheit und der Liebe sind gut dokumentiert in den spirituellen Traditionen: der Pfad des *Jnani* (Wissen) und der Pfad des *Bhakti* (Hingabe). Aber es gibt noch einen dritten Pfad, und das ist der Pfad der Schönheit, von dem sehr selten gesprochen wird. Der Pfad der Weisheit gipfelt in Erkenntnis. Ich spreche nicht von einem Verstehen „im" Verstand. Ich meine die „Auflösung" des Verstandes. Auf dem Weg des Wissens, *Jnani*, erforscht der Verstand seinen Ursprung und löst sich darin auf. Das wird „Verstehen" genannt. Den Weg des *Bhakti* beschreiten wir eher mit unseren Gefühlen als mit unserem Verstand. Der Geliebte wird nicht gefunden, sondern wir lösen uns im Geliebten auf, und diese Auflösung unseres Selbst nennen wir „Liebe".

Wir denken und fühlen nicht nur; wir nehmen auch wahr, und es gibt einen dritten Pfad, der dieser dritten Art des Erfahrens entspricht. Dorthin gelangen wir durch den Prozess der Wahrnehmung: Sehen im Fall eines Bildes oder einer Skulptur, Schmecken im Fall von Essen und Hören im Fall von Musik etc. Immer wenn wir uns auf den Pfad des Denkens, Fühlens oder Wahrnehmens begeben, gibt es auf einer bestimmten Stufe eine korrespondierende Auflösung aller Objekthaftigkeit in seine Quelle hinein. Diese Erfahrung wird „Verstehen", „Liebe" oder im Fall des Wahrnehmens „Schönheit" genannt.

Schönheit ist ein anderer Name für die Kenntnis unseres eigenen Wesens, und das ist der Name, den wir dem Bewusstsein geben, wenn wir uns ihm durch die Wahrnehmung annähern. Der Pfad der Schönheit ist der Pfad des Wahrnehmens. Es ist kein mentaler Prozess.

Der Maler Cézanne war ein reiner Nondualist, zumindest, wenn er malte! Er sagte: „Alles vergeht, zerfällt, nicht wahr? Die Natur ist immer dieselbe, und doch erscheint uns nichts in ihr dauerhaft. Unsere Kunst muss den Reiz ihrer Dauerhaftigkeit wiedergeben, zusammen mit ihren Bestandteilen, das heißt, der Erscheinung all ihrer Veränderungen. Sie muss uns den Geschmack ihrer Ewigkeit vermitteln." Cézanne stand vor dem Mont Sainte-Victoire, einer der massivsten, beständigsten und dauerhaftesten Strukturen in der Natur, und er sagte: „Alles vergeht", die Welt „vergeht", sie „fällt auseinander".

Was wollte er damit sagen? Er meinte, dass wir eine Glaubensvorstellung haben, die besagt, dass die äußere Welt solide, greifbar, real und unabhängig von Bewusstsein ist. Aber wenn wir tatsächlich zu unserer Erfahrung gehen, und das wollte er in seinen Bildern zum Ausdruck bringen, erkennen wir, dass die Welt nur aus Wahrnehmungen gemacht ist. Unser einziges Wissen über die Welt ist Wahrnehmung. Wir haben kein anderes Wissen über die Welt als durch die Wahrnehmung. Tatsächlich kennen wir nur Wahrnehmung selbst. Die Welt „ist"

Wahrnehmung. Wir wissen nicht einmal, ob es eine Welt außerhalb von Wahrnehmung gibt. Cézanne sagte, dass alles vergeht – jedes Mal, wenn eine Wahrnehmung vergeht, vergeht die Welt.

Cézanne sah, dass die Welt, wie wir sie uns normalerweise vorstellen, nicht existiert. Sie besteht nur aus Wahrnehmungen. Diese Wahrnehmungen „fallen auseinander", „vergehen". Doch trotzdem „ist die Natur immer dieselbe". Es gibt eine Wirklichkeit, die unsere Wahrnehmungen durchdringt, etwas, das fortdauert. Unsere Wahrnehmungen erscheinen vor einem dauerhaften oder allgegenwärtigen Hintergrund. Und was ist der Hintergrund aller Wahrnehmungen? Bewusstsein!

Das ist es, worauf sich Cézanne bezieht. Er sagt, dass in einem Kunstwerk all diese Elemente, „das Erscheinen all ihrer (natürlichen) Veränderungen" vom Künstler so arrangiert sind, dass sie „den Reiz ihrer Dauerhaftigkeit" wiedergeben, die Freude, das zu erfahren, was allgegenwärtig ist und was hinter der Wirklichkeit jeglicher Erfahrung liegt. Dieser Hintergrund ist nicht neutral, fade oder leer. Er ist „reizvoll", voller Freude, Liebe und Leben. Kunst, sagt Cézanne, muss uns den Geschmack der Ewigkeit der Natur vermitteln, das heißt, sie muss die intime Erfahrung der allgegenwärtigen darunterliegenden Wirklichkeit der Natur aller Dinge übermitteln. Sie muss auf eine intime Weise die wahre Substanz aller scheinbaren Dinge enthüllen; sie muss die Wirklichkeit enthüllen.

Dieser dritte Pfad wird durch die Sinne zugänglich gemacht: durch Fühlen, Hören, Sehen, Berühren, Schmecken. Der Pfad der Schönheit ist direkt und intim. Er geht nicht durch den Verstand, so wie es die Worte müssen, bevor sich der Verstand in Verstehen auflöst. Er geht direkt ins Herz, ohne Vermittlung durch das Denken. Und das ist die Macht eines echten Kunstwerks. Echte Kunstwerke, wie Cézannes Bilder, kommen aus dieser Erfahrung heraus. Er sah die eine, allgegenwärtige Wirklichkeit, die alle scheinbare Vielfältigkeit und Unterschiedlichkeit durchdringt, und er versuchte, etwas auf seiner Leinwand zu erschaffen, das einen Geschmack davon vermittelte, das darauf hinwies und das es uns möglich macht, es zutiefst und innigst zu schmecken. Das ist wahre Kunst.

Wenn du dir einige der großen Künstler der Vergangenheit anschaust, seien es Musiker wie Beethoven oder Maler wie Michelangelo, hast du da ein Gefühl dafür, ob diese Künstler auch erwacht waren?

Es ist nie eine Person, die erwacht ist. Der Körper-Verstand eines Künstlers oder eines Dichters ist im höchsten Maße verfeinert und sensitiv. Er oder sie hat das ABC seiner oder ihrer Kunstform gelernt und so die Mittel zur Verfügung, etwas in einer Form auszudrücken. Die „Person" ist nie erwacht. Nur Bewusstsein ist immerwährend erwacht, und die „Person" ist nur ein Medium, durch das diese „Erwachtheit" ausgedrückt werden kann. Es ist die Abwesenheit des Gefühls von Trennung im Moment des Erschaffens, die es dem zeitlosen Ausdruck von Schönheit, dem Wissen über unser eigenes Wesen, ermöglicht, durch die speziellen Qualitäten des Körper-Verstandes des Künstlers, Form anzunehmen.

Im zeitlosen Akt der Kreativität waren diese Wesen transparent. Es gab kein Hindernis, keine Trennung. Ob dieses empirische Erkennen in allen Bereichen ihrer Erfahrung gleichermaßen präsent war, sei dahingestellt. Viele von ihnen hatten wahrscheinlich keinen spirituellen Meister, der ihnen die Umsetzung und Stabilisierung ermöglichte, und deswegen waren viele von ihnen die meiste Zeit unglücklich.

Als Michelangelo die Pieta im Vatikan erschuf, war er, glaube ich zwanzig Jahre alt.

Ich weiß wirklich nicht, ob sein Verstand nach dem zeitlosen Akt der Bildhauerei zurückkam, ob der separate „Ich"-Gedanke wieder auftauchte und beanspruchte, der Erschaffer der Skulptur zu sein. Der „Ich"-Gedanke ist wie ein Füllgedanke, der nach dem Ereignis erscheint und die Lücke zwischen den Wahrnehmungen füllt. Im natürlichen Zustand, wenn Denken, Fühlen und Wahrnehmen ein Ende finden, bleiben wir einfach so, wie wir sind, zurück: offen, leer, verfügbar und bereit, die Form der nächsten Erscheinung anzunehmen. Doch um die scheinbare Leere in dieser zeitlosen Lücke zu vermeiden, erschafft der dualisierende Verstand den „Ich"-Gedanken wieder neu, der sagt: „Ich dachte es. Ich erschuf es. Ich tat es. Ich wählte es aus. Ich sah es. Ich liebte es." Der „Ich"-Gedanke ist ein Blender!

Aber im Moment des Erschaffens erkennt die Wirklichkeit der Erfahrung sich selbst. In Cézannes Fall wurden der Sehende („Ich", Cézanne) und das Gesehene (Mont Sainte-Victoire) als eins erkannt. Subjekt und Objekt brachen zusammen. „Ich" und das „Andere" lösten sich auf. Da war nur Sehen. Dies ist die Erfahrung von Schönheit. Dieses Wiedererkennen wurde nun in eines der Medien des Verstandes umgesetzt: Farbe. Es war dieses Zusammenbrechen des Gefühls von einem separaten Selbst und einer separaten Welt, das im Verstand umgewandelt und dem Farbe und Form gegeben wurde; aber in dem Moment selbst war nur reines Sehen, reines Erfahren.

Vielleicht kam das Denken später zurück und beanspruchte es für sich. Ich weiß es nicht. Aber es macht nichts, weil das, was auf diesem Bild oder in jedem wahren Kunstwerk zurückgelassen wurde, immer noch mit derselben Kraft strahlt. Es strahlt immer noch die Erfahrung aus, aus der es erschaffen wurde, und hat deshalb die Macht in sich, sie zu übertragen, diese Erfahrung zu übermitteln, uns einen Geschmack der „Ewigkeit der Natur" zu geben. Ein solches Kunstwerk strahlt noch mit dem Nachglanz dieses reinen Sehens, und wenn wir es uns ansehen, wacht derselbe ortlose Ort in uns selbst auf und antwortet. Wir werden wortwörtlich zu unserer wahren Natur gebracht.

Einige wenige Künstler haben das nicht nur erfahren und haben die Fähigkeit, es auszudrücken, sondern sie wussten auch, was da vor sich ging. In diesen Fällen kam der „Ich"-Gedanke nicht zurück. Jemand wie Rumi war nicht nur ein Poet, sondern auch ein Mystiker. Andere waren das vielleicht nicht. Aber das macht nichts, weil das, was sie wirklich waren, den nachfolgenden Generationen hinterlassen wurde.

Und jetzt in eine etwas andere Richtung. Es scheint grundlegend zu sein, einen Meister zu treffen und sich diesem Meister hinzugeben. Wer ist der Meister? Was ist die Rolle des Meisters, und wie erkennt man einen wahren Meister?

Sobald wir erst einmal glauben, und noch wichtiger, „fühlen", dass wir eine separate Einheit sind, verschleiern dieser Glaube und dieses Gefühl die Kenntnis unseres eigenen Wesens. Als Folge davon scheinen Glück oder Liebe verloren zu sein, und Erfahrung wird in die Vielfältigkeit und Unterschiedlichkeit von Objekten, Menschen, Selbsten und Einheiten aufgeteilt, wobei das „Ich" scheinbar nah und vertraut im Inneren ist und alle anderen nach außen projiziert werden, entfernt von uns. Daher die scheinbare Geburt von Trennung.

Was ist es nun, das die Rückkehr zum Selbst auslöst? Weil wir uns bereits in eine separate, begrenzte Einheit kontrahiert haben, kommt dieses Erwachen oft in Form einer äußeren Erscheinung. Wenn wir jung sind und uns verlieben, verlieben wir uns in eine andere Person. Später wird es klar, dass sich in der Erfahrung der Liebe „Ich" und der scheinbare „Andere" auflösen. Tatsächlich gab es überhaupt nie ein „Ich" und keinen anderen oder eine separate Person.

Ab einer gewissen Phase hört unsere Suche nach Glück, Frieden und Liebe in der Welt auf, und das Ende dieser Suche wird oft durch ein Treffen mit einem Lehrer oder einem Freund herbeigeführt. Genauso, wie unser Liebhaber jemand im Außen zu sein schien, scheint auch der Lehrer anfangs eine separate Person zu sein, also so, wie wir auch uns selbst sehen. Im Laufe der Zeit, wenn wir bleiben und eine Freundschaft mit diesem „Freund" oder „Lehrer" entwickeln, beginnen alle Eigenschaften langsam wegzufallen, durch die wir uns von ihm oder ihr und eigentlich von allem und jedem, unterscheiden und trennen. Es wird deutlich, dass es sie nie wirklich gegeben hat. Unsere Vorstellung davon, wer oder was der Lehrer ist, wird in genau demselben Verhältnis und derselben Zeit verfeinert, wie unsere Vorstellungen davon, wer oder was wir selbst sind, verfeinert werden. So, wie das „Ich" seine Attribute verliert, so verliert der Lehrer oder die Lehrerin ihre Attribute. Jene Attribute, die wir unserem Lehrer zuschreiben, sind genau dieselben, die wir unserem Selbst zuschreiben, das heißt Gedanken, Bilder, Wahrnehmungen, Gefühle.

Wenn wir immer tiefer in das hineingehen, was wir wirklich sind, in das, was „Ich" zu sein scheint und was mein „Lehrer" oder „Freund" zu sein scheint, scheinen sie ihre scheinbare Objekthaftigkeit zu verlieren.

Das hat zur Folge, dass die beiden zu verschmelzen scheinen. Dieses Verschmelzen von Lehrer und Schüler ist in den Traditionen sehr gut dokumentiert. Es ist nicht wirklich ein Verschmelzen. Es ist ein Wiedererkennen, dass sie immer eins sind.

Das kann ganz schön erschütternd sein. Du projizierst vielleicht auf den Meister, dass er ein bisschen höher steht oder etwas Besonderes ist im Vergleich zu dir selbst, und dann plötzlich, eines Tages, stellst du fest, dass du dasselbe bist, wie der Meister.

Es hängt von den unterschiedlichen Qualitäten oder dem Stil des jeweiligen Meisters ab. In meinem Fall war es überhaupt nicht schockierend, weil sich das Ganze so süß, mühelos und natürlich vollzog und immer von Freundlichkeit durchdrungen war. Es gab keine Zurückweisung meiner Projektion. Jedes Mal, wenn ich versuchte, etwas auf meinen Lehrer zu projizieren oder mich an ihm festzuhalten, griff ich in den Wind. Da war einfach nichts. Es gab keine Ablehnung meines Versuchs, meinen Lehrer zu einer Person zu machen. Es gab einfach nichts, was ich zu fassen kriegen konnte, und ich wurde hängengelassen. Alle Energien, die in diese Projektion flossen, brachen einfach zusammen, und dadurch lernte ich, die Projektion zurückzunehmen.

Dann beginnt sich das Verhältnis von einer Schüler-Lehrer-Beziehung in eine Freundschaft zu wandeln. Für den Lehrer ist es immer eine Freundschaft. Für den Schüler scheint es anfangs ein Schüler-Lehrer-Verhältnis zu sein, aber früher oder später erkennen wir, dass es eine Beziehung von Freundschaft oder Liebe ist. Es ist sehr inspirierend, eine längere Zeit mit einem Lehrer zu verbringen, der diese unpersönliche Qualität der Liebe besitzt. Ohne es zu wissen, lernen wir, wie man unpersönliche Freundschaften führt, zuerst mit unserem Lehrer, dann mit jedem. Wir lernen, dass Liebe etwas zutiefst Intimes und gleichzeitig wahrhaftig unpersönlich ist. Das hat einen tiefgreifenden Effekt auf unsere Beziehungen, egal, ob es sich dabei um intime Liebesbeziehungen handelt oder nicht. Wir leben diese unpersönliche Intimität, diese unpersönliche Qualität der Liebe mit jedem so, wie es für jeden Fall angemessen ist. Es transformiert Freundschaft. Freundschaften blühen wahrhaft auf, als Ergebnis dieses Verstehens. Sie werden so süß, so zärtlich.

Du hast vorhin Bhakti, *Hingabe erwähnt. Was du beschreibst, ist* Bhakti, *diese Qualität der Hingabe.*

Ja, am Anfang scheint es Hingabe zu einer Person, zu einem Lehrer zu sein, aber wenn der Lehrer wahrhaft unpersönlich ist, dann gibt er dir nichts Objektives, an das du dich halten könntest. Da ist nichts, kein Objekt, an dem sich deine Hingabe festhaken könnte. Dann, ganz langsam, in meinem Fall war es sehr langsam und sanft, wird diese Liebe, die die Liebe für eine Person zu sein scheint, herumgedreht. Sie wird neu ausgerichtet auf das wahre Objekt der Hingabe, das Selbst. Letztendlich ist jede Hingabe nur die Hingabe an die eine Sache. Wenn der Lehrer deine Hingabe für sein oder ihr Selbstbild nicht nötig hat, ermöglicht etwas an dieser Beziehung deiner Hingabe, ihr wahres Zuhause zu finden, das Präsenz ist.

Du weißt nicht einmal, dass es passiert. Du fühlst nicht, dass du herumgedreht wirst. In meinem Fall gab es keine Gewalt. Es war mühelos. Ich habe einfach danach bemerkt, dass es passiert war. Ich sah zurück und bemerkte, dass die alten Projektionen und Vorstellungen über meinen Lehrer einfach nicht mehr da waren. Da war nur diese Freundlichkeit, diese Zartheit. Meine Hingabe hatte ihr Zuhause gefunden, hatte das gefunden, wonach sie sich immer gesehnt hatte. Aber sie war nie auf ein Objekt oder eine Person gerichtet. Sie hat sich sich selbst zugewandt; sie hat ihr eigenes Herz gefunden.

Das ist sehr poetisch. Du hast eine sehr schöne Art, die Dinge zu beschreiben. Sucher haben oft kuriose Vorstellungen über den erleuchteten Zustand. Bitte beschreibe deinen typischen Tag und wie du die Welt wahrnimmst.

Ich werde nicht so sehr ins Detail gehen, aber ich kann ihn dir grob skizzieren. In manchen Dingen ist meine englische Konditionierung noch immer sehr stark, so dass ich am Morgen nichts ohne eine Tasse Tee tun kann, und es muss Lapsang Souchong sein! (Lachen) Wenn noch Zeit ist, bringe ich meiner Frau Ellen eine Tasse und wir unterhalten uns eine Weile im Bett oder wir sitzen am großen Fenster mit Aussicht auf die wunderschönen Felder und Hügel. Wir haben fast immer ein geruhsames Frühstück, bevor die Aktivitäten des Tages beginnen. Der Tag hält sich in der Waage zwischen meiner Arbeit als Künstler in meinem Studio und dem Schreiben. Ich habe auch einen zehnjährigen Sohn, mit dem ich eng verbunden bin, und obwohl er nicht mit uns zusammenlebt, verbringen wir viel Zeit miteinander.

Meine Tage sind aktiv und kreativ und durchsetzt mit Zeiten der Kontemplation, immer voll und abwechslungsreich. Ich führe ein erfülltes Leben in der Welt der Familie, der Beziehungen, der Arbeit und der Interaktion mit allen möglichen Menschen, Objekten, Situationen und Ereignissen. Das ist alles sehr erfreulich! Liebe, Schönheit und Intelligenz werden in einzigartiger Weise auf all diese unterschiedlichen Arten ausgedrückt. Mit meinem Sohn auf die eine Art, mit meiner Frau auf eine andere Art, mit meinem Assistenten in meinem Studio auf eine andere Weise, beim Schreiben auf eine gewisse Art, beim Töpfern auf eine andere Art, aber es kommt vom selben Platz. Es ist wie ein Verströmen.

Könntest du etwas darüber sagen, wie du die Welt wahrnimmst?

Ich erfahre, dass das, was ich bin, Bewusstsein, die Form von Denken, Vorstellen, Empfinden und Wahrnehmen annimmt. „Ich" nehme die Form des köstlichen Geschmacks von Lapsang Tee am Morgen an, dieses schönen Gesprächs, die Form des Lichts, das durch das Fenster kommt, des klingelnden Telefons, der E-Mail, die hereinkommt, der nachfolgenden Gedanken und so weiter. Es ist „Ich", Bewusstsein, das die Form von Denken, Vorstellen, Fühlen und Wahrnehmen annimmt, aber niemals etwas anderes wird als es selbst.

Du hast uns einen tiefgreifenden und poetischen Diskurs über das Erwachen gehalten. Wenn du jemanden mit einer Leidenschaft für das Erwachen treffen würdest, was würdest du ihm für einen kurzen Rat geben?

Die Menschen kommen zu meinen Treffen, und jedes Mal, wenn ich diese tiefe Liebe und dieses tiefe Interesse an der Wahrheit fühle, schmilzt mein Herz. Das ist alles, was ich sagen kann. Ich habe keine Standardantwort, weil es davon abhängt, wo ihre jeweilige Frage herkommt. Ich fühle ihre Liebe und ihr Interesse und ich höre mit meinem Verstand, meinem Herzen und meinem Körper zu. Ich nehme sie in mich hinein. Ich denke, wie sie denken, und fühle, wie sie fühlen. Ich weiß, wo sie gerade stehen. Ich gehe dahin, wo ihre Frage herkommt. Ich werde zu der Frage, und von da aus gehen wir gemeinsam weiter, verfolgen den Weg zusammen zurück, entweder direkt und schnell oder manchmal, indem wir uns Zeit nehmen und auf dem Weg erforschen und sicherstellen, dass wir nahe an der Erfahrung bleiben und nicht intellektuell werden. Es hängt vollkommen davon ab, wo jemand herkommt.

Letztendlich kommen die Menschen aus dieser Liebe für die Wahrheit und ich teile das mit ihnen. Aber Liebe und Intelligenz sind einzigartig und ganz besonders auf jeden Fall zugeschnitten, und man kann im Voraus nicht erahnen, was sein wird. Es gibt nur dieses tiefe Zuhören und eine Antwort von dort heraus. Die Worte sind nicht wirklich der wichtige Teil der Antwort. Es ist das Zuhören, die Stille, die Offenheit, die der wahre Sinn der Lehre ist. Das ist alles, was ich sagen kann. (Lachen)

Danke. Es war sehr interessant für mich, weil du viele Dinge auf sehr poetische oder kreative Art auszudrückst. Das ist sehr ungewöhnlich. Du töpferst schon lange Zeit, und daraus entspringt etwas sehr Liebevolles.

Anfangs habe ich es nicht einmal bemerkt, dass das, was ich in meiner Arbeit als Künstler erkundet habe, ein Aspekt der Selbsterforschung war. Ich erforschte das Wesen der Erfahrung. Erst Jahre später erkannte ich das und begann anschließend damit, es zu formulieren.

Ich wurde in einer klassischen *Advaita*-Schule erzogen, wo sich alles um den Pfad von *Jnani* und den Pfad von *Bhakti* drehte, und ich hatte immer ein bisschen das Gefühl, ich müsste mich wegen meiner Liebe zur Wahrnehmung, zur Kunst, zur Schönheit entschuldigen.

Erst als ich einige Jahre später meinen Lehrer traf, entdeckte ich, dass meine Liebe zur Wahrheit und meine Liebe zur Schönheit dasselbe waren, und diese Erkenntnis war eine Explosion für mich. Es befreite meine Liebe zur Schönheit und ich erkannte: „Ja! Darum ging es die ganze Zeit." Sie wurde in eine Linie gebracht mit meiner tiefen Liebe für die Wahrheit. Ich erkannte, dass es dasselbe war. Es auszudrücken und Dinge anzufertigen war exakt dasselbe, wie Liebe mit einem Freund auszudrücken oder Intelligenz durch Worte oder Schreiben. Das zu erkennen, war so befreiend und aufregend für mich.

Das verstehe ich absolut. Ich denke, Francis, dein Lehrer, hat dazu eine sehr einzigartige Haltung.

Francis ist sehr ungewöhnlich, was das angeht; wie auch sein Lehrer Jean Klein, der ein Künstler war.

Oh, wirklich? Das wusste ich nicht.

Er war ein sehr guter Musiker und hatte diese tiefe Sensibilität, wahrzunehmen und zu fühlen. Er erforschte den Körper, das Gefühl von „Ich" auf der Ebene der Gefühle, nicht nur das Gefühl der Trennung auf der Ebene des Verstandes. Sowohl Francis als auch Jean Klein haben diese tiefe Liebe zur Schönheit und ihre Lehre geht gleichermaßen auf den Bereich des Körpers und der Welt ein, nicht nur auf den Bereich des Verstandes. Also ja, ich stimme dir zu. Ich war überwältigt, als ich ihn traf.

Ja. Das ist eine sehr schöne Ergänzung zum traditionellen Advaita, *das ein bisschen trocken sein kann.*

In den ersten Phasen der Selbsterforschung entdecken wir, dass das, was wir sind, nicht Körper und nicht Verstand ist. Wir müssen den Körper, den Verstand und die Welt sozusagen auf Distanz bringen, um die Präsenz des Bewusstseins zu etablieren. Wir sagen: „Nein, das bin ich nicht!" Wir erkennen, dass „ich" nichts bin, das heißt, „ich" bin nichts Objektives. Das ist der traditionelle Standpunkt des Zeugen. Dennoch müssen wir von dort aus weitergehen und entdecken, dass diese Präsenz, die „ich" bin, nicht nur der Zeuge ist, sondern auch die Substanz von allem. „Ich" bin also nicht nur nichts; „Ich" bin auch alles.

Einige traditionelle Schulen sind im Stadium des Zeugenbewusstseins stecken geblieben und hielten den Körper, den Verstand und die Welt auf sicherer Distanz, betrachteten sie als einen gefährlichen Bereich, der das Bewusstsein verdunkelt. Diese Zeugenposition kann manchmal als abgetrennt vom Leben erscheinen und, ja, trocken.

Da ist etwas Wahres dran, gerade in dieser Anfangsphase.

Allerdings! Sie ist für viele von uns ein Sicherheitsnetz und für mich war das absolut notwendig. Ich konnte all das auf Distanz bringen und meine Aufmerksamkeit dem Bewusstsein zuwenden, und das ist so wichtig, weil es seine Präsenz und Vorherrschaft errichtet. Aber wenn wir hier stehen bleiben, und ich blieb hier für eine lange Zeit stehen, bleiben wir in dieser leicht distanzierten Haltung des Zeugen, knapp hinter der Erfahrung, leicht entfernt von der Erfahrung. Die Welt wurde auf sichere Entfernung gehalten, und erst als ich meinen Lehrer traf, wurde die Erforschung tiefer in meine Erfahrung hinein fortgeführt, und die beiden kamen hier wieder zusammen. Dann wurde klar, dass das „Ich" nicht nur den Körper durchdringt, wie es vorher zu sein schien, sondern dass es auch die Welt durchdringt. Es durchdringt alles. Es „ist" alle scheinbaren Dinge.

Vielen Dank. Das war ganz exzellent.

Tony Parsons

Der Verstand möchte, dass Erleuchtung etwas ist, das einer Person geschieht. Der ganze fundamentale Irrglaube der meisten Lehren ist, dass es so etwas wie ein getrenntes Individuum mit freiem Willen und freier Entscheidung gibt, das die Dinge in die Hand nehmen und sich geradewegs auf Erleuchtung zubewegen kann. Das ist der grundlegende Irrglaube, der die meisten Lehren bestimmt.

Persönliche Erleuchtung ist ein Märchen.

Tony Parsons

Tony Parsons

Tony Parsons, geboren in England, ist ein spiritueller Lehrer, der das „Offene Geheimnis" des spirituellen Erwachens regelmäßig mit Menschen auf der ganzen Welt teilt. Seine direkte und höchst effektive Botschaft des Erwachens zum Leben, „wie es ist", wird mit sanfter, aber unpersönlicher Authentizität übermittelt, die aus absoluter Klarheit entspringt. Tony Parsons zu begegnen heißt, einem Paradox zu begegnen. Tony ist unerwartet normal und sehr zugänglich, aber die Botschaft, die er vermittelt, ist einzigartig und revolutionär. Freundschaft, Einfachheit und viel Lachen überbringen eine einzigartige, radikale Botschaft, die jene, die sie hören, mit nichts oder allem zurücklässt.

Mir war Tonys absolute Sicht auf die Wahrheit bekannt, und mir gefiel sein Ausdruck „Open Secret" (offenes Geheimnis). Ihm zu begegnen, war ein Genuss – so auch die Klarheit und Quirligkeit des Interviews. Für meine dämliche, heilige Empfindsamkeit war es schockierend zu sehen, wie Tony ein, zwei Gläser Rotwein zum Mittagessen trank – und das kurz vor seinem Satsangtreffen am Nachmittag!

Sri Ramana Maharshi empfahl die grundlegende Frage: „Wer bin ich?" – Wer bist du?

Ich bin niemand. Ich möchte von Anfang an sagen, dass ich nicht erleuchtet bin. Und was die Beobachtung von „The Open Secret" (Das offene Geheimnis) betrifft (siehe Tonys Buch „The Open Secret"), gibt es so etwas wie einen Erleuchteten gar nicht. Persönliche Erleuchtung ist ein Märchen.

Irgendwie ist etwas passiert, oder scheinbar passiert, weshalb diese Botschaft begann, sich durch „dies hier" (er bezieht sich auf das Gesprochene, das durch einen Organismus kommt, der Tony Parsons genannt wird) zu kommunizieren. Aber da ist niemand, der sie ausspricht; sie kommt aus keinem Verstehen heraus. Sie kommt aus nichts, das Tony Parsons geschehen ist; sie kommt einfach aus dem Nichts.

Alles, was geschieht, kommt aus dem Nichts. Alles, was erscheint, ist „Nichts", das sich als „Alles" zeigt. Es gibt also kein „Wer". Es gibt keinen „Wer", der erleuchtet ist.

Soweit es diese „Botschaft" (Tony Parsons) betrifft, gibt es keinen Plan. Die Idee, dass es einen Plan für das Erwachen gibt, lässt im Verstand des Suchenden die Vorstellung entstehen, dass es an einer bestimmten Stelle auf der Karte (oder auf dem Plan) einen Suchenden gibt, der zu etwas Bestimmten gehen soll, das man Erleuchtung nennt und das sich an einer anderen Stelle dieser Karte befindet. Das kann diese „Botschaft" hier in keiner Weise erkennen.

Diese „Botschaft" will sagen, dass diese ganze Vorstellung darüber, dass es ein getrenntes Individuum gibt, einzig und allein das Gefühl der Trennung bestärkt. Alle Versuche, die dieses Individuum unternimmt, um Erleuchtung zu finden, bestärken einfach noch weiter dieses Gefühl der Trennung. Also, wer bin ich? Niemand!

Du hast einige Male das Wort „Nichts" benutzt, dass alles aus dem Nichts entsteht. Kannst du noch etwas mehr über „Nichts" sprechen?

Nichts (Kein-Ding) ist die Quelle von allem. Es ist vollkommen unbewegte, beziehungslose, unpersönliche Stille. Es ist nicht greifbar. Alles, was sich hier in diesem Raum befindet und alles, was geschieht, ist „Nichts", das als „Etwas" erscheint.

Könnten wir stattdessen das Wort „Bewusstheit" benutzen?

Nein. In den vielen Jahren des Sprechens habe ich festgestellt, dass bestimmte Wörter sehr verwirrend sein können. Ich finde „Bewusstheit" ein sehr verwirrendes Wort. Das Wort, das für mich dem am nächsten kommt, ist „Sein".

Alles, was ist, ist Sein. Dieses Zimmer ist Sein. Das hier ist Sein. Es gibt nur Seiendes. Was in diesem Seienden erscheint, als Teil des Seienden, ist der Traum der Trennung. Das ist für mich (für diese „Botschaft") der Traum, ein getrenntes Individuum zu sein, welches dann das Gefühl von Verlust empfindet und also herausfinden muss, warum es dieses Gefühl von Verlust empfindet.

Was auf der Welt zu sehen ist, ist eine Manifestation des Suchens. Jeder auf der Welt glaubt, dass er ein getrenntes Individuum ist, ein Suchender. Jeder auf dieser scheinbaren Welt sucht das eine oder andere. Und letztendlich suchen sie natürlich das, was manche Menschen Erleuchtung nennen. Aber diese, in der Sprache der Suchenden, Erleuchtung ist einfach das Ende des Traumes von Individualität.

Soll ich noch ein bisschen weitermachen?

Nein, nein! Du sagtest ja, dass du sowieso nicht so viel sprechen wirst! (lacht)

Das tue ich auch nicht.

Bei einer Frage wie „Wer bin ich?" kommen erst einmal eine ganze Menge Dinge hoch, um die Mitteilung des „Offenen Geheimnisses" (Open Secret) zu beschreiben. Einfach ausgedrückt lautet die Botschaft: Es gibt niemanden hier im Zimmer, es gibt keine Individuen, es gibt kein „Wer". Es gibt nur Sein. Also gibt es nichts. Es ist niemand da. Es ist einfach nur Sein.

Du sagtest gerade, dass eigentlich fast jeder ein Suchender ist, dass jeder etwas sucht. Das bedeutet, dass keiner zufrieden ist mit dem Stück, das er bereits hat und gerne noch ein anderes Stück finden möchte, um sich ein Stückchen besser zu fühlen.

Ja, die meisten Menschen haben diese Vorstellung. Das „getrennte Individuum" ist nur scheinbare Ganzheit, die als Teil von sich selbst erscheint. Dieser erscheinende Teil, diese scheinbare Identität, kann nur aus dem Gefühl heraus funktionieren, ein getrennter Körper zu sein. Deshalb ist er beständig auf der Suche, zurück nach Hause zu kommen, um dann wieder die Ganzheit zu entdecken.

Die Menschen werden zum Hinschauen motiviert, weil da ein Gefühl ist, dass sie nicht ganz und vollkommen sind. Viele Menschen fühlen sich unvollkommen, unbefriedigt, unerfüllt, unzufrieden, ohne Liebe und deshalb machen sie sich auf die Suche, um etwas zu bekommen. Könntest du im Zusammenhang mit dem Nichts etwas darüber sagen?

Ich denke, wir müssen uns über die Natur dessen, was ich Nichts oder „no thing" („Kein-Ding") nenne, klar sein. Es lässt sich nicht beschreiben, Worte kommen dem nicht annähernd bei. Aber das Nichts, dieses „Kein-Ding", ist die Quelle von allem, von „Jedem-Ding". „Alles" ist „Nichts" das erscheint, um „Etwas" zu sein.

Suchende glauben, und sie wachsen bereits mit diesem Glauben auf, dass sie etwas sind, das man „Ich" nennt. Offensichtlich neigen sie dazu, die Welt, so wie sie erscheint, getrennt von „sich", zu sehen. So wird also auch alles andere als ein weiteres „Etwas" gesehen. Was der Suchende nicht erkennen kann, weil er nur von dem Standpunkt aus, ein „Etwas" zu sein, sehen kann, ist, dass alles auf der Welt beides ist, sowohl Nichts (Kein-Ding) als auch Alles. Wenn da „Niemand" ist, wenn also Erwachen geschieht, dann ist es dies, was offensichtlich wird.

Viele Menschen aus dem Westen suchen nach Erleuchtung, als sei sie eine Erfahrung. Was ist Erleuchtung?

Meiner Meinung nach gibt es so etwas wie persönliche Erleuchtung nicht. Erleuchtung bedeutet einfach das Ende der Person. Ich nenne das Befreiung. Ich bevorzuge das Wort „Befreiung".

Das Problem des Suchenden ist, dass er denkt, er müsse etwas anderes finden, also sucht er nach Zuständen. Er sucht nach Zuständen des Friedens oder was immer er denkt, was Erleuchtung ist. Die meisten Suchenden glauben, dass Erleuchtung so etwas ist wie eine spirituelle Lotterie. Wenn sie gewinnen, wird ihr gesamtes Leben frei von Leid sein und dann wird alles wunderbar sein und jeder wird sie lieben … und dieser ganze Quatsch.

So stellt sich der Verstand Erleuchtung vor. Aber zu einem Suchenden gehört immer das Suchen. Sobald es Trennung gibt, kann es nur die

Suche nach Ganzheit geben. Getrennt sein von der Ganzheit bewirkt Suchen nach der Ganzheit.

Du hast mich gefragt: „Was ist Erleuchtung?" Es ist unmöglich, es ist vollkommen unmöglich, Erleuchtung zu beschreiben. Aber sie hat nichts mit einer Person zu tun und sie hat nichts mit einem Prozess zu tun. Sie ist nicht zu haben, sie ist nicht zu kennen.

Erst wenn sie geschieht, erst wenn sie scheinbar geschieht, nur dann wird gesehen, dass es nichts anderes gibt als das Sein. Aber das wird nicht von irgendjemandem gesehen. Es gibt niemanden mehr, der persönliche Erfahrungen macht. Es ist keine Person mehr da, der noch irgendetwas geschehen könnte. Das ist auch eine Art, das zu beschreiben. Es gibt nur das, was geschieht. Der Unterschied also zwischen dem Suchenden und der Befreiung ist, dass der Suchende glaubt, dass alles, was geschieht, ihm geschieht, und in der Befreiung geschieht alles – niemandem.

Man könnte also sagen, das Einzige, was es gibt, ist das Leben. Das Einzige, was es gibt, ist Sein. Diese Beschreibung kommt für mich dem am nächsten, was die Menschen Erleuchtung nennen.

Nach deiner Beschreibung könnte man sagen, dass es einen Mythos der Erleuchtung gibt. Dieser Mythos wurde von den Geschichten vieler berühmter Lehrer und Propheten unterstützt. Ihre Geschichten scheinen immer diesen besonderen Moment des Erwachens oder der Erleuchtung zu enthalten.

Es scheint so, als sei ihnen das geschehen.

Wir wissen nicht, ob es wirklich geschehen ist, oder ob ihre Schüler behaupten, dass es geschehen ist. Aber daraus ist dieser Mythos entstanden, dass Erleuchtung ein außergewöhnliches Ereignis ist.

Absolut. Es ist der Verstand, der möchte, dass es so ist. Der Verstand möchte, dass Erleuchtung etwas ist, das einer Person geschieht. Der ganze fundamentale Irrglaube der meisten Lehren, einschließlich moderner Lehren, ist, dass es so etwas wie ein getrenntes Individuum mit freiem Willen und freier Entscheidung gibt, das die Dinge in die Hand nehmen und sich geradewegs auf Erleuchtung zubewegen kann. Das ist der grundlegende Irrglaube, der die meisten Lehren bestimmt.

Es ist der grundlegende Irrglaube überall auf der Welt! Neunundneunzig oder mehr Prozent der Weltbevölkerung würden diesen Irrglauben unterschreiben.

Absolut. Das Faszinierende daran ist, dass Neurowissenschaftler zu dem gleichen Ergebnis kommen, dass es so etwas wie einen freien Willen und freie Entscheidung nicht gibt. Es gibt so etwas wie dieses „Ich" nicht.

Das Gehirn simuliert dieses „Ich" bereits in einem sehr frühen Alter, wenn es annimmt, dass es getrennt von dieser Welt da draußen ist und beschützt werden muss. Die Erschaffung dieses „Ich" ist also so etwas wie eine Überlebensstruktur, die kommt und geht.

Wenn neunundneunzig Prozent der Menschen auf diesem Planeten diesen Mythos leben, dann ist das schon ein bisschen interessant. Warum sollte die Existenz so etwas kreieren?

Oh, es gibt kein „Warum"! Solange es ein Individuum mit einem Verstand gibt, solange gibt es ein „Warum", aber in der Befreiung erscheint kein „Warum" mehr. Gewissermaßen gibt es keine Antwort auf diese Frage und auf gewisse Weise gibt es auf keine Frage eine Antwort, weil es keine Antwort auf das Leben gibt. Aber solange es eine individuelle Suche gibt, solange wird es ein „Warum" geben. Warum ist mir das zugestoßen? Und gewissermaßen: Warum habe ich die Ganzheit verloren und was kann ich dagegen tun? Wie dem auch sei, es gibt kein Ich, das die Ganzheit verloren hat. Ganzheit erscheint als ein Teil von sich selbst.

Das fühlt sich an, als wäre man aus dem Garten Eden herausgeworfen worden.

Aber es ist nur eine Illusion, dass wir herausgeworfen wurden. Das hier ist der Garten Eden.

Ja, aber beinahe jeder hat das Gefühl, als sei er herausgeworfen worden. Gibt es dafür einen Grund?

Nein, es gibt keinen Grund dafür. Das Schöne, das Unglaubliche daran ist, dass das alles überhaupt keine Bedeutung hat. Alle Manifestationen sind vollkommen bedeutungslos, und sie haben auch keinen Sinn. Darin liegt ihre Schönheit.

Für dich mag darin die Schönheit liegen, aber ich kann mir vorstellen, dass viele Menschen ihr ganzes Leben damit verbringen, eine Bedeutung zu finden. Die meisten Philosophien und viele große Religionen sind entstanden, weil es unter den Menschen die Sehnsucht gab, den Sinn des Lebens zu kennen.

Ich weiß. Das Problem liegt in dem ursprünglichen Irrglauben, dass es Menschen auf der Welt gibt, dass es überhaupt jemanden gibt und dass ich jemand bin. Darin liegt der ganze Irrglaube: „Es gibt etwas zu entdecken und du kannst es finden." Sobald du das glaubst, befindest du dich wieder in der Tretmühle des Suchens. Du suchst nach dem, was bereits alles ist.

Richtig, aber du musst zugeben, dass das, was du sagst, ziemlich strittig ist, denn 99,99 Prozent der Menschen hätten Schwierigkeiten, dir zuzustimmen.

Sie hätten keine Schwierigkeiten damit, sondern es wäre ihnen unmöglich. Aus der Sicht des Individuums ist die Aussage, dass es so etwas wie Individualität nicht gibt, einfach unbegreiflich. Das ist, was Erwachen bedeutet. Für ein Individuum ist es vollkommen unbegreiflich.

Ich kann dir sagen, dass ich jedes Mal wirklich überrascht bin, wenn ich einen Raum betrete und Zuhörer dort sitzen sehe. Ich bin überrascht, dass überhaupt jemand bereit ist, zu diesem Vortrag zu kommen und zuzuhören, denn eigentlich handelt er vom Tod, vom Tod des Individuums. Ein weiterer furchtbarer Teil dieser Botschaft ist, dass es keinerlei Hoffnung für das Individuum gibt. Zu dieser Veranstaltung zu kommen, ist das Schlimmste, was ein Individuum tun kann, denn es geht um das Ende der Individualität.

Es ist, als würdest du zu einer Veranstaltung gehen, auf der dein Selbstmord auf jeden Fall in der Zukunft geschieht. Und dafür zahlen die Menschen auch noch Geld!

Ja, sie kommen und zahlen Geld dafür zu hören, dass es da niemanden gibt.

Und dass sie noch nicht einmal existieren!

Und sie kommen trotzdem wieder! Tatsächlich gehen viele während der Veranstaltung, weil viele Menschen zu uns kommen, die diese Botschaft gar nicht hören wollen. Oder viele aus der Zuhörerschaft kommen immer wieder, aber sie verstehen nicht. Es gibt eine Menge Menschen, die für eine gewisse Zeit kommen, aber sie können die Botschaft nicht verstehen. Sie rufen mich immer noch an und fragen mich, was sie für ihre Erleuchtung tun können. Sie glauben immer noch, dass es jemanden gibt, der etwas dafür tun kann, um die Erleuchtung zu finden. Es ist unglaublich, wie schlau der Verstand ist!

Nun, die Illusion eines Individuums ist sehr fest verwurzelt, und alle Funktionen der Gesellschaft unterstützen das. Es überrascht mich also nicht, dass manche Menschen über lange Zeit zu dir kommen und diesen wesentlichen Punkt nie verstehen. Das ist auch meine Erfahrung. Jedes Mal, wenn ich so eine Veranstaltung mache, sage ich das. Die Menschen verstehen es nicht, weil sie es nicht können.

Nein, sie wollen einfach nur hören, dass es etwas zu erreichen gibt und dass sie dafür etwas tun können. Aber das Interessante an dieser Botschaft ist, dass sie eine sehr starke Resonanz hat, und manche Menschen kommen vielleicht nur einmal, und alles ist vorbei. Andere kommen mehrere Male, und der Verstand kämpft immer noch gegen diese Botschaft.

Aber Befreiung geschieht. Das Faszinierende, wenn sie geschieht, ist, dass es dann immer noch jemanden gibt, der kommt, um die Worte zu hören, weil sie so viel Freude bringen; diese Botschaft ist einfach überwältigend. Ich muss sagen, dass diese Botschaft nichts mit Tony Parsons zu tun hat; sie hat nichts mit mir zu tun oder mit dem, was ich scheinbar erlebt habe. Ich habe Erleuchtung nicht erlebt.

Was ist es, das Tony Parsons geschehen ist?

Als ich noch sehr viel jünger war, war ich auf der Suche. Ich war Christ und all das, und dann ging ich eines Tages durch einen Park.

Einfach irgendein Park? Es war kein spezieller, heiliger Ort? (Beide lachen)

Nein, nichts ist heilig. Durch den Park laufen geschah einfach, und ich dachte, dass „ich" durch den Park gehe, weil ich glaubte, ein Individuum zu sein. Und dann geschah das „Nichts". Mit anderen Worten: Es war niemand da; es gab nur das, was man Einheit nennen könnte, Sein, Nichts und Alles. Dann verließ „ich" am anderen Ende den Park, immer noch als Suchender. Für mich war das etwas, das ich Erwachen nennen würde; es war wie ein Einblick. „Ich" lief am anderen Ende heraus und wollte es dann behalten. Ich wusste nicht, was es war, aber ich wollte es sein.

So war ich viele Jahre danach immer noch ein Suchender. Später habe ich dann angefangen „The Open Secret" zu schreiben, und seltsamerweise beendete das jegliches Gefühl, ein Individuum zu sein. Aber du siehst, es passierte nicht mir, Erleuchtung passiert niemandem. Der Wegfall des Traumes, ein Individuum zu sein, scheint sich nur zu ereignen.

Meine nächste Frage passt vielleicht zu dem, was du gerade gesagt hast. Gibt es irgendwelche Voraussetzungen für die Erleuchtung? Ist eine spirituelle Disziplin notwendig? Als du durch den Park gelaufen bist, ist es einfach geschehen. Glaubst du aber, dass du in der Zeit davor etwas getan hattest, das zu diesem Ereignis beigetragen hat?

Oh nein, mit Sicherheit nicht. Das ist die Illusion, der Irrglaube. Viele Menschen glauben, dass sie, ihre Handlungen oder gewisse Voraussetzungen der Grund dafür sind, dass ihnen Erleuchtung, oder wie immer du es nennen magst, passiert.

Das ist so schwer zu erklären, weil es so unvorstellbar ist. Das Einzige, was ist, ist das Sein. Das Einzige, was ist, ist Einssein. Was in einem aufsteigt, ist der Traum, dass es nicht so ist. Und nichts, was der Träumende macht, wird daran etwas ändern, weil der Träumende in dem Traum lebt, getrennt zu sein. Deshalb fühlt sich der Träumende ganz natürlich zu der Idee hingezogen, Prozesse und Methoden (Selbsterforschung oder Meditation) zu durchleben, weil er glaubt, oder es wurde ihm so beigebracht, dass ihn das zu dem Moment des Erwachens führen wird.

Tatsächlich verstärkt das aber nur sein Gefühl, getrennt zu sein. Ein einzelner Suchender, der etwas finden muss, der eine ziel- und zeitorientierte Anstrengung auf sich nehmen muss in einem Prozess, der Zeit und Entscheidungen – die er nicht hat – benötigt, um dadurch dann etwas zu finden.

Dieser gesamte Prozess des Suchens und der Anstrengung, etwas zu finden, verstärkt einfach nur das Problem, um das es geht, indem das Individuum davon überzeugt wird, dass es getrennt ist und etwas dagegen tun muss.

Es gibt also nichts, was getan werden kann, und deshalb gibt es keine Bedingungen für das Einssein. Einssein ist das Einzige, was ist. Der Traum, getrennt zu sein, erscheint als ein Teil des Einsseins. Befreiung ist nur die Befreiung von dem Traum, ein getrenntes Individuum zu sein.

Wenn sich ein Suchender die Lehrer anschaut, die es gibt, wird er wahrscheinlich feststellen, dass die meisten von ihnen Teil eines Prozesses waren oder gewisse Übungen gemacht haben. Alle Religionen geben Empfehlungen. Buddhismus und Zen empfehlen viele Jahre Meditation. Was du also sagst ist eine Herausforderung angesichts dessen, was der Suchende als notwendig empfinden könnte. Ganz natürlich wäre das Gefühl: „Wenn ich gewisse Übungen mache, wenn ich mich frage, wer ich bin, dann könnten sich dadurch Dinge eröffnen, die dieses ‚Ereignis' einladen würden."

Dies ist eine absolute Herausforderung. Dies ist eine revolutionäre Botschaft, die es immer schon gab – immer. Sie ist immer verborgen, und sie ist verborgen, weil sie nur zu finden ist, wenn niemand nach ihr sucht. Ich nenne es „Das offene Geheimnis". Es steht außer Frage, dass die meisten Interpretationen menschlicher Vorbedingungen in Bezug auf Erleuchtung alle vollkommen auf dem absoluten Glauben beruhen, dass es ein Individuum mit freiem Willen und freier Entscheidung gibt.

Die meisten Lehren entstehen aus diesem falschen Glauben heraus. Ausgehend von diesem Glauben drehen sie sich nur im Kreis, denn was nicht erkannt wurde, ist, dass es keine persönliche Entscheidung gibt; es gibt nichts zu tun und nirgendwohin zu gehen. Menschen fragen mich: „Was kann ich tun?" Es ist bereits getan!

Gehen sie alle durch diesen Park? Gibt es irgendwo einen Tony-Parsons-Park, durch den sie alle gehen?

Ich habe ihnen gesagt, wo der Park ist und ich habe ihnen gesagt, dass dort ein kleiner Mann sitzt und zehn Pfund dafür verlangt, um ihnen zu zeigen wo ich lang gegangen bin! Die meisten Menschen sitzen in einem Zimmer wie diesem und fragen sich: „Was kann ich tun?" Alles, was gesagt werden kann, ist: „Es gibt niemanden. Was in diesem Augenblick getan wird – atmen, bewegen, fragen, was ich tun kann –, das wird getan. Da ist niemand, der es tut. Warum sollte es einen Anlass geben, etwas zu tun, wenn das, was getan wird, im Sein geschieht?" Die Idee, die den Menschen gefangen hält, ist die, dass es so etwas wie einen einzelnen Suchenden gibt, der etwas tun muss.

Hast du irgendeinen Rat für die Menschen, die mit der Frage: „Was kann ich tun?" zu dir kommen? Was rätst du ihnen?

Nichts. Und sehen, dass es nichts gibt, das getan werden könnte, und dass es niemanden gibt, der es tun könnte. Aber ich kann ihnen nicht empfehlen, das zu tun, denn sonst würde ich damit sagen, dass es jemanden gibt, der sehen kann, dass es da niemanden gibt!

Glaubst du, dass einige Menschen deine Meetings mit dem Gedanken verlassen, dass es tatsächlich wirklich nichts zu tun gibt und sie deshalb genauso gut weiter Hamburger essen und Fußball schauen könnten?

Auch das sagen manche: „Oh! Du sagst, dass es nichts gibt, was ich tun kann, also werde ich nichts tun." Zu ihnen sage ich: „Jetzt machst du ‚nichts tun'."

Es ist ganz unterschiedlich. Das größte, was viele Lehrer Tony Parsons vorwerfen, ist, dass er spirituelle Faulheit lehrt. Er sagt den Leuten, dass sie nichts tun können. Aber ich habe niemals zu jemandem gesagt: „Du kannst nichts tun", weil das beinhalten würde, dass es definitiv ein Individuum gibt, das nichts tun kann. Das ist nicht das, was ich sage. Ich sage, es gibt kein getrenntes Individuum.

Du bist nicht der Einzige, der das bisher gesagt hat. In der indischen Tradition deutete Sri Ramana auf das Gleiche hin, und momentan deutet auch Ramesh Balsekar in Bombay auf das Gleiche (Ramesh starb im September 2009). Vielleicht sagt er es auf andere Weise.

Die Schriften des Lebens und Gottes Wille.

Er spricht darüber, dass es niemand gibt, der irgendetwas tun könnte. Du machst dein Leben nicht.

Aber er sagt auch, dass ein Weiser jemand ist, der die Dualität des Lebens akzeptiert. Das ist eine verwirrende Botschaft, denn jeder wird daraufhin versuchen, ein Weiser zu sein, der die Dualität des Lebens akzeptiert.

So wie ich es sehe, gibt es keinen Sri Ramana, keinen Ramesh Balsekar und keinen Tony Parsons. Es gibt niemanden; es gibt niemanden, der lehrt. Es gibt nur Botschaften. In Bezug auf das „Offene Geheimnis" gilt: Wenn mitgeteilt wird, dass es niemanden gibt, dass es nur das Einssein gibt, und du gleichzeitig Selbsterforschung üben sollst, um das zu erkennen, dann ist das etwas, was ich „eine Lehre des Werdens" nenne. Das hält die Menschen in der Vorstellung gefangen, dass es etwas gibt, das sie tun könnten oder müssten, um zu erkennen.

Sobald du zu jemandem sagst: „Oh! Du musst meditieren", oder sogar zu der Idee kommst, dass es niemanden gibt, drückst du damit aus, dass es einen freien Willen gibt – und das ist die Illusion, der Traum!

Das ist eine sehr radikale Position.

Was aus dem grundlegenden Irrglauben aufsteigt, dass es so etwas wie Trennung gibt, sind diese ganzen Einbildungen, dass es so etwas wie Zeit, Raum, Reise, Ich, Sinn, *Karma* (Resultat aller Handlungen) oder Wiedergeburt gibt. All das entsteht aus dem Traum, aus dem illusionären Traum darüber, getrennt zu sein. Aber all das gehört nur zu dem einzigen Ding auf der Welt, das Selbstwahrnehmung besitzt – zum Menschen.

Es ist interessant, dass du meistens das beantwortest, was ich dich gerade fragen wollte! Hier habe ich noch eine Frage: Sri Ramana sagte, dass die Selbsterforschung der direkteste Weg sei, um das Selbst zu erkennen. Was sagst du über die Selbsterforschung?

Nun, es gibt keinen Weg zu etwas, das bereits da ist. Es gibt nur Einssein, es kann also keinen Weg dorthin geben. Wer sollte das sein, den es neben dem Einssein, neben Allem gibt, und der dann dies erst erreichen müsste? Eine weitere Sache bei der Selbsterforschung ist, dass sie die Möglichkeit der Entscheidung und der Handlung voraussetzt. Ursprünglich ist die Selbsterforschung, von allem anderen einmal abgesehen, ein Prozess. Wie ist es also möglich, dass irgendjemand sich für die Selbsterforschung entscheidet, wenn es doch niemanden gibt? Die scheinbare Entscheidung, die Selbsterforschung zu praktizieren, mag entstehen, aber sie kommt nicht aus dem Individuum; es ist einfach eine weitere Sache, die erscheint.

Es gibt ziemlich viele Leute, die spontan dahin kommen. Die Frage „Wer bin ich?" kommt zu ihnen und wird zu einer Frage, die beantwortet werden möchte.

Absolut, absolut! Sie glauben, dass es so ist. Aber du bewegst dich sofort wieder den Kaninchenbau hinunter, wenn du eine Frage stellst und versuchst, eine Antwort darauf zu finden. Du bist erneut dabei, die Vorstellung zu bestätigen, dass du ein Suchender bist und „es" irgendwo finden kannst. Das ist eine grauenhafte Botschaft!

Das ist sehr radikal, und ich bin mir sicher, dass viele Menschen große Schwierigkeiten damit hätten, da jede gedankliche Auseinandersetzung über diese Aussage sich grundlegend selbst zerstört.

Ja, einfach zusammenbricht. Das Interessante an diesen Meetings ist, dass alles, worüber wir sprechen, nicht wirklich relevant ist. Es kann relevant sein in dem Sinne, dass Verwirrungen über die Natur des „Ich" und der Erleuchtung aufgeklärt werden können, und dass aus den Worten Klarheit darüber aufsteigen kann. Aber Klarheit ist nicht Befreiung. Klarheit ist ein Zustand, der kommen und gehen kann. Du kannst vollkommene Klarheit über den Gedanken haben: „Oh, dies ist eine nonduale Welt", aber wenn deine Frau dich verlässt, dann versuche mal, an deiner Klarheit festzuhalten. Emotionen steigen auf und vernichten unser klares Verständnis der Situation – in null Komma nichts!

Was in diesen Meetings geschieht hat nicht so viel mit gedanklicher Klarheit zu tun. Es hat mit Energie zu tun, mit einer energetischen Veränderung. Die Energie von „getrennt sein" ist grundsätzlich zusammenziehend. In einem ganz frühen Alter gibt es eine Kontraktion der Energie in ein Gefühl von einem Mittelpunkt: „Ich bin ich. Oh! Jetzt bin ich ich!"

Das scheinbar getrennte Individuum aus dem Traum befindet sich in einem zusammengezogenen Zustand – Ich bin hier drinnen, das ist meine Begrenzung, und alles andere befindet sich außerhalb davon. Das kann Angst machen, oder auch nicht. Was in diesen Meetings geschieht, und interessanterweise auch danach, ist, dass diese Kontraktion irgendwo auf Grenzenlosigkeit stößt. Diese Grenzenlosigkeit gehört zu niemandem; es ist einfach Grenzenlosigkeit. Der Sprecher spricht zu sich selbst. Der Sprecher begegnet nichts und spricht zu nichts. Gedanklich kann es darüber eine gewisse Klarheit geben. Das

Kraftvollste an diesen Meetings ist, dass der zusammengezogene Zustand sich in die Grenzenlosigkeit öffnen kann. Das ist eine energetische Veränderung.

Geschieht so etwas in deinen Meetings?

Das kann geschehen, oder auch vollkommene Kontraktion kann geschehen! „Was sagt dieser Kerl da? Nein, nein!" Alles kann passieren.

Ich stelle dir die Fragen, die die meisten Suchenden dir stellen würden, wenn sie die Möglichkeit hätten, dir zu begegnen. Ich frage im Namen der Leser dieses Buches, denn auch, wenn du das alles abwertest, ist doch die Art, wie du es abwertest, sehr hilfreich für jemanden, der diesem Irrglauben unterliegt.

Lass es uns klarstellen. Ich werte nichts ab. Es gibt nichts unter der Sonne, das richtig oder falsch ist. Suchen ist Sein auf der Suche. Ich habe nie jemandem gesagt, dass er mit der Suche aufhören soll, da er es sowieso nicht könnte, genauso wenig wie er das Selbst erforschen könnte. Nichts ist richtig oder falsch; alles, was erscheint, ist Sein. Alles, was erscheint, ist Einssein. Selbsterforschung ist also Sein, das die Selbsterforschung auf das Sein anwendet. Da ist niemand; niemand macht das. Das Sein sucht überall nach dem, was bereits alles ist.

Ist das eigentlich das Spiel des Lebens?

Absolut. Es ist ein großer, kosmischer Witz. Es ist der größte Witz, den es gibt.

Einige Leute würden dich wahrscheinlich gerne fragen: „Sag mal, Tony, wie lebst du dein Leben?"

Manche tun das, sie fragen: „Was machst du, wenn du zu Hause bist?", und ich muss immer wieder sagen: „Nein, es gibt da niemanden. Das Einzige, was da ist, ist das, was geschieht."

Sie könnten dich zum Beispiel fragen: „Wer ist derjenige, der dieses Café gegenüber so gerne mag?"

Niemand. Offensichtlich muss das Individuum dies weiterhin als ein getrenntes Individuum sehen, das gerne in dieses Café geht. Aber das Einzige, was passiert, ist nur, dass „gerne im Café sein" aufsteigt; die Wiese mähen steigt auf; mit meinem lieben, alten neunundneunzigjährigen Schwiegervater zu Tesco (Supermarkt) gehen steigt auf. Eigentlich ist das etwas ganz Einfaches. Alles, was in diesem Zimmer geschieht, geschieht nur scheinbar. Es geschieht nicht jemandem. So einfach ist das. Diese Botschaft ist total einfach und total offensichtlich. Und deshalb bleibt sie verborgen, weil sie so offensichtlich ist, dass der suchende Verstand sie nicht sehen kann.

Das ist es, was ich an dem Ausdruck „Das Offene Geheimnis" („The Open Secret") so mag. Es ist so greifbar und doch vollkommen geheim, weil niemand es wirklich sehen kann, obwohl es vollkommen offen daliegt.

Das stimmt. Sobald der Suchende versucht, es zu suchen, hat er sich in die Richtung bewegt, etwas zu finden, und genau so bleibt es verborgen, weil es bereits DAS ist. (lacht) Es bleibt dem Suchenden verborgen, weil es bereits alles ist.

Als Sri Ramana gefragt wurde: „Wann wird man das Selbst erkennen?", antwortete er: „Wenn die Welt, die das Gesehene ist, entfernt worden ist, wird die Erkenntnis des Selbst als das Sehende geschehen." Wie ist die Welt zu verstehen?

Soweit ich das beurteilen kann, gibt es keine. Es gibt keine Welt; DAS ist alles, was ist. DAS ist Einssein oder Sein, oder Nichts, das als DAS erscheint. Es gibt also kein London und kein Köln, außer im Verstand. Man könnte sich ein Bild davon machen, wo du lebst, aber das wäre auch alles, was passiert. Es entsteht ein Bild von dem Ort, an dem du lebst, und nicht wirklich etwas, wo du lebst. Das ist alles, was da ist; es gibt keine Welt, es ist nur etwas, das scheinbar geschieht.

Du fährst scheinbar mit deinem Auto von deinem Haus auf dem Land zu diesem Saal für das Meeting.

Ein scheinbarer Saal im scheinbaren Hampstead. (Beide lachen)

Und ich fahre zurück nach Köln und sehe dort die scheinbare Kathedrale, die dort scheinbar seit Hunderten von Jahren steht.

Und siehst nichts aufsteigen, nichts „kathedralen"! Ich möchte noch mal eine Sache klarstellen, die für viele Menschen verwirrend ist: Das Einzige, was in dieser Manifestation ein Traum ist, ist das Ichbewusstsein. Das ist der Traum. Der Traum ist nur der Traum, getrennt zu sein, und alle Fantasiebilder kommen aus ihm heraus.

Alles andere ist einfach Sein. Es gibt nicht so etwas wie einen Baum mit einem Ichbewusstsein. Die Wände sind einfach Sein, das „wanded" und dieser Körper ist einfach Sein, das „körpert". Wenn es darin kein Gefühl von Ich gibt, dann ist das Einzige, was es gibt, das, was geschieht. Es gibt nur Sein. Nur darum geht es. Es gibt nichts anderes als DAS.

Heißt das, dass es in deinem Alltag eine große Leere in dir gibt, und nicht viel denken oder planen stattfindet? Gibt es nur so etwas wie ein Erwidern auf die sich entfaltenden Augenblicke des Lebens?

Planen geschieht, aber es geschieht in DEM. Es gibt keine große Leere; es gibt nur Leere. Denn bevor da nicht einzig Leere ist, kann es auch keine Fülle geben. Es gibt also eine leere Fülle. Das, was es überall gibt, ist eine leere Fülle. Aber solange das Gefühl da ist, ein Teil des Ganzen zu sein, gibt es den Suchenden. Befreiung ist das Ende. Es gibt nur leere Fülle.

Wenn Menschen dich kennenlernen, dann können sie einen Tony mit leuchtenden Augen sehen, der sich sehr lebendig anfühlt ...

Und gut aussieht. (Beide lachen)

Gut aussieht.

Sexy. Willst du das auch mit reinbringen?

Sexy, warum nicht? Ja, und jemand, der sehr erfüllt ist und vor Lebensfreude platzt.

So würden sie ihn sehen: Jemand, der erfüllt ist. Aber es gibt nur Erfüllung.

Würdest du sagen, als dieser Spaziergang durch den Park geschah, gab es ein Erkennen dieser Freude und Erfüllung, das vor deinem Spaziergang durch den Park nicht da war?

Ich würde es nicht Erkennen nennen; es war nur etwas, das wir ein Ereignis nennen würden. Mit anderen Worten: Es gab niemanden, es gab nur Freude. Worte können das nicht beschreiben; es gab nur Grenzenlosigkeit, und dann kam "Ich" wieder und war wieder ein Suchender.

Es zog sich wieder zusammen. Öffnete sich dieses Zusammenziehen über die nächsten Jahre wieder?

Nein, nicht wirklich, nein. Das tat es nicht. Du kannst dich nicht an das Einssein anschleichen. Du bewegst dich nicht in Richtung Einssein; es ist, oder es ist nicht. Es kommt plötzlich … es ist, wie wenn die Sicherung rausfliegt und alle kleinen Lichter ausgehen, und alles, was übrig bleibt, ist Licht. Es ist nichts, an das „du" dich anschleichen oder dem du näherkommen kannst, denn „du" bist immer noch da und versuchst, der Grenzenlosigkeit näherzukommen.

Plötzlich, und das ist auch anderen Menschen passiert und wurde auf verschiedene Arten beschrieben, aber man muss wirklich sagen, plötzlich, (klatscht laut in die Hände), augenblicklich, gibt es nichts mehr; es ist nichts mehr da. Man könnte sagen, das ist es, was passiert ist, als das Buch „The Open Secret" geschrieben wurde; man könnte sagen, es ist einfach geschehen. Ich muss sagen, nach der Befreiung ist es ziemlich klar, dass nichts geschehen ist; nichts geschieht. Es ist Nichtgeschehen.

Was ist mit Vasanas, den Neigungen und Strukturen des Verstandes?

Nach der Befreiung macht der sogenannte Verstand fröhlich weiter mit seiner Sache. Er wird tendenziell langsamer, aber er macht eben weiter. So, wie ich das sehe, gibt es so etwas wie einen Verstand nicht, es gibt nur Gedanken – ein Gedanke, noch ein Gedanke, noch ein Gedanke. Das Denken scheint also weiterzugehen, das heißt, Sein erscheint als Denken. Für mich ist Denken der siebte Sinn.

Der siebte Sinn?

Es ist der siebte Sinn. Es gibt die fünf Sinne, der sechste Sinn ist Fühlen und der siebte Sinn ist Denken. An Denken ist nichts falsch. Es ist nicht der Feind der Erleuchtung; es ist einfach etwas, das in dem Ganzen geschieht. Nach der Befreiung geschieht Denken immer noch, aber es langweilt sich etwas, weil niemand mehr da ist, der zuhört, also wird es etwas ruhiger.

Du hast vorhin erwähnt, dass du weniger denkst.

Also, „Ich" denke nicht weniger. Denken geschieht, aber es hat seine Kraft verloren, weil es niemanden mehr gibt, den es bezwingen kann. Für den Suchenden spricht das Denken sehr stark zu dem Individuum, und das Individuum hat großen Respekt vor seinen eigenen Gedanken.

Du hast also zum Beispiel keine Ziele im Leben, zu denen dein Verstand dich hinzuziehen versucht?

Nein, ich habe nichts. Befreiung ist absolute Armut. Es ist die Armut, dass niemand mehr da ist; und deshalb kann auch nichts mehr besessen werden.

Ein paar meiner Fragen sind etwas belanglos.

Ja, ich wusste, dass das so sein würde. (Beide lachen) Auch das geschieht in Meetings. Die Leute kommen mit einem Haufen Fragen, und nachdem sie vielleicht die Einleitung gehört haben oder etwas von dem Meeting, fallen die Fragen einfach in sich zusammen. Das bringt alle Pläne durcheinander.

Kehren wir noch einmal zu meiner wunderschönen Frage zurück! Müssen die Vasanas, *die Strukturen des Verstandes entfernt werden, bevor die Selbsterkenntnis dauerhaft bleiben kann?*

Nein. Das wäre die Lehre des Werdens.

Tatsächlich gibt es eine sehr starke Meinung, die besagt, dass Vasanas *erkannt werden und gehen müssen, bevor das Erwachen wirklich bleiben und dauerhaft werden kann. Ich würde sagen, diese Meinung ist allgemein verbreitet.*

Wenn du das so sagst! Es ist genauso eine allgemein verbreitete Meinung wie zahlreiche andere allgemein verbreitete Meinungen, die einfach nur aus der Trennung kommen. Denn wer ist es, der das Ganze überhaupt tun soll?

Letztens las ich abends durch ein Buch, und da begegnete mir ein Zitat von Sri Ramana. Ich glaube, er sagte so etwas wie: „Alles, was ist, ist diese Realität." Alles, was es gibt, ist Realität, und es ist mir ein Rätsel, wie irgendjemand denken kann, dass ein Teil dieser Realität böse ist und abgetrennt und zerstört werden muss; es ist ein Rätsel. Wie kann das sein? Alles, was es gibt, ist Sein, und wenn der Verstand oder die Gedanken auf bestimmte Weise reagieren oder funktionieren, dann ist es das, was ist. Und es gibt niemanden, auch keinen Suchenden, niemanden, der das ändern kann. Aber wenn niemand mehr da ist, dann gibt es nur noch das Sein.

Also, hier geht es nicht um: Das ist das Leben und das ist diese Sache, die die Beziehung zum Leben verändern kann. Darum geht es in dieser Botschaft überhaupt nicht. Es gibt niemanden, es gibt nur DAS.

Du hast erwähnt, dass es im Park diese große Veränderung gab und danach eine Kontraktion. Dann sagst du, hast du das Buch „The Open Secret" geschrieben, und während dieser Zeit ist etwas geschehen.

Scheinbar.

Scheinbar. Könntest du über die Frage der Ebenen und Stufen des Erwachens sprechen?

Auf keinen Fall. Nein. Befreiung, ein Wort, das ich bevorzuge, ist einfach das Ende von allem. Es ist das Ende eines Traumes. Es ist das Ende der Vorstellung, dass es so etwas wie Zeit, Geschichte, Trennung gibt. Alle diese Dinge fallen einfach augenblicklich in sich zusammen, und alles, was übrig bleibt, ist Sein. Alles, was übrig bleibt, ist Nichts, das alles ist, und ich kann nicht wirklich sehen, wie es davon Stufen geben könnte.

Ich glaube, der suchende Verstand liebt es, Komplikationen zu erschaffen. Diese Idee der siebenunddreißig Stufen des Erwachens ist einfach eine wundervolle Fantasievorstellung. Es ist komisch, aber die Person, die dir von den sieben Stufen des Erwachens erzählt, ist immer genau eine Stufe über dir! (Beide lachen) Es ist ein weiteres Spiel, das der Verstand spielt. Entweder wird das erkannt, oder nicht. Ende der Geschichte.

Sogar unser Freund Osho hat das gemacht. Ich erinnere mich, einmal besuchte ihn eine Frau aus Japan und er bestreute ihren Kopf mit Rosenblütenblättern und machte dann so eine Bemerkung wie: „Also, ich bin natürlich jenseits der Erleuchtung." Diese Frau ist erleuchtet, aber „ich bin jenseits der Erleuchtung".

Natürlich. Absolut. Nur Osho würde so etwas sagen ... vielleicht. Das ist er!

Es ist in spirituellen Kreisen ein ziemlich verbreiteter Glaube, dass es zuerst das Erwachen gibt und später kommt die Freiheit. Das würde zwei Stufen bedeuten. Es gab einige ziemlich bekannte Lehrer, die anscheinend davon sprachen, dass es Stufen der Erleuchtung gibt. Ich glaube, von Shivananda gibt es ein Buch, das „Seven Stages of Enlightenment" (Die sieben Stufen der Erleuchtung) heißt.

Das gibt es, bestimmt! (Beide lachen) Das ist der Grundstein von allem, und der wird immer zurückgewiesen. Es ist immer das Individuum, das ihn zurückweist, denn es kann nicht ertragen, seinem eigenen Nichtvorhandensein ins Gesicht zu schauen. So zeichnet es all diese wundervollen Ideen über sich selbst auf, wohin es gehen muss, was es tun muss, um Stufe eins auf der Leiter zu erreichen und um sich bis Stufe sieben weiterzuentwickeln.

Der Suchende kann die Vorstellung seines eigenen Untergangs nicht ertragen. Was man also auf der Welt sieht, ist eine Methode, durch das Suchen die Befreiung zu vermeiden. Der Suchende kann die Vorstellung nicht ertragen, dass das Einzige, was es gibt, DAS ist. Es ist wirklich langweilig: „Das Einzige, was ist, ist DAS! Das Einzige, was ist, ist Sitzen auf einem Stuhl? Wie langweilig! Ich möchte die ganz besondere Erleuchtung finden."

Ja, und das wird noch durch die Erleuchtungs-Märchen, die es gibt, unterstützt. Du hast deinen Park, und jemand anderes hat einen Baum oder strahlende Lichter. Da ist diese Idee, dass Erleuchtung ein ganz spezielles Ereignis ist.

Du kannst die Karotte dem Suchenden niemals wegnehmen, weil der Suchende nichts anderes tun kann, als nach der Karotte zu suchen. Das Einzige, was er in Meetings dieser Art hier finden wird, ist, dass die ganze Vorstellung darüber, dass es etwas zu erreichen oder zu haben gibt, sterben kann. Diese ganze Vorstellung wird hier einfach überhaupt nicht genährt, und auf gewisse Weise welkt sie dahin, zusammen mit dem Selbst. Aber letztendlich ist es ein plötzliches Ereignis.

Also, erst ein langsamer Selbstmord und dann ein plötzliches Enthaupten!

Es kann ein langsames Fallenlassen der Vorstellungen darüber geben, aber am Ende ist es einfach nur zeitlos!

Erst ein kleiner Schock und dann ein großer Lachanfall.

Ja, ein riesiger Lachanfall. Ein Mann, den ich kenne, lachte drei Wochen lang. Er war ein ziemlich ernsthafter Sucher. Er war im Supermarkt einkaufen, ging zurück zu seiner Wohnung, und als er seine Haustür öffnete, bumm! Er ließ seinen Einkauf fallen und brüllte los vor Lachen. Das war so schön, so lieblich und süß.

Er rief mich an und sagte: „Tony, es ist unglaublich. Ich kann dir nicht beschreiben, was hier passiert ist. Das kann man auch gar nicht beschreiben. Das Einzige, was ich sagen kann, ist, was ich suchte, hat nichts mit dem zu tun, was hier passiert ist. Was ich suchte, war was ich suchte. Aber was bereits die ganze Zeit über hier war, ist das, was ich wirklich suchte; es hat mich nie wirklich verlassen. Das, wonach ich gesucht habe, hatte mich nie verlassen."

Das löst einen riesigen Lachanfall aus, denn so mancher sitzt fünfundzwanzig Jahre lang mit verbogenen Beinen da und isst Tofu, und dann plötzlich passiert etwas.

Ja, dann ist alles vorbei, und das ist es. Es ist immer da. DAS! Lebendig! Es geht niemals weg. Es ist der perfekte Liebhaber.

Sri Ramanas Schüler empfanden sehr große Verehrung für ihn, genauso wie er für den Arunachala. Welche Rolle spielt die Hingabe auf dem Weg zum Erwachen?

Was ich aus Gesprächen mit Leuten ersehen kann, ist, dass für manche die Hingabe eine Antriebskraft ist, und andere interessiert eher eine unpersönliche, mehr freie Herangehensweise, oder was auch immer sie als Herangehensweise verstehen. Es scheint auch etwas mit männlicher und weiblicher Energie zu tun zu haben. Diese beiden Energien also, die sich gegenseitig anziehen und abstoßen, erscheinen aus dem Sein.

Genau das geschieht auch in Beziehungen. Es ist zu spüren, dass der Mann von dem Feuer der Frau angezogen wird, und das Feuer der Frau wird vom Eis des Mannes angezogen. Für mich bedeutet Befreiung einfach das Verlöschen dieser beiden, und dann bleibt nichts mehr übrig. Aber bis dahin gibt es gleichzeitig Angst davor und eben Anziehung. Aber sowohl hingebungsvolle als auch freie, unpersönliche Wege sind nichts anderes als eine weitere Form des Suchens.

Ich weiß, man spricht über den Arunachala, den heiligen Berg in Indien und so weiter, aber für mich gibt es nichts, was heilig ist. Wenn es etwas gibt, das heilig ist, dann gibt es auch etwas, das das nicht ist. Wenn du unten am heiligen Berg angekommen bist und du gehst noch einen Schritt weiter, worauf steht dann der Fuß? Es gibt nur Heiligkeit. Sobald du eins vom anderen abgrenzt, landest du wieder in der Dualität.

Ich kann verstehen, was du sagst, aber viele Leute begegnen dem Arunachala mit sehr viel Respekt und gehen eher salopp zum Supermarkt. Sie erwarten nicht wirklich, dass es im Supermarkt geschehen wird.

Aber das tut es, und das ist das Beeindruckende. Ich kenne jemanden, dem es tatsächlich im Supermarkt passierte. Ich kenne sogar jemanden, der das Glück hatte, dass es ihm im Feinkostladen geschah. Was natürlich eine viel bessere Art der Erleuchtung ist!

Aber ja, definitiv! (Beide lachen)

Das ist heilig, es ist Sein. Wie kann es weniger heilig sein als irgendetwas anderes?

In vielen Ländern, nicht nur in Indien, gibt es bestimmte Stellen, die aus irgendwelchen Gründen als heilige Plätze anerkannt wurden. Es gibt welche in Südengland, ganz in der Nähe, wo du wohnst. Aus irgendwelchen Gründen gehen viele Menschen dorthin.

Weil sie glauben. Das ist auch nur eine weitere Fantasievorstellung!

(Lacht) Es ist schön, dass du so viel grinst und lachst und so eine reizende Person bist. Ich glaube, ansonsten hätte man dich längst aufgehängt!

Die Leute sagen zu mir: „Du bringst mich auf so charmante Art um." Natürlich bringe ich sie nicht um, aber in Amsterdam bin ich als „Der Terminator" bekannt.

Du tötest mit Liebe, mit einem großen Kichern der Liebe. Was du sagst, ist einfach unfassbar.
Es scheint mir grundlegend zu sein, einem Guru zu begegnen und bei diesem Guru zu bleiben. Wer ist der Guru, was ist seine Rolle und wie erkennt man einen wahren Guru?

Es gibt keine Gurus und es gibt keine Rolle, denn wenn es eine Rolle gäbe, würde das bedeuten, dass es einen Weg gibt. Es gibt keinen Lehrer, denn wenn es einen Lehrer gäbe, würde das bedeuten, dass es etwas zu lernen gibt. Wie kann ich jemandem beibringen, zu sein? Wie würde ich jemanden lehren zu sein, zu atmen, zu sehen, zu fühlen? Das ist alles, was ist – Sein!

Mein Gefühl ist, dass das die verborgene Botschaft ist, und irgendwann, wenn die Bereitschaft da ist, sie zu hören, und das ist nicht die Bereitschaft von irgendjemandem, es ist einfach nur Bereitschaft, wird sie gehört werden. Es ist absolut für niemanden notwendig, irgendwo hinzugehen, um ES von jemand anderem zu hören. Befreiung findet trotz uns statt, nicht wegen uns. Befreiung findet auf einem Acker in Schottland statt, für jemanden, der noch nicht einmal Befreiung buchstabieren kann, und sie kann auch in einem Umfeld wie diesem hier stattfinden.

Und trotzdem hast du eine Gruppe von Menschen, die regelmäßig zu deinen Meetings kommen, wahrscheinlich jeden Monat, und die dich wahrscheinlich als Guru ansehen, auch wenn du dich selbst nicht als Guru siehst.

Tatsächlich tun das die meisten nicht. Die meisten, die regelmäßig kommen, sehen, was wirklich da ist, und das ist nur „jemand", der ein

Freund ist. Für sie gibt es eher Freundschaft als das Gefühl, dass dort ein Guru ist. Aber was auf jeden Fall stimmt, ist, dass scheinbar heute Menschen hierher kommen werden, um scheinbar jemanden ein paar Worte sprechen zu hören. Aber das ist nur scheinbar so; es kommt niemand hierher und es wird niemand dastehen und sprechen. Es wird einfach nur das sein, was geschieht.

Und es sieht auf jeden Fall so aus, als ob Befreiung geschieht. Aber nach der Befreiung wird berichtet werden, dass natürlich nichts geschehen ist, außer, dass der Traum, ein Individuum zu sein, nicht mehr da ist. Eine Illusion ist weggefallen.

Das Wort Guru bedeutet: Derjenige, der Licht in die Dunkelheit bringt. Das ist ja gar nicht so schlecht ... eigentlich eine ganz schöne Rolle!

Absolut, aber der Suchende konstruiert daraus eine Idee. Die Zuhörer sitzen hier und ich stehe dort, und sofort entsteht die Vorstellung, dass ich ihnen etwas erzählen werde. Das Ganze ist so ausgerichtet, dass ich etwas habe, das sie nicht haben. Was ich ihnen erzähle ist, dass ich tatsächlich alles verloren habe, was „ich" oder „meins" war. Alles, was hier geschehen ist, ist ein Verlust, der Verlust des Traums, jemand zu sein, der etwas finden muss. Aber irgendwo im Verstand gibt es die Vorstellung, dass dieses Ding hier diesem Ding dort etwas darüber beibringen kann.

Würdest du sagen, dass du das durch diese Meetings unterstützt?

Nein, diese Absicht kann es ganz offensichtlich nicht geben, denn sonst gäbe es die Vorstellung, dass man irgendwo hingelangen kann und ich den Menschen helfe, dort anzukommen. Ich kann niemandem helfen, denn es ist niemand da, dem man helfen könnte.

Was ich sagen wollte ist, dass du allein durch das Abhalten der Meetings die Vorstellung aufrechterhältst, dass du etwas hast, das du jemandem geben kannst.

Genauso erscheint es. Aber es gibt kein Besser oder Schlechter.

Und vielleicht, in der vollkommenen Reinheit deiner radikalen Übermittlung ... (Beide lachen)

Es ist nicht meine und sie ist nicht rein. Es ist das, was geschieht. Es ist nicht wichtiger als irgendetwas, das zu Hause beim Sitzen im Garten geschieht, weder für mich, noch für irgendjemand anderen. Es gibt keine Absicht und es gibt nichts zu verkaufen. Wenn es das gäbe, dann würde das, was wir hier reden, völlig von der Idee widerlegt, dass ich jemand bin, der jemand anderem helfen kann, etwas zu finden.

Aber wenn Leute kommen und einen Tisch voller Bücher sehen ...

Ja, dann gibt es eine Mutmaßung.

Es gibt einen Büchertisch. Es gibt jemanden, der dasteht und spricht.

Warte mal. Für den Suchenden gibt es immer etwas zu bekommen, und außerdem wird jemand da sein, der es ihm gibt. Nur ist es so, wenn sie hierher kommen, stellen manche von ihnen fest, dass es so nicht wirklich funktioniert.
    Aber du hast vollkommen Recht. Die Mutmaßung ist, ich bin der Lehrer, der Guru oder wie auch immer man es nennen mag, der jemandem etwas beibringt. Ich bin nicht hier; niemand ist hier. Was hier passiert, ist Zerstörung. Was hier passiert ...

Du löst ihre Ideen auf.

Ja, Auflösung kann passieren, aber das bin nicht ich, der das macht. Nichts spricht zu Nichts, aber dieses Nichts dort glaubt, Etwas zu sein. Also sagt dieses Etwas dort: „Aber ich bin Etwas." Und Nichts sagt: „Nein, es gibt nur Nichts." Je mehr du etwas suchst, desto mehr empfindest du, dass du „etwas" bist – einfach ausgedrückt.

Suchende haben oft seltsame Vorstellungen vom Zustand der Erleuchtung. Wie sieht dein Alltag aus und wie nimmst du die Welt wahr?

(Lacht) Das ist wirklich süß, nicht? Also, wenn ich erzähle, was ich frühstücke und um wie viel Uhr ich aufstehe, dann könnte das jeder andere auch!

Aber das ist auch etwas, das sehr verbreitet ist, oder? Jemand projiziert auf diese Person, die die Meetings veranstaltet, dass sie eine ganz besondere Lebensweise haben muss und dass ihr ganz besondere Dinge geschehen.

Ihr geschieht gar nichts, weil es niemanden gibt. Wenn ich meinen Alltag beschreiben wollte, würde ich sagen, alles was ist, ist das, was geschieht. Hier drinnen ist niemand, der dies auswählt oder das entscheidet oder dies vermeidet oder dem widersteht. Es ist niemand da; alles, was ist, ist das, was geschieht. Ich muss das immer wieder sagen: Das, was geschieht, ist Nichts. Nichts, das aufsteigt als das, was geschieht.

Trotz allem ist es für jeden Suchenden ziemlich verwirrend zu sehen, dass viele Lehrer besondere Kleidung tragen, in einem besonderen Fahrzeug ankommen und auf einem besonderen Podest stehen.

Aber das ist nur die Erscheinung von Besonders-Sein. In ihnen befindet sich vielleicht immer noch ein Individuum, das sich auf bestimmte Weise präsentiert und andere Individuen lehrt, dass es etwas gibt, das sie finden können. Aus meiner Sicht sind sie genauso wie ein Therapeut oder jemand, der Sofas entwirft. Das Einzige, was sie tun, ist, es den Leuten etwas bequemer zu machen.

Aber andererseits können sie Menschen in der Vorstellung gefangen halten, dass sie auf der Suche sind, dass es etwas zu finden gibt und dass diese Leute im Publikum so sein können wie ich, oder wie „dies hier". Was neunundneunzig Prozent der Lehren beinhalten, hat überhaupt nichts mit Befreiung zu tun, weil es direkt aus dem Dualismus herauskommt.

Es ist sehr interessant: Als J. Krishnamurti starb, sagte Osho, dass dies für J. Krishnamurti eine riesengroße Erleichterung gewesen sein muss, weil er nun nicht mehr so tun musste, als sei er erleuchtet! Ich glaube nicht, dass er das als Scherz meinte. Ich glaube, die Vorstellung zu vermitteln „Ich bin erleuchtet und ich kann lehren", muss unglaublich anstrengend sein, weil du irgendwie etwas präsentieren musst, was der Verstand als jemanden sieht, der in einem Zustand der Erleuchtung ist. So etwas gibt es nicht.

Wenn man sich die letzten fünfzig Jahre anschaut, könnte man sagen, dass die Lehrer, die bessere Schauspieler waren, die sich besser darstellen konnten, vielleicht erfolgreicher gewesen sind.

Oh, ich glaube, dass es schrecklich viele erfolgreiche scheinbare Lehrer gibt, überall auf der ganzen Welt. Aber das, was sie tun und was innerhalb dieser Lehranordnung geschieht, hat nichts mit Befreiung zu tun. Es ist einfach nur eine weitere Sache, die geschieht. Es ist Sein, das sich als scheinbar erleuchteter Meister manifestiert.

Ich weiß, dass es in deinem Buch um Facetten der Erleuchtung geht und verschiedene Meister interviewt werden. Ich bin kein Meister. Ganz offensichtlich, wenn ich ein Meister wäre, dann wäre ich jemand, der etwas gemeistert hätte. Ich bin ein Verlierer, ich bin ganz und gar ein Verlierer.

(Lacht) Mit leuchtenden Augen! Du hast gerade tiefgründig über das Thema Erwachen und Befreiung mit uns gesprochen. Wenn du jemandem mit einer Leidenschaft für das Erwachen begegnen würdest, was wäre dein spontaner Rat an ihn?

(Lacht) Es gibt keinen Rat. Wenn man so will, könnte ich zu ihnen sagen: „Solange, bis dein Leben verloren ist, wirst du dir immer die Frage stellen: Warum?"

(Lacht) Könntest du das etwas erklären?

Das ist ja, worüber ich die ganze Zeit gesprochen habe. Solange es einen Suchenden gibt, wird sich der Suchende immer fragen: „Warum empfinde ich kein Einssein?" Das ist es, was sich alle Suchenden wirklich fragen; vielleicht wissen sie es nicht, aber das ist es, was sie sich fragen. Der Suchende wird sich immer fragen, warum er kein Einssein empfindet. Wenn der Suchende stirbt, wenn der Suchende sein Leben verliert, wenn die Illusion des Traumes plötzlich nicht mehr erscheint, dann gibt es Einssein.

Bis du dein Leben verloren hast, dein kleines Leben als einzelner Suchender, als ein getrenntes Ich, als ein getrenntes Individuum, wirst du immer ein Suchender sein. Aber es gibt keinen Rat; ich kann niemandem raten, etwas zu tun oder sich etwas anzuschauen oder etwas zu erkennen. Es gibt niemanden.

Möchtest du noch etwas hinzufügen?

Nein, es kommt einfach hinein und fließt wieder raus und dann geschieht wieder nichts.

Die ein, zwei Stunden, die wir zusammen verbracht haben, waren eine wunderschöne, innige Begegnung. Diese Art des Interviews macht diese Nähe möglich. Du konntest alle meine Fragen wirklich gut ertragen, und das über eine Stunde lang. Wir hätten wahrscheinlich schon nach zehn Minuten aufhören können!

Na ja, anscheinend muss es eine gewisse Struktur geben. Es scheint gut zu sein, Struktur zu haben, aber eigentlich kann die Sache nach fünf Minuten beendet sein. Manche Menschen kommen zu einem Meeting, und innerhalb von fünf Minuten ist plötzlich alles vorbei. Ganz offensichtlich gibt es eine Resonanz und ein Wiedererkennen, denn das ist es, was wir sind: Wesen des Seins.

Was du sagst ist sehr, sehr einfach und klar und absolut, aber im Großen und Ganzen gesehen, ist es tatsächlich sehr kontrovers und radikal.

Total. Absolut. Für mich ist es unglaublich, dass man erst jetzt anfängt, das Leben universeller zu betrachten oder zu hinterfragen. Ich nehme an, der Hauptgrund dafür ist das, was die Wissenschaft gerade über die Natur des Individuums herausfindet und die Möglichkeit, dass es so etwas gar nicht gibt. (Lacht)

Das ist etwas ziemlich Verblüffendes. Auf dem letzten Meeting war ein Mann, der ganz offensichtlich alles verstand, was ich sagte, das war ganz eindeutig, und er sagte: „Diese Botschaft ist vollkommen revolutionär! Aber was ist mit der Welt, in der wir leben? Wenn es niemanden gibt, der Entscheidungen trifft, was ist dann mit dieser Welt? Mit den 30 km/h Geschwindigkeitsbegrenzung oder dem Krieg im Irak? Was passiert dann mit der Welt?" Ich antwortete: „Aber sie wird sich in keiner Weise verändern! Krieg mit Irak würde es immer noch geben, eine Geschwindigkeitsbegrenzung von 30 km/h würde es immer noch geben und auch Moralverhalten; aber es ist niemand da, der das macht. Es wird einfach getan – anscheinend."

Jeder Gedanke, den wir haben, erscheint in unserem Kopf, und wissenschaftliche Nachforschungen haben ergeben, dass wir als getrennte scheinbare Individuen uns dem Gedanken erst etwa eine Sekunde nach seinem Erscheinen bewusst werden. Wir fällen eine Entscheidung und wir denken, dass dieser Gedanke unser Gedanke ist. Wir denken: „Ich denke das." Dabei werden wir in Wirklichkeit gedacht, aber nicht von einer Gottheit, nicht von Gott.

Von was dann?

Von nichts. Es ist nur Energie; alles, was ist, ist Energie. Es gibt keine Gottheit; es gibt kein Schicksal. Nichts da draußen schreibt ein Manuskript über dein Leben; es gibt nur Sein.

Es ist also tatsächlich ein riesiges Spiel. Es ist ein Spiel.

Ja, aber es ist ein bedeutungsloses Spiel.

Ein bedeutungsloses Spiel. Es gibt keinen Sinn im Leben.

Es führt nirgendwo hin. Das Leben braucht keinen Sinn, damit Leben Leben ist. Darin liegt seine wunderschöne Freiheit.

Der Sinn im Leben ist also, dass es das Leben gibt?

Dass es das Leben gibt. Schau dir das mal an! Wow! Wen interessiert die Vorstellung, dass das Leben einen Sinn hat? Wen, außer dem Suchenden, interessiert der Sinn?

Nun ja, eigentlich interessiert das fast jeden. Nur dich nicht! (Beide lachen) Die Art, wie du diese Botschaft mitteilst, ist sehr schön und wirklich köstlich. Es ist wirklich schön, dich kennen zu lernen.

Gleichfalls. Vielen Dank.

Wer bin ich?
Nan Yar

„Nan Yar – Wer bin ich?" ist eine allgemeine Einführung in die Lehren Bhagavan Sri Ramana Maharshis. 1901 stellte einer seiner Anhänger, Sivaprakasam Pillai, dem damals 21-jährigen zwölf Fragen, deren Antworten Sri Ramana einfach in den Sand am Fuße des Arunachala schrieb. Pillai rekonstruierte dieses „Gespräch" anschließend aus dem Gedächtnis und fasste es in einem Büchlein zusammen. Die Fragen und Antworten wurden 1920 noch einmal von Sri Ramana überarbeitet. „Nan Yar" ist somit einer der wenigen Texte, die Sri Ramana selbst bearbeitet und herausgegeben hat.

Alle Lebewesen wünschen sich, dauerhaft glücklich zu sein und frei von Leid. Augenscheinlich empfindet jeder tiefe Liebe zu sich selbst, und nur das Glück ist die Ursache dieser Liebe. Um dieses Glück zu erlangen, das unsere wahre Natur ist und das wir im Tiefschlaf erfahren, wenn kein Verstand mehr da ist, müssen wir unser Selbst erkennen. Die beste Methode, dies zu erlangen, ist der Pfad des Wissens, die Erforschung des Selbst mittels der Frage: „Wer bin ich?"

1. Wer bin ich?

Der Körper, der aus den sieben Grundelementen, den *Dhatus* besteht, das bin ich nicht. Die fünf Sinnesorgane des Hörens, Tastens, Sehens, Schmeckens und Riechens, die ihre „Objekte" Klang, Berührung, Farbe, Geschmack und Geruch verarbeiten, das bin ich nicht. Die fünf Organe des Handelns, das heißt, die des Sprechens, der Fortbewegung, des Greifens, der Ausscheidung und der Zeugung, das bin ich nicht.

Auch die fünf Lebenskräfte mit ihren verschiedenen Funktionen bin ich nicht, wie zum Beispiel *Prana*, das für das Einatmen sorgt. Ich bin nicht der denkende Verstand. Auch bin ich nicht das Unbewusste, das niemals handelt und in dem es außer den zurückgebliebenen Eindrücken von Objekten nichts weiter gibt.

2. Wenn ich dies alles nicht bin – wer bin ich dann?

Ich bin das, was nach der Verneinung all des oben Erwähnten als „nicht dies, nicht das" allein übrig bleibt: Gewahrsein.

3. Was ist die Natur dieses Gewahrseins?

Die Natur des Gewahrseins ist Sein, Bewusstsein, Glückseligkeit.

4. Wann hat man das Selbst erkannt?

Wenn die Welt, die das Gesehene ist, entfernt worden ist, wird die Erkenntnis des Selbst als das Sehende geschehen.

5. Ist es möglich, das Selbst auch dann zu erkennen, wenn die Welt noch da ist und als wirklich angesehen wird?

Nein, das ist nicht möglich.

6. Warum?

Es ist wie mit dem Seil, das für eine Schlange gehalten wird. Dass die Schlange in Wirklichkeit ein Seil, also die Essenz, ist, kann erst erkannt werden, wenn der Glaube an die Schlange aufgegeben wird. Ebenso ist es mit der Erkenntnis des Selbst: Die allem zugrundeliegende Wahrheit kann erst erlangt werden, wenn der Glaube an die Wirklichkeit der Welt verschwunden ist.

7. Wann wird das gesehene Objekt, die Welt, verschwinden?

Die Welt verschwindet, sobald der Verstand als Ursache aller Wahrnehmungen und allen Handelns still geworden ist.

8. Was ist die Natur des Verstandes?

Was „Verstand" genannt wird, ist die dem Selbst innewohnende wundersame Kraft, die alle Gedanken erzeugt und aufsteigen lässt. Der Verstand ist identisch mit den Gedanken, sie sind seine Natur. Außer den Gedanken gibt es so etwas wie Verstand nicht. Und ohne Gedanken gibt es keine unabhängige Entität, die man Welt nennt. So verschwindet im Tiefschlaf mit den Gedanken auch die Welt, um im Wach- und Traumzustand mit ihnen wiederzuerscheinen. Wie die Spinne ihre Fäden aus sich selbst heraus spinnt, so schafft der Verstand die Welt aus sich selbst heraus und löst sie dann wieder in sich selbst auf. Die Welt erscheint also dadurch, dass der Verstand das Selbst verlässt. Solange sie deshalb (als wirklich) erscheint, kann das Selbst nicht erscheinen. Wenn jedoch das Selbst erscheint, verschwindet die Welt.

Der Verstand, der auch als feinstofflicher Körper oder Seele (*Jiva*) bezeichnet wird, kann nicht allein existieren, er ist immer abhängig von etwas Grobstofflichem. Er löst sich auf, wenn man beständig seine Natur erforscht; übrig bleibt dann nur das Selbst: *Atman*.

9. Wie trägt die Selbsterforschung zum Verständnis der Natur des Verstandes bei?

Was als „Ich" in diesem Körper aufsteigt, ist der Verstand. Forscht man nach, wo im Körper dieser Ich-Gedanke zuerst erscheint, entdeckt man, dass sein Ursprung im Herzen liegt. Man gelangt sogar zu ihm, wenn man immer nur „ich, ich, ich…" denkt – den Gedanken, der noch vor allen anderen als erstes auftaucht. Der Ich-Gedanke ist die Voraussetzung für alle anderen Begriffe, wie „du", „er" oder „sie". Ohne das „Ich" gäbe es die anderen gar nicht.

10. Wie wird der Verstand still?

Durch die Untersuchung der Frage „Wer bin ich?". Denn dieser Gedanke zerstört alle anderen Gedanken. Er ist wie der Stock, mit dem man ein brennendes Feuer anfacht: Am Ende verbrennt er selbst. Dann geschieht Selbsterkenntnis.

11. Wie kann man beständig an dem Gedanken „Wer bin ich?" festhalten?

Indem man anderen Gedanken, die auftauchen, nicht folgt, sondern sich vielmehr fragt, wessen Gedanke das ist, oder wer diesen Gedanken eigentlich denkt. Dabei spielt es keine Rolle, wie viele Gedanken auftauchen. Bei jedem fragt man sich, wem dieser Gedanke gekommen ist. Die Antwort, die gewöhnlich erscheint, ist: „ich" oder „mir". Fragt man dann wieder: „Wer bin ich?", kehrt der Verstand zu seiner Quelle zurück und der aufgetauchte Gedanke verstummt. Durch die ständige Wiederholung dieser Übung wird der Verstand schließlich dazu gebracht, in seiner Quelle zu bleiben.

Geht er durch das Gehirn und die Sinnesorgane hingegen nach außen, erscheinen aus ihm die grobstofflichen Namen und Formen; man spricht dann von „Veräußerlichung" (*Bahirmukha*). Bleibt er hingegen im Herzen, verschwinden die Namen und Formen, das nennt man „Verinnerlichung" (*Antar-mukha*). Mit ihnen verschwindet auch das Ich als Ursprung aller Gedanken, und das immerwährende Selbst erstrahlt. Was immer man tut, sollte man deshalb ohne Ich-Bezogenheit tun. Dann wird einem alles als *Shiva*-Natur und göttlich erscheinen.

12. Gibt es keine anderen Methoden, die den Verstand still werden lassen?

Zumindest gibt es keine anderen Methoden, die genauso wirksam sind. Den Verstand mit anderen Mitteln zu kontrollieren, funktioniert zwar zunächst, doch wird er immer wieder einsetzen. So kann man ihn durch die Kontrolle des Atems zum Stillstand bringen, doch bleibt er eben nur so lange still, wie der Atem kontrolliert wird. Setzt die normale Atmung wieder ein, wird er durch die nachwirkenden Eindrücke dazu gebracht, wieder umherzuschweifen.

Das geschieht, weil Denken und Atem den gleichen Ursprung haben, und Gedanken die Essenz des Verstandes sind. Sein erster Gedanke ist „Ich", und das ist das Ego, die Ichheit. Daher ist der Verstand still, wenn der Atem unter Kontrolle ist. Dass der Atem im Tiefschlaf nicht aufhört, obwohl der Verstand still ist, geschieht nach dem Willen Gottes, damit der Körper erhalten bleibt und andere Menschen nicht glauben, er sei tot. Im Wachzustand und im *Samadhi* wird der Verstand still und der Atem, die grobstoffliche Form des Verstandes, ist unter Kontrolle. Der Verstand hält den Atem auch bis zum Zeitpunkt des Todes im Körper. Stirbt der Körper, erlischt mit dem Verstand auch der Atem. Daher ist die Kontrolle des Atems nur ein Mittel, den Verstand zu beruhigen (*Manonigra*), sie kann ihn jedoch nicht zerstören (*Manonasha*).

Wie die Kontrolle des Atems sind auch Meditation über die Formen Gottes, Rezitieren von *Mantras*, Nahrungseinschränkung usw. nur Techniken und Hilfsmittel, um den Verstand zu fokussieren und ihn so still werden zu lassen. Denn der Verstand will immer umherwandern. Wie man Elefanten beim Marschieren eine Kette mit dem Rüssel tragen lässt, damit sie beschäftigt sind und keinen Unfug machen, so greift auch der Verstand gern nach jedem Namen und jeder Form, die man ihm hinhält. Dehnt er sich jedoch in zu viele Gedanken aus, wird jeder dieser Gedanken schwach sein. Nur wenn die Gedanken sich ganz auflösen, ist der Geist zielgerichtet und stark. Für einen solchen Geist ist die Selbsterforschung sehr einfach.

Die beste all dieser Methoden ist *sattvische* Ernährung in bescheidenen Mengen, denn sie bewirkt, dass der Verstand ruhig und friedvoll wird, und das ist bei der Selbsterforschung sehr hilfreich.

13. Die nachwirkenden Eindrücke (Gedanken) von Objekten erscheinen endlos wie die Wellen des Ozeans. Wann werden sie zerstört sein?

Die Gedanken werden zerstört, wenn die Meditation über das Selbst sich mehr und mehr vertieft.

14. Können die nachwirkenden Eindrücke von Objekten, die ja unendlich alt sind, aufgelöst werden, so dass man als reines Selbst zurückbleibt?

Ohne diesem Zweifel nachzugehen, ob es möglich ist oder nicht, sollte man unablässig an der Meditation über das Selbst festhalten. Selbst als großer Sünder sollte man sich nicht sorgen und klagen: „Ach, wie kann ich Sünder nur gerettet werden?" Man sollte vielmehr den Gedanken „Ich bin ein Sünder" vollständig aufgeben und sich stattdessen intensiv der Meditation über das Selbst widmen – was sicher zum Erfolg führen wird. Der Verstand ist nicht geteilt in einen guten und einen schlechten Teil; es gibt nur einen Verstand. Nur die nachwirkenden Eindrücke lassen sich unterteilen in positive und negative. Solange der Verstand unter dem Einfluss positiver Eindrücke steht, wird er „gut" genannt; herrschen negative Eindrücke vor, empfindet man ihn als „schlecht".

Man sollte dem Verstand nicht erlauben, zu den weltlichen Objekten und Angelegenheiten anderer Menschen abzuschweifen. Und wie schlecht andere Menschen auch sein mögen: Man sollte keinen Hass gegen sie empfinden. Ebenso wie Hass sollte auch Verlangen vermieden werden. Alles, was man anderen gibt, gibt man sich selbst. Wer wird anderen nicht geben, wenn er diese Wahrheit erst einmal verstanden hat?

Wenn das Selbst in einem aufsteigt, steigt alles auf; wird das Selbst in einem still, kommt alles zur Ruhe. Das Ergebnis ist abhängig von unserer Demut und Hingabe. Ist der Verstand erst einmal still, kann man überall leben.

15. Wie lange soll man die Erforschung praktizieren?

Die Selbsterforschung mit der Frage „Wer bin ich?" ist notwendig, solange es im Verstand Eindrücke von Objekten gibt. Tauchen Gedanken auf, sollten sie am Ursprungsort sofort durch Erforschung zerstört werden. Wenn man ununterbrochen über das Selbst kontempliert, bis es erkannt ist, ist das genug. Solange es in der Festung Feinde gibt, werden sie den Frieden stören. Die Festung wird erst uns gehören, wenn sie vollständig vernichtet sind.

16. Was ist die Natur des Selbst?

Das Selbst ist das einzig wirklich Existierende. Wie der Silberglanz im Perlmutt erscheint, so erscheinen Welt, individuelle Seele und Gott im Selbst. Alle drei erscheinen zugleich und verschwinden zur gleichen Zeit wieder.

Im Selbst gibt es keinen Ich-Gedanken. Das wird „Stille" genannt. Das Selbst an sich ist die Welt; das Selbst ist „Ich"; das Selbst ist Gott. Alles ist *Shiva*, das Selbst.

17. Ist nicht alles das Werk Gottes?

Die Sonne geht auf ohne Anstrengung oder Verlangen. In ihrer absoluten Präsenz sendet sie uns ihr Licht, unter dem der Lotus erblüht, das Wasser verdunstet und die Menschen ihrem Tagwerk nachgehen oder sich ausruhen. Wie ein Magnet eine Nadel anzieht, werden die Seelen durch die drei (kosmischen) Funktionen oder durch die fünffach gefaltete göttliche Aktivität bewegt. Gottes absolute Gegenwart lässt sie tätig werden und lässt sie auch wieder ruhen. Und das in Übereinstimmung mit ihrem *Karma*. Gott selbst fasst keinen Entschluss und ist keinem *Karma* unterworfen – genauso wie die Sonne nicht von den Aktivitäten der Welt beeinflusst wird oder der alldurchdringende Raum nicht von den guten und schlechten Auswirkungen der anderen vier Elemente berührt wird.

18. Wer ist der größte Verehrer Gottes?

Am meisten verehrt Gott, wer sich ganz dem Selbst – Gott – hingibt. Sich selbst ganz Gott hinzugeben, bedeutet, ohne Gedanken beständig im Selbst zu ruhen und nur die Gedanken zuzulassen, die aus dem Selbst kommen.

Welche Last man Gott auch übergeben mag: Er trägt sie. Warum sollten wir uns dieser Allmacht nicht beugen, da sie es doch ist, die alles bewegt? Warum belasten wir uns ständig mit Gedanken darüber, was getan und wie es getan werden sollte? Wir wissen doch, dass der Zug alle Lasten tragen kann! Warum balancieren wir also während der Fahrt unser Gepäck mühsam weiter auf dem Kopf, statt es abzusetzen und zu entspannen?

19. Was ist Nicht-Anhaftung?

Nicht-Anhaftung ist die Fähigkeit, Gedanken direkt an ihrem Ursprungsort restlos auszumerzen. Wie der Perlentaucher mit Hilfe eines Steins um die Hüften die Perlen vom Meeresgrund holt, sollte jeder von uns mit Hilfe der Nicht-Anhaftung in sich hinabtauchen, um dort die Perle des Selbst zu finden.

20. Ist es Gott und dem Guru möglich, die Seele zu befreien?

Nein, Gott und der Guru an sich befreien die Seele nicht, sie zeigen lediglich den Weg zur Befreiung. In Wahrheit sind Gott und Guru nicht voneinander verschieden. So wie die Beute im Rachen des Tigers nicht mehr entfliehen kann, so werden jene gerettet, die vom gnadenvollen Blick des Guru berührt wurden, und gehen nicht verloren. Doch um Befreiung zu erlangen, sollte der von Gott oder dem Guru gewiesene Weg aus eigener Kraft gegangen werden. Brauchte Rama etwa die Hilfe eines Spiegels, um zu wissen, dass er Rama ist?

21. Ist es für die Befreiung notwendig, die Natur der Prinzipien (Tattvas) *zu untersuchen?*

Jemand, der Müll wegwerfen will, muss ihn dafür nicht analysieren. Ein Suchender muss deshalb auch nicht die Prinzipien zählen oder ihre Eigenschaften untersuchen. Er muss einfach nur alles zurückweisen, was das Selbst verhüllt. Die Welt sollte dabei als ein Traum betrachtet werden.

22. Gibt es einen Unterschied zwischen dem Wachzustand und dem Traum?

Der Wachzustand dauert lange, ein Traum nur kurz; einen anderen Unterschied gibt es nicht. So wie die Ereignisse im Wachzustand real erscheinen, so wirken auch die Traumereignisse real, solange man träumt. Der Verstand nimmt währenddessen einen anderen Körper an.

In beiden Zuständen, Wachsein und Träumen, erscheinen Gedanken, Namen und Formen.

23. Wie nützlich sind Bücher auf der Suche nach Befreiung?

Alle Texte lehren, dass für die Erlangung von Befreiung der Verstand still werden muss. Hat man das einmal verstanden, gibt es keinen Grund mehr, endlos zu lesen. Um den Verstand zu beruhigen, muss nur die Selbsterforschung durchgeführt werden. Wie sollten Büchern bei dieser Suche nützlich sein? Das Selbst sollte man durch seine eigene Einsicht und Weisheit erkennen. Es wird von fünf Schleiern verhüllt. Bücher jedoch sind außerhalb davon. Da man das Selbst erforscht, indem man diese fünf Schleier lüftet, ist es nutzlos, danach in Büchern zu suchen. Irgendwann wird man ohnehin alles, was man gelernt hat, wieder vergessen müssen.

24. Was ist Glück?

Glück ist die wahre Natur des Selbst. Glück und Selbst sind identisch. In unserer Unwissenheit glauben wir, durch Objekte glücklich werden zu können, doch Glück kann nicht durch irgendein weltliches Objekt erlangt werden. Wenn der Verstand nach außen geht, erfährt er Leid. Nach Erfüllung seiner Wünsche kehrt er in Wirklichkeit an seinen Ursprungsort zurück und genießt das Glück, das das Selbst ist. Das Gleiche geschieht im Schlaf, im *Samadhi*, bei einer Ohnmacht oder wenn das ersehnte Objekt erlangt oder das abgelehnte verschwunden ist: Der Verstand geht nach innen und erfreut sich an der reinen Glückseligkeit des Selbst. So wandert er immer wieder ruhelos hin und her, verlässt das Selbst und kehrt wieder zu ihm zurück – wie ein Narr, der im Sommer dauernd zwischen dem angenehmen Schatten eines Baumes und der brennenden Sonne wechselt. Ein Weiser dagegen bleibt in *Brahman* wie im kühlenden Schatten und verlässt ihn nie. Nur der Verstand des Unwissenden treibt durch die Welt, und weil er sich dabei unglücklich fühlt, kehrt er für kurze Zeit zu *Brahman* zurück, um Glück zu erfahren. Doch was wir Welt nennen, sind nur Gedanken. Verschwinden sie, verschwindet auch die Welt mit ihren Leiden, und der Verstand badet in Glück.

25. Was ist Weisheit durch Einsicht (Jnana-Drishti)?

Weisheit durch Einsicht zu erlangen, heißt still zu bleiben. Still zu bleiben heißt, den Verstand im Selbst aufgehen zu lassen. Weisheit durch Einsicht bedeutet nicht Telepathie, Hellsichtigkeit oder Wissen von vergangenen oder zukünftigen Ereignissen.

26. Wie ist die Beziehung zwischen Wunschlosigkeit und Weisheit?

Wunschlosigkeit und Weisheit sind identisch, es gibt keinen Unterschied. Wunschlosigkeit bedeutet, den Verstand davon abzuhalten, sich irgendeinem Objekt zuzuwenden. Weisheit bedeutet, dass keine Objekte aufscheinen. Mit anderen Worten: Nichtbindung oder Wunschlosigkeit bedeutet, nichts anderes als das Selbst zu suchen. Ständig im Selbst zu verweilen hingegen ist Weisheit.

27. Was ist der Unterschied zwischen Selbsterforschung und Meditation?

Selbsterforschung bedeutet, den Verstand im Selbst festzuhalten. Meditation ist, ständig daran zu denken, dass das eigene Selbst *Brahman* ist: Sein – Bewusstsein – Glückseligkeit.

28. Was ist Befreiung?

Die Natur unseres gefesselten Ich zu erforschen und zu erkennen, dass es in Wirklichkeit frei ist.

Glossar

Advaita (wörtl.: nicht zwei) Schule des *Vedanta*, die die Einheit von Gott, Seele und Welt lehrt. Als Hauptvertreter gilt *Adi Shankara*.

Ajnani Jemand, der das Selbst nicht erkannt hat; ein Nicht-Erleuchteter.

Ananda Glückseligkeit; eine der drei Qualitäten des Selbst: *Sat-Chit-Ananda*.

Arunachaleswara Berühmter *Shiva*-Tempel in Tiruvannamalai am Fuße des Berges Arunachala, der als Inkarnation *Shivas* gilt. Das innere Heiligtum, die Heimstatt *Shivas* und seiner Frau Parvati, ist mehr als 2.000 Jahre alt.

Ashram Im alten Indien eine hinduistische Einsiedelei, in der Weise in Frieden und Stille zurückgezogen in der Natur lebten. Heutzutage bezeichnet der Begriff *Ashram* eine Einrichtung, einem Kloster ähnlich, in der sich Menschen spirituell entwickeln können; oft um einen spirituellen Meister oder Mystiker.

avidya Metaphysische Unwissenheit; der verblendete Zustand begrenzten oder nicht realisierten Bewusstseins, durch den man das unvollkommene oder falsche Verstehen des Bewusstseins für die Wirklichkeit hält.

Bhagavan/Bhagwan Personale Form der absoluten Wahrheit; wird als Titel für hochangesehene Meister gebraucht.

Bhakta Verehrer Gottes; Anhänger eines spirituellen Lehrers oder Guru.

Bhakti Hingabe, Liebe; einer der traditionellen Hauptwege zur Gotteserkenntnis.

Brahman Die höchste absolute Realität, der unpersönliche Aspekt des Selbst.

Buddha Bezieht sich gewöhnlich auf *Gautama Buddha*, den Begründer des Buddhismus, der meist nur „der *Buddha*" genannt wird. Ein *Buddha* (*Sanskrit*: erwacht) wird jemand genannt, der vollkommen erleuchtet ist.

Chakra	(wörtl.: Rad oder Wirbel) Eines von sieben feinstofflichen Energiezentren im Körper, die sich entlang der Wirbelsäule vom Steißbein bis zum Scheitel befinden.
Dharma	Praktizieren oder auch Weg der Wahrheit.
Gunas	Die drei Qualitäten, die der gesamten Manifestation innewohnen: *Sattva* (Reinheit), *Rajas* (Aktivität) und *Tamas* (Trägheit).
Guru	Spiritueller Lehrer; der Begriff wird im Hinduismus, Buddhismus und Sikhismus verwendet, wo er für Wissen und geistige Führung steht. Den wahren Guru zu finden, gilt als wichtige Voraussetzung für die Erlangung von Selbsterkenntnis.
Japa	Praxis des Wiederholens von Namen Gottes oder von *Mantras* oder eines heiligen Textes.
Jiva	(wörtl.: lebendes Wesen) Die individuelle unsterbliche Seele, die sich bis zu ihrer endgültigen Befreiung immer wieder neu inkarniert. In ihrer Essenz ist sie eins mit der universellen Seele.
Jivanmukta	Jemand, der noch zu Lebzeiten Befreiung erfährt.
Jnana	Das Wissen darüber, was real und was nicht real ist. Einer der wichtigsten traditionellen Pfade, um die letztendliche Realität, das Selbst, zu erkennen.
Jnani	Wissender; jemand, der das Selbst erkannt hat.
Karma	(wörtl.: Handlung, Tat) Kosmisches Gesetz von Ursache und Wirkung; Resultat vergangener Handlungen eines Wesens (*Jiva*), das auch in späteren Leben eintreten kann; die Summe aller Verdienste und Fehler aus vergangenen Handlungen.
Kirtan	Frage- und Antwortgesänge; andächtige Gesänge; *Mantras*, die zu Musik gesungen werden.
Krishna	(wörtl.: anziehend, attraktiv) 57. Inkarnation *Vishnus*; in der Mythologie meist ein junger, Flöte spielender Kuhhirte oder jugendlicher Prinz, der philosophische Unterweisungen erteilt. *Krishna* steht deshalb für Wissen und Glückseligkeit.
Kundalini	Die göttliche Schlangenenergie, die im *Muladhara Chakra* schläft. Wird durch Übungen des *Tantra-Yoga*

	stimuliert und kann dazu gebracht werden, über die *Chakras* bis zum Kronen-*Chakra* im Kopf aufzusteigen.
Lila	Spiel Gottes, göttliches Spiel.
Mantra	(wörtl.: Werkzeug für den Verstand) Klangschwingung in Form einzelner Silben oder Wörter, die entweder mündlich oder nur gedanklich wiederholt werden und dazu dienen, den Verstand zur Ruhe zu bringen oder andere Effekte zu erzielen. Bekanntestes *Mantra* ist der Urklang *Om*.
Mukti	Erlösung, Befreiung; siehe *Moksha*.
Muladhara	Wurzel-*Chakra*, das sich in der Region zwischen Genitalien und Anus befindet. Es steht für Erdung, Instinkt und Überleben.
Neti-neti	Nicht dieses, nicht jenes; oder: weder dies noch das. Auch: ein analytischer Prozess, durch den man etwas begrifflich erarbeitet, indem man klar definiert was es nicht ist.
Nirvana	Auslöschen, wie eine Flamme. Beseitigung von Wünschen, Leidenschaft und Ego; Befreiung, charakterisiert durch Freiheit und Glückseligkeit.
Om	Kosmischer Urklang. Eines der bekanntesten und kraftvollsten *Mantras*.
Osho Sannyasin	Verzicht auf das Weltliche im Osho-Sinne – nicht im traditionellen Sinn des Durchschneidens aller Verbindungen mit der Gesellschaft und eines asketischen Lebens, sondern vielmehr in dem Sinn, alles loszulassen, was nicht wahrhaftig oder was aus dem Ego geboren ist.
Pradakshina	Im Uhrzeigersinn um eine heilige Person oder einen heiligen Platz herumgehen, als Ausdruck von Verehrung.
Prem	Liebe.
Premananda	Bedingungslose Liebe und Glückseligkeit.
Puja	Hinduistische Zeremonie; Ritual, bei dem Opfergaben dargebracht und Gebete gesprochen werden.
Radha	Die bedeutendste Gefährtin von Lord *Krishna*; eine der wichtigsten Inkarnationen der Göttin Lakshmi.

Sadguru/Satguru	Der Guru, der den Schüler zur Freiheit führt – zur Erkenntnis des Selbst.
Sadhana	Spirituelle Disziplin und Praxis.
Sahaja Samadhi	Höchster Erleuchtungszustand, da mühelos und permanent.
Samadhi	Nicht-dualistischer Zustand des Bewusstseins, in dem der Verstand still ist und das erfahrende Subjekt Eins ist mit dem erfahrenen Objekt. Auch die direkte Erfahrung des Selbst.
Samsara	Kreislauf von Tod und Wiedergeburt, verursacht durch Illusion und Verlangen.
Sangha	Gemeinschaft um einen Guru.
Sannyasin	Jemand, der der Welt entsagt. Traditionellerweise erhält der *Sannyasin* nach einer Initiation durch seinen *Guru* einen Namen und verpflichtet sich, alle konventionellen Bindungen an die Gesellschaft zu lösen und seine Aufmerksamkeit allein auf Gott zu richten.
Sanskrit	(wörtl.: rein, geweiht, geheiligt) Alte Sprache der *Veden*, die im Hinduismus und Buddhismus als „Sprache der Götter" gilt. In der Gegenwart wird *Sanskrit* fast ausschließlich im religiösen und wissenschaftlichen Diskurs verwendet. Ursprung der meisten europäischen Sprachen.
Sat	Wahrheit.
Satchitananda	*Sat-Chit-Ananda*: Wahrheit – Bewusstsein – Glückseligkeit; die drei Qualitäten des Absoluten (*Brahman*).
Satori	(japanisch: Erleuchtung) Erwachen in die wahre Natur der Existenz.
Satsang	(wörtl.: Beisammensein in Wahrheit) Das Treffen eines Guru mit seinen Schülern.
sattvisch	Rein. Eingedeutschtes Adjektiv von *Sattva*, dem höchsten der drei *Gunas*.
Shakti	Kraft des Werdens, Schöpfungsenergie; als Göttin weiblicher Aspekt *Shivas*.

Glossar

Shankara	*Adi Shankara*; bedeutender indischer Weiser des 9. Jhdt., der als wichtigster Vertreter des *Advaita Vedanta* gilt.
Shiva	Neben *Brahma* (der Schöpfer) und *Vishnu* (der Erhalter) einer der drei hinduistischen Hauptgötter; steht für das Prinzip der Zerstörung.
Swami	Religiöser Titel für Meisterschaft und Gelehrtheit.
Tantra	(wörtl.: Gewebe, Kontinuum) Aus Indien stammende alte Lehre, die die gesamte Welt als Manifestation göttlicher Energie ansieht. Betont wird die Identität der absoluten mit der phänomenalen Welt. In der Praxis wird oft in ritueller Form versucht, diese göttliche Energie im menschlichen Mikrokosmos freizusetzen.
Turiya	Dem *Samadhi* ähnlicher Zustand reinen Bewusstseins.
Vasanas	Emotionale und mentale Neigungen, Reaktionen und Begierden einer Person; man sagt, diese Muster wären Konditionierungen sowohl aus diesem als auch aus vergangenen Leben.
Vedanta	Eine metaphysische Philosophie, abgeleitet aus den *Upanishaden*, dem abschließenden Teil der Veden, bestehend aus 108 Versen. Die *Upanishaden* sind die Texte, aus denen sich die gesamte *Vedanta*-Philosophie herleitet.
Vichara	Suche, Erforschung.
Videhamukta	Zum Zeitpunkt des Todes befreite Seele.
Vishnu	Einer der hinduistischen Hauptgötter; verehrt als der Beschützer und Erhalter der Welt.
Yoga	(wörtl.: Vereinigung) Lehre und Praxis, die aus der *vedischen* Philosophie hervorging.

Kontaktadressen und Informationen

Kontaktadresse des Autors

Premananda
Open Sky House
Rheinstr. 54
51371 Hitdorf
(zwischen Köln und Düsseldorf)
Deutschland
Telefon: +49 2173 4099204
office@premanandasatsang.org
www.openskypress.com
www.premananda.de

Kontaktadressen und Informationen der Meister

Christopher Titmuss

www.christophertitmuss.org; www.insightmeditation.org
Bücher: Light on Enlightenment, An Awakened Life, Mindfulness for Everyday Living
Online: Dharma Gespräche möglich unter: www.christophertitmuss.org

Deva Premal & Miten

www.devapremalmiten.com
DVDs: Deva Premal & Miten with Manose – In Concert
CDs: Deva Premal – Dakshina
Deva Premal & Miten with Manose – In Concert
Deva Premal & Miten – Songs for the Inner Lover
Deva Premal with The Gyuto Monks of Tibet –Tibetan Mantras for Turbulent Times

Dolano

www.dolano.com; www.friendsofdolano.org
Online: Satsang Übertragungen und zum Herunterladen siehe Webseite

Francis Lucille

www.francislucille.com; www.advaita.org.uk
Bücher: Truth, Love, Beauty, Eternity Now, The Perfume of Silence

Karl Renz
www.karlrenz.com
Bücher: Das Buch Karl, Tao Te Karl
CDs: www.holgerbierwirth.com, www.blissvideos.de
DVDs: www.blissvideos.de

Michael Barnett
www.michaelbarnett.net
Bücher: Das Herz des Universums, Der Himmel ist um die Ecke,
Der Soma Weg, Energie & Transformation, Es gibt nichts Besseres
CDs: Body Flow, Shem

Mooji
www.mooji.org; www.moojisangha.org
Bücher: Before I Am, Breath of the Absolute
CDs: Nothing Here But You, Unmoving Presence
DVDs: Breaking the Spell, Beyond I Am

OM C. Parkin
www.allionce.de, www.om-c-parkin.de
Bücher: Intelligenz des Erwachens, Die romantische Liebe
Auge in Auge mit Dir Selbst - Gespräche im Sein

Padma & Torsten
Padma: www.sevaa.de
Bücher: Bodhisattva Schule, Satsang und Psychotherapie - ein Vergleich
Torsten: www.satsang-mit-torsten.de
Bücher: Wunschlos glücklich – Eine Reise in die Tiefen unseres Bewusstseins
CDs: geleitete Heil-Meditationen

Premananda
www.premananda.de; www.openskypress.com
Bücher: Europäische Meister - Facetten des Erwachens, Arunachala Shiva,
Facetten des Erwachens - Indische Meister, Papaji Kraft der Gnade, Arunachala Satsangs
DVDs: Europäische Meister - Facetten des Erwachens, Arunachala Shiva,
Facetten des Erwachens - Indische Meister, Sammlung von 7 Arunachala Satsang DVDs

Rupert Spira
www.rupertspira.com
Bücher: The Transparency of Things
DVDs: The Transparency of Things, Love - The Underground River

Tony Parsons
www.tonyparsons.de
Bücher: Einfach nur Dies, Das ist es, Wer bin ich? - Das?
DVDs: The Wonder of Being, Exposing the Myth
CDs: Life is the Treasure, Another Possibility, The Gift

open sky house
Sei Wie Du Bist

Das Open Sky House ist eine Satsang- und Kunst-Gemeinschaft, die in einem Anwesen aus dem 17. Jahrhundert am Ufer des Rheins in einem kleinen Dorf zwischen Köln und Düsseldorf lebt. Regelmäßig findet Satsang und Energie-Darshan mit Premananda statt. Zusätzlich werden während des ganzen Jahres Intensiv-Wochenenden und Retreats abgehalten. Im Rahmen eines Kunstprogramms werden außerdem Malerei, Musik, Theater und Tanz angeboten.

Die Bewohner betreiben im Haus gemeinsam verschiedene Gewerbe: Open Sky Press, Rhine River Guesthouse, Flow Fine Art Galerie und Open Sky Seminare. Alle Aspekte der Arbeit und des alltäglichen Lebens dienen als Hintergrund, um die roboterhafte Natur unserer Handlungen zu erkennen. Wenn wir frei von unseren gewohnten Reaktionen und Verhaltensmustern sind, wird der Verstand still.

Du bist als Gast oder als freiwilliger Helfer willkommen.

www.openskyhouse.org

ARUNACHALA
PILGERREISE RETREAT

Dieses Satsang-Retreat ist die Gelegenheit, drei Wochen lang in einer gemeinschaftlichen Atmosphäre am heiligen Berg Arunachala in Tiruvannamalai, Südindien, zu leben. Der Arunachala ist seit 2000 Jahren ein kraftvoller Ort der Selbsterforschung. Wir sind in einem schönen Ashram untergebracht. Satsang findet auf dem Dach des Ashrams statt, mit direktem Blick auf den Arunachala. Jeden Morgen gibt es stille Meditation, Yoga und Satsang. Die Nachmittage verbringen wir alleine oder mit gemeinschaftlichen Aktivitäten. Außerdem gehen wir auf eine magische fünftägige Busreise, die uns zu indischen Heiligen führen wird. Auf dieser Reise sehen und erleben wir die indische Kultur und Landschaft.

www.india.premananda.de

OPEN SKY PRESS
Zeitloses Wissen

Open Sky Press hat sich das Ziel gesetzt, Menschen bei ihrer Wahrheitssuche zu unterstützen durch Publikationen zu den Themen Satsang, spirituelles Erwachen und Transformation.

Arunachala Satsangs umfasst Gespräche, die während Premanandas alljährlichem Indien-Retreat entstanden sind. Premananda räumt aus dem Weg, was einen Suchenden, der aus der Illusion aussteigen will, aufhalten könnte. Er zeigt auf humorvolle Weise, dass wir nicht die Erfahrung „Mein Leben" sind, sondern das Bewusstsein, in dem diese Erfahrung stattfindet.

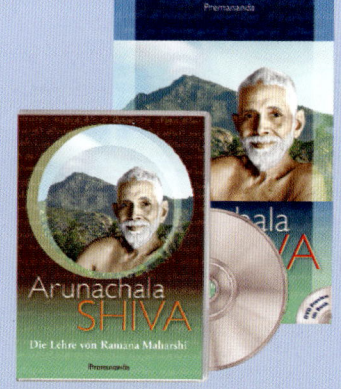

Arunachala Shiva ist eine tiefgreifende Hommage an Bhagavan Sri Ramana Maharshi, einem der bekanntesten indischen Heiligen. Dieses Buch enthält den berühmten Text „Wer bin ich?" (Nan Yar), in dem er erklärt, dass Selbsterforschung der direkteste Weg zur Selbstverwirklichung ist.

Facetten des Erwachens – Indische Meister ist ein Archiv von außergewöhnlichem Video-, Audio- und Printmaterial; eine wundervolle Sammlung authentischer Weisheitslehre. Sechzehn indischen Meistern werden jeweils die gleichen Fragen zur Lehre Sri Ramana Maharshis gestellt. Die Fragen beziehen sich auf die Themen, die jedem begegnen, der sich auf der spirituellen Reise befindet.

Tel +49 (0)2173 1016070
distribution@openskypress.com
www.openskypress.com

OPEN SKY PRESS

Filme zum Buch
und Video-Webseite

Die Filme zum Buch sowie die Webseite zeigen das Original-Filmmaterial der Interviews und ermöglichen, die Meister zusätzlich in ihrer energetischen Präsenz zu erleben.

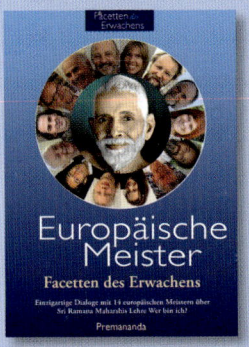

Europäische Meister – Facetten des Erwachens Was die Interviews im Buch nur indirekt vermitteln können, wird hier sichtbar: die Lebendigkeit und Präsenz freier Menschen. Der Film zeigt die wichtigsten und interessantesten Ausschnitte der zwölf Interviews.

Facetten des Erwachens – Dem Meister begegnen ist eine Filmreihe, in der sich jeder Film einem Meister widmet. Gezeigt werden die kompletten Interviews, sowie zusätzliches Filmmaterial über das Leben der Meister.

Video-Webseite: www.blueprintsforawakening.org
Zweihundert Interview-Ausschnitte mit Antworten auf die zwölf Fragen geben einen umfassenden Einblick in das Wissen und die Güte der Meister.

Auf dem DVD-Sampler enthalten:

Film-Trailer für *Europäische Meister – Facetten des Erwachens* dem Film zum Buch.

Video-Webseite: www.blueprintsforawakening.org
Interaktive Felder geben Zugang zu kurzen Filmausschnitten der Antworten jedes Meisters zu den Fragen aus *Europäische Meister*. Weitere Informationen auf der Webseite.

Portraits: Fotografien aller Meister in hoher Qualität.